Universidad del Rosario

Drogas, bandidos y diplomáticos:
formulación de política pública de Estados Unidos hacia Colombia

Tate, Winifred

Drogas, bandidos y diplomáticos: formulación de política pública de Estados Unidos hacia Colombia / Winifred Tate; traducido por Andy Klatt y María Clemencia Ramírez – Bogotá: Editorial Universidad del Rosario, Escuela de Ciencias Humanas, 2015.

x, 307 páginas. – (Colección Textos de Ciencias Humanas)

Incluye referencias bibliográficas.

Título original: Drugs, thugs, and diplomats: U.S. policymaking in Colombia

ISBN: 978-958-738-667-7 (impreso)
ISBN: 978-958-738-668-4 (digital)

Asistencia militar estadounidense / Control de drogas -- Colombia / Colombia – Política y gobierno / I. Klatt , Andy / II. Ramírez, María Clemencia / III. Universidad del Rosario. Escuela de Ciencias Humanas / VI. Título / V. Serie.

327.730861 SCDD 20

Catalogación en la fuente – Universidad del Rosario. Biblioteca

jda septiembre 25 de 2015

Hecho el depósito legal que marca el Decreto 460 de 1995

Drogas, bandidos y diplomáticos: formulación de política pública de Estados Unidos hacia Colombia

Winifred Tate

Traducido por
Andy Klatt y María Clemencia Ramírez

Universidad del Rosario

Colección Textos de Ciencias Humanas

Editorial Universidad del Rosario
Carrera 7 No. 12B-41, of. 501 • Tel: 2970200
http://editorial.urosario.edu.co

Primera edición en español: Bogotá, D.C., noviembre de 2015

ISBN: 978-958-738-667-7 (impreso)
ISBN: 978-958-738-668-4 (digital)

Coordinación editorial: Editorial Universidad del Rosario
Corrección de estilo: Lina Morales
Diagramación: Martha Echeverry
Diseño de cubierta: David Reyes
Impresión: Digiprint

Impreso y hecho en Colombia
Printed and made in Colombia

Contenido

SECCIÓN III
A QUÉ NOS REFERIMOS CUANDO HABLAMOS DEL PLAN COLOMBIA

SECCIÓN IV
INCIDENCIA EN POLÍTICA PÚBLICA E INEVITABILIDAD

Introducción

Trabajar en los noventa con grupos de derechos humanos fue en un principio emocionante, después deprimente, pero, sobre todo, frustrante. Primero como voluntaria y después como investigadora independiente, compartí con mis colegas el mantenerme inmersa en un mundo frenético de emergencias diarias. Los paramilitares se tomaban los pueblos durante días, asesinando y desmembrando los cuerpos de sus víctimas, y los activistas de derechos humanos eran sacados a la fuerza de los buses para dispararles a la orilla del camino. Las familias salían huyendo de sus casas aprovechando la oscuridad de la noche y llevando consigo lo poco que podían cargar. Nuestro trabajo consistía en documentar las atrocidades que se cometían, elaborar listas de los muertos y, cuando era posible, recuperar testimonios presenciales de los hechos. En la mayoría de los casos, los responsables eran fuerzas paramilitares que trabajaban en alianza con comandantes militares. Al enfrentarnos con familias desconsoladas y con sobrevivientes desplazados que improvisaban albergues en los barrios urbanos marginales, las montañas crecientes de documentos nos parecían desgarradoramente inadecuadas. En conversaciones que sostenía con mis colegas y amigos colombianos hasta el amanecer, expresábamos nuestra frustración, desesperación y rabia colectiva por nuestra inhabilidad para acabar con la violencia y lograr justicia o por lo menos atraer la atención y ayuda de la comunidad internacional. Con frecuencia, dichas conversaciones finalizaban refiriéndonos a Estados Unidos, el país de mi propia procedencia, como 'gringa' que soy, un poderoso poder extranjero que parecía estarle dictando a Colombia su política pública detrás de bambalinas. Todos conocíamos muy bien la larga historia de apoyo de Estados Unidos a las abusivas fuerzas militares de Latinoamérica y mis amigos me retaban a que enfrentara a los realmente poderosos en Washington, donde de verdad residían, es decir que, en lugar de criticar los efectos, fuera a la fuente de las políticas que producían esta violencia y miseria.

De manera que, cuando se me presentó una oportunidad de trabajar donde se elabora la política pública norteamericana, me fui para Washington. En 1998, empecé a trabajar como la analista de asuntos colombianos en la Oficina en Washington para Asuntos Latinoamericanos (Washington Office on Latin America, WOLA), una pequeña organización dedicada a la defensa y promoción de los derechos humanos en Latinoamérica. La misión de la WOLA era, y lo es todavía, la de cambiar la política de Estados Unidos dirigida a Latinoamérica. Ya no me limitaría simplemente a hacer listas de casos y a describir hechos violentos, sino que ahora estaría tratando de cambiar la política de Estados Unidos, con el fin de abordar la raíz de los problemas del hemisferio sur. La WOLA fue fundada en 1974 por activistas estadounidenses horrorizados por el apoyo oficial de Estados Unidos a las dictaduras militares del Cono Sur, y con el transcurso de los años ha ido cambiando su enfoque con la meta de abordar la mayoría de las iniciativas de política para la región latinoamericana promovidas por Estados Unidos. Su personal, entre quienes me incluyo, considera que su misión es examinar los programas en curso, ofrecer alternativas y vincular a los activistas de base en la formulación de políticas públicas. Con frecuencia nos conformamos con cambiar el debate en vez de la política en sí misma, a través del suministro de análisis e información a los medios de comunicación, así como a organizaciones de voluntarios y activistas que se encuentran lejos de Washington y que carecen del conocimiento sobre cómo se formulan las políticas, que es crucial para participar en el proceso. Como la analista de la política dirigida a Colombia, desarrollé campañas de cabildeo junto con el Comité Directivo sobre Colombia (Colombia Steering Committee), una coalición de ONG que trabajan sobre Colombia. Escribí memorandos de política, llevé a cabo viajes de investigación, dirigí delegaciones a Colombia, suministré información a congresistas y a sus auxiliares y di entrevistas a los medios de comunicación. Junto con miembros de otras ONG, decidía a qué personajes colombianos invitar a Washington y organizaba sus reuniones cuando llegaban. Durante sus presentaciones yo hacía la interpretación lingüística entre español e inglés, pero también interpretaba en un sentido político más amplio, intentando instruirlos sobre cómo se hacen las cosas en Washington y cómo encajar sus historias en las existentes narrativas de política.

Poco después de empezar mi primer contrato de seis meses, el gobierno de Estados Unidos se preparó para lanzar un gran paquete de ayuda que llegaría a conocerse como 'Plan Colombia'. En ese momento se solía describir a Colombia como un país en crisis que enfrentaba una desaceleración económica, un conflicto armado interno cada vez más intenso y un tráfico ilegal de estupefacientes en aumento. Cuando Andrés Pastrana visitó Washington en octubre de 1998, el presidente Bill Clinton le prometió al recién electo presidente colombiano expandir la agenda bilateral más allá del problema de las drogas para incluir los temas de derechos humanos, comercio y paz. Durante esta y subsecuentes visitas, Pastrana solicitó apoyo para el naciente proceso de paz con la guerrilla de las FARC (Fuerzas Armadas Revolucionarias de Colombia) y ayuda financiera para un tipo de 'Plan Marshall' para la Colombia rural. Su propuesta incluía ayuda económica para los campesinos cultivadores de pequeños sembrados de coca y el desarrollo de las regiones donde se llevaba a cabo esta actividad, con la esperanza de que la comunidad internacional respondiera a la devastación causada por el tráfico y producción de drogas, tal como lo había hecho con el Plan Marshall original frente a los estragos de Europa después de la Segunda Guerra Mundial. En lugar de ello, en 1999 el Congreso triplicó la ayuda dirigida a programas militares antinarcóticos, convirtiendo a Colombia en el tercer receptor de ayuda militar por parte de Estados Unidos después de Israel y Egipto. Al mismo tiempo, el gobierno de Clinton designó una Fuerza de Tarea Interagencial (Interagency Task Force) para el Plan Colombia, encargada de diseñar el paquete de ayuda.

La Apropiación Suplementaria de Emergencia en apoyo al Plan Colombia aprobada en 2000 por el Congreso de Estados Unidos se concibió como una ayuda a Colombia que iba a resolverlo todo: reducir el narcotráfico, derrotar a las guerrillas de izquierda, apoyar la paz y construir democracia. Sin embargo, la ayuda militar, que superaba el 80 % del paquete, llegaba en un momento en que las fuerzas militares colombianas tenían vínculos con fuerzas paramilitares que abusaban de la población civil y traficaban drogas. La mayor parte de la ayuda —600 millones de dólares— fue destinada para el llamado Empuje al Sur de Colombia, y se usó para entrenar y equipar batallones élites del ejército colombiano. Aunque los funcionarios estadounidenses catalogaron el paquete entero como ayuda antinarcóticos, muchas de las campañas militares que se llevaban a cabo en el sur de Colombia, bastión del mayor grupo guerrillero de izquierda, no se diferenciaban de las operaciones contrainsurgentes. A lo largo de los siguientes cinco años, más de 5 mil millones de dólares fueron enviados al país bajo el rubro de Plan Colombia.

A pesar de tratarse de un proyecto relativamente menor comparado con las masivas intervenciones de Estados Unidos que siguen en curso en el Oriente Medio, el Plan Colombia se constituye en un sitio crucial para interrogar la formación de la política pública estadounidense. Tanto comentaristas como los que formulan políticas públicas han calificado al Plan Colombia como un éxito, hasta el punto de que un centro de investigación en Washington aseguró que la ayuda de Estados Unidos "salvó del abismo" al país (DeShazo et al., 2007). El Plan Colombia se ha convertido hoy en día en un modelo para las acciones que lleva a cabo Estados Unidos en Irak, Afganistán y otros países. El Plan Colombia también pone en evidencia la continuidad de los mayores paradigmas de la política exterior de Estados Unidos al inicio del siglo XXI, como son la preocupación que perdura de la Guerra Fría de derrotar a los insurgentes comunistas y los esfuerzos asociados con la guerra contra las drogas para reducir el comercio de drogas ilícitas, todo ello preparando el escenario para la guerra contra el terrorismo enfocada en combatir actores no estatales que emplean determinadas tácticas. Vale la pena señalar que estos debates han involucrado a muchas de las mismas personas y organizaciones. Así mismo, los activistas estadounidenses y sus aliados han empleado canales institucionales y prácticas políticas desarrolladas durante el movimiento por la paz en Centroamérica. En estos debates, las historias de la Guerra Fría tenían mucho peso, tal como lo evidenciaba la emergencia de memorias en disputa sobre el rol de Estados Unidos en Centroamérica, sobre todo en El Salvador (Stern, 2004). El Plan Colombia igualmente muestra el aparato ideológico, las prácticas discursivas y las estrategias de movilización que han perdurado a lo largo del tiempo. El papel dominante de las instituciones y la experticia militares en la definición de los parámetros de la política pública es un importante hilo conductor que atraviesa estos paradigmas. Otro rasgo al que se le puede hacer seguimiento es el de la movilización, por parte de los formuladores de política, de las dimensiones afectivas de la solidaridad y el miedo para justificar determinados programas.

Trabajé en la WOLA durante tres años, período que coincidió con el diseño del Plan Colombia y el inicio de su ejecución. Mis responsabilidades parecían ser lo suficientemente claras y directas al consistir tanto en hacer *lobby* entre los funcionarios encargados de la política pública, como en explicarles la política norteamericana a los activistas colombianos. Pero, a medida que trabajaba, empecé a ver las contradicciones entre los inofensivos lugares comunes de los funcionarios estadounidenses que repetían en las conferencias de prensa y los recursos materiales, tales como helicópteros, ametralladoras multicañón y herbicidas químicos, que se enviaban en nuestro nombre, el de todos los ciudadanos estadounidenses, por cuanto eran nuestros impuestos los que los financiaban. No veía las propuestas, esperanzas o experiencias de los pobladores putumayenses reflejados en estas formulaciones de política pública. Empecé entonces a cuestionar tanto lo que observaba como aquello en lo que participaba. ¿Qué es exactamente 'política pública'? ¿Cómo se formula? ¿Qué constituye una política exitosa y cómo se evalúa?

Mi interés en contestar estas preguntas me llevó de vuelta a Washington, ya no como defensora de derechos humanos, sino como antropóloga.[1] Para ello, asistí a audiencias en el Congreso, leí telegramas desclasificados de la Embajada, entrevisté a los auxiliares de los congresistas y a mis antiguos colegas, y viajé a Miami a la sede del Comando Sur de las Fuerzas Armadas de Estados Unidos, para entrevistar tanto a oficiales como a contratistas civiles.[2] En Putumayo, viajé hasta lugares remotos para escuchar a los campesinos cultivadores de coca, asistí a reuniones públicas con los alcaldes de pequeños municipios, compartí chistes con los sacerdotes mientras disfrutábamos un sancocho. En la medida en que empecé a fijarme en la política pública, ya no como una promotora que circulaba recomendaciones, sino como una etnógrafa decidida a estudiar la formulación de la política pública, mi objeto de estudio parecía evaporarse frente a mis ojos. Diferenciar y aislar la política exterior se asemejaba cada vez más a asir humo, ya que lo que encontré no fue una política pública en la forma de un lineamiento específico o una visión articulada, sino historias, narrativas múltiples para justificarla y posicionarla, buscando entrelazar programas de gobernanza existentes.

En este libro, argumento que la política exterior no es un plan diferenciado y fijo para una acción política futura, sino que, por el contrario, hacer política pública consiste en producir narrativas para justificar la acción política en el presente y para unir proyectos burocráticos discrepantes entre sí. Las narrativas de la política pública juegan un papel crucial para hacer la política legible, es decir, coherente y comprensible. En su discusión sobre cómo podemos estudiar el Estado, Michel Trouillot aboga por un enfoque en "las maneras en las que los procesos y las prácticas del Estado se hacen reconocibles a través de sus efectos", y continúa definiendo el "efecto de legibilidad" como "la producción del lenguaje y del conocimiento para la gobernanza, así como de herramientas teóricas y empíricas que clasifican y regulan a las colectividades" (Trouillot, 2001, p. 126). Para este proceso, hoy en día es central

---

1 Entre los principales trabajos sobre antropología de la política pública están los de Shore y Wright (2005) y Shore *et al.* (2011).

2 He llevado a cabo más de 100 entrevistas con formuladores de política pública, analistas y promotores de política pública en Estados Unidos. Mi trabajo de campo en Putumayo comprende más de diez viajes realizados desde 1999, donde llevé a cabo más de 80 entrevistas con funcionarios locales, incluyendo tanto gobernadores y alcaldes en ejercicio de sus funciones y exgobernadores y exalcaldes, así como sacerdotes, líderes comunitarios, oficiales de las fuerza pública, miembros de la cooperación internacional y campesinos cultivadores de coca; así mismo, participé en talleres comunitarios y eventos públicos.

la formulación de la política pública a partir de lo que Susan Greenhalgh ha llamado la "problematización de la política pública", consistente en el proceso a través del cual se definen distintas relaciones, identidades y prácticas sociales con base en una característica: requieren la intervención por parte del Estado (Greenhalgh, 2008). En consecuencia, la formulación de política pública como un proyecto político debe definir ante todo los problemas por resolver, de manera que pueda manejar, regular y moldear tanto el comportamiento individual como la vida social colectiva (Inda, 2005; Wedel et al., 2005).

Al mismo tiempo, una tarea fundamental de la formulación de política pública es la de generar alianzas y buscar el apoyo de las burocracias que compiten entre sí.[3] Los esfuerzos para asegurarse de contar con aliados institucionales de la más diversa índole y para darles coherencia a programas dispares que ya están en ejecución hacen que la ambigüedad estratégica se haya convertido en un rasgo necesario de la formulación de la política pública. Este ambiguo andamiaje discursivo da lugar a una fachada de coherencia y consenso institucional de programas dispares y permite que programas diferenciados y, aún más, aparentemente contradictorios aparezcan como parte integral de una iniciativa unificada. Por otra parte, tal ambigüedad también limita el disenso y la oposición. Entendida de esta forma, la política pública es un efecto de Estado, puesto que no se produce anticipándose a los programas estatales, sino a través de la recategorización de esfuerzos de gobernanza y de relaciones estatales ya existentes (Trouillot, 2001).

Esta obra presenta la biografía de un paquete de ayuda como un instrumento para analizar la formulación de la política exterior, la historia de las condiciones bajo las cuales se produjo y las formas en que múltiples actores intentaron moldearla. Los 'nativos' en esta historia antropológica de la vida estadounidense son los autoproclamados hacedores de política, entre quienes se encuentran auxiliares del Congreso de Estados Unidos, los funcionarios de la Embajada en Colombia, militares y el personal del Cuerpo Diplomático. Los mundos sociales de estas personas estaban conectados a través de la cadena de mando de la burocracia, la circulación de la correspondencia diplomática y el marco institucional del Grupo

---

3 Con muy poca frecuencia la formulación de política pública implica cambios dramáticos en la acción del Estado y cuando estos suceden se encuentran involucrados Estados autoritarios que pueden instaurar tales directrices. Entre los ejemplos se encuentran la política de hijo único en China examinada por Greenhalgh (2008) y los cambios en políticas económicas durante las dictaduras militares del Cono Sur.

de Tarea Conjunto para el Plan Colombia. Numerosas delegaciones de congresistas y sus auxiliares visitaron las instalaciones militares y sobrevolaron en helicóptero los sembradíos de coca, mientras altos funcionarios del gobierno estadounidense se reunían de manera reiterada con sus homólogos en Bogotá. El Grupo de Tarea Conjunto para el Plan Colombia fue convocado por el Departamento de Estado para coordinar los esfuerzos de varias entidades involucradas en su creación, entre las que se encontraban el Departamento de Defensa, la CIA, la Agencia de Estados Unidos para el Desarrollo Internacional (Usaid, o simplemente AID) y el Departamento de Justicia. El cuerpo diplomático colombiano en Washington también fue instrumental en moldear el paquete de ayuda de acuerdo con su propia agenda, a pesar de trabajar dentro de las limitaciones del sistema político norteamericano.[4]

Una de las principales contribuciones de la aproximación antropológica a la elaboración de la política pública ha sido la de ampliar el campo de estudio analítico para incluir a aquellos a quienes se les dirige la política, a sus aliados políticos y a quienes son excluidos de estos esfuerzos. Aunque a menudo se encuentran ausentes de las narrativas oficiales sobre la política pública, vale la pena señalar que tanto los activistas y defensores de derechos humanos norteamericanos como los funcionarios, activistas y poblaciones objetivo en Colombia intentaron participar en la formulación de la política pública y emplearon una gama de tácticas políticas, como fueron las de llevar a cabo protestas, hacer *lobby* y elaborar visiones alternativas a dicha política pública. Por su parte, los colombianos marginalizados —incluidos los funcionarios del gobierno, activistas y campesinos cultivadores de coca en Putumayo—, quienes eran el objetivo del Plan Colombia, construyeron coaliciones políticas transnacionales y presentaron sus propuestas y reclamos en una variedad de géneros del conocimiento, en su esfuerzo continuo de moldear la formulación de la política pública. Entender estas tentativas requiere enfocarnos en los que pueden ser considerados como los sitios ocultos de la formulación de la política pública, ubicados lejos de los edificios y oficinas de Washington (Greenhalgh, 2008). En este caso, los sitios se encontraban escondidos a plena vista en el sur de Colombia, en las alcaldías y en foros campesinos celebrados en humildes y húmedas escuelas rurales. Los cocaleros campesinos, sacerdotes y políticos operaban públicamente y

4 Aunque realicé entrevistas con funcionarios colombianos encargados de la política exterior, la mayor parte de mi investigación se enfoca en la formulación de políticas públicas en Estados Unidos, así como en la vida política en Putumayo. Vale la pena aclarar que una historia integral del papel diplomático de los altos funcionarios colombianos se encuentra por fuera del alcance de este proyecto.

sostenían firmes opiniones sobre cómo se aplicaba la política pública. No obstante, estos actores de la política pública fueron excluidos de Washington al ser tildados de criminales peligrosos.

Debe anotarse que la formulación de la política exterior norteamericana oscurece y distorsiona los eventos que tienen lugar en las regiones a las cuales se dirige. Por lo tanto, a la vez que se develan las dimensiones culturales de la formulación de la política pública como una esfera de la vida social, otro objetivo fundamental de este proyecto es el de explorar las maneras en que la investigación etnográfica llevada a cabo entre las poblaciones objeto de las intervenciones dictadas por la política revela no solo las agendas de política pública que compiten entre sí, sino también las imprecisiones en las que incurren las formulaciones oficiales de la política pública.

El proyecto de Lila Abu-Lughod en el que aplica su pericia etnográfica en la creación de una política pública referida a las mujeres islámicas se constituye en un modelo que cobra relevancia para el análisis de esta dimensión de crítica a la política pública. Aunque Abu-Lughod no aborda explícitamente el tema de la formulación de la política pública, su libro *Do Muslim women need saving? [¿Necesitan las mujeres islámicas ser rescatadas?]* se centra en examinar las formas en que los discursos sobre ciertas políticas públicas se difunden —en este caso la justificación de las intervenciones militares como respuesta a la preocupación que se tiene sobre la condición de las mujeres islámicas— y han empleado marcos de referencia que distorsionan de manera fundamental significados locales, prácticas sociales y condiciones materiales. Con base en más de 30 años de trabajo de campo en el Oriente Medio con mujeres islámicas y en diálogo con teóricos contemporáneos de la política como Edward Said y Wendy Brown, Abu-Lughod interroga las múltiples formas en que las mujeres islámicas son posicionadas como personas que necesitan ser rescatadas, cuando se alude a la preocupación que genera el ocultamiento de sus rostros detrás de un velo, los crímenes de honor y especialmente las prácticas sexuales y matrimoniales atribuidas a la 'tradición islámica'. Abu-Lughod sostiene que, mientras tales campañas satisfacen las fantasías orientalistas y justifican las intervenciones imperialistas, no aportan a la comprensión de las complejidades y de la multiplicidad de las experiencias de las mujeres islámicas que incluyen pero que no se limitan al sufrimiento y a la opresión. Argumenta también Abu-Lughod que estas prácticas —que con frecuencia son condenadas por representar la cultura tradicional— suelen resultar de las desigualdades económicas transnacionales, son vistas por las autoridades islámicas como aberraciones y las mujeres las negocian dentro de los complejos contextos de la familia y la comunidad, mucho más allá de la dualidad 'libre' u 'oprimida'. A partir de un profundo trabajo etnográfico, Abu-Lughod debate marcos de política pública específicos utilizando un enfoque etnográfico para develar las formas en que estos discursos reconocen de forma equivocada, y además distorsionan, tanto la experiencia que tienen aquellos a quienes se les dirige la política como sus demandas.

Política, 'proxies' y sentimiento

La política pública se produce en una amplia gama de escenarios, desde instituciones individuales y relativamente pequeñas hasta complejas organizaciones transnacionales que operan en redes. Las políticas públicas han llegado a moldear y a dominar los encuentros de las personas con las burocracias en cada vez más esferas de la vida social. Cualquiera que haya sido tratado en un hospital, que se haya inscrito en un colegio o gestionado su licencia de conducción, se ha encontrado con el mundo social de la política pública. En este texto, me enfoco en la formulación de la política pública por parte de funcionarios y entidades estatales, y exploro un ámbito particular de ella, la denominada 'política exterior', es decir, cómo las entidades y los funcionarios del gobierno estadounidense establecen su agenda para entablar relaciones con otros gobiernos. Me interesa entender los supuestos culturales que moldean la manera como el gobierno de Estados Unidos desarrolla la agenda oficial de interacción e intercambio con Colombia. En consecuencia, este es un relato sobre las visiones contemporáneas en Estados Unidos sobre drogas ilícitas, ayuda militar, iniciativas de desarrollo patrocinadas por el Estado y construcción del Estado-nación, así como de la historia de estos fenómenos. A la vez, la formulación de política pública es un proceso dinámico que toma lugar a través de circuitos transnacionales que involucran a funcionarios colombianos y norteamericanos, así como a activistas y poblaciones objetivo de ella.

Los analistas de la política pública la presentan con frecuencia como un proceso concreto y lineal en el cual las autoridades identifican un problema existente y diseñan una propuesta para abordarlo. Usualmente se trata de situaciones 'en el mundo', es decir, en el terreno y por fuera de las instituciones que formulan la política pública. La política pública es imaginada dando respuestas, haciendo diagnósticos, esto es, como un lineamiento para la gobernanza. Se trata de un proceso organizado cronológicamente, que pasa del inicio (reconocimiento del problema) a la formulación y ejecución de una política pública, y culmina en la evaluación de esta, buscando determinar si tuvo éxito en solucionar el problema. A menudo estos supuestos son la base para escribir sobre la política pública, como lo muestran muchos de los informes de los funcionarios formuladores de política pública, los reportajes en los medios de comunicación y mucha de la literatura especializada en ciencia política y en política pública.

Sin embargo, la aplicación de la política pública no tiene principios ni finales definidos; estos marcadores temporales deben producirse a través del relato de historias relativas a la política pública. Así mismo, los asuntos que se abordan mediante la política pública nunca se encuentran separados de la acción estatal. Por ejemplo, las situaciones definidas como problemas de la 'política de drogas' se producen en parte debido a las acciones del Estado tendientes a regular, controlar y frenar las economías ilegales y la reconfiguración del poder político. En otras palabras, las políticas públicas se dirigen a abordar situaciones producidas por políticas públicas previas.

Hacer política pública conlleva un trabajo emocional profundo (Crawford, 2000, 2002). Tanto los activistas que se oponen a las políticas como los funcionarios que las formulan (principalmente los auxiliares del Congreso de Estados Unidos) sitúan los orígenes de su práctica política en transformaciones y compromisos emocionales. El hacer política pública suele imaginarse como algo desapasionado, una evaluación racional de ciertas formas de conocimiento especializado. En este libro, exploro las maneras en que la movilización de la política pública conlleva lo opuesto: un compromiso emocional, plasmado y explicado en términos de relaciones afectivas y obligaciones apasionadas. Los antropólogos han sostenido durante mucho tiempo que, en palabras de Michelle Rosaldo, "los sentimientos no son substancias para ser descubiertas en nuestra sangre sino prácticas sociales organizadas a través de historias que no solo actuamos sino que contamos" (Rosaldo, 1984, p. 143). Catherine Lutz, en su trabajo sobre la Melanesia, argumentó en contra de una teoría universal del afecto[5] y, en cambio, exploró los diferentes rangos y registros emocionales en distintos contextos culturales (Lutz, 1998). Para los teóricos críticos y feministas de relaciones internacionales, las emociones constituyen un ámbito fundamental de la práctica política contemporánea (Blieker

---

5 El concepto de afecto ha crecido en importancia para entender las relaciones sociales, las prácticas y la política contemporáneas, con una gama de perspectivas y genealogías teóricas que plantean propuestas particulares sobre una teoría del afecto. En este libro, uso el concepto para significar las intensidades viscerales encarnadas en los actores y producidas a través y junto al sentimiento y la emoción, argumentando que el afecto es central para las subjetividades políticas emergentes. Analizar el papel del afecto en la formulación de la política pública tiene una importancia especial, dado que se parte de considerar los conceptos de la formulación de política pública como intrínsecamente modernos, racionales y no emocionales.

y Hutchinson, 2008). Estas emociones, definidas por Crawford como "estados internos descritos como sentimientos", incluyen rabia, disgusto, orgullo, desesperación y alegría (Crawford, 2000).

Las narrativas sobre política pública también son cuentos de fantasmas, de muertos que nos persiguen y nos llaman. Como nos recuerda Judith Butler, las únicas muertes que pueden ser lamentadas son aquellas que acontecen en la esfera pública, y este proceso de duelo público revela y genera valores políticos. Fue precisamente a través de este proceso de duelo público politizado que lamentaba la muerte de solo determinadas personas, que por primera vez fui consciente del papel del sentimiento y el afecto en la formulación de la política pública. En el curso de mi trabajo como defensora y promotora de derechos humanos, los funcionarios norteamericanos y colombianos me aclaraban con frecuencia que las verdaderas víctimas no eran las comunidades campesinas atacadas por los grupos paramilitares de derecha aliados con la fuerza pública colombiana, y me decían que debía dedicar mis recursos políticos a las víctimas del secuestro y a los policías caídos en cumplimiento del deber. A medida que fui explorando las maneras en que los funcionarios del Estado describían sus visiones de la política pública, me sintonizaba cada vez más con la forma en que la política pública refleja y produce 'estructuras de sentimiento', los "elementos característicos del impulso, el control y el tono; elementos específicamente afectivos de consciencia y de relaciones: no el sentimiento en contra del pensamiento, sino el pensamiento sentido y el sentimiento pensado" (Raymond, 1977, p. 132).

Mi discusión sobre la solidaridad entre quienes formulan política pública extiende la discusión de Butler para el caso del Medio Oriente sobre 'la política de la sensibilidad moral' a los debates sobre Latinoamérica, al retomar su argumento de que la política se expresa a través del apoyo a "quienes son reconocibles por nosotros". En esta obra, mapeo cómo se constituye este reconocimiento y cómo se representa en la práctica, es decir, su *performance* (Butler, 1997). Este proceso es central en la manera como es imaginada y representada la solidaridad, la cual se basa en un paisaje moral creado a través de viajes y encarnado en actos conmemorativos enfocados en la memorialización de ciertos heridos y muertos. Esta identificación política juega un papel central en el modo en que los formuladores de política pública movilizan y justifican el apoyo a determinadas políticas. Así, el análisis antropológico revela las múltiples maneras en que la formulación de política pública funciona a través de la movilización del sentimiento y la solidaridad. La política del reconocimiento es una lógica estructurante fundamental de la cultura política de Estados Unidos y sobresale en cuanto a la forma en que los norteamericanos se imaginan a sí mismos actuando en concierto con proyectos políticos transnacionales en otros países, una lógica que justifica la intervención, particularmente en el caso de las relaciones neocoloniales entre Estados Unidos y América Latina (Grandin, 2007).

Las historias de la política pública son también un lugar central en el cual el futuro se despliega en el presente, perseguido no solo por el pasado, sino por el temor de lo que pueda suceder. Las políticas públicas se orientan hacia un futuro, pero contienen la posibilidad de múltiples futuros (Lakoff, 2011; Masco, 2004). A través de escenarios, de la elaboración de modelos y de otras formas de predicción y evaluación de las amenazas, se construyen visiones distópicas como posibles futuros que la actual política pública debe afrontar. Estos futuros imaginados restringen y moldean las posibilidades para la acción en el presente. Algunos de los posibles escenarios futuros que pesan más en el presente son las amenazas, las distopías futuras imaginadas y la posibilidad de que se convierta en realidad el peor escenario posible. Estas amenazas de futuros que todavía no son realidad y el trabajo realizado para evocarlos son un lugar crucial para el análisis sobre cómo se constituyen los problemas de la política pública y cómo se pueden resolver a través de la acción del Estado. El presente estudio sobre la formulación de la política pública requiere examinar las burocracias en cuanto a la forma en que se relacionan entre sí, es decir, se trata de un enfoque etnográfico orientado hacia la horizontalidad en un campo político particular, sumado a la verticalidad al tener en cuenta desde los agentes estatales más poderosos hasta los sujetos de la gobernanza. Por otra parte, una antropología de la política pública está sintonizada con las formas cómo funcionan los discursos que sobre la política pública se activan en infinidad de esferas, aquello que Greenhalgh ha denominado "ensamblajes de política pública". En este caso, voy a analizar un campo de la política pública más amplio que incluye diferentes entidades gubernamentales, ONG y otros ámbitos institucionales, así como una gama de géneros del conocimiento y de formas de expertícia, y las dinámicas del conflicto armado colombiano. Analizar minuciosamente el papel de estos ensamblajes en la formulación de la política pública requiere examinar la práctica burocrática, los encuentros entre funcionarios y ciudadanos, y los procesos y productos materiales de gobernanza (Hull, 2012; Hertzfeld, 1993; Gupta, 2013).

Los estudiosos de la formación del Estado con frecuencia analizan las formas que este utiliza para clasificar y hacer legible la diversidad de poblaciones y de prácticas sociales. Aquí estoy invirtiendo esta mirada al preguntar ¿cuál es el trabajo que ha hecho el Estado para hacer su propio ejercicio legible hacia fuera —por los sujetos y el público— y hacia adentro —por la variedad de entidades burocráticas que lo constituyen—? La política pública vista como una forma de habla del Estado ejerce un poder particular por tratarse de un acto del habla transformativo, pero también actúa a través del ocultamiento y la negación. Las narrativas de la política pública hacen legible la acción política al localizar determinados programas dentro de esferas más amplias de valor político, pero también borran, omiten y ocultan. En este texto, pregunto cómo realizan estas historias el trabajo de 'enmarcar', naturalizando así la dominación, tal como Timothy Mitchell lo describe al llamar la atención sobre cómo las "formas de poder son presentadas por fuera de la vida local, del tiempo y de la comunidad" (Mitchell, 1990, p. 571; 1991).

De muchas maneras la política pública encarna el ideal del Estado moderno al establecer el plan de acción del Estado de forma transparente, responsable y accesible a todos por igual. Sin embargo, cada uno de estos atributos ha surgido como artefacto político del capitalismo tardío y de la democracia del 'mercado libre'. Aunque situadas históricamente, las demandas por transparencia se encuentran articuladas con nociones específicas de rendición de cuentas, auditoría y sistemas de medición (Ballestero, 2012; Hetherington, 2011; Mathews, 2011). En América Latina, la transparencia se convirtió en un asunto de interés político durante el largo proceso de democratización, que duró décadas, y que siguió al autoritarismo militar y a las guerras civiles, proceso que de manera similar tomó lugar en Europa Oriental durante la era de la pos-Guerra Fría. Vale la pena señalar que estos procesos de rendición de cuentas necesariamente ocultan, así como develan (Merry, 2011; Strathern, 2000). La indagación etnográfica sobre el proceso de formulación de la política pública revela las maneras en que las estructuras de poder existentes subvierten la posición pública y la *performance* de la transparencia y la rendición de cuentas, así como las formas en que la transparencia y la rendición de cuentas generan nuevas formas de poder oculto y de políticas alternativas. Los proyectos de transparencia organizados alrededor de auditorías y de formas particulares de producción de conocimiento pueden esconder el ejercicio del poder estatal a través de *proxies*, es decir, fuerzas a la disposición del Estado que operan sin identificarse de manera explícita con este, y de otras estrategias para ocultar su papel.[6]

Durante este período la democratización fue equiparada con el regreso de la democracia electoral procesal y la emergencia del Estado neoliberal, con su énfasis en la reducción de los servicios estatales, la desregulación (aunque con frecuencia

6 Entre los trabajos claves de la creciente literatura antropológica sobre transparencia, están Ballestero (2012), Hetheringon (2012) y Mathew (2011).

subsidiada), las actividades de las corporaciones y la privatización de empresas previamente en manos del Estado, entre las que se encuentran la salud y la educación (Paley, 2008). La resultante tercerización de múltiples esferas de gobernanza ha sido bien documentada a lo largo de toda Latinoamérica. Los *proxies* del Estado que proveen estos servicios comprenden organizaciones no gubernamentales (algunas de ellas amplias redes multinacionales) como también firmas consultoras con ánimo de lucro. La flexibilidad que se busca en la provisión de servicios dinámicos y eficientes es la dimensión predominante de la relación que se establece entre las agencias del Estado y estos *proxies* (ONG, 1999 y 2006; Harvey, 2005). No obstante, esta flexibilidad también les suministra a los funcionarios del Estado cobertura política, pues los aparta de los efectos-Estado resultantes de la gestión de los terceros sustitutos, de manera que la habilidad de los funcionarios del Estado para negar cualquier conocimiento o papel en las acciones que se ejecutan igualmente surge como un impulso fundamental para la tercerización y el uso de *proxies*.[7]

Actualmente, la seguridad es una de las funciones centrales del Estado que ha entrado a formar parte del proceso global de privatización.[8] Es así como los empresarios militares —definidos como profesionales de la violencia— que entran y salen del gobierno como parte de los proyectos de consolidación de la gobernanza, con el fin de asegurar el control territorial para garantizar sus intereses empresariales privados, han sido instrumentales en el proceso histórico de formación del Estado en muchas zonas (Heyman, 1999; Tilly, 1992). A finales del siglo XX, las democracias occidentales, particularmente Estados Unidos, buscaron cada vez más hacer uso de contratistas y fuerzas militares privadas para lograr sus fines geopolíticos. A través de toda Latinoamérica, el miedo al crimen y al incremento del homicidio ha hecho de la seguridad privada una de las industrias de más rápido crecimiento. Por otro lado, en Estados Unidos el miedo al terrorismo produjo una expansión masiva de la intervención y la vigilancia por parte del gobierno, la cual ha sido llevada a cabo y manejada principalmente por contratistas privados (Singer, 2007; O'Neill y Thomas, 2011; Priest, 2004).

Este libro se enfoca en la privatización y tercerización de una forma particular de seguridad nacional: la violencia contrainsurgente. Aunque los paramilitares colombianos se han vuelto particularmente notorios por sus abusos, esta forma

---

7 Sobre mecanismos de denegación, ver Cohen (2001).

8 Este proyecto constituye una contribución al creciente campo de los estudios críticos de la seguridad, como lo ha llamado Goldstein (2010).

de violencia privatizada marca un cambio internacional importante. El uso de fuerzas paramilitares como *proxies* del Estado y agentes principales de la violencia contrainsurgente fue un resultado directo de las nuevas demandas para garantizar transparencia que generó en los noventa la legislación sobre derechos humanos emitida en Estados Unidos. Precisamente, debido a las demandas de rendición de cuentas que acompañaron las inversiones crecientes en la guerra contra las drogas/guerra contrainsurgente, las fuerzas de seguridad colombianas no podían desencadenar las despiadadas tácticas contrainsurgentes usadas por otros militares latinoamericanos para derrotar a sus rivales internos, por lo cual optaron por tercerizar esta violencia por medio de ejércitos privados financiados en parte con dinero proveniente del narcotráfico y coordinados por comandantes militares pero por fuera de su cadena de mando. La política oficial del Estado colombiano fue la negación: en algunos casos, se negaba que esta violencia estuviera ocurriendo y, en todos los casos, que comandantes locales facilitaran las operaciones paramilitares. Mientras gran parte del trabajo antropológico sobre gobernanza se ha enfocado en lo que Akhil Gupta llama el "proyecto biopolítico de contar y clasificar minuciosamente la población" (Gupta, 2014), yo argumento que debemos poner atención a lo que el Estado se niega a ver y tener en cuenta. En muchas regiones, incluyendo la Colombia rural, el Estado está activamente involucrado en el trabajo de borrar las formas y las prácticas de la violencia política, proceso que se torna fundamental para entender tanto los proyectos de gobernanza como la formulación de la política pública.

Otro objetivo central de la antropología de la política pública es el de comprender cómo se produce cierto conocimiento y se le certifica como una experticia válida.[9] Elaborar la política pública conlleva la categorización de asuntos de política pública a partir de actores y prácticas sociales existentes, proceso que está orientado por las necesidades y estrategias de las burocracias existentes. Sin embargo, vale la pena señalar que producir estas necesidades y estrategias como 'política exterior' requiere de un sustancial trabajo cultural y material. El conocimiento experto y la autorización para participar en debates de política pública están circunscritos y limitados por estas necesidades institucionales. Los dominios del conocimiento experto autorizado cambian con el tiempo con respecto a cuál conocimiento es catalogado como 'experto', cómo está situado, valorado e incorporado (o excluido) en los discursos y prácticas de la política pública (Carr, 2010; Mathews, 2011; Mosse, 2004 y 2007). En el caso de la política de

9 Entre los trabajos claves sobre experticia, están Mitchell (1991); ver también Carr (2010).

drogas, estos dominios han cambiado: se trató como un asunto de médicos, durante la presidencia de Richard Nixon; se transformó en un asunto de crítica cultural bajo Ronald Reagan; y durante la administración de Bill Clinton se tornó en cuestión de contratistas militares, oficiales antiguos y actuales de las fuerzas armadas, así como de expertos en armamento, todo lo cual forma parte del largo proceso de militarización de la política de drogas que busco trazar en esta obra.

Documentar el trabajo material y cultural que se requiere para excluir ciertas formas de conocimiento que se producen como algo que 'no es experticia sobre política pública' nos alerta sobre posibilidades alternativas. En este caso, exploro cómo ciertas poblaciones —incluyendo a los cultivadores de coca objeto de intervención— hacen reclamos políticos y exigencias de política pública a pesar de su marginalización y exclusión como delincuentes. De igual manera, fueron eliminadas de estos debates las diferentes maneras de entender el consumo de drogas, ya sea como una enfermedad, una identidad social o una forma de cuidado.

Dilemas metodológicos de la antropología de la política pública

En este texto, presento un análisis de las lógicas que impulsan la formulación de la política pública, a través del análisis de la genealogía de la política pública en sí misma antes que un estudio de las instituciones en una comunidad específica. Aplico el método antropológico para estudiar la formulación de la política pública con el fin de entender los supuestos y marcos culturales fundamentales para el programa de política exterior de Estados Unidos, así como la resistencia que se presenta a este. A través de entrevistas y de observación participante en el proceso de formulación de la política pública, trazo tanto relaciones y prácticas como los esfuerzos de las poblaciones objetivo de la política para participar en su formación, logrando así hacer un estudio a través de *(studying through)* las culturas internas de una diversidad de instituciones.

Este proyecto se inició cuando fui contratada como analista de la política pública.[10] Mi experiencia laboral me llevó a concebir la fase inicial de mi trabajo de

[10] Dejé de trabajar en la WOLA cuando descubrí que me interesaba más analizar las narrativas de la política pública que formularlas y llevar a cabo investigación etnográfica que promover cambios en la política. Empecé mis estudios de doctorado y después volví a Colombia a llevar a cabo el trabajo de campo para mi tesis. Desde que salí de la WOLA, he trabajado como consultora de investigación para varias organizaciones, entre ellas el Centro para el Diálogo Humanitario (Centre for Humanitarian Dialogue), el Grupo de Trabajo para Asuntos Latinoamcricanos (Latin America Working Group) y

campo en su sentido más amplio, como el dedicarse a pasar tiempo con los actores, observándolos cuidadosamente. En un campo político variado, amorfo, muy polémico y vigilado, estar posicionada dentro de una institución necesariamente va a limitar la perspectiva, y trabajar con una ONG no es la excepción. Sin embargo, este trabajo me dio la oportunidad de hacer observación participante en algunos espacios donde se pasaba tiempo, tales como reuniones estratégicas con funcionarios y auxiliares del Congreso que eran simpatizantes con nuestro propósito, la delegación de dos congresistas y sus auxiliares a Colombia, y una comida en Bogotá con el Secretario de Estado Adjunto para los Derechos Humanos, la Democracia y el Trabajo. Durante estos tres años, estuve inmersa en los vaivenes de los debates diarios, de los medios de comunicación y del mundo de la formulación de la política pública. Es así como me baso en las reflexiones, el conocimiento privilegiado y las redes que desarrollé durante este período de tiempo, experiencia que me sirvió como fundamento para mi investigación posterior, pues me planteó algunas preguntas y me proporcionó un mapa del terreno político y de los actores de la política pública que hubiera sido difícil distinguir o construir desde afuera.

Mi investigación en curso en Putumayo también ha sido moldeada por esta historia en cuanto a la posicionalidad institucional y a las afinidades políticas. Mi primer viaje a la región en 1999 fue como representante de la WOLA en un viaje con miembros de ONG colombianas. Así mismo, la antropóloga María Clemencia Ramírez me suministró contactos invaluables y me acompañó en algunos viajes de investigación. Desde 2004, mucha de mi investigación en la región ha sido apoyada por la Alianza Departamental de Mujeres de Putumayo - Tejedoras de Vida (de aquí en adelante la Alianza), una red informal de mujeres, muchas de ellas maestras de las escuelas públicas y activistas comunitarias, creada buscando abordar colectivamente la violencia política y doméstica. Mientras continúo entrevistando a una amplia gama de personas en la región, mis contactos son establecidos a través de ellas y mis viajes y seguridad son garantizadas, hasta dónde es posible, mediante su trabajo.[11] Mi perspectiva está profundamente informada por sus análisis y proyectos antes

Primero los Derechos Humanos (Human Rights First). Además, continúo formando parte de la Junta Directiva del Grupo de Trabajo para Asuntos Latinoamericanos (Latin America Working Group).

11 Mi trabajo de campo en la región se ha visto limitado por los retos de seguridad que surgen del complejo y cambiante panorama de las fuerzas paramilitares, de las organizaciones del narcotráfico y de la guerrilla de las FARC. Mis viajes se han visto restringidos a los centros urbanos, con limitados viajes a las zonas rurales y necesariamente dependiendo de la ayuda de colombianos.

que por las más amplias y completas perspectivas locales que se hubieran podido obtener durante una estadía y un trabajo de campo más extensos.

Para teorizar esta posicionalidad, empleo el concepto de 'etnografía situada' *(embedded ethnography)*, de la cual oí por primera vez discutida en el artículo presentado por Stephen Jackson en un seminario sobre estudios en ayuda humanitaria. La etnografía situada es un concepto valioso porque destaca el tema de la posicionalidad institucional como un factor primordial en la producción de conocimiento sobre procesos transnacionales modernos. Los etnógrafos 'situados', los que ocupan puestos de trabajo dentro de organizaciones no simplemente como investigadores, sino como ejecutores de roles institucionales, obtienen un conocimiento valioso que enriquece su análisis antropológico.[12] La frase contempla en su estructura el grado en que la investigación se encuentra inserta dentro de determinados procesos institucionales. Esta reflexión no es nueva, pues se basa en una larga tradición de la antropología reflexiva, pero es importante dadas las dificultades metodológicas inherentes a la investigación llevada a cabo en burocracias complejas transnacionales.

Entre los trabajos de estudiosos sobre procesos burocráticos surgidos a partir de experiencias de situacionalidad, se encuentran los libros de Susan Greenhalgh, David Mosse y Karen Ho. En el caso de Ho, ella se basa en lo que llama "parentesco institucional" a partir de sus conexiones con las universidades élite, específicamente Stanford y Princeton, pero también con base en un año como empleada del sector financiero, posición que ella consiguió con la intención de sentar las bases de su futuro trabajo de campo etnográfico. En la introducción de su libro *Liquidated*, Ho escribe: "El trabajo en Wall Street me llevó directamente a las entrañas de los mercados financieros; el haber entrado en ese mundo hizo posible este libro" (Ho, 2009, p. ix). Ella argumenta que su empleo no fue una "investigación encubierta" y diferencia, como yo lo hago, entre su diario y escritos reflexivos y sus notas de trabajo de campo. A través de su puesto y de su ubicación institucional, se situó entre redes, lo cual le permitió un amplio rango de acceso, de manera que su trabajo le permitió experimentar el mundo social bancario, incluyendo el haber sido ella misma 'liquidada' como empleada y el haber preparado un análisis en anticipación del despido de otras personas. Greenhalgh salió de un centro de pensamiento experto en política pública, donde trabajó por más de una década, a estudiar una política pública en particular —la ley del hijo único en China— que ella había venido eva-

---

12 Presentación en el Instituto Watson para Estudios Internacionales (Watson Institute for International Studies) de la Brown University.

luando. Tal como lo hace Ho, ella escribe que lo más valioso de su experiencia fue el conocimiento obtenido sobre el proceso y el haberse ganado la confianza de otras personas al ser parte de las redes de conocimiento que llegaron a convertirse en los cimientos de su trabajo de campo basado en entrevistas. David Mosse produjo un recuento etnográfico de la política pública del desarrollo con base en un proyecto financiado en India por el DFFID (el equivalente inglés de la AID estadounidense), en el cual participó como consultor por más de una década. A través de su relación entrelazada y de larga duración con el proyecto, fue capaz de explorar las maneras en que la política y su ejecución no están separadas, sino que constituyen algo integral. En mi caso, mi experiencia de trabajo en Washington me abrió puertas y me hizo conocer aspectos del terreno de la formulación de la política pública, incluyendo lugares 'ocultos', así como la importancia que tienen en la formulación de la política pública, las relaciones afectivas imaginadas.

La etnografía situada puede parecerse a la antropología activista pero con diferencias esenciales. Tal como la antropología activista, el antropólogo situado asume una afinidad política con la organización donde está posicionado. No obstante, la relación entre la antropología y el trabajo producto de la situacionalidad es fundamentalmente diferente. La antropología activista supone y encarna un compromiso político, así como una afinidad con la organización o con la comunidad dentro de la cual el antropólogo ubica su trabajo. Un antropólogo activista promueve explícitamente una antropología que busca lograr los objetivos de dicha comunidad de alguna forma. La antropología activista sigue siendo un concepto debatido con múltiples visiones y concepciones contradictorias con respecto a cómo funcionan las alianzas entre el antropólogo y la comunidad u organización (aquí estoy representando el campo más ampliamente con el interés de establecer comparaciones generales).[13] En el caso de la antropología situada, el investigador está posicionado institucionalmente dentro de la organización llevando a cabo un rol institucional específico, no como un antropólogo, sino como un miembro del equipo, un empleado o, en algunos casos, un voluntario, cumpliendo con una responsabilidad específica, de manera que la antropología como tal surge más adelante. El trabajo y la investigación se moldean mutuamente, y, aunque acceder al puesto de trabajo puede estar o no motivado por la investigación, el enfoque de la investigación va a estar influenciado por el trabajo. Sin embargo, el trabajo y la investigación no están

13 Para mayor información sobre la antropología del activismo, ver Checker *et al.* (2014), Hale (2008) y Sanford y Angel-Ajani (2006).

conectados orgánicamente, puesto que, a diferencia de la investigación activista, la etnografía situada no mantiene a la institución como un referente permanente y no está motivada por el deseo de cumplir una agenda activista.

La antropología situada produce compromisos tanto políticos como emocionales y se genera a través de ellos. Mi identificación con determinados proyectos institucionales —así como mi propia respuesta emocional a nuestros fracasos en la formulación de política pública— me hizo estar atenta, desde un punto de vista analítico, a la emoción, a la resonancia y a las maneras en que la política es sentida tanto por los activistas como por los funcionarios oficiales. Tales compromisos pueden convertirse en ataduras que producen no solo acceso y empatía, sino también alienación y distanciamiento. Hacer trabajo de campo entre excolegas y las fronteras permeables producidas por múltiples posicionamientos dentro de un solo campo político pueden crear expectativas diversas y a veces incompatibles. Este ha sido un tema permanente en mi propio trabajo. Cuando llevaba a cabo trabajo de campo y me identificaba estrechamente con la WOLA, participé en una reunión entre el Embajador de Estados Unidos en Colombia y algunas ONG norteamericanas; cuando salimos de la Embajada, un excolega me señaló que parecía que ahora yo estaba más interesada en hacer preguntas y que ya no era la defensora elocuente de derechos humanos que había sido antes. De manera similar, enfrenté la confusión y el resentimiento de las mujeres de la Alianza cuando les explicaba que en mi trabajo actual como profesora universitaria en Maine estaba lejos de las fuentes de financiamiento internacional y de los grupos de derechos humanos a los cuales esperaban acceder a través mío. En el caso de Mosse, algunos de sus excolegas del proyecto de desarrollo que analizó etnográficamente, le retaron su relato por violar su comunidad moral y su proyecto epistemológico. Esto lo llevó a reflexionar de manera lúcida sobre el problema de 'salir', inherente a lo que él llama etnografía desde adentro (Mosse, 2007). Aunque tanto él como yo podemos tener la idea de un proyecto compartido más amplio, estos esfuerzos antropológicos no son proyectos colaborativos y no se puede presumir que nuestros excolegas necesariamente compartan los supuestos, el lenguaje o las convenciones del género etnográfico.

Más allá de los asuntos que plantea la situacionalidad, el acceso ha sido un reto a todo nivel. Solo ubicar gente puede ser difícil, especialmente entre instituciones sujetas a la movilidad de funcionarios, como son los Departamentos de Estado y Defensa. Hice búsquedas en Facebook y Google para encontrar personas, tales como generales retirados y antiguos auxiliares en el Congreso, pero no todos aceptaron reunirse conmigo. En el caso de ciertas iniciativas de política pública, pocos individuos pueden conocer determinados hechos importantes o han sido testigos de reuniones y procesos de los cuales algunas veces no quieren hablar. Arturo Valenzuela, asesor de política exterior para el Consejo de Seguridad Nacional y ahora profesor en la Universidad de Georgetown, nunca contestó mis llamadas. Cuando traté de entrevistar al general Barry McCaffrey, su asistente me dijo que no tenía tiempo disponible en su agenda dentro de los próximos dos años para acordar una entrevista telefónica de una hora. En algunos casos, esto reflejaba el hecho de que el tiempo y la información valen dinero. Muchos exfuncionarios se habían vuelto *lobbistas* muy cotizados; uno de ellos me recordó durante una entrevista que una hora de conversación con él generalmente costaba más de 500 dólares y que me daba acceso a sus apreciaciones de forma gratuita. El acceso también depende de los ciclos de la formulación de la política pública y puede variar por día y semana de acuerdo con el calendario legislativo: si el Congreso se encontraba sesionando, los asistentes iban a estar extremadamente presionados, muchas veces pasando las noches en vela. Si estaba en receso, tenían más tiempo libre y con mayor probabilidad estaban dispuestos a responder la solicitud para conceder entrevistas. El ciclo electoral también jugó un papel, ya que los individuos que estaban de candidatos o que pensaban lanzarse a las elecciones se encontraban menos disponibles y algunas veces eran menos propensos a tomar posiciones. Los ciclos de las carreras individuales también influyen, pues las personas hablan más libremente cuando no se encuentran constreñidas institucionalmente, ya sea porque se han retirado o porque están en transición y fuera del cargo durante un cambio de gobierno. En el caso de mi proyecto, un equipo demócrata desarrolló un paquete de ayuda y, durante la subsiguiente presidencia republicana, muchos de los funcionarios que jugaron papeles decisivos en el diseño del paquete se fueron del gobierno a trabajar como consultores y *lobbistas*. Pude entrevistar a algunos funcionarios mientras se encontraban fuera del gobierno, lo cual les daba mayor libertad para hablar conmigo. Luego, muchos regresaron a trabajar en el gobierno de Barack Obama, lo cual limitó mi acceso de nuevo.

Este acceso diferencial juega un papel central en la clase de textos etnográficos que producen los antropólogos. Al referirse a un borrador de un artículo mío que describía un viaje de activistas putumayenses a Washington, un evaluador anónimo preguntó por los paisajes, sonidos y olores para explicar su situación e impulsar sus propuestas. En este caso, pude dar cuenta de algunos de los detalles sensoriales solicitados, pues había acompañado a los activistas durante los cinco días de estadía en Washington y las conversaciones en el hotel tarde en la noche, las confesiones durante comidas, así como las explosiones de ira durante los viajes en taxi fueron algunos de los momentos más reveladores. Aunque restringido por cuestiones de seguridad y otras consideraciones, el trabajo de campo en Putumayo me obligó a pasar muchas horas socializando informalmente en las casas de mujeres activistas, lo que conllevó múltiples conversaciones a través de los años y la realización de entrevistas a lo largo de redes extendidas tanto sociales como de parentesco. Por otro lado, mis entrevistas con funcionarios en Washington estuvieron condicionadas por limitaciones de tiempo impuestas por los sujetos y con frecuencia tuvieron lugar por teléfono o en espacios públicos, tales como cafeterías. No tuve acceso al mundo social de estos formuladores de política pública, ni la oportunidad de asistir a la iglesia o a comidas con ellos, lo que describe Hugh Gusterson como interacción polimorfa a través de espacios institucionales y sociales (Gusterson, 1997). Esta limitación complicó mi descripción etnográfica y en algunos lugares pudo reproducir la brecha entre aquellos sobre quienes se actúa y aquellos que toman las decisiones para las entidades que las ejecutan. Las dificultades que se presentan para escribir descripciones etnográficas detalladas y persuasivas no reflejan las cualidades de los lugares, sino la calidad del acceso.

Mi investigación de archivo comprendió informes de gobierno y la colección de documentos desclasificados del Archivo Nacional de Seguridad (National Security Archive, de aquí en adelante el Archivo), donde tuve la suerte de ser investigadora visitante en el programa de Colombia entre 2007 y 2008. El Archivo es una colección de documentos de una ONG privada que se encuentra dentro de la Biblioteca Gelman de la Universidad de George Washington y que contiene documentos desclasificados obtenidos a través de la Ley de Libertad de Información estadounidense (Freedom of Information Act, FOIA). Trabajar con estos documentos conlleva inconvenientes tales como la larga espera para que los documentos se hagan disponibles y textos considerables suprimidos que incluyen oraciones y párrafos que aparecen tachados con negro, así como páginas enteras en blanco.[14] La colección del Archivo comprende miles de documentos entre los que se encuentran informes institucionales previamente restringidos, los cuales hacen evaluaciones de las agencias extranjeras y analizan la política pública. También, hay cables de la Embajada, los cuales constituyen la mayor parte de la colección y consisten en notas de reuniones e informes de campo enviados al Departamento de

---

14 Esta investigación se llevó a cabo antes de que se dieran a conocer los documentos de WikiLeaks, la mayoría de los cuales hacen referencia al período de ejecución posterior antes que al diseño inicial de la política pública que era mi eje de investigación en ese momento.

Estado en Washington. Aunque estos documentos suministran un material fructífero para el análisis etnográfico, examinar su producción y su papel en la práctica de la gobernanza, así como sus formas y funciones, está por fuera del alcance de este proyecto (Chu, 2010; Hull, 2012; Feldman, 2008). He usado estos textos de diferentes maneras: en primer lugar, para llenar las lagunas en el récord histórico, suministrando detalles de los eventos, reuniones y sus órdenes del día; en segundo lugar, como recordatorios durante las entrevistas; y, en tercer lugar, me sirvieron como notas de campo. No obstante haber sido escritas por otras personas con una agenda distinta, son reveladoras tanto por lo que dicen como por lo que no mencionan y por los conflictos institucionales que develan.

Desmitificando las drogas y la política de drogas

La política de drogas es un campo transnacional que crea oportunidades y motiva a múltiples actores, tales como políticos, campesinos y comerciantes emprendedores. Para trazar la evolución de este campo, se requiere ahondar en la historia de la política de drogas de Estados Unidos, así como en las respuestas de Colombia a ella. En esencia, las drogas son sustancias que alteran la química cerebral. A lo largo de la historia de la humanidad, las drogas han sido utilizadas —tal como se encuentran en la naturaleza o elaboradas sintéticamente— con propósitos religiosos, medicinales o recreacionales. No obstante, en Estados Unidos su regulación se ha vuelto una preocupación constante de la vida política contemporánea, en la medida en que el valor y estatus cultural, legal y económico de estas sustancias han cambiado, su uso se ha reorientado del tratamiento médico al ocio, y su producción cambió de la casera a la comercial. Aunque se puede asegurar que las políticas antidrogas son dirigidas a proteger a los ciudadanos estadounidenses, los esfuerzos para regular el consumo de estimulantes químicos se han basado en la definición de objetivos sociales marcados por cuestiones raciales. Les leyes antidrogas están íntimamente relacionadas con los intentos de mejorar, supervisar, asimilar o excluir ciertas clases de poblaciones consideradas amenazantes. Estas políticas públicas surgen de preocupaciones muy enraizadas sobre urbanización, inmigración y movilidad racial y social (Gootenberg, 1999 y 2009; Morone, 2004; Massing, 1998; Reinarman y Levine, 1997). Los cuerpos fuera de lugar y fuera de control abarcan a los migrantes del campo a la ciudad, mujeres infelices, jóvenes blancos que rechazan las normas sociales y jóvenes negros a quienes se les tiene miedo por ser considerados miembros de una clase marginal criminal. Estos esfuerzos han sido reafirmados por las alianzas institucionales de las agencias gubernamentales, las actividades de organizaciones cívicas reformistas y los medios de comunicación amarillistas.[15] Por otra parte, entre las consecuencias de las leyes antidrogas están nuevas formas de mercantilización y uso de las drogas.

En Suramérica, se ha cultivado la coca por más de cinco mil años, especialmente a lo largo del piedemonte subtropical de Perú y Bolivia, que corresponde al nicho ecológico donde esta planta florece. Antes de la llegada de los europeos, la coca se cultivaba ampliamente por todo el imperio incaico, que se extendía a lo largo de la cordillera de los Andes desde el sur del Chile actual hasta el sur de lo que hoy es Colombia. Tradicionalmente, las hojas de coca son utilizadas en rituales religiosos y de reciprocidad, para hacer té o para masticar. La hoja se mezcla con ceniza, cal u otro alcaloide y se chupa mientras se sostiene entre la mejilla y la encía. El efecto es similar al estimulante de la cafeína, de manera que esta práctica también disminuye el hambre y además provee valor nutricional, incluyendo minerales y vitaminas. Las hojas de coca eran ofrecidas como un tributo a los gobernantes y a los dioses, y probablemente también eran consumidas por la población en general, especialmente los pueblos indígenas que, después de la invasión y la conquista española, trabajaban muy duro a grandes alturas en las minas de plata. La masticación de coca mantiene su importancia simbólica y religiosa en las comunidades quechuas y aymaras de Bolivia y Perú, mientras en Colombia solo se utiliza por unos grupos comparativamente minúsculos, como son los paez (también conocidos como los nasa) en la región del Cauca, los kogi en la costa Atlántica y los witoto en la Amazonía.[16] Debe anotarse que Colombia, el país que más se asocia con el cultivo de coca, no es ni nunca ha sido un país con una cultura de masticación de la hoja de coca a gran escala.

La cocaína, nombre que se le da al producto de la hoja de coca procesada químicamente, tal como muchas de las drogas ilegales de hoy en día, se ha transformado de ser una cura milagrosa a ser una amenaza de muerte, pasando por suministrar diversión en las fiestas (Courtwright, 2002). Los alcaloides de la coca, con sus poderosas

---

15 El peso moral dado al consumo de drogas se refleja en las restricciones altamente punitivas que se imponen a los consumidores y vendedores de drogas, a quienes, a diferencia de algunos criminales más violentos, se les prohíbe vivir en proyectos de vivienda social o recibir préstamos diseñados para financiar sus estudios. Como un ejemplo menor, para poder recibir financiación del Instituto para la Paz de Estados Unidos (United States Institute for Peace), tuve que firmar una declaración diciendo que no usaba drogas, pero no tuve que entregar un certificado de antecedentes criminales.

16 A diferencia del imperio incaico en el sur, o de los aztecas y mayas en el norte, la población indígena en Colombia vivía en pequeños grupos aislados y hoy en día solo suman aproximadamente el 4 % de la población, siendo uno de los porcentajes más bajos entre los países latinoamericanos.

propiedades estimulantes, fueron aislados por primera vez en 1860, y desde 1884 la cocaína tuvo su primer éxito comercial como anestésico tópico, elemento fundamental para el desarrollo de las prácticas quirúrgicas tempranas. A finales de 1890, tanto la cocaína como los extractos fluidos de coca fueron ampliamente utilizados en Estados Unidos como tónicos que se vendían para tratar la adicción a las drogas, el alcoholismo, la depresión, la fatiga y las enfermedades en general, así como en bebidas, siendo la más famosa la Coca-Cola.[17] Los esfuerzos tempranos para regular el uso de la cocaína y la coca ponen de manifiesto los tipos de movimientos políticos que llegarían a informar la política pública de las drogas en el siglo XX. Entre los grupos que promovieron la prohibición de la cocaína a principios del siglo XX, se encontraban coaliciones de organizaciones privadas y públicas que comprendían médicos y sus sociedades profesionales emergentes, entidades gubernamentales en Estados Unidos que intentaban expandir su alcance regulatorio (tanto municipales como estatales y federales, así como juntas de salud y juntas de farmacias), periodistas (cuyas publicaciones sobre el abuso de drogas generaron indignación al emplear narrativas sensacionalistas y alarmistas), organizaciones privadas de asistencia social, tales como grupos del Temperance Movement (movimiento antialcohólico que tuvo su mayor auge en Estados Unidos aproximadamente entre 1830 y 1930) y asociaciones comunitarias preocupadas por el bienestar de los niños. Así mismo, la creciente hegemonía de Estados Unidos después de la Segunda Guerra Mundial y el movimiento de descolonización en la posguerra abrieron el camino para la internacionalización de los organismos defendidos por Estados Unidos y encargados de hacer cumplir la ley. Por su parte, las Naciones Unidas se convirtieron en un escenario donde Estados Unidos hizo *lobby* contra las drogas, el cual culminó en la Convención Única sobre Estupefacientes de 1961, una plataforma antidrogas coercitiva que equiparaba la coca y la cocaína, y que causó un profundo impacto en los países productores (Gootenberg, 2009, p. 207). Durante la Guerra Fría, Estados Unidos esperaba lealtad por parte de los gobiernos latinoamericanos, y, en consecuencia, demandaba políticas de drogas paralelas y esfuerzos para su imposición y para la expansión de la inteligencia compartida. Mientras tanto, las transformaciones políticas de la Guerra Fría empujaron el tráfico de cocaína hacia nuevas rutas. Tal es el caso de una red chilena de proveedores que conectaba a

---

17 Para el año 1903, la compañía Coca-Cola reportó un millón de dólares en ventas y numerosos competidores se sumaron al negocio de la bebida de coca, casi todos utilizando el extracto de coca, pero muy poquita cocaína (Gootenberg, 1999).

los productores bolivianos con los consumidores en Estados Unidos, una red que fue desmantelada después del golpe de estado de 1973 cuando un agente de la DEA convenció al nuevo presidente, el general Augusto Pinochet, de que encarcelara o extraditara a los principales traficantes del país (Gootenberg, 2009, p. 304).[18]

En la medida en que a finales de los setenta el mercado de la cocaína se disparó en Estados Unidos, Colombia estuvo lista para llenar el vacío resultante. En 1974, solo 5,4 millones de estadounidenses reportaron haber probado esta droga, pero para 1982 el número alcanzó cerca de 22 millones (Streatfeild, 2003, p. 238). La cocaína se convirtió en la droga glamorosa de las fiestas que marcó esta era, como se podía percibir en Studio 54, el club nocturno más fabuloso y notorio de Nueva York durante este período, cuya pista de baile estaba decorada con un hombre de neón en la luna que inhalaba polvo brillante de una cucharita. A principios de los setenta, el gobierno colombiano reprimió una ola de tráfico de marihuana, y esto contribuyó a que algunos traficantes se cambiaran al tráfico de cocaína, una droga más rentable y más fácil de manejar, adaptando antiguas rutas de marihuana para transportarla hacia el norte. El encuentro imprevisto en una celda de una cárcel en Connecticut de George Jung, un traficante de marihuana a pequeña escala de Nueva Inglaterra, con Carlos Ledher, un ladrón de carros colombiano que llegaría a ser miembro fundador del cartel de Medellín, llevó a una expansión dramática de las ventas de cocaína a lo largo de la costa oeste de Estados Unidos. Durante los primeros años, muy poca de esta cocaína era producida en Colombia; la hoja y la pasta de coca cultivada y procesada en Bolivia y Perú era refinada en Colombia y transportada hacia Estados Unidos desde este país.

Sin embargo, durante las dos décadas siguientes, Colombia llegó a ser un gran productor de hoja de coca, así como una ruta de trasbordo para la cocaína. La política de drogas transnacional contribuyó a este cambio, como resultado de lo que algunos críticos de esta han llamado el "efecto globo", por cuanto la presión sobre la producción y el tráfico en una región sencillamente la empuja hacia otra, tal como un globo que al apretarse en un lado se ensancha hacia el otro. Dentro de Colombia, campesinos a lo largo de la frontera agrícola —sin tierra y sin acceso a los servicios del Estado— le dieron la bienvenida a este cultivo rentable, y pronto el

---

18 A finales de los setenta, el mismo Pinochet fue acusado de vender cocaína. La droga era refinada en el complejo químico del ejército chileno en Talagante mientras los ingresos producidos aumentaban la fortuna que la familia Pinochet guardaba en el exterior y, a la vez, financiaban el Plan Cóndor para llevar a cabo acciones terroristas fuera del país en nombre del anticomunismo.

país llegó a producir más del 50 % del total mundial. Entre finales de los ochenta y mediados de la primera década del nuevo siglo, el departamento de Putumayo en el sur del país se convirtió en el epicentro de la producción de la coca destinada al tráfico global de cocaína.

Para los campesinos locales, la coca significó oportunidad económica y empoderamiento, así como exclusión y violencia. Las Fuerzas Armadas Revolucionarias de Colombia (FARC), el grupo guerrillero más grande y antiguo del país, empezó en los ochenta a exigirle impuestos a los narcotraficantes que la comerciaban, y, posteriormente, en los noventa a cobrar el *gramaje* —un recargo por gramo— a la pasta de coca producida por los campesinos. Al mismo tiempo, grupos paramilitares unidos bajo la sombrilla de las Autodefensas Unidas de Colombia (AUC) iniciaron una campaña brutal para lograr control territorial, transformándose de renegados regionales en una poderosa fuerza política y militar. El dinero proveniente del tráfico de drogas les permitió pasar de ser pequeños grupos ligados a mandos militares locales a ser ejércitos privados. La fusión de la ideología contrainsurgente y los ingresos del narcotráfico produjo una de las fuerzas combatientes más letales de Latinoamérica, que se dedicó a atacar a supuestos simpatizantes de la guerrilla, a activistas políticos de izquierda y a las autoridades colombianas que intentaban investigar el narcotráfico. A partir de 1994, Estados Unidos fumigó miles de hectáreas con glifosato, un herbicida comercial que acaba con un amplio espectro de plantas (Ramírez, 2011). Los campesinos de Putumayo se quejaron de que esta fumigación destruía sus cultivos alimenticios, les causaba enfermedades respiratorias y problemas en la piel y acababa con sus únicos medios de subsistencia, mientras los cultivos de coca sencillamente se trasladaban a nuevas áreas.[19]

En Putumayo convergieron las operaciones antinarcóticos y contrainsurgentes promovidas por Estados Unidos. Debido a las relaciones de poder asimétrico entre las fuerzas en conflicto, la contrainsurgencia, como su nombre lo indica, se trata de una lucha contra fuerzas insurgentes caracterizada por el uso de tácticas de guerrillas (que incluyen guerra psicológica, sabotaje y terrorismo). A menudo la guerra convencional entre Estados, llevada a cabo por tropas uniformadas en un

---

[19] Fumigación es el término ampliamente utilizado en las discusiones de política pública sobre el uso antinarcótico de la aspersión aérea con herbicidas químicos. Defoliación sería otra etiqueta válida, pero aquí uso fumigación por tratarse de la más común. La palabra fumigación se utiliza para referirse tanto a la aspersión aérea de herbicidas químicos sobre cultivos de coca como al uso de herbicidas químicos para prevenir el crecimiento de maleza como parte del cultivo lícito.

campo de batalla bien definido y utilizando armas convencionales (en oposición a las armas nucleares o biológicas), se imagina como la forma dominante de enfrentamiento militar. Sin embargo, la guerra contrainsurgente ha sido uno de las formas de guerra más practicadas por Estados Unidos desde su fundación. El general George Washington empleó tácticas de guerrillas contra las tropas británicas durante la Guerra de Independencia y el ejército estadounidense llevó a cabo más de un siglo de guerra irregular, tanto en Norteamérica contra sus pueblos indígenas, como en las guerras de Filipinas, Cuba, Vietnam, Centroamérica y demás. Desde una perspectiva histórica, las formas de combate en el teatro europeo durante la Primera y Segunda Guerra Mundial son la excepción y no la regla, esto a pesar de haber recibido el grueso de la atención militar y de la financiación.

A lo largo del siglo pasado, Estados Unidos ha apoyado a los militares de América Latina en sus esfuerzos contrainsurgentes,[20] apoyo que ha comprendido ayuda material (armas, helicópteros, equipo de vigilancia) y entrenamiento, tanto en los distintos países como en el Instituto de Cooperación para la Seguridad Hemisférica (antes Escuela de las Américas).[21] El gobierno de Estados Unidos apoyó regímenes militares que derrocaron gobiernos reformistas elegidos (en Guatemala en 1954 y en Chile en 1973), así como dictaduras a través del Cono Sur en los setenta y ochenta, justificando su crueldad como una respuesta a débiles o inexistentes insurgencias. Durante la Guerra Fría, las prácticas contrainsurgentes a menudo pasaron a fusionarse con operaciones de escuadrones de la muerte dirigidas contra los líderes de la oposición y supuestos simpatizantes de movimientos guerrilleros, como parte de la Doctrina de Seguridad Nacional promovida por Estados Unidos. A diferencia de la guerra convencional, que se enfoca en el combate entre ejércitos

---

20 En unos pocos casos, cuando los intereses de Estados Unidos han sido disputados o en el caso de luchas contra regímenes reformistas o comunistas, Estados Unidos ha apoyado a las fuerzas insurgentes. Entre estas ocasiones, se encuentran el apoyo que dio en 1903 Theodore Roosevelt a los insurgentes en Panamá, después de que el Congreso colombiano rechazó la solicitud de Estados Unidos de adquirir derechos sobre el propuesto canal; el apoyo de Estados Unidos a los Contras, como se conocían las fuerzas que luchaban contra el gobierno sandinista en Nicaragua, y a los cubanos en el exilio que intentaron encender una insurrección contra el gobierno de Fidel Castro.

21 En sus encuentros etnográficos con los oficiales de Estados Unidos y América Latina que participaban en este entrenamiento, la antropóloga Lesley Gill demuestra de manera gráfica las limitaciones de este (Gill, 2004). En comparación con cualquier otro país de América Latina, Colombia se constituye en uno de los países con el mayor número de oficiales entrenados por Estados Unidos en el Instituto de Cooperación para la Seguridad Hemisférica (antes Escuela de las Américas), contando con más de 10.000 colombianos durante la última década.

permanentes de Estados en conflicto, la Doctrina de Seguridad Nacional se enfocó en las amenazas internas y en la guerra no convencional, en la cual fuerzas asimétricas combatían como *proxies* de los superpoderes y libraban la guerra principalmente por fuera del campo de batalla, a través del sabotaje, las operaciones psicológicas y los ataques guerrilleros.

La relación entre derechos humanos, contrainsurgencia y esfuerzos antinarcóticos ha llegado a ocupar un lugar central en el período de la pos-Guerra Fría. Aun cuando estándares de derechos humanos y del derecho internacional humanitario han entrado al debate público en cuanto a la conducta por seguir durante la guerra y han sido amplia y públicamente aceptados como las bases de la conducta militar profesional, están en conflicto fundamental con la doctrina central de la guerra contrainsurgente, con su énfasis en operaciones conjuntas cívico-militares (controladas por las fuerzas bélicas) y que se enfoca en involucrar a la población civil en la guerra. Algunos argumentan que la primacía de la misión antinarcóticos y contrainsurgente hace pasar a segundo plano el problema de los derechos humanos. Desafortunadamente, Putumayo y los debates sobre el Plan Colombia son un terreno ideal para explorar estos asuntos.

Una antropología de la política pública

El primer capítulo, "La política antidrogas de Estados Unidos va a la guerra", abre con la historia de cómo surgió la idea de que los narcóticos ilegales eran una amenaza a la seguridad nacional, lo cual hizo necesario aplicar la maquinaria bélica de Estados Unidos a lo largo del hemisferio occidental, así como la reorientación de la burocracia industrial militar. La multiplicación de los roles militares reforzó una gama de intereses institucionales, tales como los esfuerzos del Comando Sur de Estados Unidos para elevar el perfil de su misión, preocupaciones de los demócratas de ser percibidos como 'blandos con las drogas' y la expansión del complejo industrial militar hacia las operaciones de seguridad para hacer cumplir las leyes antinarcóticos. En Colombia, la explicitación ideológica de estos esfuerzos culminó en la denominación de las FARC como una meta-amenaza narcoguerrillera. El capítulo 2: "Formulación de política pública sobre derechos humanos y ayuda militar", cuenta la historia de cómo el *lobby* de derechos humanos, cada más profesional, intentó transformar su documentación de los abusos en reformas específicas de política pública. Me enfoco en la Ley Leahy, expedida por el Congreso de Estados Unidos, que prohibió la ayuda militar antinarcóticos para unidades militares extranjeras que enfrentaran alegatos creíbles de abusos, y sus consecuencias no intencionadas.

Los siguientes dos capítulos se enfocan en Colombia. El capítulo 3: "Los paramilitares como *proxies*", examina cómo evolucionan las formas de violencia contrainsurgente y argumento que los paramilitares surgieron como *proxies* del Estado debido en parte a la legislación de derechos humanos que exigía la rendición de cuentas por parte de los actores oficiales. La existencia de estas fuerzas se consideraba evidencia de un Estado ausente; por otra parte, en Washington la narrativa dominante minimizaba su crueldad, mientras las naturalizaba como una auténtica expresión de una clase media frustrada. El capítulo 4: "Viviendo bajo muchas leyes", describe las estrategias empleadas por los putumayenses para moldear su futuro político mientras vivían en una región disputada por múltiples actores, cada uno de los cuales reclamaba su derecho a gobernar. Este capítulo explora las experiencias de los funcionarios locales y de los pobladores durante la dramática transformación de Putumayo que produjo la bonanza de la coca en los noventa. Aunque la región ha sido ampliamente caracterizada como una región 'sin ley' por los políticos estadounidenses y colombianos, en realidad los pobladores se han involucrado intensamente en largas historias de organización política, contando con diversas conexiones a redes nacionales y transnacionales.

Capítulo 5: "Historias de origen del Plan Colombia". Este capítulo utiliza historias recogidas a través de entrevistas orales a formuladores de políticas, con el fin de develar la agencia y acción institucional que a menudo se oculta en los debates sobre política pública. Los funcionarios que entrevisté describen cómo surgió el Plan Colombia de una gama de prioridades de política pública, entre las que se encuentran una política antinarcóticos en Estados Unidos que intentaba abordar la crisis moral del gobierno de Clinton, un plan de paz para fortalecer las negociaciones con las FARC adelantadas por el presidente colombiano Andrés Pastrana o un programa de contrainsurgencia para derrotar a las guerrillas colombianas. Esta ambigüedad estratégica permitió que las diversas alianzas institucionales se unieran en apoyo a la ayuda militar.

Tanto el apoyo a la ayuda militar como la redefinición de la fuerza pública colombiana como un aliado primordial fueron productos de las delegaciones oficiales a Colombia y de la construcción de distintas geografías sensoriales, afectivas y morales. En el capítulo 6: "Solidaridades en competencia", analizo la producción de estas solidaridades imaginadas junto a las formas que adquiere la solidaridad opositora, la cual se movilizó a través del llamado a los derechos humanos, en gran medida borrando los debates sobre la política de drogas y canalizándose a través del campo existente de identidades y compromisos de los activistas, sobre todo con respecto al movimiento por la paz en Centroamérica.

El capítulo 7: "Reivindicaciones putumayenses de política pública", presenta cómo los funcionarios electos y los pobladores locales en Putumayo resistieron tal criminalización y exclusión e intentaron presentar propuestas alternativas de política pública a través de su asociación con organizaciones no gubernamentales, protestas y cabildeo formal. Durante este período, los pobladores locales tuvieron que lidiar con múltiples actores que reclamaban poderes estatales de gobernanza y soberanía, entre los cuales encontramos redes en evolución de ONG regionales, nacionales y transnacionales, representantes de los gobiernos regionales, nacionales y extranjeros (incluyendo a Estados Unidos) y actores armados ilegales, tanto guerrillas como paramilitares. A pesar de este panorama político tan complejo, los campesinos trataron de participar en la elaboración de políticas públicas tanto a través del ejercicio de la política como de movilizaciones contestatarias.

La intervención de Estados Unidos en Colombia ha sido ampliamente elogiada como un éxito que debe ser replicado en otros lugares. En 2007, Robert Kaplan escribió en el periódico en línea *The Atlantic:* "En nuestros mejores sueños, Irak debe llegar a parecerse a Colombia". Argumentos similares se presentaron en declaraciones oficiales, en informes de centros de estudio y en editoriales. En la conclusión, "Plan Colombia, Putumayo y el imaginario de la formulación de política pública", analizo las declaraciones de éxito y en qué consiste "el milagro colombiano", tal como se le denominó en 2010 en el título de un artículo del *National Standard.* Tres historias de vida de pobladores de Putumayo desafían esta narrativa triunfal y ofrecen en su reemplazo evaluaciones ponderadas de los daños causados en la región.

Sección I

Militarización, derechos humanos y la guerra de Estados Unidos contra las drogas

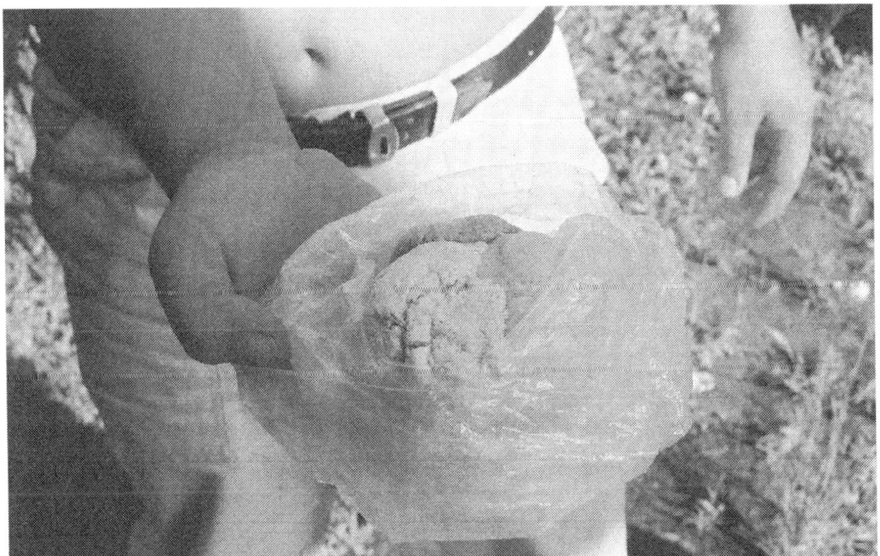

Figura 1. Pasta base de coca elaborada por un campesino (Putumayo, 1999)

Fuente: fotografía de la autora.

Capítulo 1
La política antidrogas de Estados Unidos va a la guerra

En los noventa, en Estados Unidos la guerra contra las drogas pasó de ser una metáfora a una verdadera guerra con el uso de helicópteros artillados y la participación de asesores militares y batallones del ejército dedicados exclusivamente a llevarla a cabo. El paradigma de cero tolerancia que adoptó Estados Unidos a nivel interno en los ochenta proveyó la arquitectura ideológica para la subsiguiente militarización de la política antidrogas en el exterior. Aunque tenía raíces en una larga historia de control del consumo de drogas por ciertas poblaciones marginales, la política de cero tolerancia se convirtió en un instrumento político social dominante durante el gobierno de Reagan. Dentro de este paradigma, se consideraba que todas las drogas ilegales causaban daños irreparables a la juventud blanca de clase media, de manera que se hacía necesario el poder abrumador de las fuerzas militares para prevenir el paso de estas mercancías a través de las fronteras de Estados Unidos, o para asegurar su destrucción física durante las etapas de su producción y tránsito. Tanto la militarización como la cero tolerancia al uso de drogas respondían a un mismo conjunto de lógicas culturales basadas en un ideal totalizante de fuerza abrumadora y control férreo. Ambas conjuran futuros distópicos a través de amenazas imaginarias y las dos crean una nueva relación basada en una visión excluyente que establece fronteras entre enemigos y aliados, demanda lealtad y hace señalamientos de pérfidas traiciones ante cualquier clase de oposición.

Justo antes de terminar su presidencia en enero de 1961, Dwight Eisenhower dio un discurso en el cual alertó al pueblo estadounidense del creciente 'complejo industrial militar' y le manifestó a la nación que "esta conjunción entre un inmenso establecimiento militar y una gran industria armamentística es nueva en la experiencia estadounidense. Su influencia total —económica, política y aun espiritual— se siente en cada ciudad, en cada capitolio estatal y en cada oficina del gobierno federal".

Durante las últimas tres décadas, una cantidad limitada pero creciente de literatura antropológica se ha enfocado en la evolución de las instituciones, prácticas sociales y valores culturales que facilitan el aumento de la dominación de las instituciones, tecnologías y lógicas militares en múltiples esferas de la vida social (Gusterson, 2007). Como Cynthia Enloe, una pionera de los estudios de la militarización nos recuerda, este proceso no es ni inevitable ni transparente, de manera que un arma puede ser o no militarizada tal como un juguete o una lata de sopa (Enloe, 2000). Los académicos han enfocado sus investigaciones en específicas geografías, tal como sucede con el estudio de Catherine Lutz sobre Fayetteville; en masculinidades, como en el caso del estudio de Aaron Belkin sobre las historias entrelazadas de ideologías de género en Estados Unidos y los proyectos imperiales; o en la producción de subjetividades como "trabajadores de la violencia", en el análisis que realiza Ken MacLeish sobre las comunidades de soldados y sus familias en Fort Hood (Lutz, 2002; Belkin, 2012; MacLeish, 2013). En este trabajo me enfoco en la militarización de una política, es decir, me interesa cómo un asunto definido como 'la política de drogas' llega a ser dominado por las prácticas institucionales, las lógicas y la experticia militares.

Esta historia hace parte de una genealogía más amplia de amenazas contemporáneas a la seguridad nacional (Goldstein, 2010), genealogía que conlleva trazar cómo las amenazas y el miedo se producen y cómo circulan, el papel que juegan como estructuras de sentimiento dentro de la formulación de política pública por Estados Unidos y sus efectos-Estado. Joseph Masco arguye que los imaginarios de miedo son centrales para la securitización de la vida política contemporánea y para la militarización de las amenazas a la seguridad nacional, y en el caso de la guerra nuclear y la llamada guerra contra el terrorismo, traza su despliegue en discursos, tecnologías e infraestructuras (Masco, 2006). Como nos recuerda Jutta Weldes en su análisis magistral de los eventos que llegaron a conocerse en su conjunto como la Crisis de los Misiles en Cuba, o la Crisis de Octubre, como se conoce en Cuba, las amenazas no solo se presentan, sino que son producidas de acuerdo con ciertas identidades estatales, de supuestos sobre el carácter y los roles nacionales, y dentro de distintas escalas temporales. Estas amenazas se despliegan con el fin de producir disposiciones afectivas, subjetividades políticas y prácticas científicas particulares, tal como lo han argumentado algunos antropólogos para el caso de una posible aniquilación nuclear, de riesgos biológicos y desastres geológicos (Gusterson, 1998; Masco, 2006; Lakoff, 2007). En este complejo terreno político, la amenaza que presenta el consumo de drogas ilegales ha llegado a abarcar no solamente valores sociales y la integridad corporal de determinadas poblaciones juveniles, sino también la seguridad nacional.

Ahora esta amenaza emana de productores y traficantes distantes, nuevos enemigos que requieren de nuevos aliados, en este caso de las fuerzas militares colombianas.

La militarización de la guerra contra las drogas es solo una pequeña parte de la amplia militarización de la política exterior de Estados Unidos, tal como se refleja en la disminución del gasto en misiones diplomáticas civiles, mientras el de las misiones militares se amplía. El presupuesto operativo del Departamento de Estado sufrió un recorte del 20 % durante los setenta y ochenta, que significó la disminución en un 22 % de personal en el Servicio Exterior, así como menos personal en las embajadas alrededor del mundo: se cerraron más de 30 embajadas y consulados, y muchas tareas que habían figurado en el mandato de los organismos civiles se transfirieron a las fuerzas armadas. La diferencia en tamaño entre las burocracias civiles y las militares es enorme, si se compara el peso institucional de 6.000 funcionarios oficiales del Servicio Exterior y 2.000 funcionarios en la AID, con 1,68 millones que suma el personal militar en servicio activo. Solo los músicos que tocan en las bandas militares sobrepasan en número al total del personal del Departamento de Estado. La presencia militar en el extranjero se ha extendido a través de las bases militares, las misiones de asesoría y las operaciones de entrenamiento (Lutz, 2009; Vine, 2011). Los comandantes militares regionales de Estados Unidos juegan un papel creciente en el establecimiento de los mandatos de las misiones y en el desarrollo de las relaciones dentro de los países. Estos cambios han tenido profundas consecuencias políticas en la medida en que los líderes militares hacen uso de "las relaciones entre las fuerzas armadas para seducir a los países a integrarse en la esfera de Estados Unidos en términos ideológicos y de sus intereses geopolíticos" (Priest, 2004, p. 97). Aunque estos arreglos reciben el respaldo arrollador de los políticos, generan conflicto entre los liderazgos civiles y los programas militares (Priest, 2004; Withers, 2008). En este capítulo, trazo la emergencia del marco de cero tolerancia y analizo cómo el Comando Meridional de Estados Unidos (conocido como Comando Sur) fue exitoso en el cabildeo que llevó a cabo con el fin de extender el papel militar en las operaciones antinarcóticos durante el período de la pos-Guerra Fría. Durante gran parte de los noventa, la Policía Nacional de Colombia fue el principal socio de Estados Unidos en las operaciones antinarcóticos, pero, a pesar de las críticas a las fuerzas militares colombianas por ser una fuerza abusiva, ineficiente y corrupta, a finales de los noventa estaban posicionadas para reemplazar a la policía como principal receptor de la ayuda militar de Estados Unidos. La ayuda militar se convirtió en una solución tanto para la vulnerabilidad política del gobierno Clinton, generada por la preocupación de algunos republicanos sobre el consumo de drogas en el país, como para las llamadas 'guerras de cultura' en curso, es decir, los debates públicos en Estados Unidos sobre cuestiones religiosas, de género y otras similares. El incremento de la ayuda a las fuerzas militares colombianas, en vez de a la policía, le permitió al gobierno del Partido Demócrata diferenciarse de la preferencia republicana por la Policía Nacional.

El trabajo ideológico e institucional que permitió esta transformación incluyó la creación de nuevos enemigos que requerían de una respuesta militar, que, sin embargo, no eran totalmente nuevos. Los formuladores de política pública en Estados Unidos fusionaron los miedos persistentes del comunismo propio de la Guerra Fría con la creciente preocupación sobre los traficantes hiperviolentos de las Fuerzas Armadas Revolucionarias de Colombia (FARC), que, para ellos, personificaban estos dos enemigos. Así, el rótulo de *narcoguerrilla* utilizado por los funcionarios del Servicio Exterior de Estados Unidos para categorizar a los insurgentes a lo largo del continente durante las últimas décadas de la Guerra Fría señaló la convergencia de las FARC con el tráfico de drogas. Esta designación resultó ser muy pegajosa y con frecuencia reciclada por comentaristas y medios de comunicación.[1] Este capítulo también delinea los supuestos erróneos que se encuentran en el centro de la narrativa de esta política. Tildar a la organización guerrillera de narcoguerrilla implicaba colocarlos falsamente en el centro del tráfico de drogas haciendo así invisible la mayor presencia de los traficantes paramilitares aliados con las fuerzas militares colombianas.

El temor a la vulnerabilidad burocrática por parte de los funcionarios jugó un papel central en la movilización del apoyo institucional para estos proyectos. Esta sensación de vulnerabilidad se enfoca en la posible pérdida de poder político, prestigio y control, y lleva a los funcionarios a verse a sí mismos como encargados de proteger sus propias instituciones asediadas y vulnerables. Los esfuerzos para promover la militarización de los programas internacionales sobre drogas se trataron fundamentalmente de procesos burocráticos que buscaron obtener recursos para un apoyo y una expansión ininterrumpidos de programas institucionales existentes. Como señala Yael Navaro-Yashin, "la burocracia ha sido estudiada como un aparato racionalizador que como tal promueve la disciplina y organiza los procedimientos de auditoría, sin ningún espacio para el afecto". Sin embargo, como lo revela su

1 Aquí recurro al análisis de Anna Tsing sobre la importancia de "la materialidad pegajosa de los encuentros prácticos" en su trabajo sobre la fricción en los encuentros globales (2005). Ver también a Peter Andreas y Kelly Greenhill (2010) cuando se refieren a números pegajosos y mágicos en "Introduction: the politics of numbers".

investigación sobre el servicio civil turcochipriota, la burocracia, "por sí misma, produce e incita modos específicos de afectividad", y, como un "dominio emotivo", estas prácticas institucionales implican deseo, reverencia, resentimiento, ironía, autorrestricción, apatía e insatisfacción. El miedo, que forma parte del proceso afectivo de los burócratas involucrados en la producción de la política pública, es central en la experiencia afectiva de vulnerabilidad burocrática que favorece determinadas opciones de política, en este caso, la militarización. Los militares estadounidenses temían la disminución de su presupuesto durante la era pos-Guerra Fría, ya que el Comando Sur quería apalancamiento para su mayor presencia en Latinoamérica y para reforzar su papel en relación con otros comandos combatientes unificados. El gobierno de Clinton estaba preocupado porque los ataques del liderazgo republicano del Congreso lo deslegitimara aún más.

Como etnógrafa, las reuniones, que se constituyen en práctica fundamental de estos esfuerzos burocráticos, estaban vedadas para mí, y en algunos casos se trataban de espacios clasificados (definidos como secretos por tratarse supuestamente de proteger la seguridad nacional) y en todos los casos sujetos a la vigilancia institucional, en cuanto a la asistencia, respondiendo literalmente a la preocupación sobre quién tendría un asiento en la mesa. Aquellos quienes aceptaron hablar conmigo insistieron en su anonimato, manifestando que estaban hablando "sin atribución", es decir, sin permiso para citar su nombre y que los podía identificar solo por su cargo general o su rango militar. Gran parte de este trabajo de campo fue llevada a cabo a través de llamadas telefónicas o en reuniones en restaurantes de cadena y cafeterías. El tono y estilo de este capítulo reproduce esta incorpórea lógica institucional tal como la narran los funcionarios que han participado en ella.

Aquellos espacios de oficina a los cuales tuve acceso para efectuar entrevistas reflejaban tanto las aspiraciones imperiales y belicosas de estas instituciones como su banalidad burocrática. Para entrar a la Embajada de Estados Unidos en Bogotá, se requiere llegar a un gran complejo, proceder a atravesar, primero, la muralla del perímetro y, después, las puertas de bronce de dos pisos de altura que se abren a un vestíbulo de granito gris con un atrio de cuatro pisos de altura, donde se encuentra un infante de marina ejerciendo como guardia de seguridad detrás de un vidrio a prueba de balas. Una vez dentro, pude hablar sobre la historia de las operaciones antinarcóticos y el entrenamiento militar, en unos cubículos de color *beige,* apenas personalizados gracias a unas tazas de café. Al aproximarme a las instalaciones con céspedes muy bien cortados de la Fuerza de Tarea Conjunta del Sur (Joint Interagency Task Force South), la cual coordina las misiones antidrogas en los Cayos de la Florida, encontré un submarino de fabricación artesanal ubicado en un círculo delineado por piedras blancas y lleno de gravilla. Me dijeron que no estaba permitido tomar fotos por razones de seguridad nacional, pero con mucho orgullo me contaron la historia de su captura junto con un marinero y cientos de kilos de cocaína. Adentro, las oficinas donde recibí mis sesiones informativas eran todas iguales, con paredes de madera aglomerada de partículas decoradas con tableros blancos manchados. Unos pocos días antes había pasado un día en Miami en la oficina central del Comando Sur de Estados Unidos, un edificio de oficinas de hormigón y cristal sin ninguna especificación situado sobre una carretera rodeada por playas de estacionamiento. Al final del día, reflexioné sobre "lo similar de lo desgastado de todas las oficinas del Ejército en las que he estado", todas con los mismos accesorios genéricos institucionales, mientras que "[todas las personas que veo mientras espero] están igualmente vestidas, con uniformes de camuflaje del desierto, aunque claramente estilo oficina, el uniforme del Mayor con dos lapiceros sostenidos por unos estuches cosidos en el antebrazo". Las oficinas de los oficiales de mayor rango y de los asesores civiles tienen accesorios con motivos que muestran la conexión con Latinoamérica: un gran libro de mesa de fotografías de Colombia, relojes artesanales hechos a mano, cachuchas con logos en español de unidades militares, como, por ejemplo, 'Explosivos'. Debido a mi acceso limitado a estos espacios, así como a las prácticas diarias de los oficiales que trabajan en ellos, no me enfoco en estos ámbitos, sino que trazo las narrativas e historias institucionales que llevaron a la militarización de la política de drogas y la hicieron legible como un proyecto público racional.

1.1. Surgimiento del paradigma de cero tolerancia

En 1971, el presidente Richard Nixon (1969-1974) declaró en Estados Unidos la primera guerra contra las drogas, al enfocarse en el creciente aumento de las tasas de adicción a la heroína entre los veteranos de las guerras de Asia suroriental. A diferencia de los consumidores de drogas asociados con el crimen y la desviación social, al tratarse de soldados, estos adictos eran vistos como sujetos que merecían su rehabilitación. Por primera y única vez en la historia estadounidense, no solo se hizo disponible tratamiento para quien lo solicitara, sino que médicos profesionales dirigían la política de drogas (Massing, 1998). Sin embargo, la retórica antidrogas de Nixon vinculaba el consumo de drogas con el crimen como parte de su programa más amplio de orden público, definiendo el tratamiento de las drogas como un programa anticrimen y exacerbando los miedos sociales hacia los usuarios de drogas. Esto coincidió con un creciente uso recreacional de drogas entre la juventud durante los sesenta, ligada a la oposición política y al malestar social. Nixon le manifestó a un público ansioso que, "para borrar el desalentador legado de Woodstock, necesitamos una guerra total contra las drogas" (citado en Morone, 2004, p. 407).

La preocupación sobre el uso de drogas por parte de la clase media blanca llegó a su máxima expresión en los ochenta con la creación de lo que se convirtió en "el grupo más poderoso en el país para hacer *lobby*" (Gladwell, 1998). A finales de los setenta, un pequeño grupo de padres preocupados por este problema organiza Familias en Acción (Families in Action), que llega a expandirse y formar la Federación Nacional de Padres para una Juventud Libre de Drogas (National Federation of Parents for Drug Free Youth) y pronto se convierte en un gran protagonista en los debates sobre la política de drogas. Después de la elección de Ronald Reagan, estos *lobbistas* trabajaron con la Primera Dama para redefinir la política de droga a partir del lema "Solo dile no a las drogas" (*"Just say no")*. En reacción a la amplia percepción de disminución tanto de la autoridad paternal como de los llamados valores tradicionales, la primera ola de lo que se conoció como las guerras culturales de los ochenta no se preocupaba de que los adolescentes tomaran alcohol o fumaran cigarrillos, sino que veían a la juventud blanca de clase media profundamente vulnerable al uso de drogas ilegales. "Teníamos la sensación de que algo invadía a nuestras familias, de estar asediados por una cultura que era muy peligrosa, muy amenazante", afirmó Keith Schuchard, un fundador del movimiento de padres contra la marihuana (citado en Massing, 1998, p. 144), quienes, al describir "cambios serios de comportamiento" en sus hijos y condenar el "deterioro de los valores", produjeron un folleto de amplia circulación titulado *Padres, pares e hierba (Parents, peers, and pot)*, que contenía una fuerte crítica de la 'cultura de la juventud' de ese momento y su tendencia a socavar "las autoridades tradicionales que podían afianzar la capacidad de los jóvenes para rechazar el uso de las drogas" (Massing, 1998, p. 148).

Según el punto de vista de estos grupos de padres, cualquier exposición a las drogas conducía inevitablemente a la adicción desenfrenada. Sus publicaciones exageraban de manera desproporcionada e irracional los efectos negativos para la salud de la marihuana, así como sus peligros. Al rechazar el consenso científico de que el uso de la marihuana era relativamente benigno (punto de vista que para ese momento sostenían varios altos funcionarios de la política de drogas del gobierno de Carter que apoyaban la descriminalización del consumo de marihuana), estos grupos de padres se proclamaban a sí mismos como 'la verdadera contracultura'. "El movimiento de padres invirtió la política. Su preocupación no eran los adictos de las barriadas urbanas marginales, sino los adolescentes de los suburbios, no era la heroína sino la hierba, y no era el tratamiento sino la 'cero tolerancia" (Gladwell, 1998). De acuerdo con el recuento de Michael Massing sobre la evolución de la política de drogas de Estados Unidos, estos padres y los formuladores de política pública sentían que "la noción de recuperación significaba que los adictos podían sanarse, un mensaje que ellos sentían socavaba su advertencia a los jóvenes de que no usaran drogas". Algunos prominentes funcionarios de la política de drogas hicieron eco de este punto de vista, entre quienes se encontraba el primer 'zar' de la lucha antidrogas designado por el presidente George H. W. Bush (Bush padre), el profesor de literatura William Bennett. Según los asistentes de Bennett, los esfuerzos de la Oficina de la Política Nacional para el Control de las Drogas "no se dirigían a los adictos empedernidos, quienes consumían la mayor parte de las drogas. Aunque estos contribuían con una parte significativa de la delincuencia, no se constituían en la principal amenaza para que los hijos de uno se convirtieran en usuarios de drogas" (citado en Massing, 1998, 1999). El movimiento de padres blancos y los formuladores de política pública nombrados por Reagan rechazaron los estudios científicos sobre la adicción para enfocarse en prevenir que los hijos de la clase media tuvieran acceso a las drogas y en tratar de aterrorizarlos para que rechazaran su consumo.

Durante este período, la adicción a la cocaína y la economía del *crack* tuvieron efectos reales y devastadores sobre muchas comunidades, sobre todo entre los afroamericanos de barriadas urbanas marginales. Sin embargo, en este período la cobertura mediática y las narrativas públicas sobre el uso de drogas se basaron en estereotipos racistas e interpretaciones erróneas sobre la naturaleza de la adicción y no examinaron las estructuras más amplias de exclusión social y económica que generan mucho del daño social que se le atribuye al uso de droga de manera individual (Reinarman y Levine, 1997).[2] Por su parte, la cobertura mediática del consumo de droga durante este mismo período exacerbaba el miedo a sus peligros. En este orden de ideas, la muerte ampliamente publicitada de Len Bias, estrella de básquet de la Universidad de Maryland, ocurrida en junio de 1986 como resultado de un infarto relacionado con el uso de cocaína, fue vinculada a la preocupación creciente sobre el impacto negativo de dicho consumo. A través de series policíacas en televisión, tal

2 Para mayor información sobre el impacto del consumo de drogas y de las políticas antinarcóticos en comunidades pobres, ver Bourgois (2002), Bourgois y Schonberg (2010), Campbell (2009) y Garcia (2010).

como *Miami Vice* (1984-1989) y películas como *En busca de la esmeralda perdida (Romancing the stone)*, éxito de taquilla en 1984 que mostraba a Colombia como una peligrosa región subdesarrollada del tercer mundo, la violencia del narcotráfico se convirtió en un elemento común en la cultura popular norteamericana. Aunque en 1981 había aparecido en una portada de la revista *Time* una copa tipo martini llena de polvo blanco, ahora las carátulas de la revista se enfocaban en el lado oscuro de las drogas: el "negocio sangriento" de las "guerras de la cocaína" (1985), las drogas como "el enemigo interno" (1986), los "niños que venden *crack*" (1988) y "niños del *crack*" (1991), que se refería a los hijos de madres usuarias. La histeria nacional sobre los efectos negativos del consumo de cocaína alcanzó su apogeo en el pánico sobre los 'bebés del *crack*', descritos como "una emergente subclase biológica" resultado del uso de drogas por parte de mujeres embarazadas. A pesar de que numerosos estudios posteriores demostraron que el síndrome del 'bebé del *crack*' no existía, el procesamiento de las mujeres embarazadas por usar drogas continúa hasta el día de hoy (Fitzgerald, 2013; Fleck, 2013; Paltrow y Flavin, 2013; Siegal, 1997).

Durante los ochenta, el Congreso elaboró legislación para abordar el pánico moral sobre el uso de drogas, sobre todo del *crack* de cocaína. La Ley contra el Abuso de Drogas de 1986 estableció directrices de condenas manifiestamente desiguales para el polvo de cocaína (asociado con el uso por parte de blancos) y el *crack* de cocaína (asociado con el uso y venta por parte de afroamericanos). Según la ley, la posesión de solo 5 gramos de *crack* (10-50 dosis) contemplaba una pena mínima obligatoria de cinco años, mientras que, para el caso de la cocaína en polvo, 500 gramos (2.500-5.000 dosis) implicaban los mismos cinco años de condena mínima. Estas directrices condenatorias, combinadas con prácticas de aplicación divergentes y discriminatorias, dieron como resultado un número desproporcionado de afroamericanos (principalmente hombres) encarcelados por delitos de drogas. Los poderes para hacer cumplir la ley se fueron expandiendo en la medida en que la legislación antinarcóticos socavó los derechos civiles y multiplicó los castigos que enfrentaban los que violaban la ley antinarcóticos, entre los cuales se encontraban ser excluidos de la posibilidad de obtener préstamos de estudio o recibir asistencia pública, como era el caso de vivienda pública, y estar expuestos a draconianos regímenes de libertad condicional. Los esfuerzos antidrogas también contribuyeron a la reconfiguración de las prácticas legales norteamericanas al hacer uso de informantes y de tratos negociados con la fiscalía, culminando en el mayor encarcelamiento de población *per capita* del mundo (Alexander, 2012; Becket y Herbert, 2009; Wacquant, 2009; Natapoff, 2011; Simon, 2009).

1.2. La decisión de recurrir a los militares

A la vez que se establecían en la ley penas mínimas obligatorias, el consumo de drogas era definido como un asunto de seguridad nacional que requería de una respuesta militar. En 1986, el presidente Reagan expidió la Directiva de Seguridad Nacional 221, declarando oficialmente a las drogas como una amenaza a la seguridad nacional. Según una encuesta llevada a cabo en marzo de 1988 por el *Noticiero CBS* y el *New York Times*, un 48 % de los residentes en Estados Unidos consideraba que las drogas eran el principal reto de política exterior que enfrentaba ese país y un 63 % pensaba que el asunto de las drogas debía predominar sobre la lucha anticomunista (Crandall, 2002, p. 32). La Ley de Autorización de la Defensa Nacional para el Año Fiscal de 1989 entregó al Pentágono —por primera vez— un mandato legislativo para llevar a cabo operaciones antinarcóticos, lo cual puede considerarse un importante precedente para el Plan Colombia, que iba a configurarse diez años más tarde. *La Ley Ómnibus* de Control del *Crimen* (Omnibus Crime Control Act) de 1989 amplió de manera dramática la burocracia para hacer cumplir las leyes contra las drogas dentro del país. Creó la Oficina de la Política Nacional para el Control de las Drogas para dirigir estos esfuerzos y designó al Departamento de Defensa como la agencia federal destinada a liderar las operaciones de interdicción en apoyo a estos organismos encargados de hacer cumplir la ley. En agosto de 1989, el presidente Bush padre expidió la Directiva de Seguridad Nacional 18, que "específicamente ordenaba a las fuerzas armadas que apoyaran a los organismos encargados de hacer cumplir la ley con el fin de parar el flujo de las drogas, como parte integral del esfuerzo nacional antidrogas". En el mismo año, Bush declaró: "La más grave amenaza interna que enfrenta nuestra nación son las drogas". Estados Unidos ampliaría la financiación para operaciones en 'países de procedencia', al priorizar la interdicción (incautación de drogas ilegales en ruta al país) y la destrucción tanto de cultivos ilícitos como de instalaciones donde se producían drogas. En septiembre, en una conferencia de prensa y como parte de la 'Estrategia Andina', Bush prometió financiación, equipos, apoyo logístico y personal de la DEA (Drug Enforcement Agency), de la CIA y de otras agencias. El paradigma de cero tolerancia había sentado las bases para el despliegue de helicópteros y ametralladoras multicañón para los soldados colombianos, visto como una solución al escalamiento de los temores de los padres debido al posible uso de drogas por parte de sus hijos.

Muchos oficiales de las fuerzas armadas de Estados Unidos se resistieron inicialmente a la idea de la participación militar en las operaciones antinarcóticos, en consonancia con el hecho de que a ellos se les había prohibido su involucramiento en el despliegue interno desde el período de la reconstrucción en la posguerra civil (1865-1877), cuando los miedos de los funcionarios en el Sur de una ocupación militar permanente dieron lugar en 1878 a la Ley Posse Comitatus. Esta ley ha jugado un papel crucial para mantener la defensa exterior como la principal misión de las fuerzas armadas de Estados Unidos, así como en la prevención del despliegue interno, distinción que la guerra contra las drogas socavó. Para 1981, el Congreso había emitido legislación que permitió al Departamento de Defensa apoyar los esfuerzos antinarcóticos haciendo uso de equipos, información, entrenamiento y asesoría, pero retuvo la prohibición de la participación militar en la inspección, decomiso y arrestos. Para algunos funcionarios, el involucramiento militar en las operaciones antinarcóticos eludía los objetivos de dicha ley. Ellos objetaban que se le hubiera asignado también el mandato de hacer cumplir la ley a instituciones designadas para llevar a cabo operaciones de combate, y señalaban las dificultades políticas que implicaba asumir lo que muchos consideraban como una política interna profundamente politizada. En 1992, en sus comentarios a la revista *The Defense Monitor,* el teniente general Stephen Olmstead, excoordinador de drogas del Departamento de Defensa (DOD, por su sigla en inglés) reflejaba esta visión: "Lo que yo percibo es lo siguiente: hagamos del Ejército el chivo expiatorio. No sabemos cómo responder al problema de las drogas, de manera que asignémoselo al Ejército y dejemos que ellos traten de resolverlo". Algunos militares testificaron en el Congreso que enfocarse en reducir la demanda de las drogas podría ser una estrategia más apropiada que llevar a cabo operaciones militares y policiales. Un oficial de alto rango del Departamento de Defensa me dijo que la misión antinarcóticos "fue totalmente impulsada por el Congreso". En su recuento de la historia, sostuvo que "siempre hubo presión sobre el DOD", pero que fue resistida hasta que "la misión fue absolutamente impuesta y tuvieron que tragársela".

La resistencia militar a la misión antinarcóticos se veía reflejada en las aspiraciones profesionales de los jóvenes oficiales, puesto que el éxito en la carrera y los ascensos dependían de la experticia en la guerra convencional y no de las que eran consideradas operaciones para asegurar el cumplimiento de la ley. Muchos oficiales estaban motivados por lo que uno de ellos llamó "las cosas grandes, las verdaderamente chéveres". Así, en el caso de la Armada, esto significó que no se trataba de perseguir lanchas y entregarlas a la Guardia Costera para ser inspeccionadas, sino de tener la posibilidad de lograr "tiempo de contacto" con un submarino soviético. "Atrapar narcos no era tan *sexy* como la Guerra Fría", me dijo un oficial de la Armada vinculado a operaciones antinarcóticos en el Golfo de Florida.

Aun después de aceptar la misión antinarcóticos, una profunda división permaneció entre las fuerzas militares y los organismos para hacer cumplir la ley, en cuanto a sus respectivas misiones y mandatos institucionales. El entrenamiento muy particular de cada uno, así como las distintas capacidades, han dado como resultado diferentes culturas institucionales y formas de experticia. La misión militar está enfocada en el uso de una fuerza abrumadora para lograr la victoria total. Por otra parte, hacer cumplir la ley se dirige a la protección de la comunidad basándose en la investigación criminal y la recopilación de pruebas. Como un militar de alto rango del Comando Sur vinculado a las operaciones antinarcóticos lo explicó:

> Nosotros lo describimos como cortar el césped: la misión siempre está ahí, todas las semanas uno tiene que salir a cortar el césped. Eso es lo que hace la Guardia Costera, siempre tendrá que patrullar la costa, patrullar el sector pesquero, llevar a cabo misiones contra el tráfico de drogas. Usted se encuentra cortando el césped todas las semanas. Los militares detestan cortar el césped y lo quieren pavimentar. Quieren terminar, pavimentarlo y jamás tener que cortar el césped de nuevo. Lo mismo sucede con la misión, los militares quieren entrar y matar a los tipos. Y ahora usted me dice que no puedo matar al enemigo. Con las organizaciones de narcotráfico, yo tengo el objetivo, sabemos dónde está el tipo, es un enemigo declarado, y... tenemos que entregarles a los guardias costeros el control táctico del operativo, ellos son quienes entonces lo interceptan y lo arrestan.

Sin embargo, en el transcurso de la siguiente década, las fuerzas armadas de Estados Unidos, en especial el Comando Sur, dieron un giro de 180 grados y acogieron con mucho entusiasmo las operaciones antinarcóticos. Al enmarcarse como una amenaza a la seguridad nacional, la misión antinarcóticos representó para las fuerzas armadas una razón de ser ideológica, precisamente cuando su principal adversario y su primordial amenaza imaginada se habían desintegrado sin haberse presentado una oportunidad de un enfrentamiento militar directo. Según la valoración de la doctrina antinarcóticos por parte del coronel (retirado) Richard Downie, "las drogas representaron el 'comunismo' de los noventa" (Downie, 1998). La visión promovida por las agencias antinarcóticos y los altos oficiales militares de Estados Unidos fue que el consumo de drogas, tal como el marxismo, era amorfo e insidioso y corrompía desde dentro los valores norteamericanos, mientras que los narcotraficantes gozaban de recursos y armamentos inagotables. En 1995, en su informe *El crimen organizado global: el nuevo imperio del mal (Global organized crime: the new evil empire)*, el Centro de Estudios Estratégicos e Internacionales concluyó que tal criminalidad planteaba "un reto de seguridad internacional mayor que cualquier otro que las democracias occidentales tuvieron que enfrentar durante la Guerra Fría". Ante la ausencia de la amenaza soviética y de la posibilidad de la aniquilación nuclear, los expertos en la seguridad nacional de Estados Unidos se enfocaron en "amenazas no específicas", las cuales requerían de la reconceptualización de la lógica del despliegue y de las tecnologías militares (Lakoff, 2007). En ese momento, la doctrina militar desarrolló lo que llegó a ser conocido como MOOTW, sigla burda para *military operations other than war* (operaciones militares distintas a la guerra), que comprendían misiones humanitarias y de mantenimiento de la paz, terrorismo, inmigración y narcotráfico.[3] Tal como me comentó un funcionario de alto rango del Departamento de Defensa, "sobre el asunto de las drogas, las fuerzas armadas decían no, no, no y después sí, sí, sí".

1.3. El papel del Comando Sur de Estados Unidos

De los cinco comandos geográficos estadounidenses que existían en esa época, el Comando Sur fue el que con más entusiasmo acogió la misión antinarcóticos, en parte como reflejo de los altos niveles de producción de narcóticos en la región andina que estaba bajo su jurisdicción. Sin embargo, esto también reflejaba la posición relativa del Comando Sur dentro de las fuerzas armadas al ser el más pequeño y menos financiado de los cinco comandos geográficos. Durante la Guerra Fría, los nombramientos más prestigiosos estaban en Europa y Asia, donde también se vieron las bases militares con la mejor financiación y la mayor concentración de tropas. El Comando Sur se había limitado a asumir un papel como supervisor en las guerras llevadas a cabo por *proxies* en Centroamérica (fuerzas a la disposición de un poder que operan sin identificarse de manera explícita con este), que los oficiales de las fuerzas armadas consideraban un éxito a pesar de las críticas de los defensores de derechos humanos. Un oficial del Comando Sur se refirió a este como la cenicienta dentro de la jerarquía institucional de las fuerzas armadas. El poder relativo del Comando Sur puede ser medido por su pequeña oficina en Washington, que

[3] Según la periodista Dana Priest, el general John Shalikashvili, quien fue presidente del Estado Mayor Conjunto de Estados Unidos, dijo: "Hombres de verdad no hacen MOOTW" (2004, p. 56).

no se encuentra en el Pentágono (el cuartel general del Departamento de Defensa de más de 12 hectáreas) y, en cambio, está localizado en un edificio suplementario a varias millas de distancia.

El general George Joulwan (comandante del Comando Sur entre 1990 y 1993) intentó aprovechar plenamente las posibilidades burocráticas de la misión antinarcóticos. Su antecesor el general Maxwell Thurman (comandante del Comando Sur entre 1989 y 1990) fue ampliamente citado por referirse a la guerra contra las drogas como "la única guerra que tenemos". No obstante, Thurman hizo muy poco para poner en marcha el enfoque antinarcóticos durante su mandato como comandante, pues se enfocó, primero que todo, en la invasión de Estados Unidos a Panamá en diciembre de 1989 y, posteriormente, fue marginado debido a una enfermedad. Por su parte, Joulwan era un astuto burócrata interesado en extender el poder institucional del Comando Sur. Sus colegas lo apodaron King George (Rey Jorge) debido a su estilo autoritario y llamativo, que incluía un Mercedes verde a prueba de balas, su carro en un desfile. Joulwan hizo del Comando Sur el cuartel general de nivel operacional para llevar a cabo la guerra contra las drogas, coordinando los cuerpos de inteligencia militar estadounidense para las operaciones antinarcóticos con un enfoque en los países andinos. El Secretario de Defensa y el Presidente del Estado Mayor Conjunto expidieron las instrucciones para el involucramiento de las fuerzas militares y el secretario de defensa Dick Cheney le asignó al Comando Sur la misión de planificar los operativos de combate y de trabajar con los países de acogida en América Latina. Para el Comando Sur, por mucho tiempo acostumbrado a observar el panorama de los principales teatros de conflicto de la Guerra Fría desde el asiento trasero, esta nueva constelación de amenazas a la seguridad fue diseñada para mantenerlos como una fuerza de combate relevante. Cuando le pregunté a un oficial por qué el Comando Sur acogió la misión antinarcóticos, me contestó: "Porque esa era *nuestra* misión. No teníamos el corredor de Fulda, el valle en Alemania donde los rusos atacarían... todos los demás tenían misiones militares de verdad. El Comando Sur veía la suya como la guía en la lucha antidrogas del DOD".

La guerra contra las drogas era un medio para impedir la disminución de los presupuestos militares. Es así como, durante los cortes presupuestales y reducciones de personal militar en la era inmediatamente posterior a la Guerra Fría, las nuevas misiones se convirtieron en un imperativo burocrático. En 1989, un general les dijo a reporteros de *Los Angeles Times* que las misiones antinarcóticos "nos podrían dar algo qué hacer". En el mismo artículo, el presidente del Estado Mayor Conjunto, el almirante William Crowe, le dijo al reportero: "Definitivamente pienso que vamos a ponerle mayor énfasis a la guerra contra las drogas, y, si esta trae consigo recursos, entonces, usted verá a las distintas ramas militares competir por ellos, y probablemente con mucho vigor. Nos enorgullecemos de ser unos burócratas eficaces, así como de ser militares, y creo que es legítimo para los militares tratar de perpetuar su institución". Programas proyectados para ser eliminados fueron reclasificados como infraestructura crucial para las operaciones antinarcóticos. Tal como un funcionario del Departamento de Defensa lo describió:

> Debido a que la Guerra Fría había terminado, los presupuestos se estaban disminuyendo y los programas de la Guerra Fría eran vulnerables. Había un vasto escenario de programas y sistemas de armamento que se encontraban en la lista de los que estaban en peligro. Cualquiera de ellos, el Programa de Reconocimiento Aéreo desde Baja Altura (Airborne Low Reconnaissance Program, ARL), por ejemplo, que era una plataforma de inteligencia que se constituyó en los ochenta para monitorear la contrainsurgencia en Centroamérica, pero ahora la financiación estaba disminuyendo, Centroamérica se estaba calmando, de manera que se decía que esto no es contrainsurgencia, esto es antidrogas, y lo pueden continuar por ley.

Se estaba refiriendo a los programas altamente costosos del Comando Sur, financiados a través del presupuesto antidrogas, entre ellos la Red de Radares de la Cuenca del Caribe (Caribbean Basin Radar Network), el Sistema de Gerencia del Comando Antinarcóticos (*Counter-Drug Command and Management System)* y el Programa de Reconocimiento Aéreo a Baja Altura. El equipo y los programas militares diseñados inicialmente para la Guerra Fría eran usados y sus presupuestos eran justificados por los esfuerzos transnacionales y militarizados para hacer cumplir la ley. En la era pos-Guerra Fría, los contratistas del Departamento de Defensa empezaron a jugar un papel más amplio en el desarrollo de herramientas para la lucha antinarcóticos y para hacer cumplir la ley, lo que un artículo del *Wall Street Journal* llamó "La Guerra Fría de los noventa" (Thomas, 1994). Importantes centros de investigación militares estadounidenses, entre ellos los laboratorios de Los Álamos, empezaron a incluir tecnología antinarcóticos en su agenda; fabricantes de armas y otras corporaciones patrocinaron conferencias sobre este tema (Andreas y Price, 2001, p. 40). Durante mis entrevistas, un alto funcionario del Departamento de Defensa llamó la guerra contra las drogas "una chequera pública". Los militares del Comando Sur se dedicaban activamente a conseguir estos recursos, haciendo *lobby* en el Congreso y en los medios de comunicación.

1.4. Resurgimiento de pánicos morales y crisis de las drogas durante el gobierno de Clinton

El Plan Colombia no era inevitable, incluso teniendo en cuenta a los oficiales de las fuerzas armadas que hacían cabildeo buscando una mayor participación en operaciones antinarcóticos. Al principio del gobierno de Clinton y durante varios años, parecía posible un cambio en la política internacional de drogas. Otros asuntos de política exterior, tales como la Guerra del Golfo (1990-1991) y el enredo de Estados Unidos en Kosovo, eran considerados prioridades más altas. Hasta el punto de que algunos analistas de la política sugirieron que las operaciones antinarcóticas en el exterior podrían marchitarse por negligencia. El gobierno de Clinton condujo una revisión extensa y clasificada de los programas de erradicación y de interdicción, concluyendo que los esfuerzos hasta la fecha habían sido ineficaces (Crandall, 2002, p. 35). Para el año fiscal de 1993, la ayuda antidrogas andina disminuyó de 387 millones a 174 millones de dólares. Algunos analistas sobre la política de drogas hasta pronosticaron que la guerra contra las drogas podía reconceptualizarse.

Con las elecciones de 1994, el apoyo a la política de droga militarizada de cero tolerancia regresó más fuerte que nunca, en la medida en que los republicanos recuperaron la mayoría en la Cámara de Representantes, siendo su posición sobre las drogas ilícitas parte de un amplio espectro de los llamados asuntos sociales que comprendían el aborto, la homosexualidad y la pornografía, sobre los cuales los conservadores promovían una mayor responsabilidad personal a través de la regulación y la intervención del gobierno. Junto con el apoyo al cristianismo, la posesión de armas y las relaciones sociales patriarcales, estas posiciones surgieron como preocupaciones políticas centrales en las 'guerras de cultura' de los ochenta y noventa. En 1994, John P. Walters, el futuro zar de la lucha antidrogas (nombrado durante el gobierno de George W. Bush, y quien trabajó entre 2001 y 2009) fue autor de un documento titulado "Cómo está abandonando la guerra contra las drogas el gobierno de Clinton", que fue publicado por el centro de pensamiento conservador Heritage Foundation, en el cual concluía que Clinton "no ofrecía ningún liderazgo moral o político o algún estímulo para aquellos en Norteamérica y en el exterior que están librando la guerra contra las drogas". Este informe alegaba que Clinton había convertido a la Oficina de la Política Nacional para el Control de las Drogas (Office of National Drug Control Policy, ONDCP) en "una zona relegada al margen", que el gobierno había hecho recortes en la financiación y reducido el personal en un 80 % y criticaba la decisión de incluir la legalización en su discusión de opciones de política, así como la reducción de sentencias obligatorias propuesta por altos funcionarios del gobierno.

En 1994, las elecciones para el Congreso (en la mitad del período presidencial) dieron un golpe dramático a la agenda política del gobierno Clinton, tanto en términos pragmáticos como ideológicos, por cuanto los republicanos recuperaron la mayoría en la Cámara de Representantes y con su mayoría en el Senado efectivamente controlaban la agenda legislativa y la programación de audiencias dentro de los comités del Congreso. En el Congreso estadounidense, una cohorte de representantes republicanos abogaba por el apoyo a la Policía Nacional de Colombia. Estos congresistas se conocían informalmente como los 'guerreros de la droga' y eran institucionalmente vinculados a través del *Caucus* del Congreso sobre la Droga (Congressional Drug Caucus). Aun cuando un *caucus* del Congreso estadounidense es un grupo voluntario sin poderes legislativos, podía convocar audiencias y funcionar como una red importante. Después del ascenso de la nueva mayoría republicana en enero de 1995, los guerreros de la droga llegaron a ocupar puestos institucionales con mucho poder en la cámara baja. Entre estos republicanos se encontraban Newt Gingrich de Georgia, presidente de la Cámara entre 1995-1998, Dennis Hastert de Indiana, presidente de la Cámara entre 1999-2006, Dan Burton de Indiana, presidente del Comité de Reforma Gubernamental (House Government Reform Committee), Benjamin Gilman de Nueva York, presidente del Comité de Relaciones Internacionales (House International Relations Committee) entre 1995-2001 y Asa Hutchinson de Arkansas, quien representaba su distrito entre 1997-2001 y, posteriormente, fue nombrado director de la DEA. Estos puestos les permitieron controlar la agenda legislativa, y usaron este poder para convocar audiencias, debatir la política de drogas y el apoyo a los programas para Colombia y patrocinar delegaciones de congresistas a Colombia.

1.5. Creando aliados: de la PNC a los Milcol

La Policía Nacional de Colombia (PNC) era claramente la beneficiaria de una política 'bifurcada' que surgió durante la crisis de las relaciones diplomáticas entre Estados Unidos y Colombia que se presentó a mediados de los noventa. Las revelaciones de un agente de la DEA en el sentido de que el presidente colombiano electo Ernesto Samper había recibo en su campaña electoral contribuciones del Cartel de Cali lo llevó a su ostracismo por parte de los funcionarios estadounidenses. Aunque se posesionó y completó un período como presidente (no se permitía la reelección en esa época), la crisis debilitó su gobierno. En el informe anual del Departamento de Estado que evalúa la cooperación transnacional con las operaciones antinarcóticos de Estados Unidos, Colombia fue 'descertificada' y se le canceló la visa a Samper.[4] Algunos funcionarios estadounidenses expresaron hostilidad hacia Samper mientras seguían suministrando apoyo entusiasta a la Policía Nacional y específicamente a su director Rosso José Serrano. Estos funcionarios eran quienes habían demandado que Serrano fuera promovido a director, en reemplazo de un general que se rumoraba estaba implicado en casos de corrupción (Crandall, 202, p. 106). Una vez posesionado, Serrano llevó a cabo una purga ampliamente publicitada de las fuerzas policiales y creó unidades élite antinarcóticos que fueron rigurosamente investigadas y aprobadas debido a su falta de antecedentes cuestionables, lo cual lo llevó a ser el célebre favorito de los formuladores de política en Estados Unidos. Los congresistas que apoyaban a la PNC describían la fuerza policial en términos mesiánicos y la consideraban "dejando atrás la Edad Media". Los auxiliares de los congresistas recuerdan que muchos lo veían como un superhéroe y uno destacó que solo le faltaba lucir una capa mientras caminaba con confianza a través de los pasillos del Congreso.

El apoyo retórico y material de los republicanos del Congreso a la PNC surgió de alabarla como una fuerza heroica que protegía a la población de Estados Unidos a través de sus esfuerzos antinarcóticos, y como la más pura expresión de un compromiso por un fin antinarcótico compartido. Con frecuencia, los congresistas describieron su apoyo a la PNC como motivado por la amenaza de las drogas para la juventud norteamericana, ubicando su cuidado en su propia posición patriarcal como padres y protectores de los jóvenes en sus distritos. El presidente de una audiencia del Congreso informó que se trataba de "los esfuerzos heroicos de ciertos colombianos en la guerra contra las drogas [...] pero también se trata de la juventud norteamericana, de nuestros hijos y francamente, de nuestro futuro". Este marco más amplio estableció conexiones directas entre los jóvenes norteamericanos y la Policía Nacional de Colombia.

---

4 El Congreso de Estados Unidos requiere que el Departamento de Estado expida una certificación anual sobre los gobiernos extranjeros, que evalúa su grado de cooperación con las operaciones antinarcóticos de Estados Unidos. No ser certificado implica la suspensión de la ayuda no militar además de otras sanciones.

Algunos republicanos acusaron a los funcionarios del gobierno de Clinton, diciendo que a ellos no les importaba el impacto de las drogas sobre la juventud norteamericana e implicándolos en las muertes de policías colombianos debido a sus fallas en el envío de la ayuda que el Congreso había aprobado. Algunos congresistas republicanos objetaron el hecho de que la Embajada en Bogotá no hubiera ampliado su equipo antinarcóticos aunque el Congreso le había suministrado financiación asignada específicamente para tal propósito y atribuyeron el atraso en la entrega de la ayuda a los procedimientos burocráticos y estándares legales. Culparon al gobierno de Clinton por la suspensión de la ayuda requerida debido a la descertificación de Colombia por parte de Estados Unidos, y por el atraso que siguió a la aprobación de la Ley Leahy (esta será analizada en el capítulo 2).

En audiencias del Congreso, la experticia de los guerreros de las drogas en el Congreso —alcanzada a través de sus viajes a Colombia, sus cercanas conexiones con la Policía Nacional de Colombia y con otros funcionarios, y su conocimiento exhaustivo sobre la tecnología militar y la de los armamentos— fue posicionada en contra de la preocupación de los funcionarios del Departamento de Estado con respecto al protocolo legal, la protección de los derechos humanos y los procedimientos burocráticos.[5] Se hablaba de los derechos humanos como una amenaza a la política de Estados Unidos, un asunto que examino en el próximo capítulo. Uno de los ejemplos más dramáticos ocurrió en 1997 durante una audiencia del Subcomité sobre Seguridad Nacional, Asuntos Internacionales y Justicia Penal de la Cámara de Representantes. En esta ocasión, el representante Hastert acusó al Embajador de Estados Unidos en Colombia de "proteger los derechos humanos de personas que quieren atentar contra el bienestar de los niños de este país" por intentar aplicar la Ley Leahy.[6] El embajador Myles Frechette explicó que cumplía con la política oficial y que se adhería a las normas administrativas establecidas dentro de la burocracia del Departamento de Estado. En respuesta, el representante Bob Barr de Georgia exigió a los funcionarios del Departamento de Estado considerar que "esos valientes hombres [oficiales de la policía colombiana] podrían estar vivos

5 Sin embargo, aun durante este período Colombia no recibía atención por parte de los altos funcionarios de la política exterior, sino que las políticas fueron impulsadas por funcionarios de nivel intermedio (Crandall, 2002, p. 4).

6 "International Drug Control Policy: Colombia". Audiencia del Subcomité sobre Seguridad Nacional, Asuntos Internacionales y Justicia Penal, Comité sobre Supervisión y Reforma Gubernamentales, Cámara de Representantes, 105º Congreso, Primera Sesión, 9 de julio de 1997. Recuperado de http://www.gpo.gov/fdsys/pkg/CHRG-105hhrg45991/html/CHRG-105hhrg45991.htm

hoy día de no haber sido por la verborrea, la ofuscación y los retrasos de los que hemos sido testigos en los últimos meses en el suministro de helicópteros, armas, munición, blindaje, chalecos y todo el equipo que está diseñado para salvar vidas".

Al mismo tiempo que se alababa a la PNC, los informes internos de Estados Unidos recriminaban a los militares colombianos como ineptos, corruptos y abusivos. En 1994, un informe de la CIA sobre operaciones contrainsurgentes reportaba que los colombianos sufrían de movilidad limitada y de niveles de tropa insuficientes y llamaba a los 125.000 miembros del ejército colombiano "principalmente una fuerza de guarnición estática". El mismo informe de la CIA también mencionaba "trato duro a los campesinos" y "un expediente manchado" en términos de derechos humanos: "Los militares tienen una historia de asesinar a civiles de izquierda en zonas guerrilleras, de cooperar con grupos paramilitares vinculados al narcotráfico, en ataques contra supuestos simpatizantes de la guerrilla y de matar a combatientes capturados". Otros informes llegaban a conclusiones similares. Los formuladores de política pública en Estados Unidos también veían a las fuerzas militares colombianas como extremadamente corruptas, participando en la malversación de fondos institucionales, así como en sobornos, todo de manera acostumbrada e involucrándose con el narcotráfico.[7] En 1997, el embajador de Estados Unidos, Myles Frechette, manifestó categóricamente que Estados Unidos no suministraría ayuda contrainsurgente debido a "demasiados problemas de derechos humanos", y a la falta de "cualquier evidencia de una estrategia antiguerrilla coherente".[8]

Un auxiliar con mucha experiencia en el Congreso fue más contundente al mencionarme: "Nosotros considerábamos a los militares colombianos una organización criminal", y agregó: "Eran poco profesionales, ineficientes y no rendían cuentas". En 1998, un memorando del Departamento de Estado hacía eco de estas preocupaciones e incluía una lista de sugerencias para las fuerzas militares colombianas:

> Necesitan proteger menos a los oficiales incompetentes y ascender más y con rapidez a los buenos [...] Menos de simplemente arremeter contra los supuestos

7 Cable de la Embajada de Estados Unidos en Bogotá, "Reunión el 12 de enero entre el Embajador y el nuevo Ministro de Defensa (designado)", 13 de enero de 1997, obtenido por National Security Archive. Recuperado de http://www.gwu.edu/~nsarchiv/NSAEBB/NSAEBB69/col51.pdf

8 Cable 0312 de 1997 de la Embajada, Departamento de Estado, "Reunión el 12 de enero entre el Embajador y el nuevo Ministro de Defensa (designado)", 13 de enero de 1997. Secreto.

> 'enemigos de Colombia' y más [esfuerzos] para desarrollar y usar técnicas creíbles y defendibles de recopilación de inteligencia y de interrogación en vez de baterías de 12 voltios y mangueras de goma [...] el ejército colombiano no pasa el examen ni con los grupos de derechos humanos, ni con el Congreso de Estados Unidos, ni con los medios de comunicación.

Sin embargo, en la medida en que los noventa llegaban a su fin, los líderes militares estadounidenses empezaron a enfocarse en Colombia como un lugar crítico para empezar a ampliar las relaciones entre las fuerzas armadas de Estados Unidos con las de otros países. El apoyo a las fuerzas militares colombianas le daba una clara ventaja política al gobierno de Clinton, quien podía flanquear el apoyo republicano a la PNC. Las fuerzas militares fueron vistas como intrínsecamente superiores a la policía: una fuerza más grande, con jurisdicción nacional, armamento y capacidades de inteligencia más avanzadas y menos restricciones legales a sus operaciones. El trabajo político para posicionar a las fuerzas militares colombianas como aliados dignos de Estados Unidos no se enfocó en rehabilitar su imagen o las evaluaciones oficiales de Estados Unidos sobre sus capacidades, sino que los funcionarios estadounidenses se enfocaron en reimaginar al enemigo. En lugar de enfocarse en combatir a los carteles del narcotráfico (una etiqueta problemática que en sí misma no reflejaba la flexibilidad y complejidad de tales organizaciones), posicionaron a las fuerzas militares en la primera línea de una lucha entre despiadadas narcoguerrillas y los ciudadanos estadounidenses. Bajo la lógica de la militarización, la pregunta no era si el equipo y el entrenamiento militar constituían la respuesta política adecuada, sino a cuál agencia colombiana se le debería asignar. Más aún, el destino de esta ayuda no se definió a través de una discusión sobre las agencias en cuestión, sino que resultó de riñas partidistas entre republicanos y demócratas que competían por alcanzar la posición de ser el que *más* apoyaba la ayuda militar para los colombianos.

La categorización de la ayuda militar como dirigida a las misiones antinarcóticas del ejército colombiano calmaba los miedos de los formuladores de política, sobre todo de los demócratas, quienes eran escépticos de involucrarse en operaciones contrainsurgentes en el extranjero. Desde los setenta, los debates públicos en Estados Unidos sobre operaciones militares en el extranjero han estado dominados por lo que se conoce ampliamente en los círculos de la política exterior de Estados Unidos como el 'síndrome de Vietnam', es decir, la preocupación de replicar los duraderos costos políticos y militares de la derrota de Estados Unidos en ese país. Las asociaciones contrainsurgentes son vistas como un profundo riesgo político que supone confiar en fuerzas militares extranjeras cuya conducta no se puede controlar y en objetivos estratégicos ambiguos que no se pueden alcanzar sin lugar a dudas. Durante el gobierno de Clinton, este debate se revivió en 1993 como resultado del despliegue de la infantería de marina a Somalia, en lo que se definió como una misión humanitaria para capturar señores de la guerra en Mogadiscio. Se suponía que iba a ser un ataque quirúrgico dramático, pero terminó siendo una trágica humillación, cuando los soldados estadounidenses caídos fueron arrastrados por las calles. Este incidente llegó a dominar las discusiones en la política exterior cuando se trataba de posibles intervenciones militares de Estados Unidos en otros conflictos extranjeros, desde Ruanda hasta Colombia. Un asesor del Pentágono me comentó: "La gente decía que 'nosotros ya no hacemos contrainsurgencia', de manera que las personas que hacían contrainsurgencia reconocieron que tenían que hacer otra cosa, por lo cual 'antidrogas' se convirtió en la palabra de moda". Y agregó: "Las personas decían 'Queremos hacer algo en Latinoamérica, y no podemos hacer contrainsurgencia, así que vamos a llevar a cabo operaciones antidrogas".

Sin embargo, no había líneas claras que delimitaran las misiones humanitarias, antinarcóticos y de fortalecimiento del Estado, en contraste con la contrainsurgencia en el terreno, sobre todo en casos como Colombia. El primer esfuerzo para mantener la división entre las operaciones antinarcóticos y las de contrainsurgencia implicó tener en cuenta la geografía: la ayuda no podía aplicarse por fuera de 'la caja', es decir, de la región núcleo de cultivos de coca, definida por la Embajada de Estados Unidos. El concepto de 'la caja' fue abandonado a finales de los noventa, pero los oficiales seguían intentando distinguir entre operaciones contrainsurgentes y operaciones antinarcóticos. Un oficial del Departamento de Estado me dijo en una entrevista telefónica: "En ese momento nosotros pensábamos que no había diferencia entre [operaciones] antiterroristas y antinarcóticos". Y continuó: "Pero el Congreso tomó esta diferencia muy en serio, por lo que nosotros también tuvimos que tomar la distinción muy en serio". Michael Skol, quien se desempeñó como Subsecretario de Estado Adjunto para Latinoamérica antes de renunciar en 1996 para dirigir una firma que hacía *lobby,* describió los debates como necesarios "para que el Congreso aprobara la ayuda antinarcóticos", tildando las promesas hechas por el Departamento de Estado como "ridículas" y los argumentos "altamente intrincados [...] la gran pelea en el Congreso estaba en el enfrentamiento demócratas versus republicanos". Además, descartaba las discusiones que eran "casi un dilema teológico" sobre el suministro de ayuda que podría ser utilizada contra las guerrillas, diciendo que "consistían en contar el número de guerrilleros que podían bailar en la punta de una bala antinarcóticos". La etiqueta de narcoguerrilla le permitía a los formuladores de política pública eludir estos debates: por definición todas las operaciones contrainsurgentes eran operaciones antinarcóticos si el enemigo era a la vez una organización de tráfico de drogas e insurgente.

1.6. A crear villanos: las narcoguerrillas

En la medida en que los funcionarios del gobierno de Clinton y los militares de Estados Unidos empezaron a abogar por el incremento de la ayuda militar, también empezaron a argüir que no había ninguna distinción entre la guerrilla y el narcotráfico. En Washington, se referían a los miembros de las FARC no simplemente como beneficiarios del narcotráfico, sino como los actores *centrales* de la industria después de la muerte del capo Pablo Escobar del Cartel de Medellín y de la disolución del Cartel de Cali a mediados de los noventa. Para evaluar cómo se empezó a considerar la guerrilla de las FARC un cartel narcotraficante y las maneras como esta idea ocultó lo que estaba sucediendo en Colombia, se requiere comprender la emergencia de las FARC, su papel en el tráfico de drogas y el rol de los medios de comunicación en la creación del pánico moral enfocado en las guerrillas. Pese a que las fuerzas de derecha de los paramilitares llevaban a cabo la gran mayoría del tráfico de drogas, los funcionarios estadounidenses se enfocaron casi exclusivamente en las guerrillas. En las secciones restantes de este capítulo, exploro cómo surgió esta lógica en la política pública y cómo fue perpetuada a través de la construcción de un villano hecho a la medida: las narcoguerrillas.

El apodo de narcoguerrilla utilizado por los oficiales estadounidenses y colombianos para referirse a las FARC en entrevistas y testimonios públicos tiene raíces profundas en el discurso político de Washington sobre los movimientos marxistas de oposición en Latinoamérica. Se le atribuye a Lewis Tambs, embajador de Estados Unidos en Colombia, el haber acuñado la frase a mediados de los ochenta, cuando varios funcionarios advirtieron que las insurgencias en toda la región financiaban sus operaciones a través del tráfico de drogas. Este rótulo fue ampliamente usado durante los últimos años de la Guerra Fría para vincular a los grupos comunistas con elementos criminales propios del tráfico de drogas. Deslegitimaba los reclamos políticos de dichos movimientos al categorizarlos como organizaciones criminales y justificaba incrementar la ayuda militar para sus opositores con el argumento de que tenían acceso a los recursos casi ilimitados del tráfico de drogas. Estas preocupaciones fueron ventiladas en los ochenta en discusiones relativas al incremento de la ayuda militar a las fuerzas centroamericanas que combatían a las insurgencias marxistas o a los gobiernos identificados como marxistas. "Las drogas se han convertido en el aliado natural de aquellos que quieran destruir las sociedades democráticas de nuestro hemisferio a través de medios violentos", advirtió en 1984 William von Raab, el entonces Comisionado de Aduanas de Estados Unidos, en una audiencia en el Senado (citado en Youngers, 2001, p. 24). Además, afirmó que Cuba y Nicaragua utilizaban el tráfico de drogas en la región para financiar insurgencias a lo largo de América Latina. Al año siguiente, el Estado Mayor Conjunto citó la amenaza de la narcoguerrilla cuando recomendó unánimemente que las fuerzas armadas de Estados Unidos tomaran medidas para combatir el tráfico de drogas en Centroamérica, entre las cuales estaban la imposición de bloqueos navales y aéreos. Al finalizar la década, el surgimiento en Perú del cruento Sendero Luminoso en regiones donde se cultivaba coca trajo a los Andes el enfoque en la narcoguerrilla.

Este posicionamiento en los ochenta de las narcoguerrillas como una amenaza para los intereses de Estados Unidos en América Latina se revivió en 1990 en relación con Colombia, esta vez dirigido específicamente a las FARC. Durante su gestión como director de la Oficina de la Política Nacional para el Control de las Drogas (conocido como el Zar Antidrogas), el general (retirado) Barry McCaffrey testificó numerosas veces ante el Congreso, siempre enfatizando el creciente papel que jugaban las FARC en el tráfico de drogas. Ya en 1996, McCaffrey le informó al Congreso que las operaciones antinarcóticos de Estados Unidos en Colombia habían "generado respuestas violentas de parte de las narcoguerrillas". En frecuentes comunicados de prensa del Embajador de Estados Unidos en Colombia, así como de funcionarios de los departamentos de Estado y de Defensa, se insistió en que las narcoguerrillas eran la principal amenaza para los intereses de Estados Unidos en la región.

Por su parte, altos oficiales de las fuerzas armadas colombianas también usaban dicha frase. Los esfuerzos de rotular a las FARC como narcoguerrillas formaron parte de una guerra propagandística más amplia, cuyo propósito central fue el de deslegitimar el reclamo de la insurgencia en cuanto a su compromiso ideológico tanto con relación a la mejora de las condiciones de vida de las clases marginales como a su futuro reconocimiento político. En 1996, Harold Bedoya, entonces Comandante General de las Fuerzas Militares de Colombia, escribió el prólogo de *El Cartel de las FARC*, un libro escrito por un mayor del ejército y publicado con la aprobación del ejército. Este libro se lanzó simultáneamente en inglés y español, y fue distribuido a formuladores de política estadounidenses. Cuando yo trabajaba en la WOLA, recibí una copia como regalo del agregado de las fuerzas armadas colombianas. El texto es una compilación pobremente editada de citas de prensa, documentos presuntamente capturados por comandantes militares, citas de guerrilleros desmovilizados, así como de expertos y acusaciones a las FARC por beneficiarse del tráfico de drogas. El general Fernando Tapias, Comandante General de las Fuerzas Militares, le dijo en 2000 a la Associated Press: "Yo no creo que nadie en Colombia o en el mundo pueda dudar de los vínculos entre el tráfico de drogas y el grupo insurgente". Además, empezaron a circular cálculos cada vez más altos de los ingresos de las FARC provenientes del tráfico de drogas, los cuales oscilaban entre 600 millones y 1.000 millones de dólares anuales, estadísticas no comprobables que se convertían implícitamente en argumentos para solicitar presupuestos que estuvieran a la altura de tal amenaza.

Para los altos oficiales del Comando Sur, las FARC eran el nuevo cartel y describían su perspectiva sobre los cambios de la dinámica del tráfico de la cocaína y de la evolución de las FARC como una transformación de "un grupo ideológico con verdaderas intenciones de derrocar al gobierno" en "un grupo puramente narcotraficante interesado en ganar dinero y en su propia supervivencia", y agregaban que, "cuando se desmantelaron los grandes carteles, las FARC fueron las que integraron verticalmente el tráfico de drogas y fueron las responsables de consolidar toda la industria de las drogas". En una entrevista de campo llevada a cabo en 2008, Rand Beers, ex-Subsecretario de Estado para Asuntos de Narcóticos y Aplicación de la Ley, informó que "por lo menos en Washington, las FARC surgieron como una organización dedicada al tráfico de drogas antes que las AUC [paramilitares]".

1.7. Falacias de la narcoguerrilla

Tanto mi trabajo de campo en el sur de Colombia como la creciente literatura académica en este país sobre las FARC, revela las formas específicas en que esta categoría malinterpretaba las condiciones que se vivían en el sur de Colombia. Es fundamental entender estas dinámicas para trazar el trabajo político implícito en el uso del rótulo de narcoguerrilla y para mostrar qué es lo que se oculta en este proceso. En primer lugar, el rótulo negaba la lógica política de las FARC en cuanto a su condición de guerrilla insurgente. En segundo lugar, dicho apelativo borraba la estructura existente del narcotráfico en ese momento e invisibilizaba los actores que realmente participaban en el proceso. Por último, la narrativa de la narcoguerrilla sobreestimaba la fortaleza militar de las FARC y exageraba la amenaza que suponía este grupo para el Estado. Estos elementos fueron fundamentales en los debates de política pública que se realizaron alrededor del Plan Colombia y funcionaron como aparatos discursivos para justificar la militarización.

A lo largo de su historia, las FARC han sostenido que son una organización política y militar orientada hacia el derrocamiento del Estado y la defensa de los pobres del campo. Tienen sus orígenes en las fuerzas de autodefensa campesinas liberales surgidas en comunidades organizadas en parte por el Partido Comunista que llegaron a ser enclaves armados desde los años treinta y cuyos habitantes a menudo se desplazaban en masa hacia tierras consideradas 'baldías', proceso que posteriormente fue descrito como 'colonización armada' (Molano, 1989). Los líderes de estas fuerzas combinaron el robo con la resistencia campesina, dando lugar a lo que se definió de manera amorfa como bandolerismo político. En la próxima década, estas fuerzas de autodefensa pobremente entrenadas llegaron a ser las primeras organizaciones guerrilleras en el país. Durante este proceso, fueron repudiadas por el Partido Liberal Nacional, fueron blanco de feroces campañas contrainsurgentes y además aisladas de la economía colombiana en proceso de industrialización. Aunque debilitadas por las ofertas de amnistía por parte del gobierno que persuadieron a muchos líderes a dejar las armas y entrar a la vida civil y golpeadas por campañas contrainsurgentes arrolladoras, estos enclaves armados sobrevivieron hasta entrados los sesenta como 'repúblicas independientes' que actuaban por fuera del control del gobierno central. Los líderes guerrilleros radicalizados por las campañas militares realizadas en su contra formalizaron su visión en una reunión llevada a cabo el 20 de julio de 1962, al declararse como el bloque sur y emitir una plataforma agraria nacional. Dos años más tarde, en la Segunda Conferencia Guerrillera Nacional, la dirección adoptó una plataforma marxista y anunció el nacimiento de las Fuerzas Armadas Revolucionarias de Colombia (FARC).

Durante sus dos primeras décadas de existencia, las FARC siguieron siendo una federación poco definida de frentes campesinos mal organizados, pero, con el incremento de recursos provenientes del 'impuesto' al tráfico ilegal de narcóticos, financiaron su expansión hasta convertirse en la guerrilla más grande del país a finales de los noventa. En su VII Conferencia (1982), las FARC decidieron enfocarse en su expansión, lo cual implicó que se crearan nuevas estrategias militares, políticas y financieras. Su plan incluía el cambio de su táctica de la 'guerra de guerrillas' tradicional, consistente en emboscadas y retiradas, a una de ataques militares convencionales y de dominio territorial, especialmente alrededor de las grandes ciudades. Esta transformación fue acuñada en su nuevo nombre, FARC-EP (Ejército del Pueblo). Inspiradas por el triunfo Sandinista en Nicaragua en 1979, y por el auge de los movimientos sociales y los paros laborales en Colombia durante los setenta, el grupo anunció planes ambiciosos para tomarse el poder en los próximos ocho años. Una tregua y un cese bilateral al fuego pactado con el gobierno durante las negociaciones de paz llevadas a cabo entre 1984-1987 —negociaciones que finalmente resultaron improductivas— les permitió construir un apoyo político, visibilidad e importantes redes sociales a través de su participación en el partido político legal de la Unión Patriótica (Romero, 2013; Dudley, 2003). Las FARC también aumentaron sus cuadros urbanos incluyendo a trabajadores, intelectuales, estudiantes, abogados y sacerdotes (Pizarro, 2011, p. 196), y usaron su poderío militar para ejercer control social, mediar disputas y hacer cumplir contratos locales, así como organizar proyectos de mejoras en las comunidades. En 1999, el analista político Alfredo Rangel insistió en una entrevista que "las FARC no es un cartel de drogas, no es una mafia", y afirmó que "es un grupo político armado que ha optado por ir a la guerra para llevar a cabo un cambio radical en el sistema social, económico y político del país".

La relación económica de las FARC con el tráfico de coca se transformó con el tiempo: al inicio se enfocó solamente en construir su base política, pero, en la medida en que los recursos extravagantes provenientes del tráfico de coca se hicieron evidentes, las FARC ampliaron su sistema de 'impuestos' a la coca, aplicado primero a los intermediarios y traficantes, y después a los campesinos. Este impuesto conocido como 'gramaje' consistía en un monto por pagar por gramo de pasta de coca, y en ninguna parte llegó a dominar las relaciones económicas locales como lo hizo en Putumayo. Las increíbles ganancias disponibles para las FARC eran en cierta medida resultado de la política antinarcóticos de Estados Unidos, en cuanto que los esfuerzos de interdicción que tenían como blanco a las avionetas que traían la pasta de coca de Bolivia y Perú a Colombia contribuyeron al incremento dramático del cultivo de coca en Colombia, en su mayor parte en áreas que constituían bastiones históricos de las FARC. En la descripción que hace de las FARC el profesor Bruce Bagley de la Universidad de Miami, las caracteriza por su imposición de impuestos a los campesinos y su 'contratación' de servicios de protección para las organizaciones de narcotraficantes. Además, señala que, aun cuando algunos frentes "pueden haber empezado a operar sus propias instalaciones para el procesamiento de la coca", encontró que "no había ningún indicio de que el personal de las FARC estuviese involucrado en el contrabando de drogas por fuera de Colombia" (Bagley, 2001). Vale la pena señalar que algunos documentos gubernamentales para uso interno reportaron hallazgos similares, a pesar del discurso público dominante de las narcoguerrillas. En enero de 1998, un memorando de antecedentes preparado para el subsecretario Pickering concluía que, "aunque las guerrillas, especialmente la de las FARC, están muy involucradas en la protección de los cultivos de coca y en algo de su procesamiento, no han formado un nuevo 'cartel'" El embajador Frechette, caracterizado por su franqueza, dio el mismo mensaje al Ministro de Defensa de Colombia según aparece en un cable del Departamento de Estado en 1997: "No todos los frentes [guerrilleros] se encuentran involucrados con el narcotráfico y, de aquellos que sí lo están, no puede decirse que constituyen un cartel. Desde la perspectiva de Estados Unidos, la noción del 'Cartel de las FARC' fue elaborada por las fuerzas armadas colombianas por considerarla una manera de obtener ayuda de Estados Unidos para la contrainsurgencia".

Aun cuando las ganancias provenientes de la droga sin lugar a dudas financiaban la expansión militar de las FARC, así como el escalamiento de sus ataques, la gran mayoría de las exorbitantes ganancias no las recibían las FARC, sino el Cartel del Norte del Valle y otras organizaciones de narcotraficantes. El *boom* inicial de la cocaína estuvo dominado por dos extensas redes situadas en Medellín y Cali que crecían exponencialmente y eran llamadas 'carteles' a pesar del hecho de que eran sobre todo redes poco estructuradas e incapaces de controlar el precio de la mercancía, pues no llegaron a monopolizar el mercado. A mediados de los noventa, después de que los jefes de estos carteles fueron asesinados o encarcelados, una nueva generación de mandos medios organizó a partir de ese momento nuevas estructuras de tráfico, siendo la más notable el Cartel del Norte del Valle. Sus operaciones ilegales se integraban verticalmente y emplearon nuevas y cambiantes rutas para mover la cocaína a través de Centroamérica, México y el Caribe. Vale la pena indicar que los integrantes del Cartel del Norte del Valle no se afiliaban políticamente con las guerrillas de izquierda, sino con las fuerzas paramilitares de derecha; por otra parte, estos vínculos entre las actividades con drogas ilícitas y las organizaciones paramilitares de derecha se fueron consolidando en la medida en que algunos traficantes de alto nivel se convirtieron en jefes paramilitares (ver capítulo 3).

Es innegable que, durante este período, las FARC incrementaron sus actividades delictivas y sus abusos hacia los civiles, en parte en respuesta a la amenaza creciente de los paramilitares a finales de los noventa y a su incursión en las áreas controladas por las FARC. Las milicias de las FARC atacaron a los supuestos colaboradores de las AUC e impusieron castigos draconianos a los residentes locales. Por otro lado, los altos costos de las crecientes operaciones militares contribuyeron a su proceso de criminalización. Colombia se convirtió en el líder mundial del secuestro al contar en 2002 con más de 3.700 casos, de los cuales el 70 % fue atribuido a la guerrilla y una tercera parte de estos fue motivada por la extorsión (Chernick, 2005). Según las estadísticas del gobierno colombiano, las FARC y el Ejército de Liberación Nacional (un grupo guerrillero más pequeño) recibieron aproximadamente 1,2 mil millones de dólares en rescates entre 1991 y 1998 (Pax Christi Netherlands, 2001), y, en consecuencia, el miedo ante el secuestro dominó las discusiones sobre la seguridad en Colombia. Durante las llamadas 'pescas milagrosas', las guerrillas montaban retenes improvisados y llevaban a cabo secuestros masivos con base en la presunta riqueza del secuestrado. En 2000, las FARC emitieron un comunicado anunciando nuevas 'leyes': la primera planteaba planes para una reforma agraria que incluía la expropiación de tierras por parte de las guerrillas, mientras que la Ley 002 establecía un 'impuesto' a cualquier bien cuyo valor superara un millón de dólares y amenazaba con el secuestro a quienes no la cumplieran. Las FARC también empezaron a mantener cautivas a numerosas personas consideradas 'prisioneros de guerra', incluyendo a cientos de soldados, policías y políticos de alto perfil que habían capturado, en un esfuerzo para presionar al gobierno en busca de concesiones; muchos de ellos permanecieron cautivos por más de una década (Centro Nacional de Memoria Histórica, 2013).

Numerosos funcionarios norteamericanos estaban muy preocupados por la creciente fuerza de la guerrilla y, por consiguiente, permanecieron enfocados en el tema de la contrainsurgencia. Según altos funcionarios del Departamento de Defensa y oficiales del Comando Sur, "lo que impulsó la política pública colombiana fue que la situación seguía empeorando, no en cuanto a las drogas, sino en cuanto a la guerrilla", y describían al personal de la Agencia de Inteligencia del Departamento de Defensa como "enfocados en la contrainsurgencia", siguiendo de cerca las actividades de las FARC y, para finales de la década, observaron alarmados el incremento de sus actividades y de sus nuevas capacidades en materia de armamento. "A mediados de los noventa aquellos que se enfocaban en la contrainsurgencia empezaron a prender las alarmas sobre las FARC al señalar que tenían nuevos y buenos uniformes, y que estaban mejor equipados que las fuerzas armadas colombianas". La Agencia de Inteligencia del Departamento de Defensa (Defense Intelligence Agency) y el Instituto Internacional de Estudios Estratégicos (International Institute for Strategic Studies) les manifestaron a los funcionarios colombianos que, en su opinión, el ejército estaba perdiendo la guerra y que la guerrilla podía derrotar al gobierno dentro de cinco años (Pizarro, 2011, p. 232).

Sin embargo, pese a los logros reales de las FARC en cuanto a sus capacidades militares y operativas, tanto los informes presentados por los medios como por algunos formuladores de política colombianos y estadounidenses, exageraban permanentemente la fuerza de las FARC y su capacidad para constituirse en una seria amenaza para el Estado colombiano. Uno de los más claros ejemplos de esto es el que se dijera repetidamente que las guerrillas controlaban el 40 % del país, una cifra frecuentemente redondeada hasta 'la mitad'. No obstante, pocos periodistas aclaraban que este 'control' consistía básicamente en el tránsito libre por las tierras bajas y selváticas que representan aproximadamente el 40 % del territorio de Colombia, pero que albergan menos del 10 % de la población, nada de su industria y muy poca infraestructura. Tom Marks, quien apoyaba el Plan Colombia, sugirió que las frecuentes discusiones sobre el control por parte de las FARC de la mitad del país eran una distorsión proveniente de un informe militar de 1997, que sostenía que el 13 % de los alcaldes del país tenían vínculos directos con las guerrillas, y otro 44 % presentaba algún grado de colaboración. Un memorando de antecedentes preparado en 1998 para el subsecretario Pickering presentaba una evaluación más precisa e informaba que en conjunto el ELN y las FARC "controlan alrededor del 13 % de los 1.070 municipios, en los cuales actúan como gobierno *de facto,* y tienen presencia activa en dos tercios del país".

De manera similar, la serie de asaltos dramáticos contra los cuarteles militares durante los cuales cientos de soldados y policías resultaron muertos o capturados fueron a menudo citados como prueba de su mayor fuerza militar. Estos ataques eran simbólicamente importantes, y se consideraban señal de una estrategia para fortalecer su control sobre la región sureste del país. Sin embargo, pocos de estos informes especificaban que los pueblos asaltados eran de hecho remotos caseríos en regiones selváticas, todos muy lejos de los centros de poder económico y político. Estos dramáticos incidentes no reflejaron un control administrativo del territorio significativo, ni mostraron la fortaleza militar que permitiera tomar o siquiera lanzar una ofensiva contra cualquiera de las grandes ciudades del país. Aunque la práctica extendida del secuestro, especialmente de las expediciones para llevar a cabo la 'pesca milagrosa' en las principales carreteras, generó un pánico extendido, la vida cotidiana en las ciudades casi no se vio afectada. Había muchos rumores de ataques que nunca se materializaron. Por ejemplo, mientras vivía en Bogotá en 2002, oí noticias en la radio sobre posibles ataques inminentes al acueducto, incluyendo rumores de envenenamiento, pero nunca escuché que alguno se confirmara.

En las grandes ciudades, las FARC nunca tuvieron éxito en llevar a cabo nada distinto a los ataques estándares de guerrillas consistentes en bombardeos y sabotaje.

A pesar de sus múltiples inexactitudes, la tesis de la narcoguerrilla tuvo profundos efectos en los ámbitos del trabajo cultural y de política pública, ya que, al reconfigurar el complejo mundo del tráfico de drogas con participación de múltiples actores en un simple proceso lineal dominado por las guerrillas marxistas, la política antinarcóticos de Estados Unidos en Colombia se redujo al asunto de eliminar la insurgencia. Las campañas contrainsurgente y antinarcóticos se volvieron una sola, mientras que se suprimió estratégicamente el papel de los grupos paramilitares (aliados de las fuerzas militares) en el tráfico de drogas. El gobierno demócrata, que enfrentaba su propio pánico sobre la conducta sexual del Presidente con una joven que trabajaba en la Casa Blanca, y las críticas a su política enfocada en los temores de un creciente consumo de drogas en el país, promovió la lógica de esta política pública. El paisaje moral que se delineó en las audiencias del Congreso parecía ser un enfrentamiento entre guerreros antidrogas del Partido Republicano, quienes defendían apasionadamente a la juventud norteamericana contra una administración inepta e inmoral que no podía o no quería implementar políticas diseñadas para proteger a la Policía Nacional de Colombia. De esta manera, la política de drogas se volvió tanto una forma de diferenciar los partidos políticos como un elemento más de las 'guerras culturales', es decir, de una lucha política más amplia en Estados Unidos.

Conclusión

La política de drogas es solo uno de los campos de la vida política y social que se ha visto dominado por los recursos y la lógica militares. El amplio alcance de la "definición militar de la situación", en palabras de C. Wright Mills, tiene profundas raíces en la cultura política de Estados Unidos, y este alcance se extendió aceleradamente durante la segunda mitad del siglo XX, al insertar y aplicar la lógica militar a un espectro cada vez más amplio de mundos sociales. La militarización de la política de drogas trajo consigo cambios culturales e ideológicos que justificaron nuevas prácticas y políticas institucionales, así como la concentración de los recursos dentro de determinadas burocracias e industrias privadas. A la zaga de la Guerra Fría cuando se buscaban nuevos mandatos y misiones, la guerra contra las drogas sirvió como un impulso a la expansión militar estadounidense en Latinoamérica. El tráfico de drogas se convirtió en una de las llamadas 'amenazas no específicas' —de las cuales había muchas—, amenazas no localizadas en un Estado-nación enemigo, sino usadas para categorizar ciertas prácticas políticas, relaciones y reclamos como peligrosos (Lakoff, 2006). Este miedo sirve como un aparato de gobernanza, en parte a través de las maneras en que poblaciones específicas son posicionadas como amenazas corporeizadas, como relaciones imaginadas y representaciones mediáticas. Ya el asunto no era simplemente hacer que todo alumno de colegio dijera "Solo dile no a las drogas" —lema de la campaña antidroga promovida por la esposa del presidente Reagan en los ochenta— o de encarcelar a los vendedores al menudeo, puesto que en el nuevo contexto los compromisos institucionales para acabar con el consumo de drogas conllevaban operaciones contra una fuerza insurgente en una selva distante. La producción de enemigos por parte de agentes estatales con el fin de legitimar sus intervenciones represivas en curso en determinadas comunidades es una práctica fundamental de la militarización y ha sido analizada en numerosos contextos, tales como en la construcción de la juventud negra y latina como amenazas criminales para el orden social (Simon, 2009; Caldeira, 2001; Comaroff y Comaroff, 2006; Goffman, 2014), y las poblaciones extranjeras como combatientes enemigos en la guerra contra el terrorismo (Feldman, 2005). Para los formuladores de política pública en Estados Unidos, las narcoguerrillas colombianas constituyen una amenaza existencial antes que una amenaza físicamente presente, por su oposición multidimensional a un amorfo sistema de valores estadounidense. La incorporación de las guerrillas como un metavillano narco en la cultura popular de Estados Unidos fue presentada en 2001 en una película de Arnold Schwarzenegger titulada *Daño colateral,* que muestra a una familia colombiana narcoguerrillera como los villanos centrales. Schwarzenegger representa a un bombero cuya familia muere en un bombardeo en Los Ángeles llevado a cabo por un líder de la guerrilla colombiana apodado 'El Lobo'. Enfurecido porque el gobierno de Estados Unidos se niega a vengar la muerte de su familia, Schwarzenegger viaja a Colombia, conoce a narcotraficantes, discute sobre política con los insurgentes y trata de rescatar a la esposa y al hijo de 'El Lobo' (advertencia: *spoiler*) solo para descubrir que la esposa es también una terrorista comprometida y dispuesta hasta al punto de usar el juguete de su hijo como una bomba.[9]

El rótulo de narcoguerrilla refleja el interés institucional de las fuerzas militares de Estados Unidos en justificar sus presupuestos y programas en el contexto

---

9 Planeada para ser lanzada en el otoño de 2001, la película fue retenida hasta bien entrado el 2002 debido a los temores de que un país todavía traumatizado por los ataques del 11 de septiembre no respondería positivamente al tema del terrorismo interno.

posterior a la Guerra Fría. Este rótulo también lleva a cabo un trabajo ideológico significativo al reunir múltiples recursos políticos bajo la sombrilla de un marco analítico amorfo. En este proceso, el miedo residual es movilizado y reposicionado en nuevos campos. El precedente inmediato para la clasificación de los grupos insurgentes colombianos como narcoguerrillas fue el pánico que se desató en cuanto a comunistas narcotraficantes en Centroamérica en los ochenta, pero el rótulo también resuena con una historia mucho más larga de miedos relativos a los enlaces entre redes criminales y oposición política. De esta manera, se deslegitiman las críticas políticas y sitúan sus objetivos por fuera del ámbito de un debate apropiado de política pública, naturalizando así una respuesta exclusivamente militar.

Capítulo 2
Formulación de una política pública sobre derechos humanos y ayuda militar

El diseño del paquete de ayuda del Plan Colombia estuvo profundamente influenciado por una nueva dinámica en la vida política de Estados Unidos: el *lobby* de los derechos humanos para crear una política pública a través de su legislación. Inmediatamente después de la Guerra Fría, durante lo que se conoció como 'la era de los derechos humanos', coaliciones de activistas, defensores de derechos humanos, auxiliares del Congreso y funcionarios del gobierno colaboraron para formular una política pública sobre el tema.[1] La llamada a respetar los derechos humanos dejó de ser solamente un grito de lucha de activistas y opositores exiliados, y estos derechos llegaron a ser defendidos por presidentes, promovidos por una creciente red de burocracias gubernamentales y financiados por fundaciones adineradas. Los activistas querían usar sus informes sobre derechos humanos no solamente para avergonzar a los gobiernos, sino para incidir en el proceso de formulación de política pública. Es importante señalar que dichos esfuerzos requerían de nuevas relaciones, prácticas burocráticas y formas de experticia. Este capítulo se centra tanto en las consecuencias no intencionadas de tales esfuerzos, como en las fisuras y contradicciones que se develan en el interior del Estado y entre actores no gubernamentales, en la medida en que la cuestión de los derechos humanos es incluida —o en algunos casos forzada— dentro de la articulación de la política pública y la práctica institucional de las burocracias estatales.

---

1 Los antropólogos han delineado las formas como las campañas de derechos humanos han borrado la diferencia cultural y los entendimientos locales de justicia y obligación (Abu-Lughod, 2013; Allen, 2013; Cowen et al., 2001; Merry, 2006; Speed, 2007).

¿Cómo se elabora la política de derechos humanos y qué conlleva?[2] Voy a explorar estos procesos a través del estudio de caso de la Enmienda Leahy, que llegó a conocerse como 'Leahy' a secas, la cual fue aprobada en primera instancia en 1997 y, posteriormente, ampliada en su alcance y convertida en una ley permanente. En su redacción, la Ley Leahy parece ser bastante directa: prohíbe darle ayuda antinarcóticos a unidades militares extranjeras que enfrenten acusaciones de violaciones de derechos humanos, a menos de que el gobierno del país en cuestión tome medidas efectivas para resolverlas. La ley fue creada a través de un proceso de coalición que involucró a defensores afiliados con ONG, a activistas de base y a sus aliados en el Congreso de Estados Unidos. La Ley Leahy también ejemplificaba la manera en que el enfoque en la formulación de política pública surgió de la práctica misma de los derechos humanos y a su vez la transformó. Muchos activistas consideraron el enfoque en la formulación de la política de derechos humanos como profundamente antidemocrático, excluyente y que no lograba representar sus perspectivas políticas. Para algunos de quienes promovían la ayuda militar, la preocupación sobre los derechos humanos constituía una amenaza a su agenda política. La ley —influida por el contexto diplomático y transnacional de una creciente presencia militar en Colombia— cambió la política de Estados Unidos, pero no de la manera como lo querían y esperaban los activistas y los formuladores de política pública que la diseñaron.

El cabildeo y la defensa de los derechos humanos requirieron desarrollar nuevos géneros de reivindicaciones políticas que se concretaron en formulaciones de política pública. Al no tratarse ya de un cabildeo estrictamente reactivo y en oposición, el cabildeo de derechos humanos implicó la creación de estrategias proactivas que articularan propuestas específicas. En vez de hablar en el lenguaje utópico de las recomendaciones sobre derechos humanos, en este momento los activistas tenían que moverse dentro del universo washingtoniano de lo políticamente posible, entendido en términos de acciones pasadas y de resultados alcanzables. Su trabajo se reorientó hacia la cultura del cabildeo organizada alrededor del *ask* (lo que se le pide al político), que conlleva ejecutar una acción específica, de manera que el político pueda reclamar los resultados como un ejemplo de su poder y su influencia. La participación en la formulación de política pública dio lugar a debates permanentes entre los activistas, incluso cuando se convirtió en un marcador central de estatus

---

2 Talal Asad planteó como la pregunta antropológica fundamental la siguiente: ¿qué hacen los derechos humanos? (Asad, 2000).

profesional y en el criterio fundamental para el apoyo y evaluación institucional. El traslado de los derechos humanos del ámbito de las demandas de los activistas al de la formulación de la política implicó tanto la reconfiguración de las prácticas e identidades de los activistas como la emergencia de formas de acción política organizadas alrededor de la participación en el proceso de formulación de la política pública.

La legislación en cuanto a los derechos humanos estableció compromisos jurídicos para los funcionarios del gobierno y para las instituciones encargadas de su puesta en práctica. Sin embargo, en la medida en que la preocupación sobre los derechos humanos se trasladó al ámbito de la legislación nacional, quedó escrita en la ley la ambivalencia relativa a cómo afectan dichas leyes la práctica burocrática. El rechazo a que los estándares de los derechos humanos prevalezcan sobre las preocupaciones respecto a la seguridad nacional fue codificado en la forma de exenciones presidenciales. El Presidente podía —y el presidente Clinton lo hizo— ignorar los requisitos sobre derechos humanos para continuar enviando ayuda militar, con el argumento de que lo hacía en aras de la seguridad nacional. Estas agendas que competían entre sí —la ayuda militar ininterrumpida en nombre de la seguridad nacional versus los estándares de derechos humanos que limitaban dicha ayuda si hubo abusos— también salían a la luz en los debates sobre su puesta en práctica, evaluación y cumplimiento. Además, estas controversias pusieron en evidencia una dinámica central en la formulación de la política pública: la preocupación con respecto a la vulnerabilidad burocrática. Las formulaciones de política pública posicionaron como subordinadas institucionalmente a ciertas agencias y fortalecieron otras, expusieron algunas a mandatos contradictorios y en algunos casos obligaron a los funcionarios a administrar programas que ellos consideraban inaceptables. Tanto la formulación de política pública como su puesta en práctica mostraron las jerarquías de poder entre las instituciones estatales civiles y militares, entre los funcionarios estadounidenses y colombianos, y entre la población de Putumayo y el gobierno central colombiano.

En la medida en que las agencias gubernamentales de Estados Unidos se apropian y enmarcan sus intervenciones políticas en términos de derechos humanos, estos proyectos son subsumidos por los imperativos burocráticos de vigilancia, rutinización y medición, y por los procesos políticos dominantes de la militarización. Los indicadores empleados en este proceso nunca son neutrales, sino que surgen de —y generan— sistemas de valorización profundamente politizados (Merry, 2011; Rosga y Satterthwaite, 2009). El programa de escrutinio *(vetting)* prescrito por Leahy funcionó a través de sistemas de evaluación y clasificación, en la medida en que los funcionarios diferenciaron entre denuncias creíbles y no creíbles, formas de violencia y unidades militares autorizadas y no autorizadas. Cuando la ley fue interpretada y puesta en práctica, estos indicadores fueron diseñados para asegurar el flujo continuo de la ayuda militar.

2.1. El origen de la formulación de política pública sobre derechos humanos en el Congreso de Estados Unidos

La disposición del Congreso para mediar en asuntos de política exterior, tradicionalmente del ámbito del poder ejecutivo (del Presidente y de sus representantes en el Departamento de Estado), se transformó después de la Guerra de Vietnam. Tras las revelaciones de que la rama ejecutiva había presentado información errónea en sesiones informativas sobre la guerra y sobre una serie de eventos que llegaron a conocerse en su conjunto como el escándalo de Watergate, algunos congresistas empezaron a orientarse más activamente hacia la política exterior y los asuntos internacionales. "La idea de que el gobierno [el Departamento de Estado] le estaba mintiendo a uno constantemente era deplorable", recordó el auxiliar de un congresista. "Fue un choque para el sistema político, pues antes se tenía la idea de que estas eran personas serias y que dirían la verdad". Estos y otros congresistas empezaron a desarrollar su función supervisora a través de audiencias y requisitos de presentación de informes. Durante este período, el Congreso se involucró por primera vez en discusiones de temas explícitamente señalados como de 'derechos humanos' y tratados como un asunto de política exterior. Los congresistas desarrollaron varios mecanismos para dar seguimiento a cuestiones de derechos humanos, entre los que se encontraban condiciones específicas según el país (estándares que se debían cumplir para recibir la ayuda) que han sido aplicados para otorgar la ayuda en varios casos, tales como Argentina, Chile, Uruguay, Nepal, Sri Lanka, Turquía, Filipinas, Indonesia y Guatemala. El Congreso también estableció un sistema de grupos temáticos conocidos como *caucus* con el fin de investigar y suministrar análisis sobre asuntos específicos, los cuales estaban dotados de personal y eran financiados a través de recursos donados por congresistas interesados, provenientes del presupuesto asignado a su propia oficina. En 1981, se fundó un *Caucus* sobre Derechos Humanos para organizar sesiones informativas y testimonios sobre cuestiones de derechos humanos. Además, en lugar de basarse simplemente en declaraciones de funcionarios gubernamentales, el Congreso empezó a tener en cuenta testimonios e informes de expertos externos, lo cual se constituiría en un factor fundamental en el crecimiento de la cultura de los centros de pensamiento conocidos comúnmente como *think tanks*. El *Caucus* sobre Control de Armas y Política Exterior fue el que se involucró más directamente en las cuestiones de derechos humanos internacionales y sus miembros trabajaron estrechamente con otros grupos, tal como el *Caucus* Negro, compuesto por congresistas negros. Calib Rossiter, un antiguo auxiliar del *Caucus* sobre Control de Armas y Política Exterior, describió su papel como el de "agitadores internos", en contraste irónico con la frase *outside agitators* (agitadores externos), usada en Estados Unidos para denigrar a quienes llegan a una comunidad cuyos habitantes están supuestamente satisfechos con su situación con el único fin de instigar actos de rebelión.

En los ochenta, el papel de Estados Unidos en Centroamérica se constituyó en un tema central de controversia del Congreso en relación con la política exterior (Arnson, 1993). El gobierno de Ronald Reagan financió al ejército salvadoreño en su guerra contrainsurgente y a los Contras en Nicaragua en su lucha contra el gobierno sandinista de izquierda. Ambas fuerzas financiadas por Estados Unidos cometieron atrocidades y ninguna de las dos cumplió con los estándares legales establecidos por el Congreso de Estados Unidos para los receptores de ayuda. Sin embargo, la Oficina de Derechos Humanos y Asuntos Humanitarios del Departamento de Estado (Bureau of Human Rights and Humanitarian Affairs), creada en 1977 como la agencia oficial de derechos humanos, apoyó la política del gobierno en cuanto al envío de ayuda militar a fuerzas violadoras de derechos humanos. Reagan debilitó la oficina al limitar el personal a 20 funcionarios y al nombrar a personal hostil a los derechos humanos (Drezner, 2000; Hartmann, 2001). El director Elliott Abrams negó repetidamente el papel de las fuerzas militares salvadoreñas en las masacres y, posteriormente, se declaró culpable de dos cargos de delitos menores por mentir al Congreso sobre el apoyo ilegal del gobierno de Reagan a los Contras (Leogrande, 2000). Dado que el gobierno presentaba un frente unificado para no considerar seriamente los derechos humanos como un factor en su política hacia Centroamérica, los activistas se dirigieron a la oposición demócrata, ya que su mayoría en la Cámara de Representantes les permitía convocar audiencias, realizar investigaciones y forzar votos para enmendar a veces los términos de la ayuda (Arnson, 1993). Los *caucus* del Congreso jugaron un papel importante en los debates y además produjeron informes independientes relativos a la ayuda militar, basados en investigaciones de varias semanas en cada país, llevadas a cabo por los auxiliares del *caucus*.

Los activistas del movimiento que buscaba cambiar la política de Estados Unidos hacia Centroamérica desarrollaron un repertorio de tácticas políticas enfocadas en llevar a cabo cabildeo en el Congreso, las cuales hoy en día continúan influyendo en la manera en que los grupos de defensores de derechos humanos abordan la formulación de política pública sobre estos. Este movimiento era una masiva y heterogénea amalgama de diferentes agrupaciones ideológicas y organizacionales, que comprendían grupos religiosos, laborales, humanitarios y de solidaridad. Aunque estas organizaciones tenían una diversidad de visiones políticas y sus integrantes tenían perfiles muy distintos, muchas compartían una orientación pragmática tendiente a la reducción de la ayuda militar de Estados Unidos a la región (Christian, 1996, p. 216). Es importante señalar que el movimiento se enfocó en el Congreso, debido a la dinámica de la política partidista en juego en ese momento. El gobierno republicano de Reagan diseñó y defendió la política de la ayuda militar y la gran mayoría de los miembros republicanos del Congreso la apoyaron. Sin embargo, la oposición a esta política por parte de los demócratas y su mayoría en la Cámara de Representantes durante gran parte de este período facilitó las alianzas entre los activistas y algunos sectores del Congreso, las cuales a su vez permitieron que los activistas se enfocaran en las asignaciones presupuestales, el instrumento más importante del Congreso para forjar las relaciones internacionales. El auxiliar de un congresista llamó este enfoque un arma poderosa pero no muy precisa, porque dichos esfuerzos no podían alterar el diseño de la política, sino, más bien, limitar la puesta en práctica de sus disposiciones. De esta manera los activistas colaboraron con los congresistas que tenían empatía con sus iniciativas, para apoyar una serie de enmiendas que buscaban disminuir la ayuda militar.[3]

El Grupo de Trabajo sobre Centroamérica (Central America Working Group, CAWG) coordinó estos esfuerzos de cabildeo y, al finalizar los ochenta, esta coalición tenía más de 50 organizaciones miembro ubicadas alrededor del país, que recibían capacitación política de parte del personal del Grupo (Christian, 1996, p. 227). Estos activistas utilizaban una estrategia doble: por una parte, se dirigían directamente a las oficinas de los congresistas y, por otra, trabajaban con los activistas de base en las circunscripciones electorales *(congressional districts)* de estos, para que ejercieran presión sobre sus propios representantes al Congreso. En su esfuerzo por

---

[3] Se requiere la aprobación del Congreso para algunos asuntos de política exterior; el Senado debe aprobar el nombramiento de embajadores y funcionarios de alto nivel y ratificar los tratados internacionales con una mayoría de dos terceras partes de la cámara alta; la aprobación del Congreso también se requiere para asuntos relacionados con el comercio internacional. El Congreso puede también establecer lineamientos reglamentarios, tales como requerir que el Departamento de Estado entregue informes de certificación en los que se confirme que el recipiente de la ayuda en el exterior ha cumplido con determinados requisitos.

hacer llegar información directamente a las oficinas de los congresistas, los activistas crearon nuevos géneros informativos, tales como hojas informativas que abordaban preocupaciones legislativas específicas y suministraban puntos de discusión, las cuales eran distribuidas a todos los miembros del Congreso, una práctica que llamaban el *hill drop*. También reclutaban activistas en la medida en que proporcionaban instrumentos analíticos para entender la política de Estados Unidos como un reclamo que se debía remediar a través de la acción. Estos esfuerzos educativos relacionados con la acción legislativa comprendían giras a Centroamérica para ser testigos oculares de las condiciones allá, una práctica de turismo político manejado por organizaciones no gubernamentales con el fin de desencadenar una transformación personal y giras dentro de Estados Unidos de activistas y sobrevivientes de la guerra y de la represión para dar testimonios a partir de sus experiencias. Esta capacitación también incluía entrenamiento en el cabildeo en el Congreso, la difusión de un mensaje en los medios (cómo establecer contactos en los medios, dar entrevistas a los periodistas y escribir columnas de opinión) y la conexión con redes de activistas existentes y su ampliación.

Muchos de estos esfuerzos educativos también les proporcionaron a los activistas pormenores sobre la promoción de políticas públicas, entre los que se encontraban cómo desarrollar objetivos específicos de política, información sobre la gama de mecanismos de política exterior y sobre ciertas propuestas de ley, enmiendas legislativas y debates en el Congreso. Adicionalmente, los activistas programaron protestas que coincidían con iniciativas legislativas específicas. Antes de que existiera internet o las redes sociales electrónicas, se mandaban por fax alertas legislativas a los activistas locales, además de documentos expositivos e información sobre eventos políticos venideros a los consejos editoriales de medios locales. El enfoque en la acción legislativa provocó profundas divisiones y fue controvertido por muchos activistas, especialmente por aquellos que hubieran preferido confrontar directamente a los responsables de lo que ellos consideraban como una política criminal de Estados Unidos en Centroamérica (Christian, 1996).

Tanto en Guatemala como en El Salvador las guerras centroamericanas finalizaron en acuerdos negociados y, en Nicaragua, los sandinistas perdieron el poder en la elección de 1990, por lo que, para mediados de los noventa, el movimiento estadounidense sobre Centroamérica se había disuelto en gran medida. La región raramente salía en las noticias y ya no era el foco de los debates sobre derechos humanos, los cuales priorizaban los complejos conflictos en África y los Balcanes. Por su parte, Latinoamérica era a menudo descrita en camino a la democratización. El fin de la Guerra Fría significó la falta de una metanarrativa central y coherente sobre la política exterior de Estados Unidos que equivaliera a las visiones urgentes y apocalípticas de los que advertían el triunfo inminente de la Unión Soviética para justificar las guerras llevadas a cabo por *proxies* (fuerzas a la disposición de un poder que operan sin identificarse de manera explícita con este), o las acciones motivadas ante las posibilidades de una transformación socialista. Además, los activistas empezaron a considerar otras cuestiones, sus vidas y carreras personales, y en algunos casos empezaron a defender otras causas políticas (Cunningham, 1999). Sin embargo, para unos pocos, la defensa de los derechos humanos se había convertido en una carrera y una profesión. Esta cohorte de defensores de derechos humanos apropió las prácticas de cabildeo desarrolladas por el personal del Grupo de Trabajo sobre Centroamérica —el *hill drop*, los documentos expositivos que se entregaban a los consejos editoriales de medios locales, las alertas legislativas— como estrategias centrales en sus esfuerzos de ejercer su influencia sobre la política pública de derechos humanos.

2.2. La puesta en práctica de la profesionalización

En la era pos-Guerra Fría, cuando la preocupación por los derechos humanos llegó en cierta medida a formar parte de la corriente política dominante, muchos grupos que los defendían enfrentaron grandes transiciones institucionales. Fundaciones importantes empezaron a ofrecer financiación para defender los derechos humanos, las universidades ofrecían cursos de derechos humanos y los grupos que los defendían ampliaron su planta de personal remunerado. Por ejemplo, el Grupo de Trabajo sobre Centroamérica, vuelto a lanzar como Grupo de Trabajo sobre Latinoamérica (Latin America Working Group), con cinco personas remuneradas en su planta de personal, amplió su trabajo para enfocarse en el apoyo a la puesta en práctica de los acuerdos de paz en Centroamérica, a la ayuda humanitaria y para el desarrollo, a la asistencia en casos de desastre y a la oposición al embargo de Estados Unidos a Cuba. A principios de los noventa, Human Rights Watch (HRW) y Amnistía Internacional (AI), las mayores y mejor conocidas organizaciones transnacionales de derechos humanos, establecieron oficinas en Washington dotadas con directores de promoción profesionales y de tiempo completo, y empezaron a orientar sus investigaciones hacia campañas legislativas que buscaban impactar la política pública. Este proceso de profesionalización conllevó profundos cambios en las prácticas de producción de conocimiento, al centrarse en información objetiva que despolitizaba el conocimiento sobre los derechos humanos, se adhería a estándares legales y usaba un tono desapasionado en vez de expresar explícitamente su alianza con los movimientos por la justicia social. Los activistas y defensores de derechos humanos debatían estos cambios, a la vez que luchaban por definir qué constituía la práctica auténtica y efectiva de los derechos humanos al finalizar el siglo XX.

Los grupos de derechos humanos que funcionaban en Washington se convirtieron en un componente más de un ejército creciente de *lobbistas* que trataban de influenciar los debates en el Congreso. Operando con presupuestos mínimos, se enfrentaban a la pregunta de cómo convertirse en actores poderosos en un ambiente donde la única manera de promover su causa era la de lograr el acceso necesario para influenciar al gobierno. Para los grupos de base y de membresía, una parte importante de su influencia política yacía en su habilidad para motivar a los votantes en determinadas circunscripciones del Congreso, para que presionaran a sus propios representantes en él. Este modelo de incidir en la formulación de política pública se basaba en el reclamo de los derechos ciudadanos para justificar la participación de los grupos de base. Se presumía que, como contribuyentes en una democracia cuyos impuestos financiaban los programas gubernamentales y cuyos funcionarios se presentaban como actuando en su nombre, los ciudadanos tenían el derecho y la obligación de moldear la política pública. Amnistía Internacional era la mayor organización de derechos humanos integrada por miembros individuales, con capítulos locales a lo largo del país. Además de escribirles cartas a los gobiernos represivos para reclamar los derechos de los prisioneros políticos, las campañas de AI ahora se dirigían también a los formuladores de política pública en Estados Unidos para presionarlos a apoyar ciertas iniciativas de política pública. Así mismo, el Grupo de Trabajo sobre Latinoamérica era una coalición de grupos tales como iglesias o comités de solidaridad que eran capaces de movilizar a sus miembros para hacerles cabildeo a sus representantes. Estos grupos de derechos humanos también les proveían anteproyectos de acción política a los ciudadanos-activistas.

Sin embargo, aun en las organizaciones de membresía individual, mucha de su participación en la formulación de política pública se basaba en la lógica de la experticia y no de la ciudadanía. La credibilidad es ampliamente descrita como el principal recurso político disponible para los grupos de derechos humanos que no pueden suministrar a los funcionarios electos contribuciones para sus campañas u otras formas de recursos materiales, de manera que el conocimiento profundo y especializado sobre la situación y su impacto sirve como moneda política. Para ser un experto creíble, se requería tener una información precisa sobre la violencia en regiones remotas. Así, los grupos que manejaban historias exageradas, falsas o incompletas fueron rápidamente excluidos de los círculos de política oficiales.

Sin embargo, el mero hecho de suministrar información válida era insuficiente para ser aceptada como una organización de derechos humanos creíble. En el campo político más amplio de la formulación de la política pública, la credibilidad funcionaba como una forma de capital social, que comprendía no solamente exactitud, sino también conocimiento sobre los orígenes, naturaleza y agendas políticas más amplias de las instituciones.[4] Las jerarquías de credibilidad reflejan supuestos más amplios sobre estatus y mérito. Para el gobierno de Estados Unidos, las instituciones del gobierno colombiano son consideradas por naturaleza más confiables que las ONG. En las ONG, las jerarquías de credibilidad anteponen a los grupos nacionales sobre los regionales, los profesionales sobre los voluntarios y los internacionales sobre los nacionales.[5] Estas jerarquías de credibilidad también se aplican entre y dentro de las agencias gubernamentales. Es un lugar común considerar las agencias gubernamentales estadounidenses más fiables que las colombianas; por otra parte, para los funcionarios de ambos gobiernos, las agencias enfocadas en derechos humanos (tales como la Oficina de Democracia, Derechos Humanos y Trabajo —Bureau of Democracy, Human Rights and Labor, DRL—) del Departamento de Estado y la Defensoría del Pueblo en Colombia son consideradas menos confiables que otras agencias.

Las agendas institucionales, es decir, lo que pedían —el *ask*—, formaban también parte de este cálculo de credibilidad. Tal como un investigador de derechos humanos me comentó: "Escuchábamos a las personas, [averiguando] qué sirve, qué argumentos usaban ellos que podíamos usar nosotros para avanzar en una agenda de derechos humanos que a la vez respondiera a sus necesidades políticas". En el caso de los debates sobre la política hacia Colombia, la credibilidad yacía en parte en no hablar sobre algunos ámbitos de la política (por ejemplo, la prohibición de drogas) y en asegurarse de que su crítica incluyera a las guerrillas como autores de violaciones de los derechos humanos. Aunque la WOLA fue uno de los únicos grupos que durante los noventa discutió el impacto negativo y contraproductivo de la política de drogas en América Latina, abogar por la legalización o aun por la descriminalización era prohibido. A pesar de las convicciones y análisis personales del equipo, la decisión institucional de ni siquiera mencionar tales asuntos se

---

4 Entre los antropólogos y otros académicos que han explorado las maneras en que la 'credibilidad' es culturalmente producida como una categoría epistemológica, se encuentran Andreas y Greenhill (2010); Comaroff y Comaroff (2006); Rosa y Satterthwaite (2009).

5 Para mayor información sobre la historia de los grupos de derechos humanos en Colombia, ver Tate (2007).

basó en la necesidad de proteger su credibilidad. Las acusaciones de que las ONG de derechos humanos no abordaban la violencia de la guerrilla o que estaban albergando simpatías y alianzas políticas secretas con ellas eran el mantra de quienes intentaban desacreditarlas. Por consiguiente, para Human Rights Watch y otras organizaciones, informar sobre los abusos de la guerrilla era tanto "un asunto real sobre el cual debemos preocuparnos" como una estrategia para ganar credibilidad, "una muestra de nuestra neutralidad, requerida para ser tomado en serio en Washington", en palabras de un exmiembro del equipo.

En otras palabras, el *ask* en sí mismo se convirtió en un lugar fundamental para establecer la credibilidad. Una demanda considerada fuera del ámbito de la práctica política apropiada erosionaba la credibilidad y la capacidad de tales grupos para conseguir financiamiento, acceso e influencia. Sin embargo, fue objeto de constante debate definir cuáles eran los límites de una práctica política apropiada. Muchos defensores de derechos humanos consideraban que extender los límites de lo políticamente posible constituía una parte fundamental de su proyecto. Algunos defensores mantuvieron su enfoque pragmático en trabajar dentro de los límites de las prioridades políticas y relaciones de poder existentes, viendo su proyecto como un proceso de logros incrementales, aun cuando otros insistían en que su papel apropiado era el de hacer un reclamo ético utópico.

Aunque estos grupos eran reconocidos públicamente por su conocimiento sobre derechos humanos, el cabildeo y la defensa de los derechos requerían de múltiples formas de experticia. Ser defensor de derechos humanos exigía un dominio del sistema washingtoniano, del proceso legislativo y de los mecanismos de poder e influencia. "Teníamos que conocer el calendario legislativo, cuándo se sometían las propuestas a debate", me dijo un investigador que se volvió defensor, "qué pasaba en los comités [del Congreso], cómo ganar admisión a las audiencias y, si dábamos testimonios, cómo prepararnos". En algunos casos, ejercer influencia implicaba regatear con políticos antes que dar detalles de las violaciones; un auxiliar de un congresista recordó la importancia de saber quién estaba motivado para hacer acuerdos políticos —una parte crucial de lo que él llamó "el juego político de verdad"— para asegurar votos y poder aprobar legislación favorable para los derechos humanos. Lograr que se autorizara un proyecto de carretera en su distrito, o determinados subsidios agrícolas, aseguraba votos; "si usted hace *lobby* diciendo venga a conocer este sacerdote y algunas monjas, haga lo correcto, usted está perdiendo desde el inicio".

Los esfuerzos para promover los derechos humanos en Colombia por medio del cabildeo en apoyo de ciertos proyectos legislativos fueron controvertidos por activistas y defensores de derechos humanos. Algunos argüían que la conversión de los reclamos de derechos humanos en *asks* dirigidos a congresistas traicionaba sus objetivos más amplios, pues borraba sus orígenes en críticas radicales al imperio o en los proyectos políticos pacifistas en la medida en que se rearticulaban como apoyo a los programas tecnocráticos. El apoyo a la Ley Leahy y a los posteriores condicionamientos de derechos humanos incluidos en el Plan Colombia sugería que, si ciertos requisitos se cumplían, los grupos de derechos humanos respaldarían la ayuda militar a Colombia. Varias organizaciones pacifistas y progresistas rechazaron esta premisa, pues repudiaban categóricamente la ayuda militar por considerarla inmoral. Argüían que el enfoque en estas políticas parciales distraía de los objetivos más importantes, como los de acabar con la ayuda militar, transformar el papel de Estados Unidos en el mundo, promover la justicia social y solidarizarse con las víctimas de violaciones de derechos humanos. Algunos de estos activistas consideraban participar en la formulación de política pública una pérdida de tiempo, antidemocrático e incongruente con sus principios políticos . Además, criticaban las estrategias de cabildeo, porque estas comprometían sus objetivos políticos en aras de acceso y poder. Dichos activistas insistían en que la única posición política adecuada era la de terminar de tajo con la ayuda militar de Estados Unidos, en vez de asegurar el cumplimiento de los estándares de derechos humanos o aceptar 'un equilibrio mayor' entre la ayuda militar y la ayuda humanitaria.

2.3. Cómo se elaboró la Enmienda Leahy

La creación de la Enmienda Leahy demuestra cómo las alianzas entre activistas, formuladores de política y defensores de derechos humanos hacen posible la legislación sobre el tema. La Enmienda Leahy se constituye en una de las más importantes normas legislativas contemporáneas sobre derechos humanos y su adopción jugó un papel crucial en las relaciones entre Estados Unidos y Colombia durante este período. Según funcionarios de la Embajada de Estados Unidos en Bogotá, el programa de escrutinio preventivo en Colombia es el más grande del mundo. Los nombres de los soldados y militares que se van a entrenar se cruzan con una base de datos de derechos humanos y se confrontan con información de las agencias gubernamentales en Colombia, informes de ONG y fuentes mediáticas. Hasta 2008, se habían revisado más de 30.000 nombres, mientras un programa homólogo en Arabia Saudita revisó aproximadamente 300 nombres. La Enmienda, uno de los instrumentos legislativos estadounidense sobre derechos humanos más importantes en los últimos 20 años, fue en un principio diseñada como respuesta directa a las preocupaciones sobre el posible mal uso por parte de la fuerza pública colombiana de la ayuda militar de Estados Unidos. Los actores centrales en este caso fueron los activistas de Amnistía Internacional que trabajaron con los auxiliares de senadores y congresistas, entre ellos Tim Rieser, veterano auxiliar del senador Patrick Leahy, demócrata de Vermont. Rieser trabaja para el comité de asignaciones y tiene una larga historia de colaboración con las ONG. No obstante, el proceso de aplicación de la enmienda demuestra los límites de trabajar dentro de la lógica política dominante de militarización.

La primera generación de legislación sobre los derechos humanos se introdujo en los setenta con la Ley de Asistencia Exterior (Foreign Assistance Act), generalmente conocida como la 502B. Según la Ley de Asistencia Exterior de los setenta, se le prohibía a Estados Unidos proveer ayuda para la seguridad a gobiernos que violaran gravemente los derechos humanos. Entre las modificaciones posteriores a la ley, se contempló la posibilidad de que a su discreción el Presidente decretara una exención. Así mismo, la sección 116 de la Ley de Asistencia Exterior de 1976 requería que la situación de derechos humanos fuera considerada para suministrar ayuda económica. Sin embargo, la 502B nunca se aplicó. En palabras de Steve Rickard, exdirector de Amnistía Internacional en Washington, "la 502B es extrema, pues pone todo lo que Estados Unidos quiere de un lado de la mesa y los derechos humanos del otro". Carlos Salinas, entonces director para Latinoamérica de Amnistía Internacional USA, trabajó anteriormente con aliados en el Congreso para promover el uso de la sección 502B a fin de cortar la ayuda a militares latinoamericanos abusivos, pero esos esfuerzos nunca progresaron más allá de congelar por poco tiempo la ayuda que ya estaba siendo canalizada. "Entregábamos ayuda militar [a través de los programas antinarcóticos] a personas con terribles antecedentes, y no podíamos cortar la ayuda porque esta se consideraba crucial debido a la gran importancia de la misión en general", comentó. "Si hubiésemos tratado de descartar la ayuda a ciertos países, no habríamos convencido a casi nadie. No iban a cortarle la ayuda a Colombia". Los representantes del Pentágono y otros defensores de la ayuda militar argüían que era injusto cancelar esta ayuda a un país debido a abusos específicos llevados a cabo por unidades particulares, pues se castigaba a toda una institución por acciones realizadas por unas pocas manzanas podridas. AI decidió trabajar dentro de esta lógica, es decir, "perseguir a las pocas manzanas podridas", como me dijo Salinas. "La innovación consistía en requerir que ciertas unidades fueran investigadas". Según Rickard, el texto de la Enmienda Leahy fue escrito por Diana Ohlbaum, auxiliar del senador demócrata Paul Sarbanes de Maryland, quien le mandó ideas por *e-mail* sobre cómo formular disposiciones legislativas para abordar las violaciones de derechos humanos cometidos por unidades que se encontraban recibiendo ayuda estadounidense para realizar acciones antinarcóticos.

Los informes sobre Colombia de Amnistía Internacional también jugaron un papel importante para plantear la cuestión relativa a que la ayuda antinarcóticos de Estados Unidos llegaba a unidades violadoras de derechos humanos. En 1994, Amnistía Internacional publicó un informe sobre los abusos cometidos por la fuerza pública colombiana titulado "Violencia política en Colombia: mito y realidad". Este informe detalló varios casos dramáticos —incluyendo el caso de una monja suiza que habría sido asesinada, supuestamente en un operativo de combate— y vinculó dichos casos a unidades militares específicas. Los activistas de Amnistía extrajeron una lista de unidades militares y enviaron una carta al Departamento de Estado solicitando información sobre la ayuda de Estados Unidos recibida por estas, pero nunca se les dio una respuesta oficial. Sin embargo, documentos internos de Estados Unidos que se filtraron informaban que trece de estas unidades recibían ayuda de Estados Unidos.[6] En un comunicado de prensa emitido el 2 de noviembre de 2006, Amnistía Internacional anunció: "Ya no cabe ninguna duda de que Estados Unidos suministra armas y municiones a unidades militares colombianas con un historial de haber asesinado civiles inocentes que no tenían ningún vínculo con el tráfico de drogas".[7] El documento presentado por Amnistía dio lugar a un debate público sobre el tema del uso indebido de los fondos provistos por Estados Unidos para la lucha antinarcóticos. El *New York Times* también publicó un editorial apoyando la enmienda.

---

6 De acuerdo con cables de la Embajada de Estados Unidos, el documento se preparó en respuesta a una solicitud del funcionario del Departamento de Estado responsable de asuntos colombianos y fue entregado a los periodistas. 1996 21 11 - cable de Bogotá, "Declaración de Amnistía Internacional sobre la ayuda militar de Estados Unidos en Colombia" [Sec. Asst.].

7 Aunque sin controvertir la información contenida en la lista, la Embajada sostenía que la lista "de ninguna manera constituye una confirmación de parte del gobierno de Estados Unidos de las alegaciones de Amnistía Internacional usa sobre específicas violaciones de los derechos humanos por parte de las unidades militares colombianas listadas y mucho menos que algún equipo de Estados Unidos haya podido estar involucrado". 27 11 1996 - cable de Bogotá, "Corrigiendo el récord relativo a Amnistía Internacional usa, comunicado de prensa que informa que Estados Unidos confirma que armó a asesinos colombianos" [Sec. Asst.].

Salinas combinó un estilo personal contencioso con su experticia como estratega político, al vincular a los activistas de base con las campañas legislativas. Además, tenía una larga historia de interés personal en Colombia, donde había sido un estudiante de intercambio a mediados de los ochenta. Según él, la Enmienda Leahy "se concretó casualmente". Cuando Paul Coverdell, senador republicano de Georgia, quería incrementar la ayuda militar antinarcóticos, Salinas preparó y le mandó un informe sobre los abusos de derechos humanos cometidos durante operaciones antinarcóticos financiadas por Estados Unidos. Como Coverdell no le respondió al respecto, Salinas empezó a trabajar con miembros activistas de Amnistía Internacional asentados en Georgia, a quienes consultaba con frecuencia en tanto ellos aumentaban la presión ciudadana que se ejercía sobre el senador Coverdell. El senador respondió acercándose a Salinas, quien me comentó que esto "le dio la oportunidad a Tim para hacer algo".

Se puede afirmar que la formulación de política pública se basa en el posicionamiento y el privilegio burocrático. Como el auxiliar de más alto nivel del Comité de Asignaciones del Senado que representaba el partido mayoritario, Rieser pudo agregar la disposición en el proyecto de ley sin un debate abierto en el pleno del cuerpo legislativo, lo cual es un ejemplo de cómo el conocimiento y el posicionamiento dentro del proceso legislativo les permite a auxiliares de congresistas insertar fórmulas de política pública sin necesidad de llegar a un consenso institucional. Rieser añadió la enmienda al proyecto de ley en el contexto de las negociaciones a puerta cerrada para conciliar las dos versiones de la ley que habían sido aprobadas de manera separada por la Cámara de Representantes y el Senado. "Había mucha gente que la hubiera disputado si se hubieran dado cuenta", me comentó un exauxiliar, "pero Tim la insertó discretamente, para que pasara desapercibida".

Algunos defensores de la ayuda antinarcóticos militarizada seguían preocupados de que la medida resultara en la descontinuación de la ayuda militar a la policía de Colombia o a cualquier otra fuerza pública que según ellos ameritara recibir ayuda de Estados Unidos. De acuerdo con las actas del Congreso, en las audiencias de 1997, los representantes Gilman, Burton y el presidente de la Cámara de Representantes, Dennis Hastert, atacaron la medida. En 1998, el senador Leahy envió cartas a Sandy Berger, asesor de Seguridad Nacional de Clinton, y a los representantes Hastert y Gilman, asegurándoles que la ley no iba a ser utilizada para retener indebidamente la ayuda para la Policía Nacional de Colombia (PNC). Además de las garantías formales sobre el carácter de la Enmienda Leahy, Salinas también recuerda haber animado a los votantes residentes en el distrito que Gilman representaba a ejercer presión sobre él para que apoyara la medida. "Yo trabajaba con activistas que lo llamaban varias veces al día. Hablaban con la oficina de Gilman, me informaban sobre la conversación y entonces yo los enviaba de vuelta con una refutación [a la posición contraria] [...] Una hora más tarde, el jefe del equipo de Gilman llamó a Steve y ahí fue cuando las cosas cambiaron".

2.4. Vulnerabilidad burocrática y puesta en práctica de las políticas de derechos humanos

La producción de la política pública sobre derechos humanos es la expresión de normas ideales, así como de una narrativa seleccionada de entre una serie que compiten entre sí, para responder qué son dichas normas y cómo se deben ejecutar. En últimas, la Ley Leahy se trató de una reivindicación de lo que significan los valores de Estados Unidos en la práctica, que se traduce en este caso en que este país no apoya las unidades militares extranjeras que cometen abusos[8]. Fue consagrada como ley a través de las alianzas de ONG con auxiliares de congresistas bien posicionados. Sin embargo, estos supuestos no representaban de ningún modo una posición consensuada. Para la mayoría de quienes apoyaban la ayuda militar, los derechos humanos no se consideraban como una norma aceptada, sino una amenaza a sus visiones políticas.

Los debates sobre la creación de Leahy y su puesta en práctica resaltan el papel de la vulnerabilidad burocrática en la formulación de la política pública. Los estudios antropológicos sobre la práctica burocrática han enfatizado el poder de los funcionarios sobre los ciudadanos, el cual deriva en la producción de 'indiferencia' y de atención arbitraria (Gupta, 2012; Goldstein, 2012; Herzfeld, 1993). Al examinar la relación entre los funcionarios dentro de una gama de agencias gubernamentales, se devela cómo la competencia entre ellos les produce miedo de perder poder, prestigio y control políticos. Los funcionarios se encuentran enredados en controversias alrededor de los siempre escasos recursos y de su jurisdicción, resultando con frecuencia en que terminan enfocados en proteger sus propias instituciones vulnerables y asediadas. El análisis esclarecedor de Michael Barnett sobre el fracaso de las Naciones Unidas y el Departamento de Estado para responder al genocidio

---

8 Sin embargo, los funcionarios señalan que la Embajada no puede impedir que se proporcione entrenamiento militar. Más bien, emiten su juicio y entonces "la Infantería de Marina dispone de diez días para ir al Congreso y explicar por qué siguieron con el entrenamiento. La carga de la prueba recae sobre el aspirante".

que se desenvolvía en Ruanda se enfoca en la importancia de las percepciones de la vulnerabilidad burocrática en la acción (o inacción) institucional. Durante los debates sobre la respuesta política apropiada, los funcionarios en el interior de estas agencias de derechos humanos implícitamente arguyeron que "el genocidio era aceptable, si la alternativa era poner en riesgo el futuro de las Naciones Unidas" (Barnett, 1997, p. 562), o sea que valía la pena tolerar los abusos en el presente frente a posibles debilidades institucionales en el futuro. La elaboración y puesta en práctica de la Ley Leahy revela cómo la legislación de derechos humanos provoca miedos de vulnerabilidad burocrática entre los funcionarios dentro de agencias militarizadas. A lo largo del proceso, los funcionarios compitieron por poder institucional, en la medida en que algunos consideraron las preocupaciones sobre los derechos humanos como una posible amenaza a su agenda política, mientras otros presionaron para que fuera más amplia su puesta en práctica. La interpretación dominante se tradujo en un marco evaluativo que permitió el cumplimiento de la legislación, a la vez que no se obstaculizó la entrega ininterrumpida de la ayuda militar.

En este caso, la producción de política exterior genera preocupación sobre la vulnerabilidad entre las burocracias de Estados Unidos y Colombia, así como en el interior de las instituciones colombianas. Al tratarse de un nuevo requisito para la entrega de ayuda extranjera, la Enmienda (y posteriormente Ley) Leahy conllevó una intensa negociación con las agencias gubernamentales extranjeras, muchas de las cuales consideraban las cuestiones de derechos humanos dentro del contexto de sus relaciones de poder entre agencias nacionales y como parte de los esfuerzos de Estados Unidos para imponer su agenda unilateralmente. La entrega de la ayuda militar requería de acuerdos formales con cada gobierno extranjero que estipularon cómo iban a cumplir los requisitos de la Ley Leahy, los cuales fueron llamados Acuerdos para el Monitoreo del Uso Final (End Use Monitoring Agreements, EUM). Anteriormente Estados Unidos había aceptado una 'certificación de buena fe' bianual de parte de los colombianos, que simplemente enunciaba que habían cumplido con todos los requisitos de Estados Unidos para recibir legalmente la transferencia.[9] El esfuerzo para negociar un acuerdo que satisficiera a todas las partes mostró las diferencias en cuanto a agendas políticas, tanto entre las agencias de cada gobierno como entre las de los dos países, y develó la debilidad de las estructuras de poder civil en Colombia en comparación con las instituciones militares.

---

9 1997 28 04 - cable de Bogotá, "506 y 614: La mejor oferta definitiva al Ministro de Defensa" [Sec. Asst.].

El intento de elaborar un texto final para el Acuerdo sobre el Monitoreo del Uso Final tuvo lugar durante la peor crisis moderna de las relaciones Colombia-Estados Unidos, cuando Estados Unidos anuló la visa del presidente Ernesto Samper y descertificó a Colombia después de las revelaciones (lanzadas públicamente por la DEA de Estados Unidos) de que él había aceptado contribuciones del Cartel de Cali para su campaña presidencial.[10] La percepción de la corrupción de los líderes políticos nacionales irritó a los líderes militares colombianos (Aviles, 2006). En ese momento, la ayuda de Estados Unidos se dirigía más que nada a la Policía Nacional, que disfrutaba una reputación intachable entre los congresistas republicanos que la apoyaban, sobre todo por el liderazgo carismático del general Rosso José Serrano. A su turno, el ejército se sentía marginalizado de los paquetes de ayuda exclusivamente enfocados en la lucha antinarcóticos y además eran desacreditados por muchos de sus homólogos en Estados Unidos al ser acusados de corrupción e incompetencia. A pesar de una historia de relaciones cercanas entre las fuerzas armadas de Estados Unidos y las de Colombia que se remonta a la Guerra de Corea, los militares colombianos generalmente veían las preocupaciones norteamericanas relacionadas con los derechos humanos como calumnias motivadas por la política, aun viniendo de militares estadounidenses.[11] Por otra parte, a partir de un acuerdo informal conocido como el pacto Lleras, también estaban acostumbrados a disponer de la autoridad para diseñar e implementar la política de seguridad nacional, en gran medida independientemente de cualquier supervisión civil (Pardo, 1996).

Durante una discusión inicial con el Embajador de Estados Unidos, el 28 de abril de 1997, el presidente Samper se mostró de acuerdo con 'interceder' ante los militares para llegar a un convenio sobre el monitoreo del uso final. Uno de los principales puntos de discordia seguía siendo el asunto relativo a qué hacer con los individuos acusados. Estados Unidos proponía que fueran retirados del servicio activo y puestos en 'licencia administrativa', mientras que los funcionarios colombianos argüían que "bajo la ley colombiana no hay forma de sacar de la unidad a un individuo que simplemente fuera acusado". El presidente Samper señaló que "tales asuntos no son

---

[10] El Congreso de Estados Unidos requiere al Departamento de Estado emitir una certificación anual sobre los gobiernos extranjeros, en la que se evalúa su grado de cooperación con las operaciones antinarcóticos de Estados Unidos. Si no se logra la certificación, se les suspende la ayuda no militar, además de otras sanciones.

[11] Sobre la historia de las relaciones militares entre Estados Unidos y Colombia, ver Coleman (2008) y Tate (2007, cap. 8).

tan fáciles de tratar entre las fuerzas militares, como lo son dentro de la Policía Nacional". También manifestó que dentro de las fuerzas militares había preocupación de que estos requisitos desataran "un sinfín de acusaciones contra las fuerzas militares". El Embajador de Estados Unidos no estuvo de acuerdo y anotó que el Ministerio de Defensa controlaría el proceso de traslado de los individuos acusados y concluyó con una advertencia: "A final de cuentas, si las fuerzas militares no pueden aceptar los requisitos de la Ley Leahy, el equipamiento se le hará llegar solamente a la Policía".[12] El 30 de abril, la Fuerza Aérea y la Armada colombianas firmaron Acuerdos para el Monitoreo del Uso Final, pero el Ejército se rehusó a hacerlo. La Embajada informó haber recibido una carta de Harold Bedoya, comandante general de las fuerzas militares, "objetando [el acuerdo] en los términos más enérgicos". La Embajada también informó que había rechazado solicitudes del Ministerio de Defensa colombiano, tanto para mantener en secreto cualquier acuerdo de esa índole que se firmara, como el envío de equipo adicional.

Estos debates acerca de la aceptación o no por parte de las fuerzas militares de las disposiciones de la Ley Leahy deben entenderse en el contexto más amplio de sus objeciones a la supervisión civil por parte de las agencias gubernamentales colombianas, incluyendo al deslegitimado Presidente, así como a su visión de que las denuncias de Estados Unidos reflejaban tanto hipocresía como un sesgo de izquierda. En una sección del cable titulada "Derechos humanos: mucho más tarde, por favor", el Ministro de Defensa solicitaba que Estados Unidos apoyara los esfuerzos de paz "dejando a un lado el asunto de los derechos humanos", porque "le complicaba la vida a los militares, cuya cooperación él necesitaba para lograr la paz [...] [el Ministro] necesitaba el apoyo de los generales, y si presionaba el asunto de los derechos humanos, no iba a poder hacer su trabajo como ministro".[13] El cable también revelaba que el Ministro de Defensa colombiano solicitaba una visa estadounidense para un coronel vinculado con actividades llevadas a cabo por escuadrones de la muerte. El alto mando militar colombiano lo había nominado para una posición en el Colegio Interamericano de Defensa, una universidad de posgrado para militares y funcionarios gubernamentales que funciona bajo el control de la Organización de Estados Americanos y la Junta Interamericana de Defensa, y que tiene su sede en edificios donados en Fort McNair

12 1997 29 04 - cable de Bogotá, "Reunión el 28 de abril del Embajador con el presidente Samper" [eum].

13 1997 16 06 - cable, "Conversación el 13 de junio del Embajador con el ministro de Defensa Echeverri" [Folder: Sec. Asst.]. Cable 05740 de la Embajada - Departamento de Estado, "Conversación del 13 de junio del Embajador con el ministro de Defensa Echeverri", 16 de junio de 1997. Confidencial.

(Virginia). La Embajada de Estados Unidos le había advertido al Ministro que no se le otorgaría una visa al coronel, y en el cable se comenta: "La idea de tratar de mandar a Estados Unidos a un militar sobre quien el Embajador se ha quejado por más de un año por tolerar o promover escuadrones de la muerte muestra la insensibilidad de parte de los altos mandos del ejército colombiano hacia la preocupación de Estados Unidos sobre los derechos humanos".

Algunos oficiales estadounidenses también se opusieron a la inclusión de los asuntos relativos a los derechos humanos en la política exterior. Desde su punto de vista, la exigencia de los requisitos de la Ley Leahy hacía vulnerables a los militares estadounidenses tanto a las presiones de las agencias civiles y los presupuestos y los suministros materiales reducidos, como a una erosión del control de su misión. Algunos igualmente argumentaban que tales requisitos debilitaban a los aliados de Estados Unidos que se encontraban involucrados en conflictos complejos. En uno de los ejemplos más notorios, cables desclasificados de la Embajada revelan que durante un viaje a Colombia en mayo de 1997, en el mismo momento en que se negociaba el Acuerdo para el Monitoreo del Uso Final, el presidente de la Cámara de Representantes, Dennis Hastert, manifestó explícitamente su rechazo a las condiciones de derechos humanos en reuniones con militares colombianos, a quienes les dijo que trabajaría para "eliminar las condiciones para la ayuda" y se quejó sobre la influencia 'izquierdista' en el Congreso de Estados Unidos en el pasado que "usó los derechos humanos como una excusa para ayudar a la izquierda en otros países". Hastert prometió promover la ayuda antinarcóticos y les recomendó a los oficiales colombianos que debían "pasar por alto el poder ejecutivo de Estados Unidos y comunicarse directamente con el Congreso".[14]

Las negociaciones sobre el Acuerdo para el Monitoreo del Uso Final llegaron a su punto crítico en junio y julio de 1997, durante unas frustradas conversaciones, cuando los abogados del ejército colombiano objetaron la frase "acusación creíble". Según ellos, solo se podía considerar responsable a un individuo (o imponerle cualquier clase de sanción, tal como trasladarlo de una unidad) después de completar un procedimiento judicial que lo declarara culpable o inocente. Los abogados sostenían que el concepto de "acusación creíble" "no era admisible bajo

---

14 Cable Embajada de Estados Unidos en Colombia, "Codel [Delegación del Congreso, por su sigla en inglés], "Visita a Colombia de Hastert, mayo 24-27", 28 de mayo, 1997, Secreto, 28 p.

la ley colombiana".[15] Durante esta discusión y otras subsiguientes, el Embajador argumentó que

> "graves violaciones de derechos humanos" es un estándar muy alto que está bien definido tanto en la ley estadounidense como en la colombiana. Muchas de las acusaciones que se hacen regularmente contra los militares no calificarían bajo dicho estándar y se requería más que un litigio para que tales acusaciones sirvieran de base para una acción del gobierno de Estados Unidos. El gobierno de Estados Unidos no les estaba poniendo una trampa a los colombianos, sino que les urgía que aceptaran un acuerdo que cumplía con las condiciones que ellos habían establecido a la vez que hacía valer la ley estadounidense.

Por su parte, Bedoya se quejó del sesgo del Departamento de Estado contra el ejército colombiano. El cable que informa sobre la reunión concluye: "Los colombianos solo estaban dispuestos a prometer que la ley colombiana iba a ser aplicada de la misma forma inadecuada como en el pasado". La recomendación final era la de entregar toda la ayuda a la policía lo más pronto posible.[16] A lo largo del proceso, los funcionarios estadounidenses dejaron claro su compromiso con la entrega sin interrupción del equipo, capacitación y financiamiento militar por parte de Estados Unidos a las instituciones colombianas.

En ese momento, hubo un cambio debido a la dinámica interna de la política colombiana. Harold Bedoya, comandante general de las fuerzas militares, fue obligado a renunciar en julio de 1997 después de una confrontación con el Presidente sobre la propuesta de negociaciones con las guerrillas. Su reemplazo, el general José Bonnet, firmó el 20 de julio de 1997 el Acuerdo para el Monitoreo del Uso Final, a pesar de expresar muchas de las mismas inquietudes que su predecesor.

2.5. La Ley Leahy y el escrutinio requerido

Los debates sobre la puesta en práctica de la Ley Leahy revelan hasta qué punto son inestables y dinámicos los dominios de la política, y cómo sus efectos de Estado surgen a través de la medición y la evaluación. Estas evaluaciones son profundamente

15 Cable 06461 de la Embajada del Departamento de Estado, "El abogado de Bedoya bloquea el Acuerdo eum", 8 de julio, 1997. Confidencial.

16 Cable 006705, Embajada - Departamento de Estado, "Conversaciones sobre eum con el Ministro de Defensa en callejón sin salida. Recomendación", 14 de julio, 1997. Confidencial.

moldeadas por los marcos culturales y los reclamos políticos (Merry, 2011; Warren, 2012). En este caso, se enfocaban sobre todo en disputas sobre el significado de palabras y frases claves, tales como 'unidad', 'medidas efectivas' y 'creíble'. Los debates alrededor de los significados de estas categorías revelan cómo las agendas y estructuras de poder subyacentes varían, pero no se transforman como resultado de tales intervenciones de la política. La política pública hace susceptibles a la intervención y la vigilancia los ámbitos de la vida política y, a su vez, la política de derechos humanos busca hacer legibles para el escrutinio de derechos humanos las relaciones e intercambios transgubernamentales. La ley establece la puesta en práctica como un proceso transparente y autoevidente de manejo de información, es decir, un esfuerzo tecnocrático central de gobernanza moderna. Si bien las categorías utilizadas para generar esta legibilidad afirman que aumentan la transparencia, no son en sí mismas transparentes (Bellastero, 2012; Hetherington, 2011; Li, 2007), puesto que los mecanismos de auditoría y evaluación sirven para contener y manejar la vulnerabilidad burocrática. Tal como quedó formulada, la Ley Leahy privilegió las preocupaciones sobre derechos humanos sobre la ayuda militar, pero al aplicarse prevaleció la lógica de la militarización.

Toda la información disponible, aun sobre el primer paso aparentemente simple de recolectar las denuncias antes de evaluar su credibilidad, revela que los presupuestos de transparencia eran una ficción. En Colombia, no hay sistemas centralizados de manejo de información. En 2008, un funcionario de la Embajada que participaba en el programa de escrutinio me comentó: "Si queremos saber cuántos casos pendientes hay contra [el grupo paramilitar] las Águilas Negras, no se trata de simplemente atravesar la calle para llegar a la Fiscalía y preguntar, sino que tenemos que llamar a todas las regiones, a cada ciudad, a todas las oficinas de los fiscales especializados para solicitarles que revisen sus archivos". Muchos crímenes que se cometen nunca son denunciados o registrados como tal. Por otra parte, la falta de capacidad investigativa, las amenazas y los ataques violentos contra los testigos y los fiscales han evitado que muchos casos que involucran abusos cometidos por las unidades militares figuren en los datos del sistema jurídico (Human Rights Watch, 2002). En una conversación sostenida en 1998 con el Embajador de Estados Unidos, el ministro de Defensa, Rodrigo Lloreda Caicedo, concluyó que "en Colombia prevalece una cultura de impunidad". Calificó al sistema judicial "desafortunadamente ineficaz" y anotó "una falta de confianza en la justicia militar". Además, "descartó, por razones culturales, la posibilidad de mejorar en corto plazo la situación actual", teniendo en cuenta el hecho de que los encarcelamientos de largo plazo por cualquier delito cometido son considerados "injustos".[17] Muchas víctimas de abusos concluyeron, con razón, que presentar denuncias les significaba correr el riesgo de ser sujetos de violencia adicional y, en muchos casos, quienes presentaron denuncias vieron sus casos desestimados.

La cuestión de quién pone la denuncia juega un papel central en su evaluación. En este ámbito, igual que en otros, la credibilidad funciona como una medida del posicionamiento y de la jerarquía institucional. Los funcionarios estadounidenses encargados del programa de escrutinio para aprobar las unidades militares siguen cuestionando la credibilidad de las ONG,[18] lo cual en parte refleja las normas probatorias puestas en práctica por la Embajada. Con frecuencia los funcionarios clasifican los testimonios orales de los pobladores locales y los informes de las ONG como vagos, sostienen que les faltan los recuentos corroborativos requeridos o la identificación de unidades específicas involucradas en los eventos, y, en algunos casos, sospechan que hay motivos políticos para las acusaciones. Los funcionarios del gobierno colombiano también han acusado a las ONG de tener vínculos con las guerrillas.

Una 'unidad' militar imaginada no es fácilmente transferible a la lógica de la rendición de cuentas que los autores de la Ley Leahy buscaron establecer. El personal militar está organizado en una gama de 'unidades' militares que comprenden patrullas, pelotones, compañías, batallones, brigadas y divisiones que varían en tamaño desde seis hasta miles de personas. Estas unidades son ficciones administrativas, establecidas bajo una jerarquía permanente y con una estructura organizacional relativamente estable, pero con sus integrantes en un flujo constante. Debido a las rotaciones de personal, heridos y ascensos de los oficiales, los individuos específicos que componen las estructuras varían notablemente y son difíciles de rastrear. Estas divisiones administrativas se utilizan como receptores de la ayuda, del equipo y del entrenamiento, así como para el despliegue operativo, con misiones asignadas según ubicación geográfica. Los activistas de derechos humanos que criticaban la Ley Leahy argumentaron contra el proceso de escrutinio con base en esta inestabilidad administrativa como una evidencia de que las disposiciones de

---

17 Cable 011674, Embajada - Departamento de Estado, "Embajador y ministro Lloreda sobre la Enmienda Leahy", 16 de octubre, 1998, Confidencial.

18 En un país extranjero, el personal de la Embajada de Estados Unidos no puede llevar a cabo una verificación independiente de las denuncias, debido a la falta de personal, de capacitación para investigar y de un mandato en el extranjero.

la Ley Leahy eran insuficientes y urgía una reforma institucional integral como prerrequisito para determinar si se cumplía con los requerimientos para recibir financiación y apoyo de Estados Unidos.

En la definición del estándar para el escrutinio, el Departamento de Estado decidió investigar a la 'unidad' más pequeña posible. Según un informe de 1999 de la Oficina de Auditoría General de Estados Unidos (General Accounting Office, GAO), "en un cable del 8 de mayo de 1999 dirigido a todas las embajadas en el extranjero, el Departamento de Estado definió la unidad para ser entrenada como la unidad para ser escrutada. Por consiguiente, en el entrenamiento individual, el individuo sería investigado y en el entrenamiento a nivel de unidad, la unidad en sí sería investigada". Conforme con esta interpretación, "los soldados individuales de unidades que violan los derechos humanos pueden participar en entrenamientos en la medida en que no estén vinculados por nombre a una denuncia creíble" (Rendón y Lindsay-Poland, 2008). El enfoque en las unidades también borra las maneras en que los equipos militares y el entrenamiento son intercambiables, en la medida en que las personas y los bienes circulan libremente en el interior de las redes militares. De hecho, cualquier ayuda que se envía a una unidad militar beneficia a toda la institución de la que forma parte. En este sentido, la ayuda que Estados Unidos enviaba a unidades aprobadas permitía a las fuerzas militares colombianas dedicar más ayuda a las unidades violadoras de derechos humanos. En el caso de individuos pertenecientes a estas unidades que recibían capacitación, simplemente regresaban a sus unidades con prontuario de violaciones de derechos humanos, que entonces se beneficiaban de su nueva experticia. Vale la pena señalar que cualquiera que sea entrenado beneficia a toda la institución militar. Por otra parte, no existe ningún seguimiento de la ubicación o desempeño posentrenamiento. Los individuos regresan a unidades abusivas o pueden ser transferidos a otras unidades violadoras de derechos humanos y así usan sus nuevas habilidades para fines indeseables. Elementos importantes de la ayuda estadounidense son inmateriales, por lo que no pueden ser restringidos, como es el caso del conocimiento y la inteligencia que circulan libremente, y, de igual forma, a través de todas las unidades, tanto de las aprobadas como de las no aprobadas.

Los artífices de la ley buscaron abordar el asunto de la impunidad sistemática, cerciorándose de que las acusaciones resultaran en juicios penales, es decir, 'las medidas efectivas' que el gobierno debía tomar para abordar las denuncias. Sin embargo, en algunos de los cables que describen el proceso de escrutinio, los funcionarios de la Embajada parecen respaldar la idea de que simplemente prevenir que los soldados comprometidos con violaciones de los derechos humanos participen en las unidades apoyadas por Estados Unidos cumple con los requisitos. El autor de un cable en abril de 1999 escribió: "Un problema específico ha sido que los individuos 'sucios' han sido trasladados a unidades 'limpias' durante los ciclos de rotación anual de personal, lo cual nos ha exigido suspender la ayuda a la unidad". La Embajada aconseja que el Ministro de Defensa colombiano "aproveche al máximo" la base de datos, "revise las listas de traslados y se asegure de que las personas estén 'limpias' antes de emitir las órdenes para su traslado".[19] Un informe de la Oficina de Auditoría General de julio de 1999 describió la política guía del Departamento de Defensa como la de "ajustar la actividad planeada o los participantes". Según las directrices del Departamento de Defensa, esto se constituye en la necesaria "acción correctiva para abordar las situaciones donde existe información creíble de graves violaciones de derechos humanos por parte de un miembro de la unidad" (Informe GAO, p. 55). Así, simplemente con excluir a un individuo por la duración del entrenamiento se cumpliría con los requisitos legales. Varios miembros del personal de la Embajada me comentaron en entrevistas que el escrutinio de unidades para asegurar que cumplan con los requisitos de Leahy ha desembocado en que oficiales de alto nivel se hayan visto forzados a salir de las fuerzas militares, ya sea porque no pudieron completar la capacitación necesaria para su promoción o porque fueron arrestados. Sin embargo, no existe ningún registro público disponible que documente tales casos, y, en los casos de individuos con denuncias creíbles contra ellos, no hay ninguna evidencia de que se les hiciera seguimiento o de que se les haya presionado de forma sistemática.

Al enfocarse en abusos cometidos dentro de determinadas unidades que vinculan a los soldados como individuos, los escrutinios llevados a cabo para cumplir con la Ley Leahy no tomaron en cuenta las transformaciones de las formas de la violencia política en Colombia. Durante este período, los grupos de derechos humanos detectaron una disminución en la participación directa de las fuerzas militares en las violaciones, mientras el número de tales ataques atribuidos a los paramilitares aumentó dramáticamente, lo que representaba una privatización de la violencia política (tema que se explora en el próximo capítulo). Quienes apoyaban a las fuerzas militares, incluidos los funcionarios de las fuerzas armadas de Estados Unidos y del gobierno de Clinton, afirmaban que la reducción en la atribución directa de los abusos a los militares era el resultado de una reforma genuina en el interior de las fuerzas militares. A su vez, los críticos señalaban la evidencia de la colaboración entre las fuerzas militares y los

19 Para la reunión del Embajador con el ministro Lloreda. Elaborado por ws Rowland 22/04/99. Confidencial.

paramilitares, argumentando que las fuerzas militares no se habían reformado, sino que habían reemplazado la acción directa con la complicidad. Las fuerzas paramilitares también recurrieron a nuevas modalidades de violencia diseñadas para permitir a los perpetradores escapar del escrutinio de los informes de derechos humanos internacionales. Otras formas de violencia que emergían hacen particularmente difícil vincular a los soldados individuales o aun a determinadas unidades con los abusos de derechos humanos, como es la práctica de los 'falsos positivos', en la cual hombres jóvenes son desaparecidos de sus lugares de residencia y presentados en departamentos distantes como guerrilleros abatidos en combate (Haugaard y Nichols, 2010).

2.6. Unidades limpias

La Ley Leahy alteró los mecanismos para entregar la ayuda militar de Estados Unidos, pero no de la manera en que los artífices de la ley lo planearon. Los funcionarios estadounidenses encontraron pruebas abrumadoras de que muchas unidades militares colombianas se encontraban involucradas en violaciones de derechos humanos y pronto se dieron cuenta de que, dada la generalización de las denuncias sobre la mala conducta de los militares, era prácticamente imposible encontrar unidades militares que pudieran cumplir con los requisitos de la Ley Leahy. Sin embargo, en vez de suspender la ayuda, los funcionarios estadounidenses crearon nuevos mecanismos para la entrega de la ayuda a través de la creación de nuevas unidades 'limpias', que, al estar compuestas por individuos ya aprobados, eran elegibles para todo tipo de ayuda y entrenamiento por parte de Estados Unidos. Además, como nuevas unidades sin ningún prontuario existente, serían aprobadas instantáneamente.

La primera unidad que fue escrutada y aprobada para recibir ayuda de Estados Unidos fue el Comando Específico de Oriente (CEO) en marzo de 1998, que resultó ser una fuente de inspiración para la creación de nuevas unidades. Como se señaló en un cable a Washington ese mismo mes, la unidad "realmente no existía". Al tratarse de un comando militar unificado convertido en un comando del ejército en 1996 para "contingencias en la zona fronteriza", el comando en realidad no era una unidad militar plenamente constituida, pues solo tenía un "mínimo número de tropas de tiempo completo". La realidad fue que "batallones de otras unidades eran traídos para ser puestos bajo el mando del CEO, y solo temporalmente".[20]

[20] Cable 002520, Embajada - Departamento de Estado, "Colombia eum: análisis de casos específicos de derechos humanos", 6 de marzo, 1998. Confidencial.

Aunque el CEO fue recomendado para recibir ayuda de inmediato, el proceso de escrutinio mostró problemas con todas las otras unidades que se propusieron para recibir ayuda de Estados Unidos.[21]

Las nuevas unidades solucionarían el problema referente a cómo incrementar la ayuda militar para las fuerzas colombianas mientras se cumplieran con los requisitos de la Ley Leahy. Para octubre, la propuesta de creación de un batallón antinarcóticos 'limpio' consiguió el apoyo de las fuerzas militares colombianas y del gobierno de Samper. Según un cable de la Embajada de 1998, "es probable que cualquier unidad que sea designada estaría relativamente nueva y 'limpia' de problemas significativos de derechos humanos". Los colombianos vieron esto como una concesión a la presión de Estados Unidos, pidiendo 'a cambio' financiación para equiparse; los militares también informaron 'entender' que, al hacer que dichas unidades se enfocaran en la lucha antinarcóticos, se "maximizaría el fácil acceso a la inteligencia de Estados Unidos".[22] Después de delinear los requisitos logísticos y financieros de dicho batallón, el asunto de la Ley Leahy y del escrutinio requerido llevaron a la Embajada a sugerir que, con el fin de cumplir con todos los objetivos en cuanto a los derechos humanos, esta buscaría, junto con el Ministerio de Defensa, un nuevo comienzo, tal como aparece propuesto en el encabezado del cable: "¿Avance decisivo para el posible establecimiento de nuevas unidades 'limpias'?". Con el fin de cumplir con todos los objetivos de los derechos humanos, la Embajada proponía buscar que el Ministerio de Defensa considerara la "posibilidad de defender nuevas unidades 'limpias' compuestas por efectivos preexaminados", concluyendo que "en el contexto de un gran incremento de la ayuda designada (p. ej., para el batallón antinarcóticos), el ejército colombiano podría estar dispuesto a considerar tal medida". Un cable del Departamento de Estado fechado el día siguiente que describía una reunión entre el Embajador de Estados Unidos y el Ministro de Defensa colombiano informaba que, después de señalar los problemas con unidades existentes propuestas para recibir la ayuda, el Embajador de Estados Unidos le había

[21] La 24ª brigada estaba prevista para ayuda condicional, pendiente de la remoción de dos individuos y le "dejamos a Washington" determinar el estatus de la ayuda para la 3a, 7a, 12a y Brigada Móvil (brim) #2. Cable 002520, Embajada - Departamento de Estado, "Colombia eum: análisis de casos específicos de derechos humanos", 6 de marzo, 1998. Confidencial.

[22] Cable 11602, Embajada - Departamento de Estado, "Batallón Antinarcóticos del Ejército Colombiano propuesto para ayuda del gobierno de Estados Unidos", 15 de octubre, 1998, Confidencial.

planteado al Ministro de Defensa que, para facilitar la entrega de la ayuda, "se considerara la posibilidad de establecer nuevas unidades limpias".[23]

Los formuladores de política pública que participaron en el diseño del paquete de ayuda del Plan Colombia enfatizaron la importancia de crear nuevas unidades que pudieran recibir el flujo masivo de la ayuda. De la misma manera, los funcionarios del Comando Sur estadounidense informaron que los requisitos de la Ley Leahy fueron la razón "por la cual no usamos un batallón existente". Tal como me lo comentó un funcionario: "Fuimos allí, con entrenadores de las fuerzas especiales, y averiguamos cómo hacer que las cosas funcionaran teniendo en cuenta el programa de escrutinio del Departamento de Estado. Nos aseguramos que ninguno fuera de otras unidades, que se tratara de individuos que fueran nuevos en las fuerzas militares, que estuvieran recién entrados sin ninguna posibilidad de presentar problemas".

Conclusión

La formulación de política pública como un campo político abarca una gama de actores más allá del Estado, ejemplificado en alianzas entre activistas no gubernamentales y auxiliares de congresistas para producir legislación, tal como la Ley Leahy. Los activistas de derechos humanos vinculados con la formulación de política pública se vieron obligados a participar en un proceso disputado de profesionalización. Estos defensores de derechos humanos aprendieron del activismo de la anterior generación, que se enfocó en la política de Estados Unidos hacia Centroamérica, y produjeron nuevas formas de experticia y credibilidad, con una orientación institucional hacia la cultura del cabildeo organizado alrededor del *ask,* el cual da lugar a una acción específica para que los políticos pueden reivindicar los resultados como un ejemplo de su poder y apalancamiento políticos. En muchos sentidos este es un proceso mucho más complicado y controvertido que simplemente investigar la violencia, ya que en el *ask* se encuentran incrustados profundos reclamos morales, éticos y políticos, referentes a las posibilidades de la acción política.

La Ley Leahy funcionó dentro de la lógica de la narrativa existente sobre política pública, sin desafiar la militarización de la política antinarcóticos o la evaluación oficial de las fuerzas militares colombianas, que sostenía que estas estaban afectadas

---

[23] Cable 011674, Embajada - Departamento de Estado, "Embajador y ministro Lloreda sobre la Enmienda Leahy", 16 de octubre, 1998, Confidencial.

por "unas pocas manzanas podridas" y no por abuso, corrupción y violencia sistemáticos. Las nuevas estrategias para la entrega de la ayuda, como la creación de nuevas unidades 'limpias', no generaron la reforma institucional dentro de las fuerzas militares, ni la sanción legal de los oficiales que cometían violaciones de derechos humanos, como lo planearon los diseñadores de la ley. La distinción entre nuevas unidades 'limpias' y unidades abusivas existentes resultó ser imposible de mantener, especialmente dado el enfoque de Estados Unidos en mejorar la integración y coordinación operacional militar. Las nuevas unidades antinarcóticos operaban en conjunto con unidades locales, incluyendo a aquellas que enfrentaban denuncias de abuso, como parte de la estrategia del "Empuje al Sur de Colombia" de Estados Unidos. Aquellos que apoyaban los flujos de ayuda militar estadounidense en África y el Oriente Medio a fuerzas militares violadoras de los derechos humanos continuaron manifestando su preocupación sobre la vulnerabilidad burocrática producida por la Ley Leahy (Schmitt, 2014).

El enfoque en el monitoreo de la puesta en práctica de Leahy alteró los términos del debate y de la acción política hacia los esfuerzos para apoyar la legislación en sí misma. En vez de articular mayores críticas de la política pública, movilizar las acciones de las comunidades de base o argumentar sobre las causas y consecuencias de la violencia política, los defensores de derechos humanos se encontraban intentando proteger la legislación de los funcionarios que la criticaban en el interior de otras agencias gubernamentales. También, se esperaba que trabajaran para apoyar la puesta en práctica de los nuevos criterios a través del cumplimiento del monitoreo y del suministro de sus propias evaluaciones e informes. Algunas de las críticas a los esfuerzos para moldear la legislación se enfocaron en el costo institucional y político, mientras otros argumentaban que las prácticas de escrutinio silenciaban los debates más amplios acerca de las causas y consecuencias de la violencia política. Algunos activistas de base consideraban intrínsecamente antidemocrática y nada transparente la práctica de cabildeo llevada a cabo por las ONG especializadas en derechos humanos. El enfoque en 'el juego interno' dentro del Congreso, que conlleva conocer los calendarios de los formuladores de política pública, construir relaciones personales y hacer acuerdos a puerta cerrada para facilitar la legislación, excluye a los activistas que viven lejos de Washington o que no poseen estas formas de conocimiento experto. Los activistas siguen debatiendo cómo hacer significativos los derechos humanos. Se puede afirmar que la promoción de la política pública al menos ha mantenido a los derechos humanos en el panorama político. En el contexto de estas disputas, algunas veces amargas, sobre qué ha logrado la formulación de política pública para promover el respeto por los derechos humanos, quienes la apoyan argumentan apasionadamente que estos esfuerzos en algunos casos han producido avances y han impactado la vida real de personas en el terreno.

El disputado proceso de definir las categorías para el escrutinio y la evaluación ha permitido el dominio de las existentes prioridades de la política, en este caso la militarización y la entrega ininterrumpida de ayuda militar. La política a favor de los derechos humanos fue subyugada por los intereses institucionales estatales bajo su propia autopresentación como democrática y participativa, sin alterar los parámetros ideológicos de la militarización como fundamento de la política. La aplicación de la Ley Leahy muestra las formas en que dicha formulación de política pública no genera nuevas normas, sino vulnerabilidad burocrática entre los funcionarios que maniobran en el interior de distintas agendas institucionales. La legislación para proteger los derechos humanos también contribuye a la transformación de la violencia, en la medida en que los actores intentan eludir la vigilancia y la indagación. Este legado de la formulación de política pública sobre derechos humanos, que tal vez es el más alarmante, se explora en el próximo capítulo.

Sección II

Putumayo en la víspera del Plan Colombia

Figura 2. Grafiti paramilitar pintado en la pared de una casa en Putumayo, 1999. La sigla AUC se refiere a las Autodefensas Unidas de Colombia

Fuente: fotografía de Nancy Sánchez, usada con su permiso.

Capítulo 3
Los paramilitares como 'proxies'

> [Los comandantes paramilitares] reunieron [a los habitantes] en dos grupos cerca a la plaza principal y frente al rudimentario puesto de salud. En seguida mataron a los hombres uno por uno, aplastándoles la cabeza con piedras pesadas y una almádena. Cuando todo terminó, 24 hombres yacían muertos entre charcos de sangre. Más tarde se encontraron otros dos en fosas poco profundas. Mientras se iban los hombres armados, prendieron fuego al pueblo... Más de 25 habitantes entrevistados en sus casas quemadas y en albergues temporales afirmaron estar convencidos de que las fuerzas militares colombianas ayudaron a realizar la masacre. En decenas de entrevistas llevadas a cabo durante tres días en pequeños grupos e individualmente, los sobrevivientes declararon que en los días previos a la masacre, aviones militares sobrevolaron el pueblo haciendo vigilancia, así como lo hicieron durante la hora subsiguiente a la masacre. Según estos testimonios, los militares le dejaron paso libre a la columna de paramilitares y acordonaron la zona fingiendo una batalla durante todo el día con las guerrillas que dominaban el área, mientras le dejaban paso libre a la columna de paramilitares.
>
> "Crónica de una masacre anunciada", Scott Wilson, *Washington Post,* 28 de enero de 2001.

Un asunto central para los formuladores de política pública estadounidenses fue el de categorizar y dar cuenta de la violencia paramilitar en el contexto de la creciente ayuda militar. ¿Qué tipo de organización era la de los paramilitares? El incremento de la violencia era un problema de política pública: las masacres, los asesinatos y las amenazas eran altamente visibles como factores que incidían en la inestabilidad de

Colombia. A la vez, los paramilitares también eran una solución de política pública, en la medida en que esta cruel violencia cumplía una función contrainsurgente fundamental. En este capítulo, examino la emergencia, a finales de los noventa, de los ejércitos paramilitares como una forma de violencia *proxy* a disposición del Estado, al actuar como terceros sustitutos. La violencia empujó a las guerrillas a regiones aún más apartadas, rompió sus cadenas de abastecimiento y facilitó la ocupación militar de pequeños pueblos rurales, al tiempo que permitió que la fuerza pública cumpliera con los requisitos relacionados con los derechos humanos para recibir la ayuda estadounidense.

La política oficial de negar el papel del Estado en el apoyo a esta violencia dio lugar a múltiples efectos de Estado. Para los formuladores de política en Estados Unidos que tenían que certificar el profesionalismo y la rendición de cuentas de la fuerza pública colombiana, esta negación encajaba perfectamente en la narrativa de ausencia del Estado y, en consecuencia, planteaban la simple ausencia del gobierno colombiano en vez de su alineamiento con las fuerzas paramilitares. Sin embargo, para quienes vivían en el campo colombiano bajo el dominio paramilitar y eran testigos de las alianzas entre estas fuerzas y las fuerzas militares, esta negación circulaba como una forma de terror estatal. En foros organizados y en encuentros informales, los militares insistieron en que no estaban al tanto de la violencia paramilitar y se declararon incapaces de controlar la región. Insistían en que los pobladores y los funcionarios civiles eran los responsables de proveer inteligencia al Estado sobre los actores armados y la violencia ilegal. Estas exigencias expusieron a la población local a múltiples formas de violencia como resultado de represalias ya fuera de parte de los mismos agentes del Estado, si los habitantes reportaban complicidad oficial con los abusos, o de otros actores armados, si los habitantes alineados con el Estado denunciaban sus acciones.

Aunque el Estado neoliberal contemporáneo es a menudo descrito como en proceso de retirada, los antropólogos han documentado múltiples maneras en las que la presencia del Estado se reconfigura a través de *proxies,* a quienes se les asignan algunas funciones estatales sin estar sujetos ni a la regulación estatal ni a las dinámicas que caracterizan la relación Estado-ciudadano (Strange, 1996). Estos *proxies* incluyen organizaciones no gubernamentales y fundaciones que, en el proceso de proveer servicios de salud, ayuda humanitaria, educación y bienestar social en lugar del Estado, dan lugar a profundos efectos de Estado (Bornstein, 2012; Ferguson, 1994; Gupta, 2012). Aquí me enfoco en otro aspecto crítico para considerar tales *proxies:* se trata del uso de las fuerzas paramilitares como base de los esfuerzos contrainsurgentes, las cuales operan por fuera de la ley, pero son sancionadas extraoficialmente por el Estado. Estas fuerzas deben entenderse en el contexto de la privatización de las funciones de seguridad del Estado a través de la utilización de mercenarios, guardias privados, y otros empresarios militares (Caldeira, 2001; Dickins de Girón, 2011; Heyman, 1999; Singer, 2007). Sus crueles tácticas y las alianzas entre los oficiales locales y los comandantes paramilitares han sido extensamente documentadas por periodistas, defensores de derechos humanos e investigadores del gobierno. Estas fuerzas suplantaron al Estado en diversos campos: actuaron en su lugar ejerciendo gobernanza al restringir el movimiento de los habitantes en las localidades, imponiendo determinados comportamientos y mediando en los conflictos, pero, más importante aún, actuaron concertadamente con el Estado para establecer alianzas estrechas y deliberadas con la fuerza pública para llevar a cabo campañas contrainsurgentes. Estas operaciones se constituyeron en necropolítica estatal encubierta por cuanto los paramilitares colombianos hicieron el trabajo del Estado al decidir quién viviría y quién moriría (Mbembe, 2003).

Aunque el monopolio del uso de la fuerza es un distintivo del modelo weberiano del Estado moderno, estudiosos de la formación del Estado contemporáneo en Latinoamérica han documentado las múltiples maneras en que la gobernanza contemporánea ha coexistido con la falta de consolidación de dicho control (O'Neill y Thomas, 2011; Poole, 2004). En Colombia, hay una larga historia de empresarios militares, profesionales de la violencia que entran y salen del servicio estatal en pos de sus proyectos económicos personales, que han jugado un papel central en esta dinámica contradictoria (Heyman, 1999). Los comandantes paramilitares son la más reciente iteración de este tipo de profesional, pues han trabajado de manera clave en la intersección de la lucha contrainsurgente y la empresa ilegal. Sus proyectos económicos y contrainsurgentes estuvieron vinculados, en la medida en que los narcotraficantes se convirtieron en dueños de enormes extensiones de tierra y fueron blanco de la violencia y la extorsión por parte de la guerrilla. Estas complejas relaciones constituyen un importante ejemplo contemporáneo de lo que Deleuze y Guattari caracterizan como la "máquina de guerra" (Deleuze y Guattari, 1986). Aunque mucho queda por escribirse, las investigaciones académicas, periodísticas y de derechos humanos han empezado a develar los vínculos entre los comandantes paramilitares locales, empresas regionales y corporaciones multinacionales, élites políticas y estructuras de mando militares (Ballvé, 2012; López, 2010; Romero, 2005 y 2007). En este capítulo, me enfoco en la dinámica de la relación entre Estado y paramilitares en el período inmediatamente anterior y durante la implementación inicial del Plan Colombia. La existencia de los paramilitares le permitió al Estado presentarse con una máscara de dos caras: por un lado, moderna y dispuesta a rendir cuentas a sus patrocinadores internacionales y, por otro lado, aterrorizadora y autoritaria para los habitantes rurales considerados como auxiliadores de la guerrilla criminal.

Durante este período, llevar a cabo acciones contrainsurgentes a través de fuerzas *proxy* fue un imperativo estratégico para la fuerza pública colombiana, debido a la contradicción entre los mandatos militares de abordar la creciente fortaleza militar de las FARC, por un lado, y las demandas institucionales de la era de los derechos humanos, por otro.

Los oficiales de la fuerza pública apoyaban las crueles operaciones de la contrainsurgencia paramilitar, aunque sus compromisos internacionales requerían transparencia, rendición de cuentas y profesionalismo, debido a la contradicción entre su misión militar local y estos compromisos. La cúpula militar colombiana necesitaba representarse ante sus financiadores estadounidenses como socios profesionales y modernos que cumplían con los reglamentos respecto a los derechos humanos plasmados en la legislación de Estados Unidos sobre la ayuda extranjera, tal como la Enmienda Leahy. En las últimas tres décadas, un régimen de derechos humanos cada vez más consolidado, defendido por sectores significativos del gobierno de Estados Unidos y consagrado en la legislación que regula la provisión de la ayuda militar, ha dado lugar a exigencias de transparencia y de prácticas militares profesionales en las que la violencia excesiva es oficialmente considerada como no civilizada, poco profesional y no moderna. Para demostrar a sus patrones en Estados Unidos (particularmente a los congresistas que apoyaban la legislación de derechos humanos) el ser merecedores de recibir ayuda, las fuerzas militares requerían mostrar pruebas de su transparencia y de su rechazo a la violencia extralegal, de manera que sus *proxies* paramilitares les permitían negar de manera creíble su responsabilidad en las prácticas vetadas *(plausible deniability)*.

Durante este período, Colombia fue uno de las muchos lugares representados por los analistas estadounidenses como 'espacios no gobernados', caracterizados por un Estado ausente (Rabasa y Chalk, 2001). Este rótulo indicaba la falta de una adecuada presencia institucional del Estado, generalmente concebida como ausencia de las funciones represivas y policiales del Estado, con la consecuente producción de amenazas tanto a las formaciones de Estado-nación precarias donde esto ocurre como al mismo Estados Unidos. Durante los noventa, los expertos de política exterior en Estados Unidos movilizaron la producción discursiva del Estado ausente y fallido para abogar por formas de intervención en gran medida militarizadas. Sin embargo, la denominación de Estado ausente y fallido era el producto de ciertas fórmulas de producción de conocimiento de la política pública en Washington, antes que de una categoría analítica que diera luz sobre la dinámica regional en los lugares así descritos. Al describir la violencia como producto de un 'Estado ausente', los analistas norteamericanos tergiversan y desdibujan las prácticas estatales contemporáneas consistentes en formas de violencia política privatizadas y extraestatales que operan en paralelo a la negación pública y a estrategias de encubrimiento. Vale la pena señalar que una de las formas poderosas de presencia estatal dentro de su declarada ausencia ha sido el despliegue de *proxies* paramilitares.

Por otro lado, las negaciones oficiales de la violencia paramilitar y de la complicidad del Estado con esta, puestas en escena *(performed)* en reuniones con pobladores y representantes del gobierno, constituyeron una forma de terror de Estado que buscaba intimidar a la población para que mantuviera silencio (Mathews, 2008, p. 487). La negación y el encubrimiento han sido una táctica central en el despliegue del terrorismo de Estado en Latinoamérica, especialmente en la práctica de las 'desapariciones', durante las cuales los agentes del Estado capturan y, en algunos casos, torturan y matan a aquellos percibidos como enemigos del Estado (Feitlowitz, 2011; Green, 1999; Taussig, 1999). En estos casos, el terrorismo de Estado opera en múltiples registros, incluyendo: la disonancia cognitiva generada por la negación de hechos sociales bien conocidos; la negación explícita de la obligación del Estado de proteger a sus ciudadanos; la falta de conocimiento de la familia del destino de sus miembros amados; y la continua persecución de quienes buscan poner al descubierto estos crímenes, y lograr justicia. En Colombia, los militares produjeron y pusieron en práctica el acto performativo *(performance)* de negar la responsabilidad oficial en encuentros de ciudadanos con el Estado, tales como las reuniones de los concejos de seguridad local con funcionarios locales y en reuniones públicas convocadas en las plazas centrales de pequeños pueblos. Por su parte, los comandantes militares posicionaron a los líderes comunitarios como expertos en violencia, demandándoles que revelaran públicamente las actividades de los paramilitares. A los pobladores se les exigió firmar documentos oficiales enumerando cualquier tipo de reclamo o afirmando que la región se encontraba en paz, documentos que después guardaron en archivos militares.

3.1. Los paramilitares como 'proxies' de la contrainsurgencia

Los 'grupos de autodefensa campesina' legalmente constituidos representaron el uso clásico de 'fuerzas locales irregulares', desde hace mucho tiempo una estrategia central de la doctrina contrainsurgente (McClintock, 1992; Porch, 2013). Al emplear pobladores locales, los comandantes militares lograban una ventaja estratégica sobre su enemigo, las esquivas guerrillas, por cuanto se beneficiaban de su conocimiento del terreno y de la dinámica comunitaria.[1] Un estudio sobre la contrainsurgencia realizado en 2008 por la Corporación RAND y titulado "Doctrina del eterno retorno: las fuerzas armadas de EE. UU. y la doctrina contrainsurgente: 1960-1970 y 2003-2006" *("Doctrine of eternal recurrence: the U.S. military and counterinsurgency doctrine: 1960-1970 and 2003-2006")* concluyó que desde principios de los sesenta la doctrina contrainsurgente de Estados Unidos ha permanecido notablemente consistente, haciendo énfasis en la población civil, la importancia de integrarse con autoridades civiles y el enfoque en operaciones de unidades pequeñas y en recolección de datos de inteligencia. En la práctica, dichas fuerzas militares maniobraron a lo largo de toda Latinoamérica más allá de las operaciones militares reconocidas como legales, con el fin de llevar a cabo asesinatos y ataques al estilo de los escuadrones de la muerte (Campbell y Brenner, 2002; Sluka, 1999).

La violencia y el contraterror desplegados contra el terror son tácticas centrales de las operaciones contrainsurgentes, a menudo descritas como parte de 'operaciones psicológicas', o *psyops*. Durante la Guerra Fría, las operaciones de los escuadrones de la muerte dirigidas al liderazgo de la oposición y a los presuntos simpatizantes de la guerrilla fueron parte de la Doctrina de Seguridad Nacional promovida por Estados Unidos (Gill, 2004). El general Edward Lansdale, uno de los principales arquitectos de la doctrina de *psyops* y acción cívica de Estados Unidos, defendió una amplia gama de estrategias que incluían amenazas intimidantes y la mutilación de cuerpos enemigos (McClintock, 1992). En 1984, se distribuyó un manual de la CIA en español para ser usado por los combatientes de la Contra, quienes luchaban contra el gobierno sandinista nicaragüense, patrocinados por Estados Unidos, el cual se titulaba *Operaciones psicológicas en guerra de guerrillas (Psychological operations in guerrilla warfare)*, que instaba al asesinato y fue filtrado a periodistas estadounidenses en 1984. Cabe señalar que audiencias llevadas a cabo en el Congreso absolvieron a la CIA de su responsabilidad institucional (LAWG,

---

[1] Para una referencia etnográfica de estos asuntos en otros casos, ver Starn (1999) sobre las Rondas Campesinas en Perú y Remijnse (2001) sobre las Patrullas de Autodefensa Civil en Guatemala.

1997). En 1997, se hicieron públicos otros manuales de las fuerzas estadounidenses que se referían al uso de la tortura y de otras prácticas técnicamente ilegales, los cuales fueron usados a principios de los noventa para entrenar a las fuerzas militares latinoamericanas en la Escuela de las Américas (LAWG, 1997). En 1985, en un informe de fin de año, un militar estadounidense, que duró trabajando con el ejército colombiano durante un año en el marco del intercambio militar oficial, hizo referencia a estos manuales como parte del material proveniente de Estados Unidos que se estaba incorporado en los manuales de *psyops* colombianos.

Durante la Guerra Fría, los equipos de inteligencia militar estadounidenses, en sus misiones de asesoría y entrenamiento, sugirieron de manera reiterada que se usaran fuerzas irregulares y *proxies* colombianos. Por su parte, el Centro de Guerra Especial del Ejército de Estados Unidos (U.S. Army Special Warfare Center), después de una visita de dos meses a Colombia en 1962, publicó un informe en que se abogaba por tomar acciones que incluían el entrenamiento secreto de personal civil y militar para "establecer una estructura civil y militar clandestina" y que los colombianos empezaran a realizar actividades "de sabotaje, paramilitares y/o terroristas contra conocidos promotores del comunismo" (Rempe, 2002, p. 13). Como parte de su estrategia contraguerrilla, el ejército colombiano organizó "unidades de autodefensa civiles y las dirigió a aliviar en algo a ciertas unidades del ejército de su patrullaje y acuartelamiento local" (Rempe, 2002, p. 17). La base legal para el patrocinio de las organizaciones paramilitares fue la Ley 48, aprobada por el Congreso en 1968, la cual permitió al gobierno utilizar "a todos los colombianos, hombres y mujeres [...] en actividades y trabajos con los cuales contribuyan al restablecimiento de la normalidad" (McClintock, 1992). Según grupos de derechos humanos e investigadores del gobierno, durante la primera fase de la actividad paramilitar se dio una considerable superposición entre los civiles entrenados legalmente por las fuerzas militares locales en los setenta y los escuadrones de la muerte ilegales, tales como la Alianza Americana Anticomunista (también conocida como la Triple A o AAA) activa en la región del Magdalena Medio.

Al mismo tiempo, las fuerzas militares colombianas implementaron una estrategia contrainsurgente de baja intensidad.[2] Con base en la asesoría de los analistas militares norteamericanos, los colombianos se enfocaron en la contención de la amenaza guerrillera en zonas apartadas en vez de llevar a cabo operaciones militares

---

2 Para más información sobre la historia de las fuerzas militares de Colombia, ver Blair Trujillo (1999), Isacson (2010) y Roldan (2002).

a gran escala y de alto costo, para buscar eliminarlas. Durante los setenta, la atención de las fuerzas armadas estadounidenses se enfocó en gran medida en otras partes del mundo y la fuerza pública en Colombia fue dejada a su libre albedrío, orientándose a sus beneficios y privilegios administrativos y desarrollando un amplio aparato burocrático que permanece vigente hasta el día de hoy. Por ejemplo, las fuerzas militares tienen un muy alto cociente de personal logístico en relación con el número de efectivos de combate de 6:1, comparado con el promedio internacional de 3:1, de manera que, como lo señala Nazih Richani, una carrera en las fuerzas militares era vista como una manera relativamente segura y estable de ganarse la vida: "El conflicto de baja intensidad ha permitido a las fuerzas militares desarrollar un arreglo institucional relativamente confortable dentro del contexto de una guerra civil" (Richani, 2014, p. 42). A pesar de la insurgencia en curso, Colombia tenía tanto las fuerzas militares como el presupuesto militar más pequeños, si se medían como un porcentaje del PIB, que los de cualquier otro país comparable en la región, hecho que no cambiaría hasta la llegada del Plan Colombia (Isacson, 2010).

3.2. El papel del narcotráfico

En los ochenta, el dinero del narcotráfico permitió a las fuerzas paramilitares crecer y pasar de ser pequeños grupos vinculados con comandantes militares locales a ser ejércitos privados. La fusión de la ideología contrainsurgente y de los ingresos provenientes del narcotráfico produjo una de las fuerzas combatientes más letales de Latinoamérica. Al ser propietarios de haciendas de gran extensión, los narcotraficantes eran aliados naturales de las fuerzas militares en sus esfuerzos contrainsurgentes. Los narcotraficantes necesitaban protegerse de las guerrillas, cuyas principales técnicas para recaudar fondos comprendieron el boleteo (extorsión), la protección en la forma de vacunas (es decir, 'vacunación' contra ataques guerrilleros) y, cada vez más, secuestros de personajes de la élite del campo. Los narcotraficantes, líderes empresariales y comandantes militares locales empezaron a colaborar en grupos regionales conocidos genéricamente como fuerzas paramilitares para perseguir tanto a las guerrillas como a aquellas personas que eran percibidas como sus auxiliares. En muchas regiones, los escuadrones de la muerte llegaron a ser conocidos como Masetos, nombre derivado del grupo MAS (Muerte a Secuestradores), que fue organizado por narcotraficantes, líderes empresariales y oficiales militares después del secuestro por la guerrilla del M-19 en 1981 de Martha Nieves Ochoa, la hermana de Fabio Ochoa padre, líder del Cartel de Medellín. Vale la pena anotar que en 1983 la Procuraduría encontró que 59 oficiales activos de las fuerzas militares estuvieron involucrados con el MAS.[3] La poco definida estructura provista por el MAS se amplió a lo largo de la década, sin que hubiera mayor coordinación entre dichos grupos, mientras que los narcotraficantes instauraron bastiones regionales: Henry Pérez y Gonzalo Rodríguez Gacha operaron en el Magdalena Medio; la región de los Llanos Orientales se dividió entre Rodríguez Gacha y el zar de las esmeraldas Víctor Carranza; Fidel Castaño controló Córdoba y el norte de Antioquia; y Pablo Escobar fundó en Medellín un grupo de jóvenes sicarios a su servicio y listos para ser contratados.

Las élites regionales y sus aliados desencadenaron estos escuadrones de la muerte financiados por el narcotráfico con el fin de hundir las reformas democratizadoras. Después de décadas en las que los dos partidos políticos tradicionales compartieron el poder, y de un sistema donde la mayor parte de los funcionarios eran designados, en los ochenta se emitieron nuevas leyes que buscaban descentralizar el poder político y aumentar las oportunidades de participación (Palacios, 2006). La elección popular de alcaldes (que se instituyó en 1986) y de gobernadores (que se puso en práctica en 1991) generó inicialmente oportunidades significativas para otros partidos. La Unión Patriótica (UP) fue el más exitoso de estos y el más controvertido debido a su origen en las frustradas conversaciones de paz con las FARC que se llevaron a cabo a principios de los ochenta. Muchos de la derecha, incluyendo terratenientes y los líderes de los partidos tradicionales, denunciaron los posibles lazos que la UP mantenía con las FARC y se opusieron con vehemencia a compartir el poder de cualquier forma, así como a reformas económicas o proyectos de redistribución de la tierra. Los paramilitares, en muchos casos trabajando de la mano con oficiales de inteligencia de las fuerzas militares, asesinaron a miles de miembros de la UP, a lo que los sobrevivientes han tildado de genocidio político (Dudley, 2003; Kirk, 2004). En muchas regiones, la élite económica y los políticos tradicionales apoyaron con entusiasmo a las fuerzas paramilitares, considerándolas como protectoras de sus intereses comerciales y políticos.

Durante este período, la violencia desenfrenada del narcotráfico dominaba muchos aspectos de la sociedad colombiana, como lo simbolizaba el dicho "plata o plomo", significando "acepta el soborno o se gana una bala". El Cartel de Cali surgió como el principal rival del Cartel de Medellín y su violenta competencia culminó en la creación de los Pepes (Personas Perseguidas por Pablo Escobar), un

---

3 Nunca se les imputaron cargos (Jiménez Gómez, 1986).

grupo oscuro dedicado a atacar los negocios y a los asociados al Cartel de Medellín, además de suministrar presuntamente información a la DEA sobre sus adversarios. Un grupo de capos de la droga opuesto a los tratados de extradición que impulsaba Estados Unidos declaró la guerra al gobierno colombiano, utilizando lo que llegó a conocerse como 'narcoterrorismo' para intimidar a los funcionarios y llevarlos a rechazar los intentos de extradición. Mataron a cientos de jueces, investigadores de la policía y figuras públicas, incluidos tres candidatos presidenciales para las elecciones de 1989.

La expansión paramilitar de los noventa fue resultado en parte de los cambios en la estructura de la industria del narcotráfico. En la medida en que los jefes de los carteles de Medellín y Cali fueron dados de baja o encarcelados a principios de los noventa, emergió una nueva generación de narcotraficantes y señores de la guerra regionales, que trabajaba con narcotraficantes paramilitares que habían ascendido en el escalafón del cartel y de los Pepes. Una red nacional recién legalizada de 'cooperativas de seguridad' campesinas también contribuyó al creciente fortalecimiento de las fuerzas paramilitares. Después de haber sido declaradas ilegales por un breve período en 1989, a principios de los noventa las 'fuerzas locales irregulares' fueron de nuevo incorporadas a la estrategia contrainsurgente de las fuerzas militares a través de una nueva estructura jurídica para las fuerzas de defensa rurales conocidas como las 'Convivir', lanzadas oficialmente en 1994, apoyadas de manera entusiasta por Álvaro Uribe Vélez durante su período como gobernador de Antioquia (1995-1997); muchas de ellas sirvieron como organizaciones de fachada para los grupos paramilitares. El nexo Convivir-paramilitares fue una pieza clave en las operaciones contraguerrilla y en la provisión de seguridad para las élites. Para mencionar solo un ejemplo, documentos relacionados con el ampliamente publicitado pleito sobre pagos a las fuerzas paramilitares hechos por la bananera estadounidense Chiquita revelaron que entre 1997 y 2003 algunos de estos pagos fueron entregados a los paramilitares que operaban en la región, a través de una Convivir situada en Santa Marta, y que funcionarios de la compañía se reunieron con representantes paramilitares de alto nivel en la casa de un prominente empresario de Medellín. La compañía se defendió en el pleito diciendo que dichos pagos eran una práctica habitual y ampliamente conocida en los negocios locales (Evans, 2011).

3.3. La era de los derechos humanos y la solución paramilitar

A partir de finales de los noventa, los formuladores de política pública en Estados Unidos empezaron a presionar a las fuerzas militares colombianas para que se adecuaran a los estándares de derechos humanos. En este sentido, lo más destacado fue la aprobación en 1997 de la Ley Leahy, que prohibía que unidades militares extranjeras que enfrentaran acusaciones creíbles de haber cometido violaciones a los derechos humanos recibieran ayuda militar estadounidense (ver capítulo 2). Estados Unidos estimuló el cumplimiento de estos estándares por parte de las fuerzas militares de Colombia a través de la vinculación del escrutinio sobre derechos humanos con el otorgamiento de visas de ingreso y con las oportunidades de capacitación. El entrenamiento élite en Estados Unidos era crucial para ascender en la carrera profesional, pero también era considerado un premio, como lo atestigua, por ejemplo, el que los oficiales colombianos rutinariamente disfrutaran de un viaje a Disney World durante su estadía en Estados Unidos para su capacitación (Gill, 2004).

Las fuerzas militares colombianas denunciaron como discriminatorios los estándares de Estados Unidos sobre derechos humanos, alegando además que creaban serios impedimentos a su lucha contrainsurgente. En 2001 y 2002, durante entrevistas realizadas a oficiales militares, ellos me explicaron que el personal de las fuerzas militares no tenía recurso alguno contra estas acusaciones injustas y políticamente motivadas, razón por la cual los oficiales evitaban las operaciones de combate, para poder así escapar de ser degradados, encarcelados o dados de baja debido a acusaciones de conducta indebida que se hacían sin base alguna. Con rencor señalaron los casos de oficiales a quienes se les habían negado las visas para entrar en Estados Unidos y Alemania, lo cual se había traducido en el estancamiento de sus carreras debido a la pérdida de oportunidades de capacitación y a la mala prensa. Este miedo tenía hasta un supuesto diagnóstico médico: se llegó a conocer como el síndrome de la Procuraduría, aludiendo al nombre de la institución de vigilancia creada por la Constitución de 1991 para investigar las acusaciones de conducta indebida de los funcionarios públicos. Los oficiales militares se quejaron de estar empapelados por quejas e investigaciones derivadas de acusaciones de conducta indebida.

En este período, muchos colombianos consideraban que su país estaba en crisis, ya que el gobierno del presidente Ernesto Samper (1992-1996) se encontraba envuelto en un caos político después de que se filtrara, inmediatamente pasaron las elecciones, la evidencia de que había aceptado contribuciones para su campaña del Cartel de Cali. Por primera vez en un siglo, el país experimentó un crecimiento económico negativo con una tendencia que llegó al -4,5 % para 1999. El desempleo casi se duplicó y el número de personas que vivían en la pobreza aumentó a un 55 %. A partir de 1996, los ataques de la guerrilla contra los cuarteles militares dieron como resultado altos niveles de bajas militares y crecientes predicciones de que las fuerzas militares colombianas no iban a ser capaces de cumplir con la tarea de la defensa civil (ver capítulo 1).

Sin embargo, para muchos colombianos de clase media y alta, el indicador más importante de la crisis era de lejos el miedo al escalamiento de los ataques guerrilleros. Además de sus crecientes operaciones de combate, las FARC eran responsables del dramático aumento de los secuestros, que se convirtieron en una gran industria en la que las bandas criminales vendían sus secuestrados a las guerrillas. Por primera vez, la élite se sintió directamente impactada por la guerra, que por mucho tiempo había estado restringida a distantes comunidades rurales y, así, la amenaza del secuestro y la imposibilidad de recorrer a salvo las carreteras del país hizo que la guerra se sintiera en casa. Un colombiano que trabajó en el Servicio Exterior durante este período comparó al país con Afganistán y manifestó con emoción que "las FARC iban a tomarse el país", mientras que la élite insensible huía a Miami. Otros colombianos de la élite, así como funcionarios de Estados Unidos en Bogotá, me dijeron que, para ellos, la fortaleza de las FARC la simbolizaba su presencia en La Calera, un pueblo localizado sobre los cerros al oriente de la ciudad, a 15 minutos en automóvil de los límites de la capital, donde muchos habitantes acaudalados tenían casos de campo. "¡Las FARC se tomaron La Calera! ¡La Calera! ¡Eso es Bogotá!", exclamó un entrevistado, y concluyó que "el Estado se estaba desmoronando y se hacía probable la toma del poder por parte de las FARC". Las fuerzas militares que venían siendo ampliamente injuriadas como corruptas e incompetentes ahora se encontraban en la mira de las élites capitalinas por su incapacidad para contener la creciente amenaza de la guerrilla.

Para muchos, las fuerzas de los paramilitares, ya expandidas, parecían representar la solución. Durante mis entrevistas con habitantes pudientes de Montería, un bastión paramilitar, escuché muchas veces cómo estas fuerzas habían salvado la región de los incesantes ataques de la guerrilla. "Cuando los paramilitares hicieron su llamado", me dijo una ejecutiva de un banco, "los hacendados respondieron de verdad. La gente hizo suya esta causa", y, a continuación, afirmó: "Cada hacienda tenía su propio grupo para defenderla [...] los paramilitares nos salvaron de ahogarnos".

El mismo año que el Congreso de Estados Unidos aprobó la Ley Leahy por primera vez, los jefes paramilitares anunciaron la creación de un nuevo órgano de coordinación nacional llamado Autodefensas Unidas de Colombia (AUC). Las AUC también iniciaron una nueva estrategia de contrainsurgencia ampliada y emitieron un comunicado anunciando que, a través de una campaña militar ofensiva, expandirían su influencia a nuevas regiones. Los paramilitares armados establecieron como su objetivo a civiles y supuestos simpatizantes de la guerrilla que vivían en territorios dominados por esta, empujándola hacia áreas rurales apartadas y rompiendo sus redes de suministro. Los 'escuadrones móviles' —unidades de élite recién creados para entrenar y colaborar con las unidades de combate— llevaban a cabo operativos que conllevaban numerosas masacres y matanzas dirigidas a la población civil de estas áreas. Los comandantes paramilitares establecieron bases y ocuparon pequeños pueblos, y los comandantes militares locales proveyeron coordinación estrecha y apoyo logístico para estas operaciones. Según las estadísticas del gobierno colombiano, entre 1997 y 2001, las AUC cometieron más de 900 masacres.

Esta violencia se llevó a cabo con el apoyo activo de las fuerzas militares colombianas. Como muestra del humor negro colombiano, los paramilitares llegaron a ser conocidos como 'el brazo armado del ejército'. Mientras los miembros del ejército estaban en sus cuarteles u ocupaban pequeños pueblos una vez que estos habían sido 'pacificados', los paramilitares estaban en combate llevando adelante la guerra contrainsurgente, principalmente dirigida contra los civiles. A lo largo del país, los sobrevivientes han descrito cómo las fuerzas militares hacían sondeo en la región antes de los ataques paramilitares, y después bloqueaban las rutas de escape. Oficiales militares les decían a los pobladores que los paramilitares iban en camino, refiriéndose a la cruel y espectacular violencia que dichos grupos empleaban, como era la tortura pública con ácido, machetes y motosierras. Cabe señalar que las fuerzas militares y paramilitares realizaban patrullajes conjuntos y que a menudo sus miembros fueron vistos tomando y socializando juntos en pequeños pueblos a lo largo del país (Ramírez et al., 2012; Taussig, 2005; Human Rights Watch, 2001).

El informe de 2001 de Human Rights Watch, titulado *La 'Sexta División': relaciones militares-paramilitares y la política estadounidense en Colombia,* hacía referencia a la opinión generalizada de que en Colombia las fuerzas paramilitares operaban como la 'sexta división' del ejército, que en ese momento estaba dividida en cinco comandos regionales (Human Rights Watch, 1996, 1998b). Human Rights Watch informó sobre "pruebas abundantes, detalladas y comprometedoras" que mostraban que las brigadas mantenían en diferentes regiones "una estrecha alianza con los paramilitares, y como resultado de ella, se llevaban a cabo ejecuciones extrajudiciales, desapariciones forzadas y amenazas de muerte". Los fiscales e investigadores recopilaron cientos de miles de páginas de testimonios y de expedientes que documentaban las conexiones entre las fuerzas paramilitares y unidades del ejército, la gran mayoría de las cuales fue archivada sin que se formularan cargos.

Unos pocos oficiales disidentes se quejaron de esta actuación indebida, por lo cual fueron relevados de sus cargos y, en muchas ocasiones, investigados por imputaciones falsas.

3.4. Relaciones públicas de los paramilitares

Los jefes paramilitares tenían un claro interés en presentarse como una fuerza política autónoma, ya que lograr reconocimiento del Estado como tal les ofrecía beneficios significativos, incluyendo posibles reducciones de sentencias para los jefes, amnistías y reincorporación a la vida civil legal para los soldados rasos. A través de campañas en los medios, incluso de una extensiva presencia en la red, los jefes paramilitares intentaron transformar las percepciones sobre su estructura y comportamiento organizacional, negando tanto su crueldad como sus lazos con el Estado. En 1999, los paramilitares lanzaron Colombialibre.org, un sitio web que para 2001 competía con los sitios oficiales del gobierno colombiano en cuanto a su sofisticación, diseño y contenido, en contraste con los sitios web de las guerrillas, que languidecieron con solo pocas y ocasionales actualizaciones hasta 2003. Uno de los primeros documentos colgados en el sitio paramilitar trataba de "propuestas de reformas estructurales para la construcción de la nueva Colombia". El sitio contenía organigramas de la supuesta estructura de mando de las AUC, comunicados y cartas abiertas escritas por los jefes paramilitares y documentos que bosquejaban la historia y la evolución de las fuerzas paramilitares. Además, circularon un texto fotocopiado titulado *Estatuto de Constitución y Régimen Disciplinario,* el cual era descrito como adoptado en mayo de 1998 durante la Segunda Conferencia Nacional de las AUC. El texto invocaba que la organización había desarrollado una estructura de mando militar altamente regimentada para incorporar grupos regionales, junto con himnos, uniformes e insignias específicas para cada región.

Carlos Castaño era la nueva cara y el carismático vocero de los paramilitares colombianos. Castaño había llegado a través de las filas del Cartel de Medellín, y, después del asesinato de su hermano Fidel (probablemente a manos del mismo Carlos), entró a reemplazarlo como jefe de las Autodefensas Campesinas de Córdoba y Urabá (ACCU). Castaño inició una nueva era de astutas maniobras políticas que incluyeron una ofensiva mediática. En sus primeras grandes entrevistas en 1997, anunció que estaba "cansado de combatir y listo para sentarme a la mesa de negociaciones". En mayo de 1998, se publicaron en la revista colombiana *Cambio 16* sus propuestas sobre las reformas necesarias para la paz, junto con reacciones del 'secretariado', o mando supremo de la guerrilla (Caballero, 2000). En marzo de

2000, en su primera entrevista ante las cámaras en un especial en horario estelar de la cadena Caracol, Castaño apareció vestido de civil en suéter y pantalones casuales, admitiendo que a menudo lloraba cuando pensaba en las tragedias causadas por el conflicto armado y reconociendo que sus tropas debían haber "operado con mayor prudencia". Además de hacer apariciones posteriores casi una vez semanalmente en la prensa escrita colombiana, Castaño apareció en la portada de la edición internacional de la revista *Time* el 27 de noviembre de 2000, y fue perfilado en el *Washington Post* del 12 de marzo de 2001, bajo el encabezamiento Rey de la Selva. Ese mismo año, Castaño aprobó el lanzamiento del libro *Mi confesión,* una biografía aduladora resultado de una serie de entrevistas realizadas por un periodista colombiano, el cual se convirtió en un *best seller* en el país. Durante este mismo período, los jefes paramilitares regionales también empezaron a aparecer con frecuencia en la prensa colombiana.

Igualmente, los jefes paramilitares usaron su conocimiento sobre las normas de derechos humanos y los estándares del derecho internacional humanitario para eludir el escrutinio internacional y hacer la impresión de que se reformaban. En los noventa, el Comité Internacional de la Cruz Roja (CICR) negoció un mandato ampliado que le daba permiso para reunirse directamente con grupos armados ilegales, siendo Pierre Gassman, entonces jefe del CICR, uno de los primeros funcionarios internacionales en reunirse con Castaño. A partir de 1997, el CICR instruyó a los comandantes paramilitares y a sus tropas a lo largo del país en derecho internacional humanitario. Fue debido en parte a estos talleres que las AUC incluyeron la idea de respetar el derecho internacional humanitario en sus documentos de política y que sostuvieron durante las entrevistas que respetarían los estándares de derechos humanos.

Los comandantes paramilitares también cambiaron sus modalidades de violencia en el caso de incidentes de alto perfil, tales como las masacres y los desplazamientos masivos. Un concejal de un pequeño pueblo me comentó haber sido citado por un jefe paramilitar local, quien le dijo que ellos habían aprendido cómo eludir las críticas sobre la violación de derechos humanos, pero que iban a seguir matando a cualquier persona que se les opusiera. Debido a que una masacre se define como el homicidio intencional de cuatro o más personas en estado de indefensión y en iguales circunstancias de tiempo, modo y lugar, los grupos paramilitares empezaron a matar a sus objetivos uno por uno, dispersando los cadáveres en distintos lugares o manteniéndolos en su poder durante varios días. Los grupos de derechos humanos respondieron con una nueva categoría para definir estas muertes: 'homicidios múltiples'. Sin embargo, este término no tiene el impacto emocional que conlleva el de 'masacre' ni tampoco está contabilizado en estadísticas específicas. En sus declaraciones públicas, los jefes paramilitares —y algunos voceros del gobierno— señalaron como un avance el descenso en el número de masacres, mientras que ignoraban el hecho de que el número total de homicidios seguía siendo el mismo. Así mismo, en áreas donde las fuerzas paramilitares alguna vez habían desplazado a los habitantes por la fuerza para consolidar su control, ahora impedían a los pobladores salir de la región, una práctica que algunos grupos de derechos humanos llamaron 'confinamiento'. Estas medidas les permitían a los grupos paramilitares evadir el escrutinio público de los grupos de derechos humanos, por ser difíciles de cuantificar y evaluar sus impactos.

Estas campañas de relaciones públicas de los paramilitares fueron finalmente exitosas, como se hizo evidente con el inicio de las conversaciones con el gobierno a principios de la década de los 2000. Los representantes del gobierno se sentaron a negociar con los jefes paramilitares y las negociaciones terminaron en una serie de acuerdos que les proveían beneficios a estos actores armados ilegales, tales como la participación en programas de desmovilización que incluían subsidios, capacitación y penas reducidas o eliminadas de cárcel por muchos de los crímenes cometidos (García-Godos y Lid, 2010). La campaña de relaciones públicas de las AUC fue un factor clave para que la opinión pública aceptara el programa de desmovilización. A través de entrevistas, sitios web y otros documentos, los jefes paramilitares divulgaron una nueva versión de la historia de Colombia en la que ellos eran tanto las víctimas del conflicto, al haber sacrificado su seguridad y vida doméstica para defender la nación, como vencedores, capaces de derrotar a las guerrillas en las áreas donde las fuerzas militares no hacían más que mantener un frágil estancamiento militar o habían cedido plenamente el control. De acuerdo con esta narrativa, las fuerzas paramilitares emergían como una fuerza independiente lista a llenar el vacío dejado por un Estado ausente. Para muchos colombianos, incluyendo a personas pertenecientes a la élite del campo y a la clase media urbana, esta narrativa resonaba con su experiencia directa, así como con sus miedos proyectados, de la violencia guerrillera y la incapacidad del Estado para proveer seguridad. Así los paramilitares lograron que se borrara del debate público su extrema crueldad, el apoyo que recibían de los oficiales de las fuerzas militares y de otros agentes del Estado, el papel del narcotráfico en su financiación, así como el papel de otros actores económicos en la determinación de sus prioridades.

3.5. La ausencia del Estado y las narrativas paramilitares en Washington

La negación por parte de los oficiales militares y los comandantes paramilitares sobre el papel del Estado en la violencia paramilitar conllevó declaraciones en el sentido de que el Estado habría actuado si hubiera tenido la capacidad para hacerlo. Por otro lado, la debilidad, incapacidad y ausencia del Estado fueron señaladas como la causa de todas las formas de violencia en Colombia, incluyendo la de los paramilitares. Esta falta de capacidad del Estado encajaba perfectamente en una nueva categoría que emergía en Washington durante este período para rotular áreas de interés particular: los Estados ausentes y fallidos. A mediados de los noventa, el politólogo I. William Zartman popularizó la idea del 'Estado fallido' en su trabajo sobre África, y esta designación pronto circuló ampliamente dentro de la opinión experta y el circuito de los centros de pensamiento *(think tanks)* en Washington. Según esta perspectiva, los señores de la guerra, impulsados por su afán de control y provecho económico, y facilitado por la insuficiencia de las instituciones estatales, habían reemplazado la divergencia ideológica que caracterizó a la Guerra Fría como fuente de inestabilidad.[4] Dicho rótulo refleja un paradigma posdesarrollo en el cual los Estados dejan de ser vistos en una trayectoria ascendente como las categorías binarias de 'desarrollado' y 'en desarrollo' lo sugieren, sino que se considera que han perdido la oportunidad de alcanzar dicho progreso y, en cambio, se encuentran más propensos al declive hacia la anarquía. En los debates de política pública, se presentaba un traslape o falta de claridad considerable entre Estados 'fallidos' y 'ausentes', puesto que en muchos casos los Estados fueron categorizados como fallidos o en vías de fallar debido a sus ausencias. En muchas regiones, la ausencia del Estado era una precondición para el fracaso debido a la falta de infraestructura, de una base de generación de ingresos y a la presencia de divisiones sociales, ya fueran producto de diferencias geográficas, étnicas o religiosas. Este análisis posicionó el fortalecimiento del Estado como la solución natural: si los Estados fallan porque

---

4 Entre los proponentes se encontraba el periodista Robert Kaplan, quien dio origen a la visión más extrema en su influyente artículo de 1994 en el *Atlantic*, "La inminente anarquía" *("The coming anarchy")*, que según consta fue enviado por fax a todas las Embajadas de Estados Unidos y ampliamente circulado dentro del gobierno de Clinton (Besteman, 2005). A partir de 1994, la CIA fundó un proyecto de investigación llamado Grupo de Trabajo sobre el Fracaso del Estado (The State Failure Task Force) establecido en la Universidad de Maryland (Call, 2008). Para mediados de la década de los 2000, el Banco Mundial promocionó iniciativas dirigidas hacia los Estados fallidos y la revista *Foreign Policy* produjo anualmente un 'índice de Estados fallidos'.

son ausentes, por lo tanto, no hay duda de que la presencia del Estado da lugar al éxito de este. En la práctica, construir presencia del Estado ha significado ampliar el aparato militar, pues, en la lógica de la militarización, las fuerzas militares estaban perfectamente posicionadas para sacar ventaja de la inversión internacional en el fortalecimiento del Estado, sin necesidad de ahondar en un análisis complejo sobre qué cualidades del Estado se fortalecían. Tales modelos también han ocultado otros múltiples factores que contribuyen a la prolongación de los conflictos y a las deficiencias del Estado en muchas regiones, entre las que se encuentran el papel de la globalización, las desigualdades de poder y las relaciones económicas existentes (Call, 2008).

Para los analistas estadounidenses, Colombia pronto se convirtió en uno de los muchos países evaluados desde la mencionada perspectiva. En algunas entrevistas, funcionarios de alto nivel del Departamento de Defensa describieron su visión en ese momento sobre Colombia como un país "que se estaba cayendo de la mesa". Uno de ellos me dijo: "Estábamos en peligro de perder a Colombia". El Instituto de Estudios Estratégicos Nacionales de la Universidad de Defensa Nacional de Estados Unidos publicó un documento de recomendaciones para la política pública, concluyendo que Colombia arriesgaba "convertirse en un 'narcoestado' o desintegrarse" (Zackrison y Bailey, 1997). Robert Rotberg, un politólogo influyente, entonces el director de un programa de la Escuela de Gobierno John F. Kennedy de la Universidad de Harvard, clasificó a Colombia como un Estado que "corría el riesgo de fallar", junto con Costa de Marfil, Irak, Corea del Norte e Indonesia (Rotberg, 2002). El senador Mike DeWine afirmó en un congreso de la Fundación Heritage que "la balcanización de Colombia en mini-Estados inestables política y socialmente es la amenaza más significativa en la región. Colombia se está volviendo el problema de los Balcanes en las Américas" (DeWine, 1999). Así mismo, los académicos proclamaron la "erosión y el colapso parcial del Estado" como medio para entender la crisis colombiana (Bejarano, 2004). Este colapso se veía como una amenaza a la seguridad regional de Latinoamérica al poner en peligro a los Estados vecinos de Ecuador, Perú, Venezuela y Panamá en un posible escenario de efecto dominó.

La narrativa dominante de política pública en Washington minimizaba a los grupos paramilitares, representando el conflicto colombiano como la lucha de las guerrillas contra el gobierno. Si se mencionaban los grupos paramilitares, eran descritos como una reacción localizada de la clase media frente a la violencia guerrillera, debida a la ausencia del Estado. "Nuestra perspectiva era que [los paramilitares] habían surgido como resultado del vacío de poder, puesto que el gobierno no tenía la capacidad de hacer presencia en todo su territorio". El embajador James Mack, coordinador de la Fuerza de Tarea Interagencial (InterAgency Task Force) para el Plan Colombia, me dijo: "De manera que primero estaban las FARC y otros pequeños grupos guerrilleros. Después se levantan las AUC para satisfacer la sentida necesidad de seguridad". Con frecuencia los formuladores de política descartaban las preocupaciones sobre los derechos humanos, manifestando que los grupos paramilitares eran iguales a las guerrillas en cuanto a que ambos eran respuesta a quejas locales, sin que tuvieran ninguna relación con el Estado, más allá de menores alianzas locales en regiones apartadas. Esta versión de la historia paramilitar suprime los dos factores centrales que fueron cruciales en la expansión paramilitar durante los noventa: su conexión con el narcotráfico, especialmente a través de una generación de líderes entrenados en la criminalidad por el Cartel de Medellín, y el papel histórico del Estado, particularmente de las fuerzas militares, en el establecimiento y el apoyo a los grupos paramilitares. Esta narrativa también descarta la existencia de los paramilitares como un asunto significativo para la política pública al plantear que los paramilitares simplemente iban a desaparecer una vez que las guerrillas fueran derrotadas (o presuntamente, si se negociara con ellas) y la autoridad del Estado restaurada.

Analistas de las fuerzas armadas como David Spencer jugaron un papel importante en la generación de una narrativa sobre la historia de los paramilitares que los representaba como independientes del apoyo del Estado y los veía con empatía por ser opositores de la guerrilla. Lo mismo que muchos críticos de la política de Estados Unidos, Spencer se formó en los debates de política pública que se dieron durante los ochenta alrededor de los conflictos en Centroamérica, cuando trabajó como consultor del Departamento de Defensa salvadoreño y apoyó la ayuda militar estadounidense a ese país. Actualmente, es profesor de estudios sobre seguridad nacional en la Universidad de Defensa Nacional de Estados Unidos, pero, durante el diseño y los debates iniciales sobre el Plan Colombia (1999-2001), trabajaba para el Centro de Análisis Naval norteamericano haciendo análisis de las brigadas antinarcóticos colombianas y de la Infantería de Marina. Hasta 2003 trabajó como asesor de política pública para agencias de Estados Unidos como la CIA, el Departamento de Justicia y el Comando Sur. En 2001, escribió un estudio titulado *Los paramilitares colombianos: ¿criminales o fuerza política? (Colombian paramilitaries: criminals or political force?)*, publicado por el Centro de Estudios Estratégicos de la Escuela de Guerra del Ejército de Estados Unidos. En este estudio, se enfocaba en los emergentes reclamos políticos de los paramilitares, y minimizaba la historia de cómo en un momento dado se habían usado modalidades legales para incorporar a los paramilitares en la doctrina y en las operaciones contrainsurgentes, así como su generalizada violencia ilegal y sus lazos con oficiales de las fuerzas militares. En el informe, describía a los paramilitares simplemente como el resultado lógico de la violencia guerrillera:

> La rabia y frustración acumuladas de importantes sectores de la población rural ante las guerrillas que han aterrorizado el campo por más de 30 años son el eje de su aguda violencia. Esta situación se ha exacerbado por un Estado que ha sido incapaz de proporcionar algo más que un fugaz alivio a la violencia insurgente. Las atrocidades de los paramilitares no son actos de hombres anormales, sino más bien actos de hombres normales sujetos a una violencia incesante y victimizados por la misma, quienes ven como la única solución segura para este problema la desaparición de las guerrillas (Spencer, 2001, p. 2).

Spencer acepta sin ningún reparo las estadísticas de las fuerzas militares colombianas, como se evidencia cuando usa la incapacidad de los oficiales para recordar operaciones antinarcóticos contra los paramilitares, como evidencia de que "las guerrillas parecen estar más fuertemente implicadas en el narcotráfico" (Spencer, 2001, p. 11). Consistentemente minimiza los ataques paramilitares al hacer caso omiso del alto número de víctimas civiles. Describe la masacre de Mapiripán como un "audaz ataque al corazón del territorio controlado por las FARC. Las personas abatidas no fueron escogidas al azar, sino que fueron deliberadamente escogidas como objetivos militares por estar implicadas con las FARC" (Spencer, 2001, p. 14). Aunque, según declaraciones de los paramilitares, la zona fue escogida debido a la importancia que tenía para las FARC, el ataque se llevó a cabo contra pobladores inermes sin que se presentara ningún combate con este grupo guerrillero. Spencer tampoco menciona los esfuerzos desesperados del juez local para comunicarse con las fuerzas militares y pedirles que protegieran al pueblo, el desmembramiento de víctimas vivas en el matadero del pueblo durante el transcurso de varios días y las denuncias generalizadas de que los comandantes del ejército en la región ayudaron en la logística a los paramilitares.[5]

---

[5] Para leer un recuento alternativo de la masacre, ver "Mapiripán: una puerta al terror" por María Cristina Caballero, periodista premiada, artículo publicado por primera vez en las ediciones del 28 de

Para los centros de pensamiento convencionales, los grupos paramilitares fueron una preocupación marginal. Grupos como Diálogo Interamericano (InterAmerican Dialogue) y el Consejo de Relaciones Exteriores (Council on Foreign Relations), prominentes partidarios de la ayuda militar de Estados Unidos a Colombia, incluyeron pocas veces a los paramilitares en sus informes de política pública, lo mismo que en su cabildeo. Las entradas sobre Colombia en el sitio web del Consejo de Relaciones Exteriores son típicas en este sentido. Como resultado de un grupo de trabajo convocado en 1999, su programa sobre las Américas jugó un papel central en la producción de informes de circulación amplia acerca de la política en Colombia. Sin embargo, en su material de referencia titulado *FARC, ELN, AUC,* la página dedica solo dos frases a las AUC, y el resto del documento explica la historia, desarrollo y ataques 'terroristas' cometidos por las FARC y el ELN.[6]

Un análisis de los informes sobre derechos humanos del Departamento de Estado y de la Oficina en Colombia del Alto Comisionado para los Derechos Humanos de las Naciones Unidas ofrece una buena oportunidad para trazar las diferencias tanto en relación con su manera de representar la violencia paramilitar como con la posición institucional de cada uno frente a ella.[7] Una lectura detallada del informe de 2002 del Departamento de Estado sobre derechos humanos en Colombia, comparado con el informe anual del Alto Comisionado de las Naciones Unidas sobre Derechos Humanos, revela que Estados Unidos consistentemente minimizó la fortaleza de las paramilitares y sus actividades. Al analizar la situación de derechos humanos de su aliado y socio cercano, el informe de 2002 del Departamento de Estado enfatiza los compromisos del gobierno para hacer reformas, mientras que evita meticulosamente atribuirles a las fuerzas militares su colusión institucional o su apoyo a los paramilitares. El informe evade sacar conclusiones sobre la omnipresencia de las estrechas relaciones entre las fuerzas armadas regulares

---

julio y el 3 de noviembre de 1997 de la revista *Cambio16* y traducido y publicado en *Colombian Labor Monitor*, el 29 de agosto de 1999. Recuperado de http://www.hartford-hwp.com/archives/42/074.html

6 Council on Foreign Relations, "Backgrounder: FARC, ELN, AUC". Recuperado de http://www.cfr.org/publications/colombia. El sitio web fue actualizado después con publicaciones más extensas sobre antecedentes, las cuales ofrecían documentos sobre las guerrillas, la desmovilización de los paramilitares y el escándalo de la parapolítica.

7 Según entrevistas con funcionarios del Departamento de Estado, la Oficina de Democracia, Derechos Humanos y Trabajo (DRL, por su sigla en inglés) enfrentó una presión significativa para diluir aún más sus informes.

y las fuerzas paramilitares, y solo hace referencia a lazos individuales de este tipo, mientras que enfatiza los avances que se estaban haciendo en la eliminación de estos lazos. Cualquier crítica se presenta junto a un elogio, con énfasis en los compromisos retóricos expresados por oficiales de alto nivel, con las políticas de respeto a los derechos, en vez de examinar la violencia paramilitar en curso en ese entonces. Estas descripciones sobre el progreso en frenar a los paramilitares contrastan dramáticamente con los hallazgos del informe anual preparado en el mismo período por la Oficina en Colombia del Alto Comisionado para los Derechos Humanos de las Naciones Unidas. Este informe resalta la inacción del gobierno de cara a la evidencia de las operaciones paramilitares, describe la ubicuidad de los grupos paramilitares abusivos y muestra la evidencia sobre cómo las fuerzas militares los habían escudado. El informe de la ONU también cita casos en los cuales la fuerza pública entró a las zonas antes que los paramilitares y "donde los pobladores reconocieron a miembros de las fuerzas militares entre los contingentes paramilitares".

En las entrevistas, altos funcionarios de los departamentos de Estado y de Defensa me dijeron que Estados Unidos dedicaba pocos recursos de inteligencia para hacer seguimiento a estos grupos. El entonces subsecretario de Estado, Thomas Pickering, que fue encargado por el presidente Clinton de presidir la Fuerza de Tarea Interagencial para el Plan Colombia, admitió que era más difícil obtener inteligencia significativa sobre los paramilitares que sobre las guerrillas, en parte debido al intercambio sesgado de inteligencia: Colombia le suministraba inteligencia a Estados Unidos sobre las guerrillas, pero no sobre las fuerzas paramilitares. Dada la amplia evidencia de la difundida colusión militar con las fuerzas paramilitares, no causa sorpresa que no suministrara inteligencia sobre estos grupos a sus aliados estadounidenses. Según Pickering, "por razones históricas o *tal vez por razones políticas,* la mayor parte de nuestra recolección tecnológica [de información] estaba enfocada en las guerrillas" (énfasis agregado).

De manera similar, los funcionarios de inteligencia antinarcóticos y contrainsurgente informaron que se enfocaban en las guerrillas, mientras que esperaban que organizaciones no gubernamentales les proporcionaran evidencia convincente de los abusos por parte de los paramilitares, así como de sus vínculos con la fuerza pública. Brian Sheridan, un exagente de la CIA que ascendió de escalafón al ser designado por Clinton como Subsecretario de Defensa para Operaciones Especiales y Conflictos de Baja Intensidad, fue uno de los arquitectos activos del Plan Colombia y además estuvo profundamente involucrado en los debates sobre Colombia, los cuales, comentó, estaban guiados por un enfoque en las guerrillas y poca recolección activa de inteligencia sobre los paramilitares, agregando que "los tipos de inteligencia, de la Agencia de Inteligencia para la Defensa (Defense Intelligence Agency, DIA), se enfocaron en la contrainsurgencia". Al hacer seguimiento de "todo ataque, todo movimiento, todas las armas", me dijo, estaban completamente enfocados en la expansión militar de las FARC. Además, naturalizó que, a principios de los noventa, Estados Unidos viró su interés de Pablo Escobar y el Cartel de Medellín hacia las FARC. Cuando le pregunté acerca de los informes de la DIA sobre los paramilitares, me respondió que dependían de que las ONG les suministraran evidencias de la actividad paramilitar. "Cuando me visitaban los grupos de derechos humanos, WOLA, Human Rights Watch, yo les decía: 'Muéstrenme alguna evidencia, algo sustancioso de lo que yo me pueda agarrar. De lo contrario, me inclino a adoptar una perspectiva más convencional y verlos como casos aislados". Aunque al principio había dicho que la DIA estaba 'preocupada' por la actividad paramilitar, concluyó con el reiterativo punto de vista de las fuerzas militares que sostenía que los paramilitares no estaban atacando a las fuerzas militares colombianas, por lo cual era comprensible que no fueran una preocupación primordial para el Estado. "Cuando usted habla con los militares o soldados en un lugar en medio de la nada, dicen: 'Bueno, este tipo [guerrillero] me está tratando de matar y este otro [paramilitar] no, de manera que adivine a cuál tipo voy a perseguir'. Y usted no puede culparlos por aplicar esta lógica. Por consiguiente, mi posición era que, a falta de pruebas, yo no voy a ir en contra del interés nacional".

Tanto el personal militar como los asesores civiles estadounidenses me dijeron que los paramilitares proveían la seguridad que las fuerzas militares colombianas no podían, aceptando así tácitamente el argumento de que dichas fuerzas eran *proxies* del Estado, y me comentaron que, debido a que las fuerzas paramilitares combatían a las guerrillas, podían considerarse aliados de la fuerza pública. Un exoficial de alto nivel del Comando Sur que participó de manera activa en el Plan Colombia me manifestó que, "en gran medida, el razonamiento era que las AUC eran un contrapeso para las FARC, estaban proveyendo seguridad en áreas donde las fuerzas militares no podían, esa era la actitud, la de justificar, tal argumento gira mucho en torno a este tipo de asuntos".

3.6. La negación como terrorismo de Estado

La política oficial del Estado colombiano con respecto a las fuerzas paramilitares fue la negación. En conferencias de prensa, reuniones privadas y documentos de política, los funcionarios gubernamentales negaban la existencia de lazos generalizados entre los grupos paramilitares y la fuerza pública. Esta negación funcionaba como una cortina de humo que cubría un secreto público (Taussig, 1999).[8] Un ejemplo se encuentra en el informe que la Oficina del Alto Comisionado para los Derechos Humanos de las Naciones Unidas emitió en 2001:

> [...] a la entrada [del corregimiento] El Placer es notoria la existencia de un retén paramilitar apenas a quince minutos de La Hormiga (Putumayo), donde se asienta un batallón del ejército perteneciente a la Brigada XXIV. Ocho meses después de que la Oficina reportara su observación directa del mismo, el retén seguía operando. *Las autoridades militares negaron por escrito* que esa posición paramilitar existiera. También la Oficina observó que en la hacienda Villa Sandra, entre Puerto Asís y Santa Ana, del mismo departamento, los paramilitares se mantenían operando a pocos minutos de las instalaciones de la Brigada XXIV del ejército[9] (énfasis agregado).

Las fuerzas militares colombianas promulgaban dicha negación reiterativamente durante reuniones con funcionarios estadounidenses, y tuve la oportunidad de oírla repetidamente tanto durante mi trabajo como promotora de política pública en Washington como en reuniones a las que asistí en Colombia, como fue el caso de una delegación que viajó a Colombia en febrero de 2000 y en la que participaron dos congresistas y seis auxiliares.[10] Nos reunimos con comandantes locales de las fuerzas militares durante dos viajes fuera de Bogotá, de un día cada uno. En el primero, fuimos a la Comunidad de Paz en San José de Apartadó (Urabá) y, en el segundo, fuimos a Puerto Asís (Putumayo), para examinar asuntos relativos a las drogas ilícitas. En cada región, los comandantes militares nos saludaron con un discurso muy pulido sobre derechos humanos, que contenía un mensaje defensivo sobre su papel como 'verdaderos defensores de derechos humanos' y señalaban que no tenían ninguna relación con

---

8 http://www.hrw.org

9 *Informe del Alto Comisionado para los Derechos Humanos de las Naciones Unidas sobre la situación de los derechos humanos en Colombia,* párr. 134. E/CN.4/2001/15, February 8, 2001. Recuperado de http://reliefweb.int/report/colombia/report-un-high-commissioner-human-rights-human-rights-situation-colombia-ecn4200115

10 La WOLA patrocinó la delegación, lo cual conllevó cubrir los gastos a través de la consecución de fondos específicos para este fin, organizar el itinerario y liderar el viaje en sí mismo; por ser la analista sobre Colombia en la WOLA, organicé gran parte del viaje y fui la líder del grupo mientras estuvo en Colombia.

las autodefensas, como llamaban a los paramilitares. Sentados en sillas organizadas en amplios círculos, a veces tan lejos el uno del otro que tuvimos que gritar para ser escuchados, escuchamos los discursos formales y acartonados de los comandantes militares mientras describían la complejidad de las amenazas en sus regiones, su respeto a los derechos humanos y su rechazo categórico a cualquier acusación de complicidad con las fuerzas paramilitares.

En Puerto Asís, la ciudad más grande de Putumayo, el Embajador de Estados Unidos se unió a la delegación por un día con un gran séquito, y por razones de seguridad fuimos confinados a un auditorio de un colegio grande rodeados por oficiales de seguridad que se paseaban de un lado a otro con perros detectores de explosivos, y fue allí donde vinieron a encontrarse con nosotros los comandantes militares de la región. Al ser Putumayo durante mucho tiempo un bastión de las FARC, los paramilitares habían adelantado una gran ofensiva varios años antes, estableciendo en el transcurso de tres años el control casi total de los cascos urbanos de los pequeños pueblos de la región, al mismo tiempo que los batallones antinarcóticos financiados por Estados Unidos empezaron sus operaciones. Los comandantes, sentados como el resto de nosotros en incómodos pupitres, culparon a los narcotraficantes de las acusaciones de abusos que se les hacían, arguyendo que eran quienes se beneficiarían si las operaciones estadounidenses fracasaban. "Hay distorsión, calumnia, daño a la imagen del trabajo que estamos haciendo", nos dijo el comandante en un discurso forzado sobre su trabajo en la región. "Eso es natural porque es el interés de aquellos que se oponen al proceso que inició la gobernación". Insistieron que cumplían con los estándares jurídicos, y nos lo manifestaron diciendo: "Seguimos un proceso con el fiscal si hay una muerte en combate". Estaban ansiosos de que apreciáramos sus esfuerzos y para ello describían con todos los pormenores las operaciones de combate contra los paramilitares —a quienes también llamaban 'antisociales'—, así como contra las guerrillas. "El año pasado en operaciones ofensivas contra los paramilitares, matamos a nueve antisociales, capturamos doce y los entregamos a la Fiscalía; además confiscamos armas". Por haber oído acusaciones de que el ejército tenía una disposición favorable hacia los paramilitares, nos explicó: "La razón por la cual parece que nos enfocamos en la guerrilla se debe a un análisis de proporciones; las guerrillas tienen más combatientes y se enfrentan al ejército, mientras que las autodefensas evaden combatir con el ejército". Además, declaró enfáticamente que el ejército no tenía "ninguna relación" con los paramilitares y agregó: "Ni siquiera se me ocurriría tener alguna".

La negación oficial sobre la complicidad de las fuerzas militares con los paramilitares produjo múltiples efectos de Estado. Dichas reclamaciones fueron presentadas a la comunidad internacional como evidencia de la inocencia del Estado: agobiados por los actores armados ilegales, contando con poco apoyo y recursos mínimos, la fuerza pública trata de cumplir con sus funciones, pero sencillamente no puede hacerlo. La complicidad del Estado en la violencia paramilitar era visible para la población local, mientras que se ocultaba a los financiadores estadounidenses a través del despliegue de *proxies* y del poder de la negación. En reuniones con la comunidad, los funcionarios alegaron que no tenían conocimiento de la violencia paramilitar y tildaron a los pobladores de estar contaminados por su conocimiento sobre los grupos insurgentes. Los habitantes rurales que estaban sometidos a exigencias de colaboración por las solicitudes oficiales de información tuvieron que negar sus experiencias diarias con la represión paramilitar sancionada por el Estado, o, de lo contrario, enfrentarían un castigo cruel. Muchos habitantes rurales, funcionarios civiles y sacerdotes que se encontraban inmersos en la evidencia cotidiana del enredo de la fuerza pública con los grupos paramilitares experimentaron dichas exigencias como una forma de terrorismo de Estado.

Los consejos de seguridad locales convocados a nivel departamental y en los que participan todas las autoridades civiles y militares de una región determinada fueron lugares claves para encuentros con los representantes del Estado y entre ellos mismos. Convocados en momentos de crisis, estos órganos efímeros proveyeron la oportunidad de registrar las quejas y de exigir una reparación del Estado, pero, en la práctica, la mayoría resultaron, por un lado, en negaciones del Estado de la colusión paramilitar y, por otra, en exigencias a los residentes locales de suministro de información. Estas reuniones también dieron lugar a más violencia cuando quienes denunciaban las colaboraciones entre los paramilitares y el Estado eran convertidos en objetivo militar. Aunque estos espacios no estaban disponibles para mí como antropóloga, los sacerdotes y funcionarios del Estado locales que participaban en estas reuniones frecuentemente me hacían el relato de ellas. También eran registradas en archivos militares y en documentos que eran fotocopiados y circulados por los militares como parte de sus archivos de derechos humanos.

En una entrevista en 2001, un oficial del ejército me facilitó un atado grueso de archivos de derechos humanos con uno de tales documentos al final. Este documento incluía información tomada de un 'boletín de acción urgente' emitido por una ONG con sede en Bogotá, denunciando el incremento de lazos paramilitares con militares locales. La siguiente página incluía el acta del consejo de seguridad convocado para abordar la situación en uno de los pequeños pueblos mencionados en el boletín de acción urgente. La primera declaración en el acta registraba la petición de un sacerdote local de que no se dieran explicaciones en este consejo sobre los acontecimientos (que presumiblemente involucraban a paramilitares). Después de un espacio en blanco, comandantes militares, funcionarios locales y representantes de la comunidad discutieron la posibilidad de construir una base militar, más apoyo a las operaciones militares, así como la necesidad de apoyo local a las fuerzas militares. Se mencionaba a un comandante militar que preguntó si la comunidad había denunciado los acontecimientos que involucraban a los grupos armados ilegales y declaró que era "importante que la comunidad colabore y denuncie". A su turno, el sacerdote defendió a los habitantes y preguntó quién iba a proteger a la gente que entregara dichas denuncias. Un funcionario local confirmó que no se habían puesto denuncias. En el siguiente documento del archivo, que era un informe sobre la reunión entregado por el oficial del ejército presente, no hubo ninguna mención de las preocupaciones del sacerdote.

Otro sacerdote en Putumayo me narró el último consejo en que había participado a finales de 1998, poco después de que los paramilitares empezaran a tomarse el pueblo donde trabajaba. Al relatarme su intervención, dijo que "buscó sacudirlos, tratando temas [sensibles] para que empezaran a reaccionar". El caso trataba de seis habitantes del pueblo que habían sido presentados por el ejército como guerrilleros muertos en combate, mientras que el sacerdote los conocía como miembros de la comunidad que habían sido vistos con vida, detenidos y llevados en un camión por soldados. El sacerdote se enteró del caso por varios familiares y un amigo de los muertos que fue testigo de los hechos. El cura lo confirmó con una visita que hizo a la morgue para inspeccionar los cadáveres, de manera que en el consejo confrontó al coronel debido "al dolor y a la indignación". Con rabia rechazó las felicitaciones del oficial por su papel en la comunidad y le respondió acusando a las fuerzas militares por su trabajo con los grupos paramilitares y por su papel en las muertes de los seis habitantes. El coronel respondió amenazando que lo iba a demandar por calumnia, a lo cual el sacerdote respondió: "Entonces, demándeme, yo sé que usted mató a esos hombres". El sacerdote concluyó su historia diciendo: "Era un gran riesgo para mí, porque ellos se iban a enterar de que yo sabía muchas cosas".

Posteriormente a esta reunión, el sacerdote decidió hacer público su conocimiento de la complicidad de las fuerzas militares con los paramilitares y para ello planeó cuidadosamente una misa de exequias, a la cual invitó a los medios nacionales. Haciendo eco del arzobispo salvadoreño Óscar Romero —cuyo retrato y fotografía colgaban de manera prominente en su despacho—, en el sermón hizo un llamado al Presidente de la República a tomar medidas para sancionar a los militares culpables, diciéndole: "Usted debe observar y ver lo que está haciendo su ejército, usted necesita depurar esas fuerzas".[11] Después de la misa, su vida cambió. Hombres vestidos con ropa de camuflaje visitaron la parroquia, se encontraron comunicados amenazantes en el umbral de la puerta y solo podía aventurarse a salir al vecindario en compañía de colegas, en este caso, una Madre Superiora franciscana. Luego de solicitar asesoría a grupos de derechos humanos, decidió hacer públicas las amenazas y se vio obligado a abandonar la región. Concluyó la historia de su salida de la región reflexionando que lo que ocurría era conocido ampliamente: "No había duda de que el ejército y la policía trabajaban con los paramilitares y se encontraban en total sintonía".

Los alegatos de ignorancia y demandas de información adicional también se dieron de otras formas, tales como memorandos que circulaban entre las oficinas gubernamentales. Muchos personeros de las localidades y otros funcionarios del Estado relataron su miedo a las represalias al responder solicitudes de información que recibían de otras instituciones gubernamentales, así como su frustración de que les era imposible cumplir con el mandato de asistir a los pobladores que se encontraran amenazados o victimizados. El personero de un pequeño pueblo me dijo que la fiscal local "tiraba la pelota" en cuanto al asunto. "Ella mandaba oficios diciendo que hubo informes de actividad paramilitar en el área y que debíamos certificar qué actos criminales se estaban cometiendo", me comentó en una oficina estrecha y sin aire en el segundo piso de la alcaldía, y describió sus acciones como una "gran irresponsabilidad", poniéndolos en peligro a todos. Agregó: "La situación de orden público aquí es conocida por todas las instituciones, pero, si se menciona la presencia de los paramilitares durante los consejos de seguridad, todas fingen que se trata de noticia de última hora".

Con frecuencia entrevisté a funcionarios locales, incluyendo alcaldes, concejales y personeros, quienes me hicieron recuentos de las reuniones públicas convocadas por los militares durante el período de la toma por parte de los paramilitares de pequeños pueblos y caseríos. En estas reuniones, los militares exigieron que los pobladores y funcionarios que habían expresado su preocupación sobre el

11 Óscar Romero era un obispo salvadoreño asesinado en 1980 por un sicario contratado por militares mientras celebraba una misa, después de condenar públicamente la represión y violaciones a los derechos humanos cometidas por las fuerzas militares, la cual estaba apoyada por el gobierno de Estados Unidos.

escalamiento de la violencia paramilitar presentaran públicamente los detalles de sus inquietudes. En un recuento típico, me describieron cómo una reunión convocada por el comandante militar local, dos semanas después de una incursión paramilitar al pueblo, trajo como resultado muertes, robo de animales de finca, así como otras propiedades y la destrucción de varios puentes colgantes de soga que comunicaban las veredas con los cascos urbanos. En este recuento, el alcalde me comentó que el capitán convocó la reunión para discutir "rumores, debido a las quejas que [una ONG de derechos humanos] había presentado sobre la situación en el pueblo y el hecho de que las fuerzas militares no hicieron nada al respecto". En presencia de los empresarios y comerciantes del pueblo. Según el alcalde, el capitán dijo que

> [...] había sido informado que los paramilitares presionaban y amenazaban a la gente. Agregó que quería verificar esto y que, si alguien ahí había sido objeto de amenazas, como la ONG decía, podían poner una queja pública, identificándose con su nombre, su número de cédula, su dirección y el lugar del negocio. Alrededor de diez personas hablaron, pero todas estuvieron de acuerdo en que no había ningún problema, que nada estaba pasando, porque tenían miedo de hacer una denuncia pública. De manera que la gente dijo que nunca habían visto a los paramilitares, que nunca habían sido convocados por ellos a una reunión y nunca habían sido amenazados. El capitán tomó apuntes, después escribió un acta de la reunión e hizo que todos los asistentes la firmaran. Esta iba a ser presentada como prueba para desmentir la denuncia hecha por la ONG. El capitán afirmó que todo lo que estaba pasando era culpa de los habitantes del pueblo y dijo que no podían actuar porque las personas no denunciaban. Aseveró que los subversivos mataban gente en plena calle y nadie había visto nada. Si alguien había visto a las autodefensas en el pueblo, dijo, que lo denunciaran [...] Dijo que parecía que [las personas que se quejaban] estuvieran defendiendo a la guerrilla o fueran sus auxiliares. Asistieron aproximadamente 200 personas, además del capitán y algunos soldados, y la policía estuvo allí por un rato también. El boletín de acción urgente de la ONG sobre la entrada paramilitar al casco urbano del pueblo había llegado por fax ese mismo día.

No sorprende que los funcionarios y líderes comunitarios que confrontaron el nexo entre los paramilitares y los militares eran la excepción antes que la regla. El hecho es que su experiencia muestra la manera en que el poder del Estado se expresaba, no en apoyo a sus esfuerzos para asegurar la seguridad de la población, sino en negación y amenazando a quienes estaban dispuestos a oficializar sus denuncias.

Oí numerosos recuentos de tales reuniones durante los primeros años de la llegada paramilitar a Putumayo. Otra de estas historias me la contó la esposa del Secretario de Gobierno de una alcaldía, quien me describió la lucha de su esposo para cumplir sus obligaciones oficiales, y su conclusión de que el silencio se premiaba, después de que él se vio obligado a huir para salvar su vida. En su recuento, la estrecha relación entre la fuerza pública y los paramilitares era lamentablemente más que obvia. "[Llegó] una brigada cívico-militar que era prácticamente la instalación de la AUC, y llegaron con el despliegue militar completo". Después del asentamiento en el pueblo de la brigada y de las AUC, un militar le preguntó a su esposo que si había habido algún movimiento extraño en el pueblo. "Y mi esposo, creyendo que estaba haciendo el bien, dijo que la gente estaba preocupada, que tenían miedo porque había unos tipos raros armados que andaban en carros y que manejaban por todas partes y ya estaban viviendo en uno de los hoteles".

El oficial militar y los supuestos paramilitares se estaban quedando en el mismo hotel y fueron vistos comiendo y tomando juntos. Para ella, el hecho de que su esposo respondió así significaba que "había pecado por ingenuo". Él se imaginó que el oficial le estaba preguntando de buena fe para que le informara sobre las condiciones en el pueblo, y trató de proteger a la población y comunicarle sus preocupaciones como parte de sus obligaciones oficiales, en vez de haberse dado cuenta de las implicaciones de la evidencia que tenía ante sí, es decir que las fuerzas militares trabajaban de la mano de las fuerzas paramilitares. La solicitud de información por parte del militar no era más que una *performance* insincera de su obligación de recoger información para proteger el pueblo, mientras su verdadero propósito era el de evaluar cómo respondía el Secretario de Gobierno de la alcaldía.

Posteriormente, el Secretario de Gobierno fue convocado a una reunión con el comandante de las AUC y se le comunicó que tenía un tiempo limitado para 'arreglar sus asuntos', por lo cual huyó de la región temiendo por su vida. Su esposa concluyó que "él debió haber visto, pero sin decirle nada [al oficial]. ¿Qué nos muestra esto? Que hay acuerdos, que hay cosas que ellos hacen sobre las que la gente no debe hablar. Nadie debe decir nada o van a ser señalados. Y esto fue lo que pasó".

Conclusión

El análisis de Sheridan, subsecretario de Defensa para Operaciones Especiales y Conflictos de Baja Intensidad (ASD/Solic, por su sigla en inglés) en el gobierno de

Clinton, tipificó la manera en que la violencia guerrillera y paramilitar se subsumían en una única categoría de caos producido por la falta de una infraestructura de seguridad del Estado. "Putumayo es el ejemplo perfecto que muestra por qué necesitamos el Plan Colombia", le dijo en octubre de 2000 al diario de Florida, *The St. Petersburg Times.* "En este momento, las FARC y los paramilitares están haciendo de las suyas por todo el Putumayo, matándose entre sí, bloqueando los caminos, manteniendo cautivos a los caseríos [...] y el ejército y la policía no se encuentran por ninguna parte". Esta visión de Colombia encajaba perfectamente con los supuestos de Estados Unidos sobre que la ausencia del Estado lo absolvía de su responsabilidad por la violencia y que el Estado colombiano podía ser redimido a través de los esfuerzos que hacía Estados Unidos para construir nación. Estos supuestos distorsionaron el papel del Estado colombiano en esta violencia, pues no estaba ausente, sino, por el contrario, apoyaba activamente las fuerzas paramilitares como sus *proxies* contrainsurgentes.

Los *proxies* paramilitares colombianos fueron en parte el producto de la presión de los estándares de derechos humanos sobre la fuerza pública. Este proceso complejiza la visión rosa de los derechos humanos. Tal como lo señala Lori Allen en su agudo análisis de la industria de derechos humanos en Palestina, tales proyectos se convierten en "una *performance* para la comunidad internacional" en la cual las agencias del Estado "hacen derechos humanos' para conseguir golosinas extranjeras y demostrar 'estatalidad' *(stateness)*, a través de la ilusión de estar cumpliendo con los códigos de conducta esperados de los Estados". Aunque en la retórica de los derechos se enarbolan encumbrados ideales, en la práctica esta es una "decoración exhibida para embellecer y oscurecer" (Allen, 2013, pp. 131-132). En este caso, lo que se oscureció fue el papel del Estado en la violencia letal paramilitar.

La negación del Estado de su complicidad en esta violencia constituyó una serie de *performances* en diferentes arenas. Para sus patrocinadores estadounidenses, tales reclamaciones sirvieron para legitimar su mérito como fuerzas militares que aspiraban a ser modernas y profesionales. Esta negación también fue reforzada por las relaciones públicas de los paramilitares que situaban a sus fuerzas como independientes, así como por descripciones favorables sobre estas por parte de analistas militares. Al tratarse de una forma de terrorismo de Estado, esta negación suprimió los intentos de los habitantes y funcionarios locales para buscar remediar la violencia que enfrentaban diariamente. Estas estrategias locales son el objeto del próximo capítulo.

Capítulo 4
Viviendo bajo muchas leyes

A finales de los noventa y principios de los 2000, los putumayenses describían su experiencia con frecuencia como "viviendo bajo muchas leyes". Funcionarios del Estado y pobladores locales se concebían a sí mismos sujetos a las maquinaciones de fuerzas distantes y poderosas que moldeaban tanto la vida cotidiana como las posibilidades políticas en su región. Putumayo se caracterizaba por la presencia de múltiples actores que asumían funciones propias de un Estado *(state-like actors)*, cada uno con su propia visión sobre cómo se debía organizar la vida política e institucional, así como diversas propuestas sobre quién debía gobernar, y según qué principios legitimadores y con qué fin. Las condiciones en Putumayo desafiaban prácticamente todos los aspectos de la narrativa convencional sobre las relaciones entre Estado, sociedad, territorio, ciudadanía y derechos.[1] El ideal normativo de las relaciones modernas Estado-sociedad asume el control del territorio por parte de un aparato estatal capaz de garantizar los derechos ciudadanos y el imperio de la ley cuando se ven amenazados por actividades ilegales, por actores armados que socavan el monopolio del uso de la fuerza por parte del Estado o por la interferencia de otros Estados-nación. Sin embargo, en Putumayo no fue el aparato de Estado nacional el que trató de salvaguardar los derechos de los ciudadanos, sino una población criminalizada de pequeños propietarios cultivadores de coca, quienes buscaron establecer las libertades liberales y el imperio de la ley y lucharon para desarrollar la economía. Al hacerlo, buscaron apoyo para su causa en una red compleja y en desarrollo continuo de ONG regionales, nacionales y transnacionales, de elementos

1 Es importante anotar que en la región hay trece grupos indígenas oficialmente reconocidos con distintas formas de soberanía indígena ejercidas dentro de sus territorios y entre los miembros de la comunidad, lo cual no será tratado aquí.

de los gobiernos regionales, nacionales y extranjeros (incluyendo Estados Unidos) y a veces de actores armados ilegales.

Durante los años de ejecución del Plan Colombia, Putumayo se convirtió en una zona 'en las sombras' *(shadow zone)* en donde convergían lo oficial y lo encubierto, lo legal y lo ilegal, y, al mismo tiempo, donde los pobladores se vieron forzados a navegar entre múltiples amenazas de una violencia extrema (Nordstrom, 2004). La militarización de la vida cotidiana significó constantes encuentros con actores violentos, retenes, detenciones, vigilancia y coerción, salpicados de incidentes de hostigamiento, violación y tortura. La documentación más completa de las circunstancias insoportables padecidas por los habitantes se encuentra en el informe del Centro de Memoria Histórica, *Mujeres, coca y guerra en el Bajo Putumayo,* que documenta la historia de las FARC y la posterior ocupación paramilitar del corregimiento de El Placer (Ramírez et al., 2012; Centro Nacional de Memoria Histórica, 2012).

Así mismo, los pobladores elaboraron alternativas políticas a través de demandas por lo que yo llamo un Estado aspiracional *(aspirational State)*. Estos pobladores entendían el Estado "a la vez como un verbo y un sustantivo, como un Estado y una declaración, como una aspiración hecha realidad en proporciones variables" a través de sus propios proyectos políticos (Comaroff, 1998, p. 339). Esta crítica aspiracional de la política del presente se enfoca en las cualidades del Estado, sus lazos afectivos con sus ciudadanos y las prácticas cotidianas de gobernanza en su forma ideal: bondadoso, receptivo, generoso y abundante, en vez de distante, represivo y extorsivo. Estas fantasías canalizaron imaginarios opuestos durante el apogeo de la violencia. En estas circunstancias extremas, la magia del Estado no se reveló a través de encuentros cotidianos, sino conjurada por medio de estos futuros posibles. El Estado aspiracional descrito por estos funcionarios y activistas tenía fundamento en las categorías conceptuales modernas liberales y democráticas de las relaciones Estado-ciudadano, mientras resonaba también con los lazos históricos del clientelismo paternalista y autoritario. En este capítulo, se exploran las limitaciones y posibilidades de las acciones locales y cómo las reivindicaciones sobre la jurisdicción y el control territorial cambian con el tiempo, sobre todo en las 'fronteras difusas' de la acción estatal, donde los agentes estatales y los habitantes locales se enredan en pretensiones antagónicas (Gupta, 1995).

Al tratarse de una región fronteriza, Putumayo ha sido apartada y marginal, y a la vez altamente involucrada en proyectos nacionales y transnacionales. Es una región selvática de tierras bajas con una escasa población, compuesta de grupos indígenas y colonos pobres, la cual fue convertida en departamento en 1991. Por estas razones, no cuenta con una élite económica y política enquistada, de la escala de aquellas que se encuentran en las ciudades o en regiones con historias de asentamiento más largas. La cultura política local refleja el *ethos* de la colonización, exploración y creación. Las olas de colonización que han tomado lugar en la zona han respondido en parte a la política de tierras que designó esta área de baldíos, es decir, tierras vacías, sin dueño, disponibles sin costo alguno para los colonos, quienes solo requerían de un machete y tolerancia para las largas y agotadoras jornadas de trabajo necesarias para ponerlas a producir. Esta región jugó un papel central como una de las 'válvulas de escape' para la creciente presión sobre la tierra en otras regiones en el contexto de extrema inequidad en su tenencia y de repetidas olas de violencia durante las cuales los campesinos eran desposeídos de sus pequeñas propiedades (Reyes Posada, 2009). Además, Putumayo históricamente ha estado profundamente vinculado a procesos económicos y políticos transnacionales, tales como la actividad misionera de la Iglesia católica, la explotación para el mercado internacional de quina, pieles, caucho, petróleo y pasta de coca, esta última para el mercado ilegal (Stanfield, 1998; Taussig, 1991). A partir de los setenta, las exorbitantes ganancias provenientes de los cultivos de coca que se habían expandido dramáticamente atrajeron a la región miles de minifundistas campesinos que fundaron caseríos y empezaron a organizarse para garantizar su acceso a servicios públicos, como carreteras, escuelas y puestos de salud (Torres Bustamante, 2011).

Conocer esta historia es clave para entender cómo llegó Putumayo a convertirse en una pieza central de la intervención estadounidense durante la siguiente década, así como las consecuencias no intencionadas de este proyecto. El comercio ilegal de coca se legitimó por la negativa del Estado central para responder a las demandas de reconocimiento político y de inversión en servicios públicos, aun cuando paradójicamente los ingresos ilícitos crearon oportunidades para la promoción de la organización política local. A pesar de la continua sumisión a la criminalización y marginalización por parte del Estado central, los habitantes locales siguieron adelante con su lucha para hacerse visibles como actores políticos legítimos, y participar en la formulación de políticas públicas. Los continuos esfuerzos de los pobladores locales para controlar sus propios destinos políticos fueron moldeados por sus propios análisis del impacto de las políticas nacionales y transnacionales, así como por sus encuentros con el número creciente de actores armados ilegales en la región.

Estigmatizados como criminales violentos en busca de enriquecimiento personal a través del narcotráfico, a los putumayenses se les ha negado su ciudadanía y, por consiguiente, sus derechos debido a su presunta criminalidad,[2] pero, a pesar de ello, han intentado alcanzar la totalidad de sus derechos ciudadanos, aunque solo sea a través de sus reclamaciones al Estado.[3] Sus demandas se centraron en sus identidades campesinas. Responsabilizaban al Estado por no proveerles seguridad, servicios o infraestructura de mercado, argumentando que esta irresponsabilidad fue lo que los obligó a cultivar coca. Los antropólogos que trabajan en otras regiones marginales y criminalizadas han documentado dinámicas similares en la medida en que la población local expresa su "añoranza del Estado", como lo describe Diana Bocarejo para el caso de los cultivadores de coca en el norte de Colombia; siente la presencia del "Estado fantasma", como encontró Daniel Goldstein en la Bolivia urbana; y experimenta la violencia del Estado como constitutiva de la ley aun mientras la transgrede, como escribe Richard Kernaghan sobre Perú (Bocarejo, 2012; Goldstein, 2012; Kernaghan, 2009). Yo explico estos procesos localizándolos dentro de una historia subterránea de la región que se enfoca en los esfuerzos débiles e incipientes de las organizaciones populares para definir nuevas formas de relaciones Estado-ciudadano. En otras palabras, me ocupo de las visiones alternativas sobre la gobernanza justa que se han generado como resultado de los encuentros cotidianos entre la población y las iniciativas violentas de aquellos que reclaman el derecho a gobernarlos. Esta aproximación rastrea las redes institucionales y sociales dispersas a través de las cuales los reclamos de legitimidad se describen y se consolidan, así como los papeles que juegan tanto las instituciones estatales como las no estatales en los procesos mundanos de gobernanza (Ferguson, 1990; Gupta, 1994 y 2012; Krupa, 2010; Nugent, 1997; Scott, 1999).

4.1. La construcción de la agricultura cocalera

Los primeros colonos que llegaron a Putumayo huían de la violencia y venían en busca de tierras, esto último como resultado de los patrones históricos de tenencia de la tierra en Colombia, que se han caracterizado tanto por la desigualdad extrema como por las repetidas olas de violencia que desposeían a los pequeños campesinos de sus propiedades. Mientras tanto, y debido en parte a la presión de los terratenientes, la política del gobierno se enfocó en promover la colonización de baldíos antes que

---

2 Para casos comparativos, ver Caldeira (2001) para Brasil, Coutin (2007) para El Salvador y Goldstein (2013) para Bolivia.

3 Ver Ramírez (2011) para profundizar en las reclamaciones al Estado durante las marchas de los cultivadores de coca en Putumayo.

en la redistribución de tierras. El cruel conflicto de los cuarenta y cincuenta conocido simplemente como La Violencia se centró en gran parte en los intentos para lograr el control sobre la tierra, hasta el punto de que, para consolidar sus propiedades, las élites agrarias emplearon con frecuencia mercenarios. Durante este período, sobre todo en Tolima y el vecino departamento del Cauca, el desarrollo de la agricultura comercial aceleró el desplazamiento forzado (Reyes Posada, 2009; Thomson, 2011). Lauchlin Currie, un norteamericano experto en desarrollo que hizo su carrera como asesor del Banco Mundial y del gobierno de Colombia, definió "la producción campesina tradicional" como un gran "obstáculo" para el desarrollo nacional (citado en Thompson, 2011), de manera que las políticas de desarrollo resultantes apoyaron la expansión de la gran agroindustria y la urbanización acelerada, y trajeron como consecuencia que a lo largo de los sesenta y setenta miles de colonos llegaran a Putumayo para cultivar productos de subsistencia.

A lo largo de la historia colombiana, los intentos liberales para expandir la tenencia campesina de tierras se han visto frustrados, situación que se hizo más aguda durante los últimos cincuenta años. Como parte de su plataforma reformista y en respuesta a las crecientes presiones sobre la tierra, el presidente Carlos Lleras Restrepo (1966-1970) creó la Asociación Nacional de Usuarios Campesinos (ANUC) con el fin de canalizar las aspiraciones agrarias de los campesinos a través de estructuras políticas oficiales. Aunque la ANUC promovía activamente la invasión de propiedades por campesinos sin tierra, la organización fue debilitada significativamente como resultado de las divisiones ideológicas internas, la represión violenta y el subsiguiente cambio de rumbo por parte del gobierno conservador de Misael Pastrana Borrero (1970-1974). Para 1970, "un 96 % de los nuevos títulos concedidos correspondían a tierras públicas y áreas de reciente colonización" (Thomson, 2011, p. 336). En 1972, el Pacto de Chicoral formalizó el inicio de una contrarreforma al establecer estrictas restricciones sobre la expropiación de la tierra de las propiedades masivas y extender el apoyo del gobierno a la agroindustria (Zamosc, 2006). La acumulación de amplias franjas de tierra por parte de los narcotraficantes en los ochenta contribuyó al desplazamiento de la población rural, proceso que se conoce como la 'contrarreforma agraria'. Según un estimativo, entre 1985 y 1995, hasta seis millones de hectáreas cambiaron de propietario (Reyes Posada, 2009), mientras que, durante los 25 años de reforma agraria patrocinada por el Estado, solo se habían redistribuido aproximadamente 900.000 hectáreas. En los ochenta, el Banco Mundial encontró que Colombia tenía uno de las peores índices del mundo en cuanto a desigualdad en la tenencia de la tierra.[4] En la medida en que la concentración de tierra creció, esta fue dedicada cada vez menos a la producción agrícola y cada vez más a la ganadería y pastos (y al lavado de activos), actividades que requerían de menos mano de obra, exacerbando así la presión económica sobre la población rural.[5]

Colombia tiene una proporción baja de carreteras por área en comparación con otros países de América Latina, sobre todo a lo largo de la frontera agrícola. El difícil acceso al mercado y los elevados costos de transporte hacen que sea muy costoso llevar las cosechas a mercados fuera de la región, y aun los mercados dentro de la región están por fuera del alcance de muchos productores en veredas apartadas. Hacia finales del siglo XX, una única carretera sin pavimentar conectaba entre sí los cascos urbanos de los municipios de Putumayo, los caminos secundarios y terciarios se encontraban generalmente en malas condiciones y el transporte fluvial era prohibitivamente caro.

El cultivo de la coca no es tradicional en la región de Putumayo o en el sur de Colombia, como tampoco es muy difundida la costumbre de mambearla fuera de ciertos grupos indígenas muy reducidos, de manera que se fueron trayendo de otras partes las variedades de la planta que servían mejor para su producción comercial. Las familias de la región necesitaban dinero en efectivo para pagar los gastos escolares y sus suministros básicos, pero les faltaba acceso a asistencia técnica y financiera adecuada,[6] por lo cual para los campesinos de Putumayo la coca parecía ser un regalo caído del cielo. Los campesinos podían llevar a cabo el proceso inicial de refinamiento necesario para elaborar la pasta de coca, un producto de fácil transporte, alto margen de ganancia y con mercado asegurado. Los que cultivaban la coca veían su trabajo como parte de la economía agrícola y no como un crimen

4 En 1988, el coeficiente Gini para la propiedad de tierras en Colombia era de 0,86, siendo 0,0 la igualdad perfecta y 1,0 la inequidad total. Para establecer una comparación: Brasil (0,85), Perú (0,91), Corea (0,35), (Taiwán 0,45). Ver Giugale, Lafourcade y Luff (2003, p. 490).

5 Para finales de los noventa, aproximadamente un 75 % de la tierra apta para la agricultura estaba dedicada a pastos para la ganadería (Deininger, 1999).

6 La Caja Agraria, una agencia estatal establecida en 1931, era la principal fuente para conseguir tales servicios. La Caja reportó un decrecimiento dramático en los créditos otorgados debido a factores macroeconómicos, tales como la devaluación del peso y la reestructuración del gobierno, mientras que el Banco Ganadero aumentaba los créditos para los ganaderos. La Caja Agraria fue liquidada en 1999 y reemplazada por el Banco Agrario, el cual funciona más como un banco privado y, como tal, excluye a la mayoría de pequeños productores campesinos del acceso a créditos por considerar que no disponen de garantías suficientes (Ardila, 2011).

transnacional. En sus relatos, que escuché durante mi trabajo de campo, comparaban la coca con los ciclos de cosecha y con los precios del maíz, trigo y plátano, y no con el contrabando o el tráfico criminal. Tal como un campesino me manifestó: "Yo no sentía miedo de trabajar con algo ilegal porque aquí era común, todo el mundo trabajaba en esto. Era lo más normal". Aun cuando producían un cultivo comercial para el tráfico ilegal de drogas transnacional, los campesinos continuaban con sus prácticas de producción campesinas, empleando mano de obra familiar en una variedad de tareas. En el Bajo Putumayo, muchos pequeños cultivadores sembraban coca en sus parcelas y otros trabajaban como aparceros en fincas más grandes estilo plantación. Trabajadores migrantes llegaban a cosechar las hojas de coca y eran conocidos como *raspachines,* palabra que deriva del verbo raspar, que significa tirar o jalar, refiriéndose a la acción de jalar o raspar las hojas de las pequeñas ramas sin dañar las plantas. Muchos habitantes usaban pequeñas parcelas de coca para complementar sus ingresos provenientes de los cultivos alimenticios legales o de su trabajo como asalariados. Aunque los campesinos y cosechadores de coca eran relativamente más prósperos si se les compara con quienes se dedicaban solamente a los cultivos de subsistencia, vivían de una manera que en nada se asemejaba a la extravagancia urbana de los narcotraficantes de Medellín y Cali.

La producción de la pasta de coca, también conocida como base, es la primera etapa del proceso de elaboración de la cocaína, y la pasta fue producida en sus fincas por las familias campesinas que cultivaban la hoja. En las plantaciones industriales, los obreros contratados llevaban a cabo una versión del mismo proceso a mayor escala. Haciendo uso de una guadaña mecánica modificada para este uso, trituraban las hojas, las mezclaban con cemento y después ponían la mezcla en remojo en barriles de gasolina. Al líquido que se exprimía de esta mezcla, se le agregaba ácido clorhídrico o sulfúrico para cristalizar el alcaloide, y el polvo resultante, la pasta base, se vendía a los intermediarios en el sur de Colombia por alrededor de 700 dólares el kilo.[7] Como era común en otros campos de la producción agrícola, el intermediario que les llevaba productos rurales a los consumidores urbanos era quien recibía la mayor parte de las ganancias. En el caso de la pasta de coca, los intermediarios se llamaban *traquetos,* quienes compraban la pasta de coca a los campesinos cultivadores y la vendían para su posterior procesamiento a traficantes pertenecientes a los carteles de Medellín y Cali, imperios familiares de narcotráfico que llegaron a controlar una industria de

7 Después de un proceso final de refinamiento, la cocaína se envía hacia el norte, donde se vendía en las calles hasta por 2.800 dólares la onza.

la cocaína de miles de millones de dólares. La economía de la coca llegó a dominar la economía de la región, financiando una diversidad de negocios secundarios que incluían restaurantes, tiendas al detal y servicios de transporte.

Los esfuerzos de Estados Unidos para desmantelar las grandes organizaciones de narcotráfico y romper sus lazos con Perú y Bolivia, donde se cultivaba la coca, contribuyeron a la bonanza de coca en Putumayo. En un principio, la Guardia Costera, las agencias aduaneras y la DEA se enfocaron en la interdicción, es decir, en interrumpir los envíos al exterior. Sin embargo, a partir de principios de 1989, con la 'Estrategia Andina', Estados Unidos proveyó la financiación, equipamiento, apoyo logístico y personal que hicieron posibles las operaciones antinarcóticos llevadas a cabo en Colombia. En 1993, la policía colombiana en equipo con las agencias estadounidenses dio de baja a Pablo Escobar y para finales del siguiente año la mayoría de los jefes más importantes del Cartel de Cali habían sido capturados o se habían entregado (Bowden, 2002). Los que reemplazaron a estos jefes integraron verticalmente las organizaciones de narcotráfico en busca de más fuentes colombianas para completar la cantidad de pasta de coca que necesitaban (Kenney, 2008). Al mismo tiempo, Estados Unidos empezó a dirigir sus esfuerzos antinarcóticos contra los vuelos que traían la pasta de coca de Perú y Bolivia a Colombia. A través del programa de 'Interrupción del Puente Aéreo' (Air Bridge Denial), Estados Unidos suministró equipos e inteligencia para ayudar a las autoridades de Perú y Bolivia a derribar los aviones. Los funcionarios estadounidenses señalaron como su logro principal la disminución significativa en los precios de la coca peruana, mientras sus críticos arguyeron que los precios habían bajado en Perú porque todos los compradores se habían ido para Colombia (Transnational Institute, 1999).

Hay pocos datos disponibles sobre el número de vuelos o sobre la cantidad de cocaína transportada por vía aérea, no se sabe si se usaban otras rutas o nuevas tecnologías de transporte, o simplemente no se detectaban los cargamentos debido a un aumento de la corrupción.[8] Lo que queda claro es que, en la medida en que disminuía la producción en Perú y Bolivia, se disparaba su cultivo en Putumayo.

Esta historia abreviada de Putumayo mapea las maneras en que las políticas nacionales de Estados Unidos y Colombia jugaron un papel determinante en la creación de las condiciones para el cultivo de coca en Putumayo. La política

---

[8] El programa fue suspendido después de la muerte en 2001 de una misionera estadounidense y su bebé en un avión derribado por la fuerza aérea peruana, a partir de información de inteligencia proveída por un contratista de la CIA.

antinarcóticos de Estados Unidos generó nuevas rutas de tráfico y producción, en gran medida como resultado de los cambios en las estrategias para hacer cumplir la ley. La interdicción de la coca cultivada en Perú y Bolivia estimuló la integración vertical de la industria de narcóticos en Colombia, llevando el cultivo a nuevas zonas del sur de Colombia. Mientras tanto, las políticas de tierras y las estrategias de desarrollo económico privilegiaron a los propietarios de grandes extensiones de tierra y a la agricultura comercial, mientras que fomentaron los asentamientos no autorizados en tierras baldías. A pesar de la masiva colonización resultante, el acceso limitado a los mercados, al crédito y a otros apoyos para sustentar la producción a pequeña escala, previno a los campesinos de producir cosechas más allá del nivel de subsistencia, de manera que el cultivo de la coca emergió como una solución impulsada por el mercado a dichos desafíos estructurales. En la medida en que la población creció y el conocimiento local sobre su cultivo y procesamiento se difundió a lo largo de toda la región, circuló y echó raíces una visión y práctica alternativa de desarrollo económico (ilegal). La producción y tráfico de productos ilegales no se dio a pesar de las políticas públicas oficiales, sino en gran medida debido a estas, de manera que este comercio no estaba separado de la economía agrícola regional, sino que era central a esta.

4.2. La ley de las FARC

El Frente 32 de las FARC se había asentado en Putumayo entre principios y mediados de los ochenta, cuando el grupo guerrillero era todavía marginal y tenía una mínima presencia nacional. Cabe señalar que Putumayo era logísticamente importante por compartir frontera con Ecuador y Perú. Las FARC encontraron una mínima resistencia de parte del Estado y una base de apoyo social entre la creciente población de colonos, muchos de quienes habían vivido bajo la autoridad de la guerrilla en otras zonas rurales. Los comandantes de las FARC llegaron a controlar mucha de la vida económica y social de la región, manteniendo una fuerte presencia de milicianos en los caseríos y cascos urbanos, y patrullando regularmente las zonas rurales. Usaron su poder militar para mediar disputas y hacer cumplir contratos locales, así como para organizar proyectos de mejoramiento comunitario. "La gente dependía mucho de ellos", me comentó un sacerdote. "Se veían colas de personas llevándole al comandante sus problemas de infidelidad, de disputas en las comunidades, y los guerrilleros asumían el papel del Estado. Eran los jueces". Otra persona comentó que los habitantes durante este período veían a los guerrilleros con "admiración y afecto".

Desde el momento de su llegada a Putumayo en los ochenta y hasta el día de hoy, en aquellas zonas bajo su control, se esperaba que los funcionarios locales se reunieran con los comandantes de las FARC para solucionar disputas y rendir cuentas por violaciones de los reglamentos establecidos por esa misma organización. Funcionarios de los caseríos respondieron a las convocatorias para asistir a encuentros donde se les daban instrucciones de proveer a la guerrilla con información sobre los proyectos y presupuestos del Estado. Numerosos funcionarios locales se refirieron a estas 'comisiones', en las que una delegación, que incluía representantes del gobierno local y con frecuencia también sacerdotes locales, viajaba a los campamentos de las FARC para presentarles a los comandantes locales sus planes de gobierno y, en algunos casos, incluso para pedirles clemencia frente a los castigos impuestos, sobre todo de aquellos a quienes se les había decretado la pena de muerte.

Durante mi primer viaje a la región en 1999, los intentos de las FARC para regular la vida local eran palpables. Los activistas locales que ayudaron a organizar el viaje solicitaron permiso al comandante regional para nuestro viaje en barco, bajando por el río Putumayo de Puerto Asís a Puerto Leguízamo, que solo lo hicimos después de que se nos dio la autorización. Además, no paramos en ciertos caseríos donde los comandantes locales eran conocidos por ser volátiles. En la carretera de Puerto Asís a Mocoa, pasamos por un cartel grande y algo desgastado, pegado a las paredes de un edificio comunitario que decía "Sanciones y multas: normas para vivir en una comunidad digna y honesta". Este cartel aparecía firmado por el Frente 32 del Bloque Sur, y enumeraba 19 reglamentos y sus correspondientes multas y castigos por violaciones que variaban entre 200.000 y 2 millones de pesos. Los delitos incluían desde chismosear ($200.000) hasta delitos más serios, como traer personas desconocidas a la región ($2.000.000), vender una finca sin consultar con las FARC-EP (FARC-Ejército del Pueblo) o viajar en un vehículo después de las seis de la tarde, lo cual podía resultar en la confiscación de este.[9] Los comandantes locales se encargaban de que la comunidad cumpliera las reglas, aseguraban la

9 Los castigos contemplados por las FARC para sus propios combatientes eran extremadamente severos. Según Human Rights Watch, las infracciones más serias al código de las FARC incluían: dormirse mientras se estaba prestando guardia, tratar de huir o ausentarse sin permiso, rendirse, perder un arma, ser informante o infiltrado, usar un arma contra otro combatiente de las FARC, disparar un arma en zonas pobladas, robo, extorsión o violencia contra la población civil, abuso repetido de drogas o alcohol y violación. Estas 'ofensas capitales' eran castigadas con la ejecución independientemente de la edad del infractor (1998).

participación comunitaria en brigadas de trabajo colectivo y castigaban a quienes no cumplieran con sus multas con trabajo adicional y, después de tres advertencias, con el destierro o la muerte.

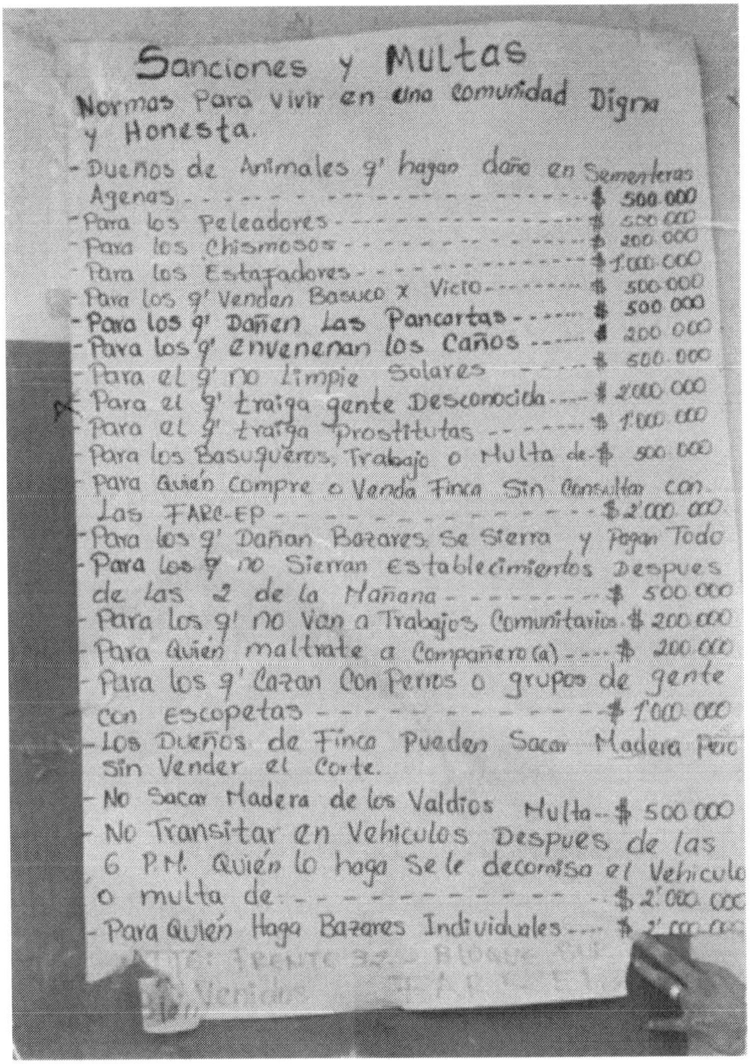

Figura 3. Cartel de las FARC detallando las regulaciones y sanciones a la comunidad, 1999

Fuente: fotografía de la autora.

En general, las FARC han sido y son una organización cerrada y extremadamente jerárquica. Oficialmente, la toma de decisiones está restringida a sus miembros y se da a través de estructuras verticales y anidadas. Los comandantes de las FARC describen la unidad militar más pequeña como una célula política que se reúne cada dos semanas para analizar la coyuntura y tomar decisiones, de manera colectiva (Ferro y Uribe Ramón, 2002, p. 43). Cada Frente consiste en varios centenares de efectivos y realiza una asamblea general anual para resolver asuntos disciplinarios, discutir cualquier comunicado del Secretariado (la cúpula de la organización, compuesta por siete miembros) y escoger delegados para la Conferencia Nacional de Guerrilleros (Ferro y Uribe Ramón, 2002, p. 43). Esta conferencia, que se realiza presumiblemente cada cuatro años (dependiendo de las condiciones de seguridad), es donde se toman todas las decisiones políticas de mayor envergadura. El reglamento interno se describe en un código disciplinario que se hace cumplir por parte de un órgano disciplinario.

Dentro de esta rígida estructura, los comandantes locales tienen diversos grados de autonomía, de manera que, cuando se reúnen con ellos, los habitantes y funcionarios locales pueden en algunos casos intervenir en la resolución que hace las FARC de las disputas comunitarias, pedir clemencia o libertad para quienes han sido declarados culpables de delitos, y pedirles a los comandantes que cambien prácticas establecidas. Para dar un ejemplo, los maestros locales hicieron cabildeo ante los comandantes de la zona para que no ocuparan las escuelas y no interfirieran con las clases. Una mujer se refirió a sus repetidos encuentros con guerrilleros cuando cumplía su papel como maestra rural y trataba de defender su derecho a decidir el plan de estudios, y comentó: "Solían entrar en la escuela y hacerse cargo de la clase de estudios sociales, dictaban la lección con sus propios criterios. Me ponía tan furiosa que les gritaba que se salieran. [Como resultado], me llevaron por dos días allá arriba para que hablara con ellos. Yo me reía [en la reunión], yo ya tengo suficientes maestros y no necesito ninguno extra".

Ella argumentó su caso explicándoles su papel como profesora y les dijo: "Yo tengo mi trabajo y ustedes el suyo, y tenemos que saber en dónde están los límites entre los dos". También hizo referencia a las obligaciones familiares de los propios guerrilleros: "Ellos son padres y entienden que uno tiene que velar por la seguridad de los niños, y por la seguridad de la escuela".

Durante los años de dominación hegemónica de las FARC en Putumayo, comprendidos desde principios de los ochenta hasta finales de los noventa, los sacerdotes llevaron a cabo lo que llamaban "diálogos pastorales" con los guerrilleros, los cuales incluían ir a sus campamentos a celebrar la misa y bautizar, así como a realizar reuniones con los comandantes y combatientes para aleccionarlos sobre su conducta.[10] Un sacerdote me dijo: "Nosotros aprovechábamos el hecho de que, cuando el sacerdote llegaba para celebrar la misa, todo el mundo tenía que ir a escucharlo", de manera que a través del sermón se les impartía una enseñanza moral.[11] Oficiar la misa les daba la oportunidad para hacer reproches tácitos; otro sacerdote relató cómo había celebrado misa para unos maestros asesinados por las FARC. En otros casos, los sacerdotes intercedían cuando sus feligreses se encontraban detenidos o acusados por las FARC por delitos o infracciones. La diócesis también mantenía un fondo para apoyar a las personas que trataban de escapar del dominio de las FARC huyendo de la región. Los sacerdotes veían a los guerrilleros tanto como parte de su amplia comunidad religiosa —por tratarse de jóvenes del campo que merecían gozar de los derechos y obligaciones del ministerio y del cuidado pastoral— como autoridades con quienes ellos se involucraban a través de delicados esfuerzos de mediación y defensa a favor de sus feligreses. Muchos sacerdotes que trabajaban en las zonas rurales sabían que sus feligreses tenían lazos familiares con las FARC, incluyendo a muchos padres cuyos hijos se habían convertido en miembros de esta organización. "En general, nosotros teníamos buenas relaciones con los guerrilleros", recordó un sacerdote, citando el hecho de que las FARC en ese momento eran el poder indiscutible en la región. "No había tantas violaciones de los derechos humanos como se presentaron después, porque el territorio no se encontraba en disputa".

La experiencia de los habitantes de Putumayo que se vieron obligados a lidiar con la gobernanza de las FARC durante casi todos los ochenta en la práctica difirió poco

---

10 Dentro de Putumayo, la Iglesia católica ha jugado un papel extremadamente poderoso. Por ser una región de frontera con presencia mínima del Estado, la Iglesia fue posicionada para asumir plenamente los poderes especiales que les otorgó la Constitución de 1886. Desde 1896 hasta principios de los setenta, la Orden Capuchina fue autorizada para suministrar servicios educativos, construir infraestructura, evangelizar y colonizar el área grande que ahora se conoce como Caquetá, Putumayo y Amazonas. En 1951, la región fue elevada a un nuevo nivel administrativo eclesiástico, las tres regiones fueron separadas, y el Vicariato Apostólico de Putumayo quedó funcionando desde Sibundoy. Durante este período, el programa católico de bienestar, Acción Social, amplió de manera importante sus programas en la región, como lo hizo a lo largo de todo el país. Para los setenta, la primera generación de muchachos locales fueron educados y consagrados como sacerdotes, quienes se autodescribieron como 'hijos nativos' y fueron entonces designados a parroquias a través de la región con libertad significativa para llevar a cabo iniciativas locales, otorgada por el entonces obispo Arcadio Bernal Supelano. Estos sacerdotes trabajaron para conectar a los campesinos de remotos caseríos en Putumayo con redes nacionales y transnacionales que promovían educación popular, desarrollo sostenible y derechos humanos.

11 La posición oficial de las FARC es la de rechazar toda religión organizada; sin embargo, muchos de sus integrantes mantienen sus prácticas religiosas, igual que en muchas fuerzas guerrilleras.

de la experiencia política de los pobladores rurales de gran parte de Colombia. Bajo la Constitución de 1886, que se caracterizó por su centralismo, en el cual el ganador electoral se llevaba todo, es decir que el presidente designaba a los gobernadores, quienes a su turno designaban a los alcaldes. Por su parte, las asambleas departamentales que se elegían eran sujetas a una revisión estricta por parte de los políticos nacionales. Este sistema político fomentó fuertes relaciones clientelistas entre los políticos y las comunidades, estimuló los acuerdos tras bambalinas, así como el uso de la violencia para solucionar las disputas políticas, y consolidó el poder de los gamonales. La exclusión política se consolidó aún más con el acuerdo del Frente Nacional, que rigió de 1958 a 1974 (aun cuando sus efectos perduraron más allá), y estableció un sistema de alternancia garantizada entre los dos partidos tradicionales, el Liberal y el Conservador, e impidió que un partido diferente de estos accediera al poder con el fin de poner punto final a la violencia partidista de los cincuenta. Dada la profunda desigualdad económica y un sistema político explícitamente restringido, pocos campesinos tuvieron la oportunidad de ejercer una participación política autónoma. Este sistema se fue transformando a partir de una serie de reformas políticas iniciadas a finales de los ochenta y que llevaron a la elección popular de alcaldes y gobernadores, y a la creación de nuevos canales institucionales para la participación local, así como a la descentralización de los recursos del Estado a los municipios. A pesar de las reformas y aunque formalmente operara dentro de una democracia, hasta este momento y de manera continuada en muchas regiones, la experiencia política de la gran mayoría de los colombianos del campo se caracterizaba por una fuerte restricción del acceso a la participación, la cual se limitaba a recurrir a redes personalizadas y a reclamaciones públicas, además implicaba con frecuencia el ejercicio de la violencia.

4.3. La formación del Estado local en Putumayo

Los pobladores locales trabajaron para encarnar sus visiones utópicas de Estado en un proceso descrito por la antropóloga colombiana Diana Bocarejo, para el caso de otras regiones donde se cultiva coca, como la "añoranza del Estado" (Bocarejo, 2012). Aun encontrándose vinculados a actividades ilegales, los pobladores en estas regiones buscaron un mayor reconocimiento de parte del Estado y la creación de estructuras administrativas que les permitieran participar en la actividad política. Paradójicamente fue la bonanza de la coca la que facilitó este proceso al atraer a la región nuevos recursos y personas. Es así como, durante los ochenta, Putumayo tenía una de las tasas más elevadas de colonización interna: entre 1973 y 2005, la tasa de crecimiento total de la población del Bajo Putumayo fue del 725 %, mientras que en el Medio Putumayo creció el 89 % y en la región del Alto Putumayo fue del 137 % (Ramírez et al., 2010, p. 13). Las nuevas comunidades resultantes fueron en gran medida autofinanciadas y autoconstruidas. Los campesinos locales subsidiaron los presupuestos del Estado al contribuir con su mano de obra, pero, a diferencia de otros campesinos en otras regiones, el alto margen de ganancia de la coca les permitió además hacer considerables contribuciones en efectivo a los proyectos del gobierno local. Conformaron brigadas colectivas de trabajo para construir carreteras y escuelas, y, con su relativa solvencia, los campesinos cocaleros pagaron los costos de construcción y hasta complementaron los salarios de los maestros en algunas zonas alejadas. Yo llegué a oír historias —no confirmadas, pero reiteradas por múltiples fuentes confiables— sobre traquetos locales (intermediarios de la pasta de coca) que contribuyeron con tierras y dinero a la construcción de la estación de policía en el casco urbano de un municipio. Al mismo tiempo, los habitantes continuaron presionando por los servicios estatales, en muchos casos a través de paros y protestas organizadas por sindicatos y comités cívicos. A principios de los ochenta, el sindicato de maestros, la Asociación de Educadores de Putumayo (ASEP), junto con otros sectores, lideraron en Puerto Asís, el casco urbano más grande de la región, paros que demandaban agua potable, electricidad y sistemas de alcantarillado. En 1984, los campesinos volvieron a reunirse en Puerto Asís para protestar por la falta de servicios rurales, tales como créditos, subsidios agrícolas, carreteras y educación.

La Iglesia católica, sobre todo una cohorte poco cohesionada de sacerdotes 'hijos nativos' de la región, jugó un papel crucial en el desarrollo de una visión sobre la autonomía campesina y la participación política. Estos sacerdotes, nacidos y criados en la región, trabajaron para conectar a los campesinos de los caseríos remotos de Putumayo a redes nacionales y transnacionales promotoras de educación popular, desarrollo sostenible y derechos humanos, proceso que lideró el sacerdote Alcides Jiménez, un párroco de la región desde 1977 hasta su asesinato en 1998. En su trabajo comunitario, Jiménez enfatizó el poder transformador de la participación colectiva, utilizando, a través de la región, los recursos de la Iglesia para apoyar iniciativas comunitarias y de educación. Con una mínima financiación, la mayoría proveniente de ONG de desarrollo europeas afiliadas con la Iglesia católica, ofrecía talleres de capacitación en liderazgo comunitario, desarrollo sostenible, salud y bienestar. Estos proyectos condujeron al establecimiento de importantes redes de promotores de salud y desarrollo rural en todo el departamento. Los líderes de las parroquias también establecieron una red de radios comunitarias que hasta el día de hoy siguen produciendo y emitiendo noticias diarias, así como programas de educación a distancia. Mediante su programa de desarrollo rural Mujeres, Caminos y Futuro, promovió su visión sobre las mujeres como las principales voces contra el cultivo de coca, capaces de convencer a sus esposos de sembrar cultivos alimenticios —tanto para la subsistencia como para la comercialización— para mejorar la situación de sus familias, lo cual condujo a la creación de cooperativas y pequeños fondos crediticios. En 1987, las mujeres activas en la parroquia fundaron la Asociación de Mujeres del Municipio de Puerto Caicedo (Asmum), y algunas de sus representantes viajaron a conferencias nacionales e internacionales sobre feminismo y desarrollo. Todas estas iniciativas generaron nuevas subjetividades políticas basadas en una visión católica de justicia social y trabajo colectivo, y a la vez se establecían redes institucionales que canalizarían nuevas relaciones y prácticas políticas.

Los putumayenses también se beneficiaron de las transformaciones de las instituciones políticas en Colombia que abrieron nuevas vías administrativas para su reconocimiento por parte del Estado central. La Ley 11 de 1986, que estableció la elección directa de alcaldes, también creó mecanismos para la participación política en decisiones locales, como fueron las juntas administradoras locales (JAL) (Hoyos y Ceballos, 2004, p. 4). Estas juntas fueron legalmente reconocidas y a menudo requerían de la participación tanto de la sociedad civil como de los funcionarios locales, proveyendo así un importante espacio para los encuentros Estado-pobladores. A lo largo del país, la estrategia de desarrollo del presidente Virgilio Barco (1986-1990) conocida como el Plan Nacional de Rehabilitación ordenó la creación de consejos municipales conformados por representantes de la sociedad civil y funcionarios gubernamentales. A través de su participación en estos consejos municipales, los líderes aprendieron a negociar con los funcionarios, así como a lograr acceso a los servicios y cursos de capacitación ofrecidos por el gobierno.

Los intentos de promover un nuevo ordenamiento territorial también generaron nuevos espacios políticos. En muchas de las nuevas comunidades de Putumayo, se organizaron comités pro municipio para hacer cabildeo en la búsqueda de reconocimiento jurídico como municipios, lo cual les permitiría tener acceso a los recursos del Estado central, así como a establecer entes políticos locales, tales como alcaldías y asambleas (Torres Bustamante, 2011). Este complejo y ambiguo proceso implicaba negociar con los representantes del gobierno, al igual que con los comandantes locales de las FARC y transitar varias etapas para alcanzar cada vez mayor reconocimiento estatal, empezando por su designación como inspección de policía hasta llegar a la meta de constituirse en municipio. Este proceso fue otro mecanismo importante para la participación de la población local en la formación del Estado, de manera que se puede afirmar que todos estos esfuerzos para generar relaciones con el Estado central influenciaron profundamente las posteriores percepciones locales del Estado.[12]

La oportunidad de votar por puestos políticos locales llevó a la emergencia de nuevos partidos políticos por todo el país y Putumayo no fue la excepción. Activistas locales del Movimiento Cívico-Popular de Putumayo viajaron por toda la región haciendo campaña por sus candidatos y para registrar votantes. El alto porcentaje de votación durante este período refleja el interés local en la participación política. Sin embargo, esta apertura política fue de corta duración, ya que estos activistas y candidatos de oposición pronto fueron blanco de las fuerzas paramilitares que llegaron a la región.

4.4. La primera generación paramilitar: los Masetos en Putumayo

Las fuerzas paramilitares vinculadas con grandes narcotraficantes llegaron a la región a finales de los ochenta para disputar tanto el dominio de las FARC como el proceso organizativo autónomo del campesinado. Los grandes narcotraficantes empezaron a comprar tierra en Putumayo para instaurar lo que se conoció como la producción 'industrial' de la pasta de coca, basada en grandes plantaciones. El más famoso de ellos fue el fundador del Cartel de Medellín, Gonzalo Rodríguez Gacha, alias 'El Mexicano', de quien se rumoraba en ese momento que era el más grande terrateniente de Colombia. En 1987, Rodríguez Gacha estableció una gran base de operaciones de narcotráfico y paramilitarismo en una finca conocida como El Azul, a dos horas al occidente de Puerto Asís.[13] Al romper un acuerdo inicial con las FARC, los paramilitares atacaron a sus guerrilleros 'protectores' y les declararon la guerra (Ramírez,

12 Dificultades subsiguientes para consolidar los cargos políticos, tales como encontrar personas dispuestas a servir como funcionarios públicos, la criminalidad generalizada y la alternativa lucrativa de participar de alguna forma en el comercio de coca. En 1991, una nueva Constitución autorizó la elección de gobernadores, así como la consagración de una serie de nuevos derechos. Este mismo año, Putumayo fue elevado a la categoría de departamento, con lo cual adquirió el derecho a elegir asambleas regionales, un gobernador y representantes al Congreso, en vez de ser una intendencia, es decir, una entidad territorial administrada por el Estado central.

13 Gacha emprendió las operaciones de producción en Putumayo debido a la mano dura que cayó sobre las operaciones del Cartel de Medellín en otras regiones. En 1984, una operación conjunta DEA-PNC confiscó 13,8 toneladas (12.519 kilos) de cocaína en Tranquilandia, el más grande laboratorio de procesamiento de cocaína en el país, localizado en el departamento vecino de Caquetá. Antes de la redada, este sitio tenía la capacidad de producir semanalmente 5.000 kilos de cocaína.

2011, p. 45). Rodríguez Gacha trabajó junto con la fuerza pública, persiguiendo a izquierdistas y civiles de quienes se sospechaba que eran auxiliares de la guerrilla, y patrocinó una campaña sangrienta contra las FARC a través del país, durante la cual tuvo como blanco principal a la Unión Patriótica (UP), un partido político que nació como resultado de las frustradas conversaciones de paz entre las FARC y el gobierno de 1984. Además, con otros paramilitares trajo mercenarios israelíes e ingleses para que entrenaran a sus tropas, y les proporcionó equipo militar avanzado. Por su propia cuenta, asesinó a más de 400 miembros de la Unión Patriótica. En Putumayo, dirigió las operaciones del escuadrón de la muerte de los Masetos, el cual colaboró estrechamente con la policía y las fuerzas militares locales para llevar a cabo la llamada "limpieza social" consistente en asesinar drogadictos, alcohólicos y deudores, así como a cualquier persona sospechosa de vínculos con la guerrilla.

A finales de los ochenta, los Masetos fueron expulsados de la región como resultado de una combinación de las operaciones militares de las FARC y la presión política de los habitantes locales. El Azul fue el sitio donde tuvo lugar una de las pocas batallas militares decisivas entre las FARC y los paramilitares. Después de un primer ataque en 1988, que fue repelido exitosamente por las fuerzas de Rodríguez Gacha, los guerrilleros regresaron en 1989 y lograron dar de baja aproximadamente a 80 combatientes paramilitares. Los habitantes de Puerto Asís organizaron una marcha en protesta del escalamiento de la violencia paramilitar y de los asesinatos, la cual, junto con la subsecuente partida de los Masetos de la zona, se convirtió, para la memoria popular, en un momento crucial de resistencia local contra los paramilitares (Ramírez, 2011, p. 49). Tanto la expulsión de Rodríguez Gacha y sus fuerzas paramilitares como el rechazo público a sus aliados de la fuerza pública, contribuyeron a la consolidación del poder de las FARC en la región, con su regulación de la industria local de la cocaína (Ramírez et al., 2010, p. 15).

Como respuesta a la violencia continua propiciada por los Masetos y otros escuadrones de la muerte paramilitares, las recién creadas redes de derechos humanos empezaron a documentar estos ataques que tenían lugar en la región (Comisión Colombiana de Juristas, 1993). En Putumayo, así como en el resto del país, la violencia se convirtió en un factor central de la vida política. En Bogotá, el Cinep, centro de pensamiento progresista de los jesuitas, contrató a una asesora para el primer comité de derechos humanos municipal de la región, constituyéndose en uno más del creciente número de comités de derechos humanos locales patrocinados por ONG con sede en Bogotá (Tate, 2007). Trabajando con activistas comunitarios y sacerdotes locales, el comité documentó las violaciones a los derechos humanos y participó en foros nacionales. A mediados de los noventa, el comité se vio forzado a disolverse por el incremento en la persecución paramilitar. La asesora Nancy Sánchez siguió trabajando con el servicio de salud pública del departamento y se constituyó en un lazo fundamental entre las comunidades locales y las ONG bogotanas e internacionales.[14] Estos nuevos espacios para la negociación entre el Estado y los grupos cívicos transformaron la cultura política local y fueron centrales para las actividades organizativas de los noventa y los 2000.

4.5. La fumigación y los límites del Estado local

Se puede afirmar que no hubo un hecho que manifestara más claramente la incapacidad de los putumayenses para incidir en la política pública que el caso de la fumigación, o la aspersión aérea de herbicidas químicos, sobre vastas extensiones de territorio en el departamento con el objetivo de acabar con las plantas ilegales. Esta operación, financiada por Estados Unidos, empezó en 1994 en el vecino departamento de Guaviare y se extendió por todo Putumayo a partir de 1997. Para 1998, más de 100.000 hectáreas habían sido fumigadas con una mezcla de glifosato y varios químicos adhesivos. Es importante señalar que este tipo de operación solo se puso en práctica en Colombia, y todos los demás programas de erradicación patrocinados por Estados Unidos se limitaron a iniciativas en terreno, tales como la erradicación manual de plantas y, en algunos casos, la sustitución voluntaria de los cultivos de coca. Los funcionarios estadounidenses y colombianos sostuvieron que las fumigaciones aéreas se requerían en Colombia debido a la falta de seguridad en la región. Las FARC se opusieron violentamente a dichas operaciones, disparando a los aviones y teniendo éxito en algunos casos al derribarlos. Además, los habitantes de Putumayo rechazaron unánimemente la fumigación, y la incapacidad del gobierno central para abordar sus preocupaciones y poner en práctica sus propuestas alternas llevó a un creciente desencanto de la población con el Estado central, en un momento en el que la creciente violencia paramilitar forzaba a los activistas a la clandestinidad o a enlistarse en las filas de las FARC.

Después de la primera serie de fumigaciones, los putumayenses pusieron en práctica una serie de tácticas para llamar la atención sobre su rechazo a la política de fumigación y a sus propuestas alternativas, como fueron las protestas callejeras, el cabildeo y los planes escritos de política pública. Muchos de los líderes de estas

---

14 El otro líder del comité se integró en las filas de las FARC y se convirtió en uno de los conocidos líderes políticos de esta guerrilla.

iniciativas surgieron de los intentos de organización de redes políticas alternas. Se trataba de personas que habían sido capacitadas en prácticas políticas en el movimiento campesino promovido por el padre Jiménez y sus colegas católicos, así como en el Movimiento Cívico-Popular de Putumayo. En noviembre de 1994, se organizó una protesta masiva en el centro del casco urbano de Puerto Asís, la cual coincidió con los testimonios de funcionarios locales ante audiencias del Congreso en Bogotá, rechazando las fumigaciones que se habían iniciado ese mismo año en el vecino departamento de Guaviare. Desde el 20 de diciembre de 1994 al 5 de enero de 1995, un paro general paralizó el transporte y otros aspectos de la vida cotidiana en tres municipios, ante lo cual el gobierno nacional acordó reunirse con los líderes locales en febrero de 1995. En esa reunión, los representantes putumayenses presentaron una propuesta de sustitución gradual del cultivo de coca en la región como una política antinarcóticos alternativa. Durante una visita del Presidente a Puerto Asís en agosto, los activistas locales aprovecharon la oportunidad para presentarle sus inquietudes por escrito. La frustración ante la falta de resultados después de esta campaña de cabildeo llevó a las marchas de protesta de los cocaleros, durante las cuales miles de campesinos en paro bloquearon las carreteras de la región y ocuparon los cascos urbanos durante más de tres meses. En uno de sus comunicados a la opinión pública, los líderes de este Movimiento Cívico escribieron: "Los campesinos cultivadores de coca han agotado todos los medios a su alcance en busca de un camino para el diálogo, pero, ante el uso de la fuerza, la protesta masiva sigue siendo la única alternativa contra estas políticas equivocadas".[15]

Las marchas cocaleras, como se llegaron a conocer, fueron un punto álgido para el desencanto en Putumayo con las políticas nacionales y con las instancias donde se habían formulado. Para poner fin a las marchas, el Presidente desplegó la fuerza pública, que hirió y asesinó a varias de las personas que participaban en estas. Los comités de la marcha establecidos por los líderes del Movimiento Cívico hicieron un llamado al gobierno para que no respondiera con más violencia, sino con una delegación de representantes del Estado empoderados para negociar con los líderes del movimiento. Así mismo, se formaron grupos de trabajo dentro de los comités de la marcha para elaborar propuestas de políticas alternativas. Luego de varios enfrentamientos más, los representantes del gobierno se unieron a estos grupos de trabajo para discutir asuntos planteados por los marchistas. Según una exmiembro de una ONG que

[15] "Ponencia", Movimiento Cívico, 1997.

trabajó estrechamente con los líderes cívicos, ellos elaboraron un pliego de demandas basado en gran parte en las peticiones que habían entregado los gobiernos locales al gobierno central para incrementar la financiación de los servicios públicos, como la energía eléctrica, servicios de salud e infraestructura para el transporte. Vale la pena señalar que en aquel momento el departamento no tenía ninguna vía pavimentada ni servicio público de energía eléctrica.

En las discusiones sostenidas entre los líderes de las marchas y los representantes del gobierno central, las partes no pudieron llegar a un acuerdo sobre un asunto central: la política antinarcóticos nacional y, más específicamente, qué hacer sobre los cultivos de coca. Según una miembro de una ONG que participó en el proceso, los cocaleros no demandaban la legalización de los cultivos de coca, sino que se pusiera fin a la erradicación forzosa (incluyendo la fumigación) y se iniciara un programa de sustitución gradual voluntaria de los cultivos ilícitos con apoyo sustancial del gobierno, cuya posición, por otro lado, era la de 'cero tolerancia'. Después de una semana de intensos debates, quedó claro que las partes no llegarían a un acuerdo sobre este punto, y los representantes firmaron lo que se vino a conocer como los Acuerdos de Orito, que prometían el incremento de los servicios públicos por parte del gobierno, pero no produjo nuevos lineamientos de política sobre la cuestión del cultivo de coca.[16]

La puesta en práctica de estos acuerdos, a pesar de sus limitaciones, demostró la dificultad para la formulación de política pública en la región. Los funcionarios locales objetaron el proceso por considerarlo una forma de "gobierno paralelo", alegando que el Estado central debería haber negociado con ellos como funcionarios legítimamente elegidos, en vez de haberlo hecho con los autoproclamados líderes del Movimiento Cívico, y también rebatieron el manejo que se le estaba dando a los proyectos que resultaron de la negociación. Por temor a la corrupción y al clientelismo en la administración de los proyectos, el gobierno central canalizó los fondos a través del Cinep, una ONG con sede en Bogotá, y los funcionarios locales arguyeron que sus instituciones eran las que debían haber recibido esos fondos. Por último, algunos participantes en el proceso alegaron que un infiltrado de las FARC en el Movimiento Cívico había intentado torpedear el proceso y señalaron como evidencia el documento final entregado por el Movimiento Cívico, que, en vez de presentar las propuestas concretas de los campesinos, exponía los argumentos

16 Ver Ramírez (2011) para un análisis de las marchas de los cultivadores de coca que tuvieron lugar en 1996 y que dieron lugar al Acuerdo de Orito.

ideológicos de las FARC sobre la lucha de clases. Además, los rumores de que al autor del documento final se le había pagado extremadamente bien con fondos del proyecto generaron más tensiones entre los líderes de las marchas, quienes habían sacrificado meses de trabajo sin remuneración alguna.

A pesar de estas fallas, algunos proyectos específicos resultantes de los acuerdos fueron financiados en la región, como el de la energía eléctrica para los cascos urbanos y el de la ampliación de los servicios hospitalarios en la región. Por otra parte, los proyectos de carreteras nunca se materializaron y se perdió la oportunidad de diseñar e implementar proyectos piloto de sustitución de cultivos de coca. Luego de concretarse los Acuerdos de Orito, los grupos paramilitares desataron un grave escalamiento de la violencia en la región, lo cual se evidenció claramente cuando una de las trabajadoras de una ONG que apoyó el proceso revisó los documentos conmigo y describió una tras otra las muertes violentas de los líderes cívicos firmantes de las declaraciones de Orito, confirmando así que fueron blanco de los paramilitares en la región.

4.6. El escalamiento de la violencia y el sueño de un Putumayo sin coca

Jorge Devia fue elegido gobernador de Putumayo en 1997 con el eslogan de campaña, "Putumayo sin coca", que reflejaba no solo la conciencia de la desventaja política de la estrecha asociación del departamento con el cultivo de coca, sino también la creciente ambivalencia local hacia la economía de la coca. Al recordar este momento, muchos reflexionaron con asombro sobre las oportunidades y las recompensas materiales que ofrecía el cultivo de coca, pero hablaron con tristeza de los muchos peligros que acompañaban al comercio ilegal. Los pobladores me contaron cómo el comercio de coca transformó la región en una economía vibrante que trajo riquezas, gente y movimiento a un área rural remota. Pero también recordaron la violencia, el conflicto y la desconfianza generados por el comercio ilegal. Una maestra local entrevistada en 2008 describió el pueblo durante la bonanza como "una belleza, con tanta actividad comercial que uno no podía decir si era sábado, domingo, martes o miércoles", a diferencia de otras zonas rurales que solo tienen su día de mercado semanal. Por otro lado, continuó, "siempre se oían balaceras". Ella había sido 'invitada' a trabajar en el comercio de coca y había oído cuentos de la nueva vida de una amiga en Miami después de haber viajado como 'mula', llevando cocaína en un vuelo internacional. A pesar de reconocer que sus estudiantes ganaban más dinero cosechando coca que lo que ella ganaba como maestra, rechazó involucrarse debido al estricto respeto a la ley de su padre y porque tenía "demasiado miedo".

Los pobladores reflexionaron sobre las múltiples maneras en que la economía de la coca distorsionaba las relaciones económicas, sociales y afectivas locales, en la medida en que la bonanza de la coca creaba riqueza y crecía la fortaleza de los narcotraficantes y de los actores armados ilegales en la región. Fátima, presidente de la Alianza de Mujeres de Putumayo y supervisora del Departamento de Educación, al recordar la bonanza de la coca, la consideró la promesa de la prosperidad que no se realizó, sino que resultó en el debilitamiento de las relaciones sociales. Además, calificó como "descomposición social total" al alcoholismo e incremento de la violencia doméstica por parte de los hombres, que consideró resultados de la economía de la coca.

Una mujer que había trabajado como líder comunitaria y en el gobierno local describió el mundo desordenado de la bonanza de la coca como "el mundo al revés", pues los campesinos ya no sembraban cultivos alimenticios para el sustento, sino que dedicaban toda su tierra a sembrar coca y a viajar al pueblo, ya no a vender sus productos agrícolas, sino a comprar alimentos importados de otras regiones. Los altos jornales y la riqueza que ofreció el cultivo de coca hicieron trizas el tradicional trabajo compartido con base en el parentesco característico de la agricultura campesina, por cuanto a los campesinos de la región no les interesaba sembrar cultivos alimenticios menos lucrativos. Los relativamente altos jornales de los raspachines hicieron que pocos estuvieran dispuestos a desempeñar otro trabajo agrícola (siempre menos remunerados), tal como desyerbar, limpiar tierras o aplicar pesticidas. El dinero ganado en la actividad cocalera se solía gastar comprando artículos ostentosos: ropa elegante, carros y casas con algunos lujos (para la región), las cuales se encuentran hoy abandonadas.

A finales de los noventa, la dinámica cambiante del conflicto armado transformó las visiones políticas de los pobladores locales en la medida en que los dos grupos armados ilegales luchaban por el control de la región y de las ganancias del negocio del narcotráfico. Los comandantes locales de las FARC se volvieron cada vez más abusivos en su manera de tratar a la población por la sospecha y paranoia de posibles traiciones. Los pobladores y los funcionarios civiles del Estado se encontraban atrapados en medio del fuego cruzado, sin siquiera un mínimo espacio para defender su autonomía local. El Bloque Sur de las FARC se convirtió en uno de los más poderosos del país, operando con múltiples frentes y capaz de movilizar miles de combatientes, así como milicias urbanas con sede en los pueblos (Rabasa y Chalk, 2001). En la medida en que los paramilitares ganaban constantemente control sobre los cascos urbanos, los comandantes de las FARC se volvían cada vez más paranoicos y draconianos, aumentando el peligro para cualquiera que desafiara sus abusos. Profundamente preocupados sobre la infiltración y la traición, los guerrilleros veían con sospecha cualquier intento por parte de los habitantes de establecer organizaciones autónomas. En respuesta a la amenaza a su dominación de la región, las FARC impusieron mayores regulaciones sobre la vida cotidiana con efectos devastadores para los habitantes locales. Una de estas restricciones fue el toque de queda que prohibió viajar después de las seis de la tarde a menos de ser autorizado por el comandante local. En un caso, una mujer me contó cómo mataron a su esposo en frente suyo y de sus hijos: "Le dijeron que pusiera en el suelo la caja que cargaba y le dispararon ahí mismo, ocho veces, le dispararon". Su crimen: llevar a un niño enfermo al hospital después del toque de queda, sin permiso.

En respuesta a los crecientes abusos de la guerrilla, las promesas incumplidas resultado de las marchas de protesta y el miedo de la violencia paramilitar creciente, el padre Alcides vio la organización de la comunidad como la principal salvaguardia para los habitantes cada vez más victimizados e intentó organizar localmente una red de paz católica, la Red de Formadores de Paz, usando recursos de los programas de los ministerios sociales de la Iglesia católica para ayudar a los líderes a organizar comunidades de paz en la región. En ese momento, las instituciones católicas nacionales, entre las que se encontraba el grupo jesuita del Cinep con sede en Bogotá, estaban promoviendo la "neutralidad activa", una estrategia de resolución del conflicto en la cual las comunidades rechazaban la presencia de cualquier actor armado en las regiones (Alther, 2006; Sanford, 2003). El padre Alcides participó en los talleres en los que activistas que trabajaban en la comunidad de paz más famosa de Colombia, la de San José de Apartadó, explicaron cómo se habían organizado en 1997, después de lo cual en talleres locales se empezó a debatir el derecho internacional humanitario (también conocido como las leyes de guerra) y a considerar cómo podrían las comunidades desarrollar mayor autonomía. Aunque no tuvieron éxito en lograr el apoyo del gobierno central para estos programas, la presión de los foros comunitarios dio lugar a la creación de la oficina del personero regional, un defensor de derechos humanos vinculado a la Procuraduría General de la Nación (Ley 136 del 2 de junio de 1994). Los esfuerzos organizativos del padre Alcides también generaron una creciente resistencia a las prácticas abusivas de la guerrilla. Cuando los comandantes locales de la guerrilla intentaron presionar a las comunidades en 1997 para que salieran a otra marcha de protesta a gran escala, el padre Alcides las exhortó a resistir. Siguiendo su consejo, muchos campesinos se rehusaron a participar, arguyendo que las marchas anteriores habían llevado al incremento de la violencia y de la pobreza, y no habían reportado ningún beneficio para las comunidades que participaron en estas.

El 11 de septiembre de 1998, dos hombres de las FARC le dispararon al padre Jiménez, asesinándolo mientras oficiaba una misa para celebrar el final de una Semana de Paz que él había organizado. También fue asesinada Ester Martínez, una feligresa de edad avanzada, cuando intentó protegerlo. Este ataque fue por muchos visto como una retaliación por alentar la organización autónoma de la comunidad. Un participante en los talleres que el padre organizaba recuerda su trabajo promoviendo dichos grupos independientes como "más peligroso que ser un defensor de derechos humanos [quienes eran también blanco de persecución]. En esta zona rural dictaba talleres diciendo que la gente no debía ir a la guerra, no debía usar armas [...] Las FARC se enfurecieron porque pensaban que les quitaba la gente, que era demasiado crítico de ellas y además que estaba muy en contra de la coca". Después de su muerte, las redes y proyectos que el padre había promovido quedaron inactivos, puesto que los habitantes temían más retaliaciones.

4.7. Viviendo bajo la ley paramilitar

La llegada masiva de las AUC marcó un cambio definitivo en la región. Los miembros del Bloque Sur llegaron en 1997 (ver capítulo 3) llevando a cabo operaciones de inteligencia y asesinatos selectivos. El 9 de enero de 1999, anunciaron su intención de quedarse en la región y de conquistarla con un despliegue espectacular de violencia pública: 150 paramilitares ocuparon el caserío de El Tigre, asesinando por lo menos a 28 personas y desapareciendo a 14. Desmembraron muchos cuerpos y los arrojaron al río. En los años subsiguientes, los comandantes paramilitares aterrorizaron la región con el fin de consolidar su control social y territorial.

Los comandantes paramilitares gobernaron en los pequeños cascos urbanos haciendo uso de violencia y crueldad, pero también regulando el espacio público, el comportamiento individual y las relaciones interpersonales. Obligaron a las comunidades a limpiar las calles y a desplegar decoraciones navideñas específicas. Los comandantes intervenían en las disputas locales, regulaban la violencia doméstica y castigaban a los ladrones. Escuché historias de parte de muchos pobladores locales sobre los 'impuestos' (llamados por otros cobros extorsivos) que imponían los comandantes a los negocios locales, así como una cuota porcentual a todos los contratos con el gobierno. Los comandantes les informaban a los pobladores sobre estas normas en grandes reuniones públicas que se llevaban a cabo generalmente en la plaza central del pueblo. Un sacerdote se refirió a las normas que impusieron para la vida cotidiana, o las "normas de convivencia", como se llamaban, cuyo objetivo principal era el de organizar la violencia, como fue el caso de regular quién podía portar armas, recordando que "las personas armadas podían entrar a los bares, pero, si alguien se emborrachaba y empezaba a disparar al aire, era asesinado inmediatamente". El padre relató los constantes interrogatorios en los retenes públicos de los paramilitares y la implacable eliminación de todos los líderes comunitarios. "A ellos no les interesaba la organización social. Por el contrario, les interesaba destruir todas las redes sociales que existieran, todos los líderes visibles, hasta los líderes religiosos", me comentó. "Cualquier tipo de liderazgo que una persona ejerciera, hasta en los deportes, los grupos culturales, o un liderazgo religioso, era motivo para que esa persona fuera asesinada. Lo importante para ellos era que todo el mundo permaneciera callado, que trabajaran en el narcotráfico y que les vendieran la coca a ellos y a nadie más".

Lo mismo que los guerrilleros, los comandantes paramilitares llamaban a reuniones a los funcionarios locales, coaccionándolos a asistir con amenazas violentas implícitas y a veces atacándolos para presentarles presupuestos, planes de desarrollo, así como pagarles sobornos. "[Los paramilitares] se paseaban con uniformes del ejército. Si nos llamaban a una reunión, íbamos todos los representantes del concejo", según comentó un miembro del concejo municipal de La Dorada. "Nos decían, usted tiene que trabajar de esta o esa manera [...] sobre todo teníamos que trabajar para ellos y cualquier cosa mala que viéramos teníamos que ayudarles a camuflarla porque supuestamente ellos eran el Estado y estaban trabajando por una buena causa, supuestamente contra la guerrilla". Aunque fue consistentemente cruel, la gobernanza paramilitar variaba con el tiempo y según los caprichos individuales de cada comandante. Dentro de la región, los habitantes hablaban de las diferencias entre los comandantes y modificaban sus acercamientos a ellos según estas diferencias. Alias 'Blanco', por ejemplo, era guapo y lo calificaban como un buenazo, muy blando, pues una vez lloró cuando fue confrontado por el asesinato de una madre en frente de sus hijos por tropas bajo su mando (sin embargo, no se registró ninguna reducción de la violencia después de este encuentro emocional). Se debía evitar a todo costo a alias 'Orejas', famoso por su violencia patológica y apodado así por su collar de orejas humanas, y alias 'Tyson' (llamado así por el boxeador norteamericano Mike Tyson), quien exigía regalos de cumpleaños y asistencia a sus fiestas.

Las idiosincrasias de los comandantes locales abrieron un espacio extremadamente limitado para la población local, principalmente para las mujeres y los sacerdotes, para tratar de hacer cabildeo por la liberación de amigos y familiares detenidos o por la posibilidad de recuperar sus cuerpos para ser sepultados. Yo oí muchas historias en las que las mujeres activaban su papel de cuidadoras como madres, esposas e hijas, para llevar a cabo misiones humanitarias, intercediendo ante los comandantes locales para rogar por la liberación de familiares y vecinos. Una maestra se refirió a esas mujeres como "defensoras de la vida" al recordar: "Cuando se llevaban a un padre de familia o a un maestro o a cualquier joven, todas las mujeres nos organizábamos inmediatamente y hablábamos con todo el mundo y siempre éramos las mujeres las que íbamos a reclamarle a los que se los habían llevado [...] a algunos nos los devolvieron vivos y a otros nos los entregaron muertos, pero fuimos por los cuerpos".

Estos esfuerzos expusieron a las mujeres a mayor violencia, sobre todo al abuso sexual, y no fueron siempre exitosos. Oí relatos de mujeres que fueron mantenidas como rehenes durante horas o hasta días, sufriendo múltiples violaciones después de intentar reclamar la liberación de sus esposos. Sin embargo, aunque no deja de ser paradójico, la activación de ideologías y exclusiones de género existentes se convirtió en una táctica central para las mujeres que intentaban interceder y proteger a sus familias. Los hombres constituían tanto la vasta mayoría de las fuerzas involucradas en la violencia como las víctimas de esta,[17] mientras que las mujeres en la región se veían como inherentemente apolíticas, imaginadas como parte de la esfera doméstica y exclusivamente enfocadas en el bienestar de la familia. Esta visión sobre el papel de las mujeres les permitió a ellas tener una mayor libertad para moverse dentro de las comunidades además de entre estas. Un antropólogo que llevó a cabo trabajo de campo en la región reportó que "los campesinos amenazados mandaban a sus esposas a hacer diligencias porque los paramilitares no las mataban, al asumir que los hombres eran quienes habían tomado las decisiones" (Jansson, 2008, p. 236; Ramírez et al., 2012).

En contraste con las guerrillas, la mayoría de los paramilitares provenían de comunidades lejanas, no formaban parte de las redes locales de parentesco y empleaban métodos mucho más crueles. Los sacerdotes locales describían a los para-

17 En este aspecto, las FARC son en cierta medida una excepción; se estima que un 40 % de sus miembros son niñas y mujeres, aun cuando las mujeres no figuran de manera proporcional dentro de las estructuras de mando.

militares como en gran parte inmunes a las pretensiones de autoridad de los clérigos, tal como lo mencionó un sacerdote al recordar sus esfuerzos de negociación con un comandante con el objetivo de que les entregaran los muertos para darles sepultura, esfuerzos que no produjeron ningún resultado. "[Los paramilitares no entregaban los cuerpos porque] era una manera de demostrar que la persona que habían matado era un delincuente, un enemigo", me dijo el sacerdote, "y podían hacer lo que quisieran con él. Para ellos, era la mejor manera de expresar su rabia, su ira", y, a continuación, describió a los paramilitares como "más aterradores [...] más amargos, duros, difíciles [...] más sanguinarios y menos confiables [que los guerrilleros]", diferencias que atribuyó a sus orígenes como fuerzas urbanas vinculadas al Estado, que podrían enfrentar consecuencias jurídicas en caso de que se les descubriera, de manera que exigían destruir y esconder los cadáveres en vez de hacerlos disponibles para su sepultura. Los sacerdotes me contaron sobre sus infructuosos esfuerzos para interceder en nombre de los feligreses y líderes religiosos laicos amenazados. Uno de ellos relató cómo protestó por la detención de dos catequistas y cómo a su pesar el comandante paramilitar asesinó en frente suyo a los hombres que lloraban desconsolados.

El padre Campo Elías de la Cruz —que había hecho su noviciado bajo la supervisión del padre Jiménez y que entre su cohorte era el más proclive a expresarse franca y abiertamente— desarrolló lo que él llamaba una "voz profética" que vinculaba explícitamente su vocación religiosa con lo que él veía como un deber moral de denunciar la complicidad militar con la violencia paramilitar en la región. Aun reconociendo que atender a las necesidades espirituales de la fuerza pública seguía siendo uno de sus deberes religiosos, describió su creciente concientización sobre su papel en la violencia: "Yo sabía que mi trabajo sacerdotal incluía estar disponible a todo el mundo, los soldados incluidos", me comentó, "pero un día al ir a la base militar", continuó, "me di cuenta de lo que sucedía, me di cuenta que había cosas que sucedían que no estaban bien. Ahí, en ese corto tramo de carretera entre [la base militar de] Santa Ana y Puerto Asís, aparecían tantos cadáveres y era un tramo tan corto, ahí mismo cerca de la base. Yo hablaba de estas cosas en la misa y al coronel no le gustaba [...] Porque yo sabía que la fuerza pública no estaba haciendo las cosas bien y yo lo decía".[18]

En 1998, el padre De la Cruz acompañó una marcha campesina a Bogotá durante la cual los campesinos se tomaron edificios del gobierno para demandarle

[18] En Colombia, la Oficina del Alto Comisionado para los Derechos Humanos de las Naciones Unidas reportó repetidamente e informó oficialmente al gobierno colombiano sobre los vínculos entre las fuerzas paramilitares y militares durante este período de tiempo, sin que se hiciera nada al respecto.

que actuara contra los paramilitares. Los líderes de la marcha participaron en una reunión con el entonces presidente Ernesto Samper durante la cual denunciaron el apoyo del Estado a las fuerzas paramilitares, y muchos de los líderes fueron asesinados al regresar a Putumayo.

Durante este período, las operaciones de los paramilitares tuvieron como blanco a la población civil de la región, mientras la fuerza pública consolidaba su alianza con ellos, dándoles lugar para proteger sus intereses comerciales. La llegada de los paramilitares a Putumayo y su enfrentamiento con los guerrilleros crearon nuevos dilemas para la población civil, ahora confrontada con fuerzas militares enfrentadas, demandas contradictorias de gobernar la región y una violencia cruel. Frente a fronteras de control territorial disputadas y cambiantes, la desconfianza generalizada de la población y las crueles represalias de los actores armados, la actividad política organizada se encontraba agobiada por la violencia.

Conclusión

La lógica de mercado del comercio ilegal de las drogas, es decir, los altos márgenes de ganancia producto de la demanda extranjera, creó oportunidades para una serie de actores sociales presentes en Putumayo. Para los pobladores, los cultivos de coca generaban recursos para satisfacer las necesidades inmediatas de sus familias y les permitían organizar nuevos asentamientos, así como construir carreteras y escuelas. A su vez, estos nuevos asentamientos hacían demandas al Estado para su reconocimiento administrativo a través de la creación de nuevos municipios y la ampliación de los servicios públicos.

Los actores armados ilegales también consideraban las ganancias del narcotráfico como condición fundamental para su expansión militar. Tanto guerrilleros como paramilitares, a pesar de sus distintas relaciones con el Estado y sus diferentes objetivos políticos, capitalizaban el dinero generado a través de la comercialización de la coca. Los guerrilleros financiaron su expansión militar a través de la profundización de su dependencia en el narcotráfico, a costa del apoyo político, en la medida en que sus esfuerzos para vigilar sus intereses comerciales se tradujeron en un aumento de los abusos contra la población. A finales de los noventa, los paramilitares llegaron a la región provenientes de sus bastiones situados en gran parte en el norte del país, en busca de una integración vertical del negocio por medio de la vinculación de sus rutas de tráfico establecidas, con la producción controlada, y además ampliaron sus operaciones contrainsurgentes.

La presencia de múltiples proyectos de regulación que competían abiertamente entre sí significó para los putumayenses encontrarse enfrentados a una serie de órdenes institucionales, cada uno de los cuales se presentaba a sí mismo como el locus de la autoridad. Ningún grupo logró un control total sobre la zona; todos estaban profundamente involucrados en la vigilancia de las fronteras cambiantes de control territorial e institucional, y en la producción de normas y políticas que competían entre sí. Es así como la situación en Putumayo invirtió mucha de la narrativa estándar sobre las relaciones Estado-sociedad, por cuanto los 'criminales' buscaron establecer el imperio de la ley, mientras que el Estado lo subvertía. En vez de ver a los paramilitares como una amenaza para la soberanía, las instituciones estatales los animaron y apoyaron, aun que no trabajaban para proteger y defender los derechos de los ciudadanos, sino, por el contrario, para atacarlos cruelmente. De hecho, en vez de establecer amplias condiciones para la paz social a lo largo del territorio nacional, las fuerzas militares y sus feroces aliados al margen de la ley libraron una guerra contra la población civil, que veían como el enemigo interno, antes que como la ciudadanía.

Los pobladores locales fueron a menudo descritos como criminales que se alejaban del Estado voluntariamente, instalados en una región caracterizada por la ausencia del Estado. Aunque los pobladores locales estaban, sin duda alguna, motivados por las ganancias que les ofrecía el comercio ilegal de coca, rechazaban su categorización como criminales por parte de los funcionarios estatales. Antes que criminales en busca de evadir la ley, el gran número de migrantes a la región se consideraban campesinos en busca de una mejor vida. Aunque se resistían a las medidas punitivas del Estado, también se organizaban para ampliar su acceso a los servicios estatales y aumentar la infraestructura del Estado en la región. Tanto los pobladores de Putumayo como los funcionarios locales hicieron un llamado al Estado para que les respondiera a sus preocupaciones e incorporara a la formulación de políticas públicas sus demandas colectivas. Los campesinos en la región usaron una serie de tácticas para fomentar la presencia del Estado en la región, tales como protestas demandando servicios adicionales, comités de cabildeo para buscar el reconocimiento de municipios que tendrían el derecho de acceder a los recursos del Estado central y elegir funcionarios locales, y la subvención con dineros provenientes de los cultivos de coca de servicios estatales, tales como la educación. Sin embargo, el espacio para la movilización política era cada vez más limitado debido a las respuestas represivas del Estado, tales como la fumigación y el creciente poder de los grupos armados ilegales. A pesar de estos múltiples desafíos, la historia demuestra que los campesinos cocaleros criminalizados no buscaron eludir al Estado, sino crear un espacio dentro de él.

Sección III

A qué nos referimos cuando hablamos del Plan Colombia

Figura 4. Casa campesina, Putumayo, 1999

Fuente: fotografía de la autora.

Capítulo 5
Historias de origen del Plan Colombia

En su momento, el debate alrededor del paquete de ayuda propuesto por Estados Unidos se centró en gran medida en las intenciones 'reales' de los formuladores de política pública, ya fuera que con la ayuda se buscara combatir las drogas (a través del apoyo a las operaciones antinarcóticas) o a las guerrillas (a través del apoyo a las operaciones contrainsurgentes). Mi argumento central es que fue precisamente esta ambigüedad estratégica la que permitió que las diversas alianzas institucionales se unieran en apoyo a la ayuda militar. En este capítulo, saco a flote las múltiples historias de origen del paquete de ayuda, incluyendo los detalles técnicos de producción, tales como el idioma en el cual fue escrito y las apuestas políticas en estos debates sobre quién se podría atribuir el crédito y a quién se le podría echar la culpa. Mi propósito no es el de establecer un único recuento definitivo, sino el de presentar las múltiples maneras en las que los debates de política se vuelven sitios para que se hagan diferentes reclamos políticos mediante la enunciación de las historias de origen. Los funcionarios que entrevisté vieron surgir el Plan Colombia a partir de una gama de prioridades de política: una política antinarcóticos dentro de Estados Unidos que buscaba abordar la crisis moral del gobierno Clinton, una política para apoyar las negociaciones de paz con la guerrilla, una política contrainsurgente que buscaba fortalecer la fuerza pública y una política de desarrollo económico que estimulara el desarrollo en regiones apartadas. Estas historias de origen fueron producidas por actores con distintos posicionamientos institucionales y revelan una serie de lógicas burocráticas dirigidas a apoyar el paquete de ayuda predominantemente militar que se presentaba como producto de un amplio consenso político. Esta historia se formuló como Plan Colombia y fue descrita en los documentos y declaraciones oficiales de Estados Unidos como "la estrategia integrada [del gobierno colombiano] para afrontar los desafíos más apremiantes que enfrenta Colombia hoy, como son promover el proceso de paz, combatir la industria de narcóticos, revivir la economía colombiana y fortalecer los pilares democráticos de la sociedad colombiana".[1]

David Mosse argumenta que las políticas públicas no establecen prácticas de ejecución, sino lo inverso: las políticas se producen a través de la práctica de ejecución de los programas (Mosse, 2004, 2007). Además, propone que la etnografía les permite a los investigadores escapar de una dicotomía analítica común: la visión instrumental de la política como una manera racional de solucionar un problema, o la visión crítica que ve la política pública oficial como un discurso racionalizador que encubre los propósitos ocultos del poder burocrático, cuyo fracaso es evidente. Ninguna de estas aproximaciones captura lo que se puede entender etnográficamente, es decir que la política pública funciona fundamentalmente para movilizar y mantener el apoyo político, esto es, para legitimar prácticas existentes antes que para originar nuevas prácticas (Mosse, 2004, p. 11). Las ideas sobre política pública son más importantes por la manera como reúnen diferentes actores y por las alianzas, coaliciones y relaciones que permiten, que por lo que dicen. En este capítulo, argumento que una serie de intereses institucionales e individuales agrupados en configuraciones y alianzas particulares produce una multiplicidad de narrativas de política pública que permiten que los programas y su financiación avancen según diseños específicos.

Sin embargo, esta ambigüedad estratégica no abarca todas las visiones políticas. En el caso del Plan Colombia, las narrativas de política pública debieron ajustarse a la lógica organizativa central de la política exterior de Estados Unidos. La militarización fue un principio organizacional central que se hizo presente en todas estas historias de origen. El incremento de la ayuda militar que posibilitaba la expansión de los ya de por sí crecientes programas militares, tales como los batallones antinarcóticos establecidos en 1998, fue ampliamente promovido como una solución política para esta serie de problemas diferentes. Por otra parte, se descartaban narrativas y maneras alternativas de caracterizar los problemas que, por consiguiente, pudieran llevar a una formulación de política pública distinta.

En su esencia, las historias sobre el origen del Plan Colombia son narrativas sobre cómo mundos sociales y eventos particulares se convierten en problemas que deben resolverse a través de la intervención de políticas públicas, aquello que Susan Greenhalgh llama la problematización de la política pública. Las historias

---

1 Plan Colombia Fact Sheet, Bureau of Western Hemisphere Affairs, Washington, D.C., 14 de marzo, 2001.

de origen revelan las maneras en que la formulación de política pública se enmarca, al examinar la disponibilidad de ciertas narrativas para explicar problemas y naturalizar determinadas políticas como razonables e inevitables. Las teorías de alineación de trama o del encuadre *(theories of frame alignment)*, que examinan cómo las representaciones de asuntos y eventos movilizan el apoyo de ciertos tipos de políticas, son herramientas analíticas importantes para entender el trabajo de las organizaciones que representan el movimiento social.[2] Las historias sobre el origen de la política pública funcionan como procesos que "nombran, culpan y reclaman", en los que situaciones específicas se categorizan como problemas, se establece la responsabilidad y se moviliza la acción (Felstiner et al., 1980). En estas narrativas, la política pública funciona para galvanizar y mantener el apoyo político, legitimando prácticas existentes en vez de dar pautas para nuevos regímenes institucionales (Mosse, 2004). El verdadero valor político de estas historias es cómo reúnen a diferentes actores y producen relaciones que se definen a través de alianzas, coaliciones y consenso.

El Plan Colombia le da vida al cliché de Washington que dice que el éxito tiene muchos padres y el fracaso es huérfano. Múltiples funcionarios de alto nivel alegaron poseer la servilleta de coctel donde hicieron el primer boceto del paquete de ayuda, ya sea en un vuelo a casa después de una misión a Colombia para recolectar datos, en una oficina de atrás de la Embajada colombiana en Washington o en algún otro cubículo en esta ciudad. Estas historias de origen introducen agencia —tanto individual como institucional— a los informes de política pública que a menudo se escriben en voz pasiva, como un resultado generalizado de fuerzas políticas amorfas. Además, resaltan las acciones de personas específicas y de configuraciones burocráticas particulares en la producción de políticas y programas, y revelan las múltiples agendas institucionales, así como las lógicas culturales que se utilizan para moldear la política pública con grados de éxito diferenciado, proveyendo una pequeña ventana a las disputas que toman lugar dentro de lugares cerrados de formulación de la política. Estas narrativas pueden develar las agendas, intereses y relaciones institucionales que no figuran en los informes oficiales de la política

2 Para profundizar en la teoría de alineación de trama, o del encuadre *(frame alignment theory)*, ver Snow *et al.* (1986) y Benford y Snow (2000). Para un ejemplo de un estudio de caso de encuadres usados para expresar alternativas específicas de política exterior, ver Smith (1996, pp. 231-79). Esta teoría fue desarrollada como un puente entre las visiones sociopsicológicas sobre la movilización de recursos, con base en el 'encuadre' de Erving Goffman, que funciona para organizar la experiencia y guiar la acción.

pública. ¿Surge el Plan Colombia del involucramiento de los campesinos con los programas de desarrollo o de las supuestas fallas morales del gobierno de Clinton? ¿Surge a la par del fortalecimiento de las FARC o del posicionamiento institucional de los guerreros de la droga en el Congreso estadounidense? A través de las historias de origen, los formuladores de política pública utilizan el pasado para hacer reclamos políticos en el presente. Cada una de estas historias le permite a quien la cuenta establecer determinada genealogía institucional e ideológica sobre el Plan Colombia y, al hacerlo, abrirle el terreno político a prácticas materiales de implementación específicas, así como sentar las bases para la definición de los marcos de evaluación definitivos.

5.1. Primera historia de origen: la crisis de drogas del gobierno Clinton

En la Convención Nacional Republicana de 1992, el comentarista conservador Pat Buchanan afirmó que "hay una guerra religiosa por el alma de nuestro país" y la definió como "una guerra cultural, tan crucial para la clase de nación que algún día seremos, como lo fue la misma Guerra Fría". Aun cuando los republicanos no ganaron la elección presidencial —Bill Clinton derrotó a George Bush padre y tomó posesión en 1993—, las divisiones políticas que caracterizaban las llamadas guerras culturales llegaron a definir su presidencia. El gobierno de Clinton estaba a la defensiva después de que el Partido Republicano en las elecciones de 1994 llegó a dominar tanto la Cámara de Representantes como el Senado. En enero de 1998, los ataques republicanos contra el gobierno estallaron con la revelación de una relación sexual sostenida por Clinton con Monica Lewinsky, expasante en la Casa Blanca. El fiscal especial, Kenneth Starr, quien había estado encargado en 1994 de investigar las indebidas transacciones inmobiliarias y bancarias en el llamado caso Whitewater, amplió su indagación a denuncias de conducta sexual indebida por parte del Presidente con Paula Jones y después con Lewinsky. Durante gran parte del año, este escándalo dominó la vida política de Washington y conllevó denuncias de sexo oral en el histórico Despacho Oval, un vestido examinado por el FBI con rastros de semen y confesiones secretas grabadas por Lewinsky, todo lo cual culminó en un fallido juicio de destitución que tuvo lugar a finales de 1998.

Ese mismo año, los republicanos en la Cámara de Representantes habían emitido un informe titulado *El problema de las drogas en América*, que manifestaba: "La respuesta del gobierno y su falta de atención a esta creciente crisis nacional, con la consecuente explosión del uso de drogas a lo largo del país, es aterrador". El informe le urgía a la administración enfocarse en los países productores a través de un aumento de la ayuda militar a los gobiernos extranjeros para operaciones antinarcóticos. El hecho de que, según las cifras de la Oficina de la Política Nacional para el Control de las Drogas (ONDCP, por su sigla en inglés), el uso de drogas se disminuía no incidió en nada para parar la arremetida de los republicanos sobre el asunto de las drogas. Por su parte, los demócratas estaban especialmente preocupados por las encuestas que daban cuenta de su vulnerabilidad con respecto a este asunto (Isikoff y Vistica, 2000).

Los funcionarios de Clinton estaban desesperados por rescatar el legado del gobierno, así como por contrarrestar los ataques en curso canalizados a través de acusaciones sobre la conducta inmoral y la ideología del Presidente. Según Rand Beers, entonces subsecretario de Estado para Asuntos de Narcóticos y Aplicación de la Ley, el Plan Colombia nació directamente de la preocupación de los demócratas de que los republicanos propusieran un gran plan y después los acusaran de no ser suficientemente duros ante el problema de las drogas. Nos reunimos en un salón de conferencias sin ventanas en el Archivo de Seguridad Nacional (National Security Archive), y Beers me dijo que, junto con el general Charles Wilhelm, entonces jefe del Comando Sur, habían sido invitados a una reunión en el verano de 1999 organizada por el recién nombrado presidente de la Cámara de Representantes, Dennis Hastert, para hablar con el *Caucus* de la Droga de la Cámara de Representantes, de dominio republicano. En esta reunión, Porter Goss, el presidente del *Caucus* le entregó a Beers su propuesta de un presupuesto suplementario para Colombia de varios cientos de millones de dólares, con una solicitud de otro gran monto previsto para el otoño. Cuando Beers les informó sobre su reunión a los miembros del gobierno de Clinton, les dijo: "Ustedes tienen que adelantarse. Hablé con Barry McCaffrey y caminamos desde su oficina a la Casa Blanca para proponer el Plan Colombia".

En el recuento de Beers, el asesor de Seguridad Nacional, Sandy Berger, convocó una reunión para discutir Colombia fuera "de los canales interinstitucionales normales". Debido al protocolo institucional, como jefe del Comando Sur, el general Wilhelm habría tenido que hacer pública cualquier reunión interinstitucional sobre Colombia a la que asistiera cualquier persona con un rango diplomático de Subsecretario de Estado o superior, siendo lo más probable que asistieran a la reunión los propios jefes del Estado Mayor Conjunto (el equivalente militar). De manera que la reunión fue anunciada como una discusión *ad hoc,* un tipo de reunión que no requería ningún rango burocrático en particular, que no se enfocaría en Colombia, sino en el futuro de la Base de la Fuerza Aérea Howard en Panamá, y la salida de Estados Unidos de este país. Me dijo Beers que "así fue como tuvieron que jugársela para lograr que Wilhelm asistiera". La participación de Wilhelm era importante porque él podría reunir los recursos burocráticos y materiales del Comando Sur —y estaba motivado para hacerlo debido a su interés en la región—, mientras que los jefes del Estado Mayor Conjunto estaban más preocupados por la extralimitación administrativa dentro de las fuerzas armadas. En esta reunión, Beers relató su propuesta de acción administrativa: "Yo les dije que teníamos que tomar la delantera en este asunto", recordó, "tenemos que proponer un programa integral para Colombia y para toda la Región Andina. Nuestra propuesta tiene que ser seria y se requerirá de un mínimo de mil millones [de dólares]". La respuesta de Berger fue la de ordenarle "regresar con un plan". Según Beers, la administración estaba motivada principalmente por el miedo de una victoria republicana en el asunto de las drogas. "Lo que yo necesitaba era la propuesta republicana, un susto político para el gobierno", me comentó Beers. "De manera que vendí el programa. Nadie sabía que esto iba a suceder, pero fue una oportunidad para decir que [los otros] iban a adelantarse de nuevo si nosotros no lo hacíamos primero". Beers subrayó la motivación partidista en su conclusión de la historia sobre el origen del Plan Colombia, cuando comentó que terminó preguntándose por qué el *Caucus* de Drogas republicano le había entregado a él una copia de su propuesta, y su única explicación fue que se debió a sus antecedentes militares: "Todos pensaban que yo era republicano".

5.2. Segunda historia de origen: los colombianos en el Plan Colombia I: los planes de Pastrana

En 1998, los formuladores de política pública de Estados Unidos habían ganado un nuevo aliado colombiano: se trataba del recién elegido presidente Andrés Pastrana. En contraste con su antecesor, Ernesto Samper, a quien los funcionarios estadounidenses trataban como un paria como resultado de la evidencia que se había filtrado por parte de la DEA inmediatamente después de su elección, de que había aceptado contribuciones del Cartel de Cali para su campaña presidencial, Pastrana fue visto como un aliado potencial, alguien con quien Estados Unidos podía trabajar. Pastrana, miembro de la élite política colombiana tradicional (hijo y nieto de presidentes), era un presentador de noticias de un noticiero de televisión que saltó a la fama cuando fue víctima de un secuestro por parte del Cartel de Medellín que duró una semana, siendo después el primer alcalde de Bogotá elegido popularmente. La bandera primordial durante su campaña presidencial de 1997-1998 fue la de acabar con la violencia guerrillera. Cabe anotar que, en estas elecciones, los dos principales candidatos presidenciales hicieron campaña a partir de plataformas de paz, en defensa de un acuerdo negociado del conflicto. A mediados de los noventa, había cobrado fuerza un significativo electorado en favor de la paz, con la presencia de ONG que organizaron grandes marchas, votos simbólicos por la paz y otras acciones públicas diseñadas para demostrar apoyo político a favor de negociar. Pastrana aprovechó este *momentum* antes de la segunda vuelta, al anunciar sus planes para la paz en un importante discurso y enviar a su asesor Víctor G. Ricardo a una reunión secreta (e ilegal) con los comandantes de las FARC. Durante esta reunión, Ricardo le entregó su reloj al máximo comandante, Manuel Marulanda, sobre lo cual en una entrevista que le hice en 2010 me dijo que su intención había sido la de hacer un gesto que simbolizara la voluntad que un gobierno de Pastrana tendría de tomarse todo el tiempo necesario para lograr la paz. El reloj —en la muñeca de Marulanda y con el lema de la campaña de Pastrana plenamente visible— apareció de manera prominente en una foto que se tomó y que circuló ampliamente como prueba de que la reunión se había celebrado. Aun cuando Ricardo sostuvo que no previó el impacto que tendrían estos eventos, muchas personas los interpretaron como un respaldo de Marulanda a Pastrana, quien derrotó a Horacio Serpa en la segunda vuelta por un margen del 2 %, e inició conversaciones de paz con la guerrilla inmediatamente después de su posesión.

Durante la campaña y en los meses que siguieron a su elección, Pastrana habló de sus esperanzas de lograr una ayuda extranjera masiva para Colombia —un tipo de 'Plan Marshall'— como un elemento central en el proceso de paz. Se refería al Plan Marshall de Estados Unidos, ejecutado después de la Segunda Guerra Mundial, conocido oficialmente como el Programa de Recuperación Europeo y apodado con el apellido de su impulsor, el secretario de Estado, George Marshall. En el contexto de este Plan, Estados Unidos proveyó miles de millones de dólares para la reconstrucción de Europa después de su devastación en la Segunda Guerra Mundial. Al invocar el Plan, Pastrana posicionó discursivamente a Colombia como un receptor que reunía los requisitos para la ayuda internacional masiva. Bajo esta lógica, la comunidad internacional —en este caso sobre todo los países de Occidente, que son los principales consumidores de narcóticos ilegales— debía asumir la responsabilidad moral y financiera por los efectos del conflicto colombiano. El narcotráfico era un 'motor' del conflicto debido a que los grupos armados usaban las ganancias provenientes de la industria de la droga para financiar sus operaciones militares, y de esta manera implicaban a los consumidores. A diferencia del Plan Marshall, esta vez la ayuda internacional sería suministrada no después del conflicto, sino durante este como una contribución a su resolución.

La propuesta de un Plan Marshall para Colombia nunca se materializó, ni siquiera como un plan escrito, mucho menos en la forma de programas financiados, sino que existió solamente como un referente discursivo en una serie de conferencias y reuniones en las cuales coincidió Pastrana con funcionarios de Estados Unidos, la Unión Europea y Latinoamérica, en la medida en que él buscaba apoyo para las negociaciones. Cuando yo indagaba sobre las posibles contradicciones entre los planes anunciados y trataba de rastrear sus genealogías burocráticas, a menudo me enfrenté a un apenas disimulado escarnio. Numerosos funcionarios y militares colombianos me dijeron que, como antropóloga, yo debía entender que Colombia tenía una tradición oral de formulación de política pública en la cual muy poco se escribía y que los programas se producían a través de múltiples burocracias, de manera que cualquier esfuerzo para establecer un análisis integral o definitivo era una pérdida de tiempo.

Sin embargo, este plan jugó un papel crucial al existir no como iniciativas concretas en el presente, sino como futuros posibles. Simplemente con invocar el plan se creaba un espacio político para la contraoferta de otros planes. En este sentido, el plan al que se refería Pastrana en sus discursos debe entenderse como una estrategia de promoción, como lo que se pedía en las reuniones con otros gobiernos (el *ask* en inglés), no como una política gubernamental existente, sino como una disposición inicial en un intento de lograr determinadas medidas y ayuda material de otro gobierno y sus dependencias. Dentro de Colombia, invocar este plan generaba una posible condición futura que podría hacerse realidad con el financiamiento extranjero, transformando no solo las relaciones transnacionales entre Colombia y los poderes extranjeros, sino también el compromiso del Estado central con las regiones rurales y apartadas. Un buen ejemplo de esto fue el punto quince del discurso que dio Pastrana en el Hotel Tequendama en Bogotá, en un importante evento de campaña el mes anterior a la votación de la segunda vuelta, en el que hizo un llamado a los 'países desarrollados' para que financiaran "grandes inversiones en el campo social, en el sector agropecuario y en la infraestructura regional, para ofrecerles a nuestros campesinos alternativas diferentes a los cultivos ilícitos" (Pastrana, 2005, p. 51). Además de sus esfuerzos para convencer a las audiencias colombianas, Pastrana llevó este mensaje a los funcionarios extranjeros, incluidos los representantes del gobierno de Estados Unidos, de quienes esperaba proveerían fondos después de su elección. En un cable de la Embajada estadounidense de septiembre de 1998, Mark Schneider, director de los programas para Latinoamérica de la AID, informaba sobre la presentación del 'Plan Pastrana' por parte del Presidente, "el cual esperaba incorporaría financiación proveniente de una variedad de fuentes dirigida a cubrir los costos de la paz y de la inversión en las zonas más afectadas por la guerra y los cultivos ilícitos".[3]

Dentro de Colombia, Pastrana hizo un llamado en diciembre de 1998, en un discurso en Puerto Wilches, a adoptar un Plan Marshall, y por primera vez usó el nombre de Plan Colombia. El lugar donde tuvo lugar el discurso es significativo en cuanto a qué énfasis quería darle Pastrana al Plan, ya que esta región no era una zona de producción o tráfico de drogas, sino que estaba profundamente afectada por el conflicto interno, contaba con la presencia de guerrillas de las FARC y ELN, y de fuerzas paramilitares. Esta región también era el centro de un proyecto de desarrollo de gran envergadura, el Programa de Desarrollo y Paz del Magdalena Medio, dirigido por el padre Francisco de Roux, reconocido sacerdote jesuita, un proyecto que había ganado renombre internacional al contar con la financiación y la expertícia en proyectos de la Unión Europea, empresas, fundaciones y ONG importantes, y haber sido considerado un modelo para programas similares a lo largo del país. Pastrana invitó a los guerrilleros a participar, al decir que "la insurgencia debe tomar parte activa en todas las decisiones del Plan Colombia". El discurso hizo una referencia mínima al tema de los narcóticos ilegales, al aludir a ellos principalmente como causantes de la devastación ecológica y como un asunto para ser discutido en futuras negociaciones.

Pastrana utilizaba la discusión pública del Plan para cumplir con dos de sus mandatos previstos: elaborar un plan para apoyar las conversaciones de paz con la guerrilla y generar un proyecto de desarrollo económico que se pudiera asociar específicamente con su gobierno. Otros presidentes habían anunciado sus metas prioritarias a través de planes semejantes, como, por ejemplo, el Plan Nacional de Rehabilitación de Belisario Betancur o el Salto Social de Ernesto Samper, una iniciativa contra la pobreza. Se esperaba así que el plan de paz de Pastrana fuera incorporado al Plan Nacional de Desarrollo (PND) que se llamaba "Cambio para construir la paz 1998-2002". Tanto el PND como el plan de paz discutidos durante la campaña electoral se enfocaban en modelos de desarrollo y sostenibilidad

[3] Septiembre de 1998, de la Embajada Bgtá. al Secr. est. Wash. D.C. Asunto: reunión de Pastrana con Schneider AA/LAC de AID sobre paz, desarrollo alternativo.

antes que en hacer cumplir la ley o en un acercamiento basado en una seguridad militarizada. El PND establecía que los dos principales problemas que enfrentaba Colombia eran el conflicto armado y una economía tambaleante. Sin embargo, el PND y las propuestas de paz de la campaña tenían diferentes énfasis que podían explicarse por una falta de coordinación institucional y por la competencia entre feudos burocráticos. Es así como el plan presentado por Pastrana en Puerto Wilches fue elaborado en la Oficina del Alto Comisionado para la Paz, mientras que el Departamento Nacional de Planeación diseñó el Plan Nacional de Desarrollo, con muy poco contacto entre las dos oficinas. A diferencia de las presentaciones hechas por Pastrana en su campaña, el PND se dirigía al cultivo de coca. Su sección titulada "Estrategias dirigidas a zonas afectadas por el conflicto" se enfocaba en las regiones más violentas y priorizaba la sustitución de cultivos y planes de desarrollo alternativo en regiones con presencia de cultivos de coca, así como la atención a personas objeto de desplazamiento forzado. Otra gran diferencia era que el PND no invitaba a los guerrilleros a participar, sino que enfatizaba la participación de la población civil en las iniciativas de los gobiernos locales con el fin de aumentar los servicios del Estado en áreas rurales (Godoy, 2003, p. 8).

Ninguno de los planes se inició. Según varios funcionarios que entrevisté en Colombia, en el Banco Interamericano de Desarrollo había interés en la versión del Alto Comisionado para la Paz sobre una propuesta que consideraba la participación de la guerrilla en la administración de una importante iniciativa de desarrollo, pero la financiación nunca se materializó. El Plan Nacional de Desarrollo fue votado en el Congreso colombiano, convirtiéndose en ley el 29 de julio de 1999, pero posteriormente fue declarado inconstitucional por la Corte Constitucional. Aunque ningún nuevo plan de desarrollo fue presentado al Congreso, circular las propuestas representó para el gobierno un importante gesto a nivel nacional e internacional. Los planes de Pastrana llenaron las expectativas de los electores. El plan conceptualizado por el Alto Comisionado para la Paz fue elaborado como parte de las narrativas estándar del proceso de paz, como estrategias retóricas para imaginar las transformaciones públicas que se podrían alcanzar bajo posibles condiciones futuras, aunque remotas. Al mismo tiempo, la circulación internacional de estas propuestas retóricas sirvió como un gancho en el cual los formuladores de política pública estadounidenses podían colgar sus propios diseños.

5.3. Tercera historia de origen: apoyo a la paz

El Departamento de Estado de Estados Unidos proclamó públicamente su interés en apoyar el proceso de paz colombiano con las FARC iniciado por Pastrana. Muchos de quienes participaron en las discusiones sobre el Plan Colombia habían tenido algún papel en actividades diplomáticas en El Salvador durante los ochenta, cuando Estados Unidos había apoyado al gobierno salvadoreño en su lucha contra insurgentes marxistas y, finalmente, ayudó en la negociación de un acuerdo de paz entre las dos partes a principios de los noventa. Aunque algunos funcionarios del Servicio Exterior estadounidense criticaban la ayuda ininterrumpida a las fuerzas militares abusivas durante ese período, la mayoría recuerdan la política de Estados Unidos en El Salvador como un triunfo de los esfuerzos para la resolución del conflicto. Peter Romero, quien en el momento del Plan Colombia era el jefe interino de la Sección Andina en el Departamento de Estado, recordó con deleite su trabajo como funcionario político en la Embajada de Estados Unidos en El Salvador, a pesar del bajo prestigio con que cuentan los cargos en Latinoamérica dentro del Departamento de Estado. Según Romero, los funcionarios del Servicio Exterior que ocupan cargos en Europa describen los cargos en Latinoamérica como el *circuito de la cucaracha*.

De acuerdo con Phil Chicola, entonces auxiliar de Romero, el Plan Colombia surgió tanto del interés del Departamento de Estado en apoyar la paz como de su preocupación ante los múltiples planes que emergían desde Colombia. Después de una visita oficial a Colombia para evaluar el proceso de paz, Chicola recuerda que tanto él como Romero quedaron en *shock* frente a la falta de coordinación entre las diferentes instancias colombianas que participaban. "Todo el mundo nos presentó sus informes", me dijo durante una entrevista telefónica desde el Consulado de Estados Unidos en Vancouver, donde se encontraba trabajando. "No había en ese momento ningún hilo conductor. Tanto el ejército y la policía como los civiles tomaba cada uno su propio camino". Chicola se refirió a su discusión con Romero en el avión mientras regresaban a Miami, durante la cual se dieron cuenta de que "los colombianos tenían grandes planes, pero nadie parecía estar hablando entre sí, nadie". Terminó aseverando que en esta conversación nació la idea del Plan Colombia.

El propio proceso de paz había tenido un comienzo difícil. Manuel Marulanda, el veterano jefe guerrillero de las FARC, no apareció al publicitado lanzamiento del proceso, dejando vacío su asiento, lo cual fue ampliamente visto como una demostración de la falta de compromiso de la guerrilla con el proceso. Las iniciativas del gobierno para recaudar dinero destinado a 'proyectos de paz' se vieron obstaculizadas por la ineptitud burocrática y por los alegatos de corrupción. La decisión más controvertida de Pastrana fue la de retirar la fuerza pública de una zona conformada por cinco municipios en el sur de Colombia, que a menudo se comparaba en los medios periodísticos con el tamaño de Suiza o de Maryland. Esta zona, apartada de cualquier ciudad importante, estaba escasamente poblada y había estado bajo el control de la guerrilla por décadas.[4] A pesar de conocerse ampliamente como zona de despeje o de distensión, guerrilleros fuertemente armados patrullaban la zona regularmente y algunos funcionarios civiles del gobierno también permanecían en el área ejerciendo sus funciones. Algunos críticos, que incluían a militares, llamaban la región "Farclandia" y se referían a ella como una afrenta a la soberanía nacional colombiana y como una concesión innecesaria de la cual iban a abusar los guerrilleros. Cabe anotar que, en un voto simbólico, el Congreso de Estados Unidos aprobó una enmienda que condenaba la existencia de la zona.

Las voces críticas en el Congreso, entre las cuales se encontraban las de algunos republicanos de alto rango, se opusieron activamente al apoyo del proceso de paz por parte del Departamento de Estado. Luego de que se filtrara a la prensa en 1998 que Romero había aprobado una reunión secreta entre Chicola y los comandantes de las FARC, algunos senadores utilizaron su poder en el proceso de nombramiento para evitar que Romero fuera confirmado en su cargo, poniendo fin de modo efectivo a su carrera en el Servicio Exterior. En marzo de 1999, el apoyo de Estados Unidos al proceso se erosionó aún más por el asesinato por parte de las FARC de tres activistas estadounidenses. Terence Freitas, Ingrid Washinawatok y Lahe'ena'e Gay se encontraban visitando Arauca para apoyar al pueblo indígena u'wa en sus protestas contra las exploración petrolera de la compañía Occidental Petroleum. Como resultado, y a pesar de las súplicas de la madre de Freitas a favor de los esfuerzos de paz, los funcionarios estadounidenses prohibieron reuniones futuras con las FARC hasta que los responsables de los asesinatos fueran entregados a la justicia colombiana, lo cual no sucedería. Además, Estados Unidos se rehusó a participar en cualquier evento público o cualquier iniciativa diplomática para conformar un 'grupo de amigos' constituido por gobiernos que apoyaban el proceso de paz. Durante este período, Marulanda también incumplió sus promesas de permitir

---

[4] Los puntos de discusión de Pastrana en apoyo al despeje enfatizaban que la región que contenía un 11 % del área de los Llanos Orientales solo contaba con un 2 % de la población total del país. San Vicente del Caguán, el pueblo más grande, tenía 25.000 habitantes y su electricidad era intermitente.

inspecciones independientes a la zona de despeje. Según Beers, para junio de 1999, el nuevo consenso dentro del Departamento de Estado era el de "alentar a Pastrana para que echara para atrás las políticas que estaba promoviendo ineficazmente con respecto a las FARC y las conversaciones de paz".

Muchos de quienes apoyaban el Plan Colombia entendían el aumento de la ayuda militar como una manera de apoyar la paz. En consecuencia, en vez de entablar actividades diplomáticas para estimular las negociaciones y conseguir recursos materiales para la desmovilización y reconstrucción en el posconflicto, enfatizaron el escalamiento del conflicto como un camino para llegar a su eventual finalización. De acuerdo con esta lógica, consolidar la fuerza pública al mismo tiempo que se llevaban a cabo las conversaciones de paz sería una situación en la que tanto el gobierno colombiano como sus aliados en Estados Unidos saldrían ganando. La capacidad fortalecida de las fuerzas militares motivaría a los guerrilleros a empezar a dialogar por el miedo a ser derrotados. Si las conversaciones llegaban a ser exitosas, el gobierno colombiano negociaría el acuerdo final desde una posición fortalecida, lo cual significaría que tendría que hacer menos concesiones. Si las conversaciones fracasaban, las fuerzas militares estarían mejor posicionadas para aumentar las operaciones de combate y buscar una victoria militar. En cualquier caso, Colombia habría logrado ampliar y profesionalizar su pie de fuerza militar, lo cual, desde la lógica de la militarización, era visto como un avance indisputable.

5.4. Cuarta historia de origen: burocracias en movimiento

Hacer realidad la política pública al pasar a la fase de ejecución requería de la actuación burocrática generada a través del compromiso de individuos posicionados estratégicamente que podían activar determinados canales institucionales. Para que el gobierno de Estados Unidos pasara de los compromisos retóricos a programas concretos, se requería de ciertas constelaciones de acción burocrática. Algunos funcionarios de bajo rango del Departamento de Estado afirmaban haber llevado a cabo una actividad educativa dirigida a funcionarios de alto rango, organizando pequeños grupos de 'Colombia para principiantes', para que estuvieran preparados cuando tuvieran que responder a las llamadas anticipadas de 'los de arriba' pidiendo propuestas políticas más específicas. El compromiso burocrático con el proceso se materializó en la forma de la Fuerza de Tarea Interagencial para el Plan Colombia, que estaba encargada de diseñar el plan en sí. Se nombró a Thomas Pickering para presidir la Fuerza de Tarea, y su alto rango como Subsecretario de Estado significaba que el grupo tendría el poder de tomar decisiones en vez de simplemente dar recomendaciones. Para crear el grupo, la secretaria de Estado, Madeleine Albright, usó un mecanismo administrativo conocido como un comité ejecutivo —o un ExCom, su forma abreviada en inglés—, una figura burocrática que estableció Clinton por decreto y que después fue abolido por George Bush hijo. Un funcionario del Departamento de Estado de nivel medio se refirió al grupo como un "un lugar intermedio" en la burocracia, es decir, establecido a nivel del Subsecretario (los siguientes niveles más altos son el Vicesecretario y el Secretario), lo suficientemente alto para tomar decisiones, pero lo suficientemente bajo para enfocarse en asuntos inmediatos.[5] Beers presidió la mayoría de las reuniones de la Fuerza de Tarea, hecho que para él y otros significaba que las drogas eran la prioridad. Las agencias que figuraban en la Fuerza de Tarea comprendían dos oficinas del Departamento de Estado (la de Asuntos Internacionales de Narcóticos y Aplicación de la Ley, y la del Área del Hemisferio Occidental), la Agencia para el Desarrollo Internacional (AID), el Departamento de Justicia (DOJ, por su sigla en inglés), el Departamento de Defensa, la Agencia Central de Inteligencia y, según se necesitara, participaban agencias adicionales. Las reuniones tenían por objeto "discutir a fondo todos los temas relacionados con su ejecución" y los desacuerdos eran "enviados al siguiente eslabón más alto de la cadena", lo cual quería decir convocar una reunión dirigida por Pickering del propio comité ejecutivo, el ExCom. La Fuerza de Tarea incluía tres grupos de trabajo bilaterales: antinarcóticos y seguridad; asuntos socioeconómicos y reforma a la justica y aplicación de la ley. Cada grupo combinaba el trabajo en temas de coordinación general con un enfoque en el sur de Colombia.[6] Los gastos, incluyendo el de personal, eran cubiertos por un rubro de 1,5 millones de dólares establecido en el presupuesto del Plan Colombia por Tim Rieser, el auxiliar del senador Leahy (demócrata de Vermont), quien también había sido fundamental en la elaboración de la Ley Leahy y seguía estrechamente vinculado con el financiamiento de Colombia a través de su puesto en el Comité de Asignaciones del Senado. Este dinero financió la preparación y seguimiento de reuniones, así como el salario de cuatro empleados responsables de realizar el escrutinio del personal

5 Los participantes Sheridan, Beers y William Brownfield (Asuntos del Hemisferio Occidental, WHA) eran del nivel de Subsecretario.

6 Fax/memo 10 de mayo, 2000 para OSD/Solic (Operaciones Especiales y Conflicto de Baja Intensidad), otros de Fuerza de Tarea/Mack; re viaje a Colombia SVTS mayo 10, "Para discutir la visita de Pickering a Colombia, Brownfield (WHA) y Mack preside reunión".

militar colombiano que participaba en los programas del Plan Colombia, tal como lo requería la Ley Leahy.

Durante todo el año de 1998, reuniones semanales de la Fuerza de Tarea, delegaciones periódicas a Colombia, así como reuniones en Washington, indicaban el creciente enfoque institucional en Colombia como un problema de política pública. A principios del año, Beers viajó con una delegación de funcionarios y visitaron tres bases militares operadas por Estados Unidos para sus operaciones antinarcóticos, conocidas como Forward Operating Locations o FOL (sitios de operaciones de avanzada), así como otros lugares donde se llevaban a cabo actividades de erradicación financiadas por Estados Unidos.[7] En febrero y marzo, la Oficina de Asuntos Internacionales sobre Narcóticos y Aplicación de la Ley (Bureau of International Narcotics and Law Enforcement, INL) organizó reuniones interagenciales de trabajo, de nivel operativo, para discutir los programas antinarcóticos en Colombia.[8] Notas desclasificadas de la reunión del Grupo de Trabajo Interagencial (Interagency Working Group, IWG) realizada el 11 de junio concluyó que habría una reunión de 'altos representantes' (refiriéndose a funcionarios de alto nivel con poder de decisión) para tratar el tema de Colombia que requerían de un documento de estrategia de participación actualizado del Área de la Región Andina del Departamento de Estado, así como los puntos de discusión sobre el nuevo presidente colombiano.[9] (Esta reunión se realizó al mes siguiente y fue presidida por un funcionario de alto rango, el embajador James Dobbins del Consejo Nacional de Seguridad). La discusión trató de la ayuda militar, los derechos humanos y los planes para INL y AID en cuanto a preparar "un documento para la siguiente reunión del IWG sobre un plan para un proyecto piloto de desarrollo alternativo en Colombia", la primera propuesta de este tipo.[10] Al Área de la Región Andina también se le asignó "preparar una lista integral de los diferentes programas que el gobierno de Estados Unidos financia actualmente en Colombia", presentar propuestas para el año entrante y elaborar una "lista priorizada enumerando las propuestas no financiadas actualmente", indicando una anticipación

---

7 Feb. 98 de la Embajada americana al Secr. Est. Wash. Asunto: visita de Beers.

8 Mayo 1998 de Secr. Estado Wash. D.C. a Embaj. americana Bgtá. Asunto: Colombia 98 iniciativa cn.

9 2 de julio, 1998 memo: coordinador DOD para el apoyo y aplicación de la política de drogas; de Secr. de Defensa Adjunto interino para apoyar y aplicar la política de drogas; preparado por Salvador Enríquez, DEP&S.

10 Ibíd.

de financiación adicional.[11] Las notas continuaban haciendo un esbozo de los que se convirtieron en argumentos clave del gobierno de Estados Unidos en favor del aumento de la ayuda militar:

> El Departamento de Defensa (DOD) apoya firmemente el suministro de información de inteligencia sin ninguna restricción a la fuerza pública colombiana, concerniente a los narcotraficantes [...] Debido a que la Policía Nacional de Colombia no puede operar en áreas de cultivos de coca controladas por las FARC sin el apoyo militar, nuestro éxito en contra de los narcotraficantes depende de la efectividad operacional de las fuerzas militares, especialmente del ejército colombiano [...] Unas fuerzas militares modernizadas y más profesionales podrán apoyar de manera más competente las iniciativas antinarcóticos y el proceso de paz.

En diciembre de 1998, en el contexto de la Reunión Ministerial de Defensa de las Américas, se firmó un nuevo acuerdo de cooperación entre las fuerzas armadas de Estados Unidos y Colombia. Este acuerdo sentó las bases para el aumento de la ayuda militar de Estados Unidos a Colombia. Además de un amplio compromiso público para mejorar la relación, las fuerzas armadas de Estados Unidos establecieron una serie de grupos bilaterales de trabajo sobre temas como la lucha antinarcóticos, profesionalización y derechos humanos. Según un funcionario del Comando Sur: "El grupo bilateral de trabajo surgió del encuentro de la Reunión Ministerial de Defensa, cuando estábamos esperando un paquete de ayuda grande. No lo anticipábamos pero lo esperábamos [...] Hablamos con el ejército, la armada y la fuerza aérea colombianas, preguntándoles qué necesitaban, pero sin prometerles nada". La ayuda de Estados Unidos era fundamental para establecer la Fuerza de Tarea Conjunta Interinstitucional-Sur (JTF-S, por su sigla en inglés), diseñada para incrementar la cooperación de las fuerzas militares y de la policía, la cual incluía un nuevo centro de inteligencia conjunta, operado desde la recién ampliada base militar de Tres Esquinas en Caquetá. Poco a poco, Wilhelm empezó a enviar financiación para las operaciones de la JTF-S con base en rubros de financiación existentes, incluyendo el

---

11 2 de julio, 1998 coordinador DOD para el apoyo y la aplicación de la política de drogas; memo para Secr. Defensa, Vicesec. de Defensa a través del Subsecretario de Defensa para la Política; de Subsecretario de Defensa para Operaciones Especiales y Conflicto de Baja Intensidad; preparado por Salvador Enríquez, DEP&S. Asunto: para leer antes de la reunión de alto nivel, 7 de julio 1998 sobre memo de información Panamá-Colombia.

rubro del proyecto piloto del batallón antinarcóticos, cuyo mandato era el de enfocarse en "maximizar el apoyo de Estados Unidos y atacar sistemáticamente blancos narco, de manera que también se golpeara el centro de gravedad de las guerrillas y su financiamiento narco". El primero de los nuevos batallones antinarcóticos del ejército colombiano por ser investigado entró a operar a finales de 1998.

Según Brian Sheridan, subsecretario de Defensa para Operaciones Especiales y Conflicto de Baja Intensidad, se hizo evidente un cambio en el compromiso político con el Plan Colombia en una reunión de alto nivel en el verano de 1999: "Esta fue la reunión donde se hizo palpable, para Berger [asesor de Seguridad Nacional], Albright [secretaria de Estado] y otros que estábamos perdiendo a Colombia. Las cosas cambiaron de dirección en esa reunión". Un cambio importante implicó hacer que la infraestructura presupuestal se ajustara a la tarea. "Teníamos el apoyo de la Office of Management and Budget (OMB) [Oficina de Administración y Presupuesto] y se les dirigió a apoyar dichos asuntos", continuó Sheridan. "Esta fue la primera vez que todo estaba alineado. Antes, si la OMB decía que no, no había plata, todo el mundo habría estado peleando por las cosas, pero, después de eso, los altos funcionarios pudieron enfocarse en otras cosas". Estas explicaciones subrayan la importancia crucial de vincular ciertos canales de la maquinaria burocrática para producir la política pública, en particular se enfatiza el papel de los funcionarios que tienen el poder para impulsar las decisiones indicadas.

Barry McCaffrey, un general del ejército retirado, excomandante del Comando Sur de Estados Unidos y el Zar Antidrogas de Clinton, fue una voz entusiasta a favor de la ayuda militar, a pesar de que, como director de la Oficina de la Política Nacional para el Control de las Drogas, no tenía ninguna autoridad sobre el presupuesto. El 16 de julio de 1999, concedió una rueda de prensa en la que recomendó la adjudicación a Suramérica de mil millones de dólares en "asistencia suplementaria de emergencia para asuntos de drogas", la cual incluía 570 millones de dólares para Colombia, la mayoría de la cual se designó para la ayuda militar. McCaffrey también dijo que era contraproducente diferenciar entre los esfuerzos antidrogas y los contrainsurgentes. Al final del mes, durante una visita a Colombia, McCaffrey volvió a plantear su apoyo al incremento de la ayuda militar a la región y propuso que Estados Unidos debía 'revaluar' su política hacia Colombia. Un cable de la Embajada estadounidense en Bogotá citaba a Beers diciéndoles al Ministro de Defensa y a los comandantes de la fuerza pública colombianos "que los asuntos colombianos en Washington se estaban calentando y que era el momento para empezar a planear soluciones estratégicas", tales como pedir helicópteros para el nuevo batallón antinarcóticos. Conforme con Beers, "cualquier nuevo paquete de ayuda estaría supeditado a la acción del gobierno colombiano contra los cultivos ilícitos en Putumayo y a la expansión de la interdicción aérea hacia el sur de Colombia".[12]

El Comando Sur completó en agosto su plan antinarcóticos, en el que se consignó la amenaza, su misión y objetivos, y además dispuso los recursos necesarios (GAO, 1999). Ese mismo mes, McCaffrey y el subsecretario de Estado, Thomas Pickering, viajaron a Colombia a reunirse con funcionarios colombianos. Informes de prensa sobre la visita narraban las advertencias que ellos le habían hecho a Pastrana de que Estados Unidos podría retirar su apoyo si él continuaba haciendo "concesiones" a la guerrilla, pero que esa ayuda podría "aumentarse considerablemente" si presentaba un "plan integral para fortalecer las fuerzas militares, detener la caída libre económica del país y combatir al narcotráfico".[13] Por esas fechas, el embajador colombiano en Washington, Luis Alberto Moreno, había iniciado conversaciones con miembros del Congreso, buscando promover una mayor participación de Estados Unidos en Colombia y también se había reunido con Pickering. Tal como me lo comentó Moreno, "en la primera semana de agosto 1999, [funcionarios de Estados Unidos] le dijeron a Pastrana: 'Tiene que concebir un plan, de manera que lo podamos poner en marcha'. Pastrana dijo que quería elaborar algo grande, algo que durara hasta el final de su gobierno. Respondiéndole, Pickering dijo: 'OK, hagamos algo grande. Usted necesita concretar el plan y nosotros necesitamos entregarlo al Congreso para mediados de septiembre".

Otra versión de esta historia de origen relata la producción de los números antes de la narrativa. Según un funcionario de alto nivel de la AID, en una reunión interagencial en la oficina de Pickering, el gobierno de Colombia mandó el fax de una sola página titulada 'Plan Colombia' que era "literalmente solo una página, solo números —solo una página con el presupuesto—. El monto total en esa página era de 8 mil millones de dólares". Este funcionario cuestionó fuertemente por qué Colombia iba a recibir este dinero adicional cuando era incapaz de cumplir con sus compromisos existentes. Se refirió a su reacción incrédula como producto de su ingenuidad ante el proceso, y me dijo: "Yo era el nuevo chico en el barrio". Los otros funcionarios

---

12 28 de julio, 1999, cable Bogotá, "Sub/Sec. Beers se reúne con Ministro de Defensa (MOD) y Jefe de las Fuerzas Militares" [Plan Colombia].

13 Farah, D. (23 de agosto de 1999). U.S. ready to boost Aid to troubled Colombia. *The Washington Post*, p. A-1. Recuperado de http://www.washingtonpost.com/wp-srv/inatl/daily/aug99/colombia23.htm

lo reprendieron por su ignorancia y le explicaron que Colombia en su publicitado presupuesto iba a contar con préstamos del Banco Mundial, gastos existentes y otras fuentes de financiación para cumplir con su compromiso con el Plan Colombia.

Los funcionarios estadounidenses también anunciaban con frecuencia en sus conferencias de prensa y reuniones con ONG que estaban planeando reunirse con los gobiernos y agencias europeas para buscar financiación adicional para el 'lado blando' de la ayuda, es decir, desarrollo, derechos humanos y otros programas no militares. Las reuniones con los donantes fueron programadas en Londres y Madrid, para tratar de convencer a los gobiernos europeos y a las fundaciones de financiar ciertos rubros de lo que se iba a convertir en el Plan Colombia.

5.5. Quinta historia de origen: los colombianos en el Plan Colombia II: Moreno en Washington

Críticos del Plan Colombia a menudo se enfocan en el hecho de que fue escrito en inglés, 'la lengua de los gringos', para hacer hincapié en que era impuesto por Estados Unidos con poca participación colombiana. Como analista de Colombia en la WOLA, yo misma repetí este punto de discusión en muchas entrevistas. En un encuentro que tuve en un ascensor con un funcionario del Departamento de Estado, el me amonestó por enfocarme en que el plan había sido escrito en inglés, mientras que guiñándome el ojo reconoció implícitamente que era correcto hacerlo. Algunos funcionarios estadounidenses admitieron abiertamente que Estados Unidos había concebido el plan. "Fue impactante que Estados Unidos hubiera redactado casi cada palabra del plan", me comentó un exfuncionario del Departamento de Estado. "Los colombianos le hicieron comentarios, pero me sorprendió el hecho de que fuera redactado casi en su totalidad por estadounidenses [...] Todos nos sentíamos un poco avergonzados por ello".

En mis entrevistas posteriores, funcionarios colombianos de alto nivel le dieron la vuelta a esta discusión al insistir que ciertamente el plan *sí había sido* escrito en inglés, pero por colombianos. De acuerdo con el embajador Moreno, el plan fue escrito en el transcurso de dos semanas en la Embajada de Colombia en Washington, porque "necesitaba dirigirse a sectores interesados en Estados Unidos" y afirmó que se lo entregó al Departamento de Estado antes de mostrárselo al Ministro de Relaciones Exteriores o siquiera al presidente Pastrana. De manera similar, el politólogo y funcionario colombiano Eduardo Pizarro sostiene que el entonces embajador de Estados Unidos en Colombia, Curtis Kamman, le dijo en una conferencia que el documento había sido redactado en inglés por colombianos debido a la presión de tiempo, y la prueba de esto eran las fallas gramaticales en el documento que revelaban que la lengua materna del autor no era inglés (Pizarro Leongómez, 2009, p. 273, nota 4). Jaime Ruiz, un amigo de bachillerato de Pastrana que se convirtió en uno de sus más cercanos asesores, reclama haber sido el autor del plan, redactándolo en una mezcla de español e inglés, y lo describió como algo 'recogido' de los acuerdos que estaban en curso entre las fuerzas militares estadounidenses y colombianas.

Por su parte, un exministro del gabinete de Pastrana describió el papel de los colombianos en la elaboración del Plan Colombia como el de 'titiriteros', insistiendo en que su papel fue el de convencer a los gringos de que les dieran lo que desde el principio habían deseado, es decir, más ayuda militar. La especialista en relaciones internacionales Arlene Tickner describe esta relación como "intervención por invitación" (Tickner, 2007). Pastrana inició en 1999 la expansión militar, lo cual se tradujo en el incremento de las operaciones de combate, la transferencia de unidades militares de guarniciones urbanas a campamentos rurales y el reemplazo de reclutas por soldados profesionales. Los nuevos programas militares mejoraron la movilidad y la capacidad para la recolección de información, los cuales lograron obtener rápidamente la ayuda de Estados Unidos. Los funcionarios colombianos hicieron cabildeo ante las delegaciones de diplomáticos estadounidenses en Colombia, así como durante las visitas oficiales de colombianos a Washington, con el fin de lograr dinero y equipo de Estados Unidos para estas iniciativas. En 1999, durante una visita que hicieron a Washington el ministro de Defensa colombiano, Luis Ramírez, y el comandante general de las fuerzas militares, Fernando Tapias, solicitaron 500 millones de dólares para ayuda antinarcóticos y contrainsurgente. Algunos funcionarios colombianos argumentan que el Plan Colombia era simplemente una forma astuta de estos políticos de conseguir que los gringos pagaran su expansión militar. Bajo esta perspectiva, la convergencia de los intereses gringos (antinarcóticos) y colombianos (la financiación de la contrainsurgencia) jugó a favor de los colombianos, gracias a la lógica de la militarización. Para sacar provecho de los gringos, era necesario dominar nuevas habilidades de cabildeo. En ese momento, los cuerpos diplomáticos colombianos pasaban por un penoso proceso de profesionalización, al transitar de trabajos otorgados como recompensa política (vacaciones prolongadas en el exterior ofrecidas a cambio de apoyo político) a una carrera administrativa que exigía trabajo intensivo y un entendimiento sofisticado de las relaciones internacionales. Parte de este proceso involucraba aprender el sistema de cabildeo, incluyendo la figura clave del *ask,* es decir, lo que se le pide al político.

Los funcionarios colombianos necesitaban saber "cómo funciona [Washington]: todos los nexos entre los medios de comunicación, las ONG, los contratistas, las agencias gubernamentales, todas las relaciones, los grupos de interés, y cómo todos estos se unen para formular la política", según afirmó el entonces embajador colombiano, Alberto Moreno, quien fue ampliamente señalado como una figura clave en este proceso de profesionalización. Moreno dio un ejemplo: en su primer día en Washington, el Congreso estadounidense condenó la decisión de Pastrana de sacar la fuerza pública del sur de Colombia en su búsqueda de facilitar las conversaciones de paz. Cuando la prensa colombiana llamó a la Embajada solicitando comentarios al respecto, nadie tenía idea de qué estaban hablando. Rápidamente Moreno se enfocó en conocer las palancas del poder en la capital norteamericana para 'averiguar cómo funcionan las cosas', particularmente, qué poder o influencia tenían los congresistas para definir la política pública. "Si yo iba [al Departamento de Estado] como Embajador, o si yo hacía que nuestro Ministro de Relaciones Exteriores fuera, no lograba nada, pero, si un congresista estadounidense llamaba, se lograba [lo que buscábamos]". Según un excompañero de trabajo de Moreno, "se dio cuenta muy pronto que, para lograr que las cosas se movieran, tenía que pedírselo a las personas indicadas y contar las historias adecuadas en el momento oportuno". Moreno desentrañó el sistema legislativo estadounidense y descubrió quiénes ocupaban los cargos clave en los comités. Al hacer cabildeo vinculó la financiación de programas para Colombia a los intereses locales de cada representante, generalmente a través del problema de la droga, escribiendo también columnas de opinión para periódicos publicados en importantes distritos legislativos.

Sin excepción, los funcionarios estadounidenses que entrevisté describieron a Moreno como un hombre extraordinariamente hábil en cuanto a cómo lograr sus objetivos en Washington. La agenda por discutir preparada para un funcionario de alto nivel de Estados Unidos antes de su reunión con Moreno incluía un recordatorio de felicitación a Moreno "por el papel clave que había jugado para lograr la aprobación del paquete de ayuda para Colombia" y continuaba con un chiste que reconocía su habilidad para el cabildeo: "He oído rumores de que la administración Clinton lo está considerando a usted para el puesto de Director de Asuntos Legislativos".[14] Moreno también estaba muy bien posicionado en la escena política colombiana, pues su estrecha relación con el Presidente le garantizaba la autonomía

[14] 17 de julio, 2000 para DRL Koh, a través de DRL Freeman, de DRL Peter Higgins. Asunto: reunión con embajador de Colombia, Luis Alberto Moreno, julio 18.

para diseñar la política. Después de servir como jefe de campaña de Pastrana, este le ofreció el Ministerio del Interior, posición clave en el sistema colombiano, la cual no aceptó, porque solo quería ser Embajador de Colombia en Estados Unidos. Moreno anticipaba correctamente un cambio dramático en las relaciones Estados Unidos-Colombia después de la intensa crítica de Estados Unidos hacia el presidente Samper. La Embajada colombiana también contaba con ayuda profesional para sus esfuerzos de cabildeo. Según el *Wall Street Journal,* la Embajada pagaba aproximadamente 100.000 dólares al mes a firmas de relaciones públicas para que hicieran cabildeo a favor de la ayuda adicional para Colombia (Davis, 2007, p. A6).

Aunque Moreno describió el Plan Colombia como "una coincidencia de intereses", los funcionarios colombianos estaban muy conscientes de que sus propuestas tenían que encajar dentro de las prioridades de política de Estados Unidos, a pesar de sus desacuerdos con algunos de los elementos centrales de las políticas antinarcóticos de Estados Unidos. Por ejemplo, Ruiz relató sus frustrados esfuerzos para modificar la métrica de evaluación impuesta por los funcionarios estadounidenses. La versión final fue devuelta por estos con una nota que decía que le había faltado incluir un número importante: el porcentaje de disminución de la producción de coca, que era el objetivo del plan, y le dijeron que, sin ese porcentaje, el paquete de ayuda nunca sería aprobado por el Congreso de Estados Unidos. Ruiz rebatió argumentando que era un economista que se regía por las reglas de la oferta y la demanda, y que rechazaba la premisa estadounidense de elaborar estrategias antidrogas enfocadas en el país productor, las cuales veía como condenadas al fracaso. "Pondré cero coca [como una meta]", afirma que les dijo a los funcionarios de Estados Unidos, "pero solo si ustedes ponen en el mismo plan que dentro de seis años habrá cero demanda". El compromiso final fue el de establecer como meta una reducción del 50 %, "un número elegido al azar", me comentó Ruiz, "porque me dijeron que, si no se ponía un número grande, aunque yo podía tener razón, el Congreso de Estados Unidos no iba a aprobar la financiación". Sin embargo, en el documento final, "aun en ese momento, el Congreso no aceptó las 80.000 hectáreas [de las 160.000 hectáreas cultivadas en ese momento], no aceptaron el 50 % y, finalmente, pusieron en paréntesis que debía ser cero".

Moreno y el cuerpo diplomático colombiano estaban bien posicionados para aprovechar la ayuda de Estados Unidos para su agenda política, porque la expansión de la fuerza pública encajaba con las prioridades de política que dominaban en ese momento en los debates de Washington y, a la vez, buscaron estrategias para promover la profesionalización con el fin de aprovechar las posibilidades de formulación de política pública en Estados Unidos. Sin embargo, estas iniciativas eran profundamente excluyentes al hacer caso omiso de los planes y reclamos de funcionarios locales en el sur de Colombia, quienes rechazaban la estrategia de Estados Unidos enfocada en programas antinarcóticos militarizados. Estas dinámicas reprodujeron patrones de exclusión y de invisibilización profundamente enraizados en la historia de las relaciones centro-periferia en Colombia. Las aspiraciones y alternativas de política pública de los putumayenses se exploran en el capítulo 7.

5.6. Sexta historia de origen. Disensión: desarrollo y construcción de nación versus antinarcóticos

Algunos funcionarios de bajo rango en Estados Unidos controvirtieron el que se dijera que el Plan Colombia era un plan consensuado; se trataba de quienes habían perdido las batallas burocráticas dominadas por la militarización. En vez de que este plan se hubiera basado en un acuerdo universal entre las diferentes instancias, para estos funcionarios, a medida que el paquete de ayuda se elaboraba, se iba transformando dramáticamente en cuanto a su enfoque y contenido, y esto había generado conflicto entre las dependencias. Un funcionario de alto nivel de la AID me dijo:

> Inicialmente, el Plan Colombia se trataba de cómo fortalecer las instituciones democráticas. Sin embargo, en el proceso de armarlo, su enfoque viró cada vez más hacia la amenaza de las FARC y el narcotráfico. La cuestión de la droga era una manera de lograr que el Congreso aprobara recursos para Colombia. El objetivo fue el de ampliar la presencia del Estado y así fortalecer la gobernanza, como parte de los requisitos para un acuerdo negociado con las guerrillas. Pero claro que la única manera de lograr dinero del Congreso [era] hablar sobre drogas.

En estos relatos, el consenso producido a través de la Fuerza de Tarea Interagencial enmascaraba las verdaderas controversias dentro de las agencias del gobierno de Estados Unidos, y ocultaba visiones alternativas sobre la política pública. Uno de estos conflictos se presentó alrededor de la decisión sobre cuál sería el enfoque más adecuado para los programas sobre el imperio de la ley, como, por ejemplo, priorizar el abordaje de los conflictos en los barrios o enfocarse en los narcotraficantes de alto perfil. Así mismo, algunos funcionarios del Departamento de Defensa se opusieron al uso de ONG como socios, práctica común entre la AID y otras agencias, tal como lo recordó un funcionario de la AID, a quien le habían dicho: "Las ONG trabajan con las FARC y nos critican a nosotros [los del Departamento de Defensa]". En esta sección, me enfoco en algunos de los más graves desacuerdos entre funcionarios de la INL y los de la AID, sobre cómo abordar y manejar los programas antinarcóticos dirigidos a los campesinos cocaleros en el sur de Colombia.

La controversia entre la AID y la INL reflejaba sus diferentes historias y posicionamientos institucionales dentro de la jerarquía burocrática del Departamento de Estado. La AID era generalmente vista como una agencia en declive, con cada vez menos influencia debido a su mandato de programas 'blandos', es decir, de desarrollo, en un contexto de amplia militarización institucional, que privilegiaba los acercamientos tecnológicos y punitivos. La AID fue fundada en 1961 para proveer dinero para desarrollo a largo plazo y el enfoque de esos programas fue cambiando, dependiendo de la moda en cada época, desde 'necesidades humanas básicas', 'el libre mercado', hasta 'sostenibilidad' o 'construcción de nación', como se deduce de los materiales promocionales emitidos por la AID. Después de alcanzar su máxima influencia a finales de los setenta, la agencia se contrajo de manera ininterrumpida, disminuyendo su presupuesto y planta de personal, y fue frecuentemente señalada por congresistas debido a sus gastos supuestamente desmedidos e ineficaces. En consecuencia, la agencia recibió una estricta vigilancia e intervención de parte del Congreso, hasta el punto de tener algunos de sus programas manejados indirectamente a través de partidas presupuestales determinadas dentro del proceso de apropiación de fondos en el Congreso. En otras palabras, auxiliares individuales en el Congreso podían cambiar la legislación, insertando o eliminando los presupuestos y los mandatos de los programas, independientemente de los propios procesos de planificación de la AID. Tal como lo explicó un empleado de larga data de la AID, a la agencia "se introdujeron dentro de las propuestas una gran cantidad de temas irrelevantes, lo que muestra la falta de respeto hacia la AID por parte de los del Cerro (Capital Hill, el barrio de Washington donde se encuentra el Capitolio). La gente piensa que la AID no es capaz de mantener la vista en lo importante", continuó, "pero es difícil (para la agencia) estar situada entre el proceso interagencial y el poder del Cerro. Por esta razón, la AID no es un actor valioso". La AID era el actor más débil del proceso por tratarse de la burocracia con el menor presupuesto, la de mayor intervención por parte del Congreso y la de menor independencia. El exempleado de la AID concluyó que "a la AID solo se le dice qué hacer, que no piense mucho, que su trabajo es el de ejecutar las ideas de otros".

En el caso de Colombia, los funcionarios de la AID se enfrentaron a los de la INL. En contraste con la AID, la INL se ha expandido de manera permanente desde su creación en

1978, durante el gobierno de Carter, como la Oficina de Asuntos Internacionales sobre Narcóticos, una dependencia de la Subsecretaría de Asuntos Políticos.[15] Por tratarse tanto de un taller donde se conceptualizan políticas públicas como de un organismo de asistencia, la INL desarrolla programas y provee apoyo técnico y capacitación a gobiernos en el exterior para hacer cumplir la ley y llevar a cabo operaciones de interdicción (Shinnick). La Directiva Presidencial 14 de noviembre de 1993 amplió su mandato al incorporar otras formas de delincuencia transnacional, tal como el lavado de dinero y el tráfico de personas y armas, así como para autorizar el suministro de ayuda militar, económica y de seguridad para las operaciones antinarcóticos, definidas para incluir programas de desarrollo rural. Estos cambios se reflejaron en 1995 cuando cambiaron el nombre a INL. Este organismo tiene entre sus responsabilidades la de preparar anualmente el *Informe sobre la estrategia internacional de control de narcóticos* y manejar el proceso de certificación anual en el que se evalúa la cooperación de otros países con las iniciativas antinarcóticos de Estados Unidos. Tiene a su cargo la única Unidad de Aviación del Departamento de Estado, compuesta por casi 200 helicópteros y aviones usados en la fumigación que se lleva a cabo en Colombia. DynCorp, compañía contratista militar localizada en la Florida, opera esta unidad desde la Base de la Fuerza Aérea Patrick y sus contratistas pilotean y utilizan las aeronaves donde se realizan las operaciones.

Los debates entre la INL y la AID durante el esbozo de los programas del Plan Colombia surgieron de sus muy divergentes visiones sobre cuál debía ser el enfoque de los programas antinarcóticos en Putumayo. ¿Debía Estados Unidos tener como blanco los cultivos? En este caso, se enfocaría en un objeto criminalizado al que se podía acceder con relativa facilidad, desplegando tecnología especializada que incluiría químicos y aviones equipados con sistemas GPS y boquillas de larga distancia. ¿O debían orientarse los programas de Estados Unidos hacia los campesinos cultivadores para que encuentren otra manera de ganarse el sustento? Si así fuera, tendrían que tener en cuenta múltiples factores difíciles de abordar, como son el medio ambiente (clima, suelos y fuentes de agua), las prácticas agrícolas existentes, la tenencia de la tierra, los mercados (considerando el acceso a ellos y cómo volverse competitivos en el contexto de los precios internacionales y los subsidios agrícolas), así como el largo ciclo temporal de siembra, cultivo y cosecha. Un factor adicional era el estatus legal de los productores de coca locales: ¿debían ser tratados como

---

15 Carter hizo campaña para la descriminalización de marihuana para uso personal, pero en la segunda mitad de su presidencia, después de ser atacado por los republicanos, apoyó una línea dura contra las drogas.

agricultores o como criminales? Los funcionarios de la AID argüían que era crucial diferenciar entre pequeños productores, que debían ser tratados como campesinos, y productores a gran escala en plantaciones, que debían ser tratados como narcotraficantes. No obstante, la Sección de Asuntos de Narcóticos (Narcotics Affairs Section, NAS) de la Embajada de Estados Unidos, la cual dependía de la INL y del Departamento de Estado, criticaba esta distinción. En un cable de la Embajada de 1998, la NAS arguyó que "aun un terreno de 1 a 2 hectáreas de coca 'administrado por un campesino' requiere alrededor de 10.000 dólares como capital semilla —una suma de dinero que se conseguía únicamente de los narcotraficantes locales—". El cable concluía que "ya fuera que la coca se sembrara estilo plantación o en múltiples parcelas menores para frustrar la erradicación [...] el resultado [era] idéntico".[16]

Los funcionarios de la AID arguyeron enérgicamente que la población local debía tenerse en cuenta y afirmaron que los pobladores de Putumayo "merecían programas de desarrollo alternativo" en vez de ser vistos como colonos que debían ser forzados a regresar a sus comunidades de origen. Vale la pena señalar que la continuada violencia política en estas comunidades nunca se discutió. Según un exfuncionario de alto nivel de la AID, "esto fue muy reñido. La INL fumigaba a la gente y les dije que ¿no quieren sino seguir fumigándola como si nada y después tenerme a mí sentado en la frontera con un costal, para coger las cucarachas cuando la cruzaban? 'Es una metáfora desagradable', dijo Brownfield, 'pero así es'".

Numerosos funcionarios de la AID me comentaron la presión que sentían por ser una agencia pequeña y poco financiada, uno de quienes sintetizó la situación diciendo: "La AID, más que cualquiera está atrapada en la política del dinero". Otro funcionario de la AID me dio un ejemplo de cómo los apretaban con la financiación contándome que, cuando se estaba preparando para poner en práctica los programas de Colombia, hubo tremenda presión "de lograr que las cosas empezaran; el Congreso decía: 'Aquí está el dinero hoy, queremos resultados mañana'". Cuando el presupuesto para la misión de la AID en Colombia fue el mismo en el proyecto de ley de la Cámara y del Senado, él le dijo al equipo en Colombia que empezara a definir los contratos para los programas. Sin embargo, el proyecto de ley se cambió durante el proceso de conciliación, que consiste en que miembros del Senado y de la Cámara de Representantes sostienen reuniones privadas en las que las diferentes versiones producidas por los dos cuerpos legislativos son redactadas como un solo documento final. Con

---

16 11 nov. 98 visita del encargado A/S Romero a Bogotá, Noviembre 8-10, 1998, confidencial.

frecuencia se aprovecha esta última oportunidad para llevar a cabo negociaciones de último minuto y para insertar nuevas disposiciones, por ejemplo, esta fue la manera en la cual la Enmienda Leahy fue insertada en la ley de asignaciones. Una controversia sobre los tipos de helicópteros que se iban a usar fue resuelta con el compromiso de solicitar financiación adicional, y el dinero fue sustraído del presupuesto de la AID, de manera que en el proyecto de ley final la financiación de los presupuestos para los programas del imperio de la ley y de resolución de conflictos a través de las 'casas de justicia' fueron reducidos de un total de 10 millones de dólares a 1 millón de dólares cada uno, debido a que el dinero se necesitaba para los helicópteros Black Hawk, que costaban más que los helicópteros previamente programados. "Esta fue una lección de cómo los debates sobre la ayuda resultaron tener consecuencias matemáticas".[17]

"La gran batalla fue al final, cuando el asunto de las drogas llegó a ser un elemento más central para lo que iba a ser presentado", me comentó un exfuncionario de alto nivel de la AID en su nueva oficina como jefe de investigación para Latinoamérica en un centro de pensamiento. "Fue una gran batalla, y nosotros perdimos". El plan original era dividir [el presupuesto] mitad-mitad entre ayuda militar y no militar, con algunos programas que contenían una mayor proporción de la ayuda no militar. "Después [la propuesta] fue al Congreso y entonces fue cambiada debido a las negociaciones con el Congreso republicano, que quería helicópteros para la aspersión —y los helicópteros son costosos—. La Oficina de Administración y Presupuesto (Office of Management and Budget, OMB) solo tiene una cantidad limitada de dinero, de manera que tienen que sacarlo de la otra parte".

5.7. Octava historia de origen: consenso militarizado

Los debates del Congreso sobre el paquete de ayuda propuesto reflejaban la militarización del proceso de formulación de la política pública. Luego de unas pocas horas de debate sobre el contenido, Nancy Pelosi, congresista demócrata de California, propuso que se trasladara alguna cantidad del dinero para la ayuda militar a los programas de tratamiento de los consumidores de drogas dentro de Estados Unidos. Sin embargo, la mayor parte del debate sobre el Plan Colombia se enfocó

---

17 Otra controversia sobre los programas del imperio de la ley se dio alrededor de su enfoque. La AID y la Oficina del Departamento de Justicia dedicada al Desarrollo, Asistencia y Capacitación de las Funciones Fiscales en el Exterior (OPDAT, por su sigla en inglés) se querían enfocar en la reforma a la justicia y el fortalecimiento del sector justicia en general. La INL quería usar el programa para formar fiscales para investigar a narcotraficantes y para la protección de jueces que trabajaban en causas judiciales pertenecientes al narcotráfico. El debate se centraba en la proporción y el enfoque.

en qué tipo de helicópteros suministrar y no en la eficacia de la ayuda militar o del contenido de la política. Los discursos apasionados se enfocaron en las diferencias en las capacidades de los helicópteros para transportar personal y circular a elevada altura, así como en sus precios. Se dedicaron horas a discutir la superioridad de los helicópteros Black Hawk comparados con los Huey II, debido a su capacidad para transportar 24 personas en vez de solo 11 y de volar a una altura de 6.100 en vez de solo 3.700 metros sobre el nivel del mar (algo importante para la aspersión de herbicidas en áreas montañosas y para mantener los helicópteros fuera del alcance de los disparos de la guerrilla). El punto de fricción fue el costo adicional: 13 millones de dólares por un Black Hawk y solo 1,8 millones de dólares para transformar un Huey desactualizado en un Huey II moderno, capaz de llenar los requisitos de esta nueva misión.

El énfasis en el vocabulario y conocimiento militar especializado y profundamente asociado con lo masculino caracterizaba la única forma de pericia considerada aceptable en los debates (Cohn, 1987). Beers participó en la amplia controversia con el Congreso sobre el suministro de helicópteros Black Hawk versus Huey, y me relató cómo una funcionaria de alto nivel del Departamento de Estado que fue parte de los debates en el Congreso le dijo: "Uno tiene que excitar a esos chicos con juguetes". Beers, exoficial de infantería, concluyó que su experticia militar fue efectiva en silenciar la oposición en el Congreso. Para muchos auxiliares en el Congreso que habían sido militares, policías o agentes del FBI —o para quienes se identificaban con tales profesiones—, el enfoque en la tecnología militar les permitió posicionarse aún más como expertos en el conocimiento especializado e hipermasculino del dominio militar. Por su parte, un exauxiliar en el Congreso, que después llegó a trabajar como *lobbista* para una firma de alto perfil republicana en Washington, ubicó su autoridad en los debates sobre la política pública en su conocimiento superior de armamento y entrenamiento militar adquirido durante sus seis meses como oficial en la Infantería de Marina. En una entrevista, se lanzó a presentar una amplia discusión sobre las formas y funciones de diferentes marcas y modelos de ametralladoras multicañón, su ubicación en un helicóptero y su impacto en blancos determinados, aseverando que este conocimiento lo diferenciaba de los civiles familiarizados con estas armas solo a través del cine y otras representaciones en la cultura popular. Según su disquisición, la experiencia militar y sus viajes a las lejanas bases militares colombianas, donde fue testigo ocular de los ejercicios de entrenamiento y de pruebas de armas, le proporcionaban una experticia superior. Me describió una confrontación con altos líderes republicanos, donde los pudo convencer de que apoyaran el tipo de helicóptero que él favorecía.

Por mucho tiempo, el Congreso había sido escéptico de los militares colombianos, pero los oficiales del Comando Sur hicieron cabildeo de manera activa en el cuerpo legislativo a favor de sus nuevos aliados, relacionando la ayuda militar con el consumo de drogas en los distritos de distintos congresistas. Un oficial me dijo: "Cuando los congresistas nos decían 'Colombia tiene un problema', nosotros tratábamos de mostrarles que era un problema suyo". Para sus actividades de cabildeo, recolectaron "estadísticas de las urgencias de los hospitales en sus distritos en relación con las sobredosis entre jóvenes, para tratar de que [los congresistas] vieran que los problemas de la droga eran su problema", y que el Comando Sur y los militares latinoamericanos eran la solución. "Es sabio mercadear para conocer al cliente, conocer sus intereses. Nosotros hicimos esto con otros congresistas; nos acercamos metódicamente a cada distrito. Siempre les hizo un impacto". En este relato, el Congreso de Estados Unidos se convierte en cliente, y el servicio militar de Estados Unidos en el proveedor que intenta venderle un producto. Para el Comando Sur, las operaciones antinarcóticos suministraban nuevas vías para expandir las relaciones militares en su teatro de operaciones, siendo los militares colombianos el perfecto nuevo aliado en esta lucha. Entre otros *lobbistas* que apoyaban los componentes militares del paquete de ayuda, se encontraba la U.S.-Colombia Business Partnership, un grupo de cabildeo para corporaciones transnacionales basadas en Estados Unidos con intereses en Colombia. La Asociación, fundada en 1996 e inicialmente convocada por la Embajada de Colombia durante la crisis de certificación del gobierno de Samper con el fin de incluir la perspectiva de la comunidad empresarial a los debates, apoyó de manera activa el paquete de ayuda para Colombia.

Estos debates también resultaron de la política material de la ayuda extranjera. Los contratistas militares jugaron un papel directo en la generación de apoyo para la ayuda militar a Colombia. Entre 1997 y 1999, por ejemplo, los fabricantes de helicópteros contribuyeron con 1,25 millones de dólares a campañas políticas (Isikoff y Vistica, 2000). La ubicación de distintas fábricas determinó cuáles miembros del Congreso defendieran tal o cual proyecto. Así, la Sikorsky Aircraft Corporation ganaría 360 millones de dólares por la venta de 30 helicópteros Black Hawk, mientras que la Bell Helicopter Textron Inc. ganaría 66 millones de dólares por 33 Huey. El paquete de ayuda definitivo redujo el número de helicópteros más costosos, proveyendo 16 Black Hawks (US$234 millones) y 30 Huey II (US$81 millones) a los militares colombianos y 2 Black Hawks y 12 Huey II para la Policía Nacional. En una audiencia que tuvo lugar en febrero de 2000, Barry McCaffrey, el entonces Zar Antidrogas, llamó al Black Hawk "el mejor helicóptero sobre la faz de la Tierra; la próxima vez que usted me vea, probablemente estaré dedicado a comercializarlos, eso espero". McCaffrey llegó a ser miembro de la Junta Directiva de DynCorp y a ganar cientos de miles de dólares al año como consultor y conferencista. En 2008, David Barstow en el *New York Times* lo llamó "un hombre que funciona en sí mismo como complejo industrial-militar y de medios de comunicación" (Barstow, 2008). Otros funcionarios del gobierno que apoyaron el paquete de ayuda también llegaron a trabajar para contratistas militares, tal como Brian Sheridan, subsecretario de Defensa para Operaciones Especiales y Conflicto de Baja Intensidad, quien, para el momento de la escritura de este libro, se encontraba trabajando con Bechtel, la mayor compañía en Estados Unidos dedicada a la construcción y la ingeniería, asociada con la realización de megaproyectos alrededor del mundo. Otros se volvieron *lobbistas:* Textron reclutó a Charles 'Tony' Gillespie, exembajador de Estados Unidos en Colombia y, por su parte, el exfuncionario Michael Skol fundó su propio grupo de consultoría y trabajó de portavoz de la Colombia Business Partnership.

Después de una demora de casi un año debido a disputas partidistas sobre el proyecto de asignaciones, el Plan Colombia fue sancionado como ley con la firma del presidente Clinton el 13 de julio de 2000. La ley contempló un gasto adicional para Colombia de 1,3 mil millones de dólares, casi un 80 % en la forma de ayuda militar.

Conclusión

Al aplicar una visión antropológica más amplia, la excavación de las historias de origen permite trazar las múltiples agendas institucionales en juego y ayudar a visibilizar relatos excluidos. Los participantes dominantes en la Fuerza Interagencial para el Plan Colombia pudieron producir una narrativa de política pública que resaltaba el consenso debido a los múltiples intereses institucionales que se unieron alrededor del incremento de la ayuda militar a Colombia. La historia dominante sobre el origen del Plan Colombia describió el paquete de ayuda como la consecuencia de un proceso indoloro y sin complicaciones que llevó a que se produjera una política pública inevitable. En numerosas entrevistas, funcionarios del Departamento de Estado recordaron la formación de esta política como un proceso consensuado que no suscitó ningún desacuerdo o debate de importancia. Tal como me comentó un exfuncionario:

> Un aspecto del Plan Colombia de parte del gobierno de Estados Unidos [es que] dentro del gobierno de Estados Unidos no hubo un *debate* interagencial sobre qué debíamos estar haciendo. Esto se debió primero a que teníamos todo el dinero que necesitábamos, de manera que no hubo argumentos relativos a que mi programa es mejor que el suyo. Pero, también, debido a la convicción general de que Colombia estaba en crisis y la convicción de que Estados Unidos debía hacer algo [...] Teníamos dinero y teníamos dirección desde el séptimo piso.[18] No hubo batallas importantes sobre qué debíamos hacer.

Sin embargo, las múltiples historias sobre el origen del Plan Colombia revelan que este consenso fue realmente el producto de una ambigüedad estratégica. Este paquete de ayuda, aunque predominantemente militar, fue diseñado en el contexto de múltiples agendas institucionales, y a través de reclamos de que abordaba estas múltiples esferas de interés.

Las historias de origen también funcionan como una forma particular de conocimiento de política. Dentro de Washington, tales narrativas se producen y circulan entre periodistas, activistas y otros actores de la política pública, todos con distintas agendas y perspectivas. Por lo tanto, los antropólogos deben leer estos recuentos como parte de una economía política de la producción de conocimiento en los espacios de formulación de la política pública. Es así como fluyeron recompensas materiales a los actores de la política que supieron posicionarse exitosamente dentro de las existentes jerarquías de poder. En el caso del Plan Colombia, debido a que la política pública que se produjo fue considerada un éxito según los parámetros de medida de los formuladores de política en Washington, múltiples actores reclamaron ser sus autores (como se explorará en mayor profundidad en la Conclusión de este libro). Así, por ejemplo, Rand Beers, que había sido subsecretario de Estado para Asuntos de Narcóticos y Aplicación de la Ley cuando se concibió el Plan Colombia, pero que en el momento de la entrevista que le hice trabajaba como un consultor de seguridad y asesor de la campaña de Barack Obama, me contó las mismas historias de origen que compartió con un reportero de la revista *Rolling Stone*. Aunque el artículo criticaba la guerra contra las drogas, lo retrataba a él como un poderoso actor de la política, capaz de maniobrar dentro de distintas estructuras de poder institucionales, casi

---

18 El Secretario de Estado y los otros funcionarios más importantes del Departamento de Estado se encuentran en el séptimo (y último) piso del edificio Harry S. Truman.

produciendo él solo el paquete de ayuda que el presidente Clinton reclamaba como un gran logro de su política exterior (Wallace-Wells, 2007).

La ambigüedad estratégica —descrita como consenso— logró múltiples fines políticos, al construir coaliciones, así como al silenciar los disensos. "Mirando ahora hacia atrás, el consenso fue forzado", concluyó con un suspiro, un funcionario de la AID al finalizar una larga entrevista en una cafetería de cadena en Washington. "Las preguntas difíciles no se hicieron, y después de un rato dejamos de pensar en ellas. Todo está compartimentado de manera que no hay preguntas por hacer". Sin embargo, la multiplicidad de agendas políticas abarcadas por la ambigüedad estratégica no era ni infinita ni completamente abierta a la interpretación y asignación. Lo que se hizo 'impensable', borrado o silenciado, era igualmente importante para la manera como se desarrolló la política. La ausencia de determinados actores sociales en los debates de la política y la falta de considerar algunos fenómenos como problemas sociales que merecían soluciones de política pública fueron el resultado de procesos materiales y culturales antes que el resultado natural e inevitable de las cualidades inherentes de los asuntos sociales. La narrativa del supuesto consenso eliminó las historias de política pública de las instituciones más débiles que defendían estrategias no militares de desarrollo y también excluyó a los funcionarios colombianos locales y a los campesinos de Putumayo. En el capítulo 7, abordo las demandas de estos sectores, examinando las formas en que intentaron presentar alternativas de política pública.

Sección IV

Incidencia en política pública e inevitabilidad

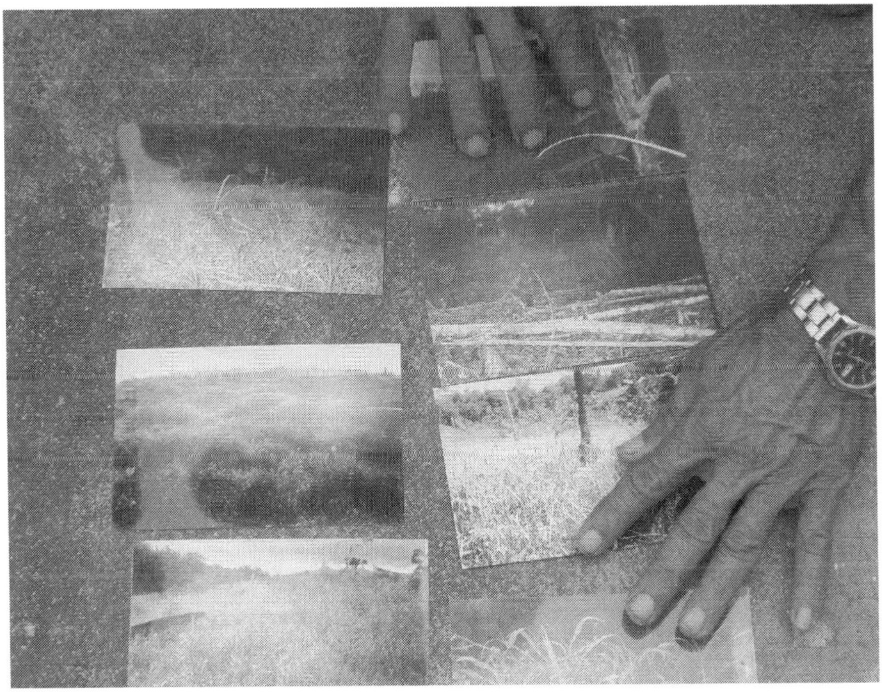

Figura 5. Un campesino mostrando fotos de sus cultivos y pastos fumigados en un foro en Putumayo, 1999

Fuente: fotografía de la autora.

Capítulo 6
Solidaridades en competencia

En los debates sobre el Plan Colombia, tanto quienes lo apoyaban como quienes lo criticaban se imaginaban a sí mismos actuando en solidaridad con distintas categorías de colombianos, desde soldados antinarcóticos hasta activistas de derechos humanos. La solidaridad, entendida como una comunidad de sentimiento y un sentido de relación generado a través de la resonancia emocional que resulta de posiciones e identidades compartidas, ha llegado a circular sin ninguna atadura con sus orígenes ideológicos y políticos, y ahora es desplegada por actores a lo largo de todo el espectro político.[1] En vez de un análisis desapasionado y distante, el sentimiento estructura las formas en que la acción global es imaginada, dependiente de la solidaridad como una postura política y emocional que emana de actores institucionales a lo largo de todo el espectro político. Ann Stoler ha identificado las maneras en que el sentimiento estructura e informa los sistemas de gobernanza, al analizar cómo los proyectos coloniales se extienden a los ámbitos domésticos del deseo, la afinidad y la respetabilidad (Stoler, 2002 y 2010). En su esencia, las narrativas de política exterior tratan de las ataduras afectivas imaginadas que creamos en la medida en que ordenamos el mundo y establecemos con quiénes nos conectamos y luchamos por proteger. La obligación de conectarse y proteger está implícitamente contenida dentro de los discursos y prácticas de solidaridad, a la vez como una carga y como un noble derecho natural que reproduce jerarquías globales, raciales y de clase, a través del cálculo sobre a quién se le debe ayudar, quién lleva a cabo la ayuda y cómo está constituida esa ayuda.

1 El humanitarismo y los derechos humanos son otros proyectos con una dinámica similar (Ticktin, 2011; Fassin, 2011).

Las visiones utópicas y los entrelazamientos emocionales de los formuladores de política pública juegan un papel central en sus esfuerzos para orquestar e imponer transformaciones sociales en el extranjero. La solidaridad nunca es transparente o autoevidente, sino que conlleva ambivalencias, cuestiones de escala y geografías de culpa en los movimientos sociales transnacionales, así como límites profundos en los nuevos regímenes globales de trabajo y consumo (Bahre, 2007; Chomsky y Striffler, 2008; Gill, 2009; Gill y Kasmir, 2009). Así como el politólogo Clifford Bob extiende su reflexión sobre las redes transnacionales de activistas a los proyectos políticos de la derecha y Danilyn Rutherford describe la simpatía colonial, en este capítulo yo extiendo el análisis de la solidaridad al papel imaginado de los formuladores de la política pública transnacional (Bob, 2012; Rutherford, 2009). En vez de entender la solidaridad como una forma particular de expresión política de oposición, se trata de una lógica estructurante fundamental de la cultura política de Estados Unidos y una importante forma de actividad por medio de la cual los norteamericanos se consideran actuando en consonancia con proyectos políticos transnacionales en otros países. En otras palabras, la solidaridad puede ser una lógica para justificar la intervención, tal como se explora en este capítulo para el caso de las relaciones neocoloniales entre Estados Unidos y Latinoamérica.

La solidaridad no surge de la preocupación sobre cuál constituye el lugar más violento o cuál es la gente más asediada, sino de la resonancia emocional que un asunto o una población particular evoca para un conjunto de posibles defensores. En los casos del activismo dirigido a los países extranjeros con problemas lejanos, la solidaridad requiere generar una resonancia afectiva entre los activistas occidentales que se espera que actúen. Las víctimas y su situación deben tener resonancia para ellos y, por consiguiente, generar sentimientos de identificación y conexión que motiven a las identidades y prácticas de los activistas. La resonancia y la afinidad se producen a través de subjetividades y prácticas específicas profundamente incrustadas dentro de la cultura política de Estados Unidos, es una conexión imaginada entre víctima y activista que requiere de una relación recíproca entre víctima merecedora y salvador heroico. Para que el activismo sea movilizado, se requiere que estén en juego los dos factores de este binomio: una víctima (inocente) merecedora, en conexión con un salvador capaz de realizar una acción heroica. Tal resonancia puede surgir de un enfoque en identidades similares, tales como la de la responsabilidad maternal (como madres), la de un papel profesional (como periodistas, médicos o profesores) o a través de la identificación política (reformista, radical, revolucionaria o sindical).

Sin embargo, estas identidades y relaciones emocionales no se conjuran simplemente a partir de ideologías existentes, deben ser moldeadas materialmente mediante canales institucionales y organizacionales. Con el fin de examinar la producción de la solidaridad en los debates sobre el Plan Colombia, me enfoco en el viaje como una técnica de manejo emocional que produjo nuevas formas de subjetividades políticas acompañadas por expectativas de acción política (Masco, 2008). En este contexto, los viajes constituyen 'lugares ocultos' para la formulación de la política pública de los que habla Susan Greenhalgh, los cuales se presentan en gran parte fuera de la luz pública, pero influyen profundamente los debates y las prácticas de la formulación de la política pública (Greenhalgh, 2008). Los académicos están empezando a centrar su atención en la manera como los encuentros turísticos generan historias particulares (Babb, 2010), así como en su papel en la diplomacia (Merrill, 2009), y en la forma en que hacer turismo en lugares de conflicto, tragedia y contaminación produce prácticas e identidades políticas (Pezzullo, 2009; Sharpley, 2009; Stein, 2008). Los antropólogos han estado particularmente sintonizados con las *performances* de sufrimiento generadas por dichos viajes (Allen, 2009), mientras que los estudiosos del movimiento de paz centroamericano han examinado las maneras en que viajar jugó un papel central para desarrollar redes de solidaridad y nuevas identidades activistas (Perla, 2008; Smith, 1996).

Inspirados en parte por estas historias, los activistas que se oponían al Plan Colombia intentaron utilizar los viajes para movilizar la oposición, incluso cuando los arquitectos de la política también usaban los viajes para gestar una experticia fundamentada en la experiencia que les otorgaba autoridad a quienes apoyaban la política pública, así como para crear relaciones afectivas y solidarias entre los funcionarios de Estados Unidos y de Colombia en delegaciones oficiales autorizadas por el Congreso.[2] Tal como las delegaciones conducidas por ONG, las delegaciones de congresistas son parte de una amplia categoría de viajes políticos que buscan educar y transformar las subjetividades políticas y motivar formas particulares de acción política. Ambas son ejemplos de un creciente número de formas de turismo político que ha surgido como un vehículo fundamental para el encuentro político transnacional.

Para tratar el tema de la solidaridad de las ONG, establezco comparaciones entre el activismo y la defensa de derechos humanos, enfocados en la Colombia

2 Estos viajes oficiales son conocidos informalmente en Washington como *codels*, una forma abreviada de *congressional delegations*, su nombre oficial.

de finales de los noventa y principios de los 2000, y los movimientos que emergieron en oposición a la política de Estados Unidos en América Central a finales de los ochenta y principios de los noventa. La comparación con el movimiento centroamericano es muy fructífera, en parte debido a las múltiples conexiones entre estos dos momentos históricos, además de que la mayoría de las instituciones que terminaron involucradas en la defensa de los derechos humanos de Colombia tuvo su origen en el movimiento centroamericano en Estados Unidos. Es así como las identidades activistas, que se encontraban adormecidas desde la disolución del movimiento de solidaridad con Centroamérica a principios de los noventa, se vieron galvanizadas y reenergizadas debido al surgimiento del Plan Colombia. En este capítulo, exploro cómo hicieron los activistas esta transición, examinando los intentos para revivir prácticas institucionales y de activismo, entre las cuales se encontraba el uso de testimonios en los recorridos que se hacían para dar conferencias con el fin de educar al público en general, la participación en viajes con delegaciones para crear conciencia, el desarrollo de alianzas con congresistas e intentos de formar coaliciones y alianzas con otros movimientos. Esta comparación también resalta las muchas maneras en que las profundas diferencias entre los dos momentos históricos contribuyeron a que, para el caso de Colombia, se presentara una exigua movilización y se generaran menos activistas comprometidos.

6.1. "Si a usted le gustó El Salvador, le encantará Colombia": memorias emblemáticas y el resurgimiento del activismo

Para muchos de los activistas y defensores de derechos humanos de ONG que durante este período se enfocaron en Colombia, su trabajo se desencadenó no por sus conexiones con el país, sino porque la política de Estados Unidos dirigida a Colombia resonaba de muchas maneras con sus experiencias con Centroamérica durante los ochenta. La entrega de otro paquete de ayuda militar a fuerzas latinoamericanas abusivas en el contexto de una guerra contrainsurgente hizo que las memorias emblemáticas de sus identidades, compromisos y responsabilidades políticas forjadas durante su activismo alrededor del conflicto centroamericano reavivaran dicho activismo (Stern, 2006). Esta dinámica estaba encapsulada en el irónico texto de una calcomanía que vi por primera vez en la oficina de un empleado de Amnistía Internacional que decía: "Si a usted le gustó El Salvador, le encantará Colombia". El complejo campo de las emociones despertadas por los debates sobre Colombia incluía la indignación de que Estados Unidos continuara jugando un papel destructivo en Latinoamérica, así como un continuo sentido de responsabilidad por las víctimas de estas políticas. La mayoría sentía que tenía la oportunidad de jugar un papel único e importante en los debates sobre política pública, debido a su experiencia de trabajo anterior en asuntos relativos a Centroamérica. Sus habilidades lingüísticas, sus continuos lazos con activistas latinoamericanos, sus relaciones con formuladores de política aliados que mostraban empatía por sus causas, su conocimiento de marcos analíticos críticos, así como su experiencia con repertorios específicos de prácticas y redes de activismo, contribuyeron a la sensación de que su historia como activistas y su conocimiento de la política de Estados Unidos hacia Latinoamérica los hacía aptos para llevar a cabo activismo sobre la participación de Estados Unidos en el conflicto colombiano.

Un activista de política pública que empezó a realizar trabajo de solidaridad con Centroamérica cuando era estudiante universitario de pregrado recordó que entró en acción cuando oyó por la radio que se había planeado una audiencia del Congreso sobre Colombia. La intensidad del momento se reflejó en la especificidad y los detalles que recordaba casi diez años después, incluyendo el día del programa radial y los detallas de la audiencia: "Eso fue el día 5 de agosto de 1999; al día siguiente [el general y Zar Antidrogas] McCaffrey propondría [ante un comité del Congreso] un programa antidrogas para Colombia que valdría mil millones de dólares. Me acuerdo que pensé: '¡Juepucha! ¡Esta maldita mierda es otra vez Centroamérica! ¿Estados Unidos se está involucrando en otra contrainsurgencia? No, no, no, no, no, tengo que cortar esto de raíz". Con base en su experiencia y conexiones como activista, pudo elaborar de inmediato unas preguntas para que las hicieran los congresistas del *Caucus* Progresista durante la audiencia, y desde ese momento, hacer cabildeo y activismo por Colombia se convirtió en una gran parte de su trabajo.

Otros activistas estaban "buscando nuevos proyectos", ya que las guerras en Centroamérica "estaban apaciguándose", recordó un empleado de la ONG Fellowship of Reconciliation, una organización pacifista interconfesional cuya prioridad era enfocarse en la peor de las violencias; al tratar de decidir dónde dirigir sus energías, el director del grupo preguntó sin rodeos: "¿Dónde tienen lugar la mayor cantidad de asesinatos en Latinoamérica?" La respuesta fue: Colombia.

El relato de Lisa Haugaard sobre el surgimiento de su interés en Colombia es de muchas maneras típico. Su vida como activista empezó con las protestas en contra del papel de Estados Unidos en Centroamérica y la guerra de los contrarrevolucionarios (patrocinados por la CIA y conocidos universalmente como 'los Contras') en Nicaragua. Los elementos en su casa y oficina personificaban su ininterrumpida conexión con las causas políticas centroamericanas. En la pared de la entrada a su casa, colgado junto a las fotos de su matrimonio y al anuncio del nacimiento de su hija, se encuentra enmarcado un anuncio mimeografiado de una marcha llevada a cabo para protestar contra la votación a favor de la ayuda a los Contras y fue en esa protesta donde conoció a su esposo. Su primera motivación emocional fue la indignación que sintió al enterarse del creciente papel de Estados Unidos en el apoyo a las fuerzas militares centroamericanas. En Nueva York, participó activamente en varios grupos de base y eventualmente se trasladó a Nicaragua, donde vivió durante tres años realizando investigaciones sobre organizaciones campesinas y trabajando en una universidad jesuita. En el momento de la escritura de este libro, ella es una defensora de derechos humanos profesional, quien, como directora del Grupo de Trabajo sobre Latinoamérica (Latin American Working Group, LAWG), tiene a Colombia como su principal foco de trabajo.

Al recordar sus años de protesta y trabajo en Centroamérica, se enfocó en dos aspectos: la credibilidad de su análisis y el poder emocional que tiene haber sido testigo de abusos sabiendo que eran el resultado de la política pública de Estados Unidos. Se esmeró en explicar que su posición no se basaba en la emoción o parcialidad ciega, pues, aun cuando la emoción la motivó a actuar, enfatizó que ella "[no era] una persona soñadora". "Yo entré al debate para entender qué pasaba y confirmé que Estados Unidos ayudaba de buena gana a la gente a cometer las más terribles violaciones de derechos humanos; los Contras tenían como blanco, principalmente, a los civiles", y argumentó que esta estrategia se había repetido en Colombia. Al recordar incidentes de familias muertas en buses que los Contras volaban con minas terrestres, estableció paralelos con la violencia llevada a cabo por los grupos paramilitares colombianos:

> Esa era la estrategia de Estados Unidos, no se trataba de un accidente. Esa era la estrategia, *la* estrategia. Yo visité cooperativas agrícolas [en Nicaragua] que habían sido atacadas 4 o 5 veces. Los Contras las atacaban, las incendiaban en su totalidad y mataban a los niños. Estuve en Estelí en un funeral de dos hombres que habían cruzado los perímetros de la cooperativa al correr persiguiendo un cerdo y los Contras los capturaron, los rebanaron de extremo a extremo y los llenaron de piedras, los cortaron, pues, tú sabes, hicieron todo lo que los paramilitares [colombianos] hacían. Y fueron entrenados y equipados por Estados Unidos.

Soportar el peso emocional de conocer de forma visceral el costo de las políticas de Estados Unidos fue profundamente inspirador para ella durante las reuniones sostenidas con los formuladores de política pública que trataban el tema de Colombia: "Cuando pienso sobre esos días, sigo viendo a Koh [el secretario de Estado Adjunto, Harold Koh] en frente mío, y rogándole a Koh que no lo hiciera, y teníamos la razón". Haugaard señala a un gráfico sobre la violencia paramilitar y sigue diciendo: "Esto sucedió cuando nos estábamos reuniendo con Koh, mira cómo ha aumentado el número de personas, cómo ha muerto tanta gente. Era otra vez Centroamérica, pero con un gobierno democrático [en Estados Unidos]. Yo estaba muy motivada por eso, porque la historia se repetía. Era algo muy perturbador".

Aun algunos activistas nacidos demasiado tarde para haber tenido una participación o conocimiento directo sobre el movimiento centroamericano, fueron inspirados por este movimiento. Muchos hablaron de su ira —en palabras de un joven voluntario, "estaba enfurecido"— al darse cuenta de la política de Estados Unidos en Latinoamérica. Muchos habían participado en programas de estudio en el exterior, aprendiendo de estudiantes y activistas latinoamericanos sobre historias alternas acerca de la política estadounidense. Estas historias naturalizaban las conexiones del activismo colombiano con el movimiento anterior. "Era natural, dada mi orientación política a partir del movimiento de solidaridad, la noción de que 'nosotros tenemos responsabilidad por todas las cagadas que comete nuestro gobierno", me dijo un joven activista. "Era natural, porque seguíamos al movimiento de solidaridad con Centroamérica". Colombia era descrita por muchos como la nueva "zona caliente" para los activistas jóvenes comprometidos que buscaban una oportunidad para jugar un papel político similar a aquellos que se jugaron en los movimientos de los ochenta. Uno de ellos relató su elección de viajar a Colombia vinculado a uno del creciente número de proyectos de acompañamiento internacional que usan la presencia física de voluntarios internacionales junto a defensores de derechos humanos amenazados como un medio para disuadir la violencia. La organización que armó tal proyecto había jugado un papel importante en Guatemala "en aquellos tiempos", me comentó, pero ahora la situación allá había mejorado a partir del acuerdo negociado que puso fin a la guerra civil. "Si quieres hacer una diferencia de vida o muerte, ve a Colombia", recordó que le habían dicho. "Y en ese momento yo supe que iba a Colombia", concluyó.

El trabajo de estos activistas en cuanto a política pública también se basó en los repertorios del activismo político desarrollado durante el movimiento de Centroamérica, los cuales se reorientaron buscando incidir en ciertas disposiciones legislativas, principalmente a través de enmiendas para reducir o cambiar el financiamiento militar para Colombia.[3] Durante la votación del Congreso para la ayuda a Colombia, los activistas del Grupo de Trabajo sobre Latinoamérica solían identificar congresistas 'oscilantes' (aquellos que parece que podrían cambiar su voto, y, por lo tanto, tienen la capacidad de determinar el resultado de una votación que aceptara o rechazara una propuesta de ley) y trataban de movilizar gente en su respectivo distrito electoral para ejercer influencia sobre su posición. Haugaard, la directora del LAWG era la copresidenta del Comité Directivo sobre Colombia (Colombia Steering Committee), constituido en 1998 como una coalición informal de más de 50 organizaciones. El Comité Directivo les enviaba análisis de la política y guías a sus organizaciones miembro, las cuales comprendían Amnistía Internacional, organizaciones dedicadas a temas de derechos humanos, humanitarios o religiosos, sindicatos y otras organizaciones de base. Esta información se enfocaba a menudo en el cabildeo en el Congreso en apoyo a determinadas posiciones, tales como enmiendas anuales para reducir la ayuda militar.

Jim McGovern, demócrata de Massachusetts, junto con otros congresistas críticos del Plan Colombia, siguieron la estrategia de presentar enmiendas a los

---

3 Una de las mayores estrategias legislativas que las ONG estadounidenses empleaban fue la de establecer en el paquete de ayuda condicionamientos que requerían que el Departamento de Estado certificara el progreso de Colombia en ciertas medidas específicas de derechos humanos, así como ordenar reuniones periódicas con ONG de derechos humanos para discutir estos asuntos. Si los condicionamientos no se cumplían, se le requería a Estados Unidos suspender una porción de algunos programas de ayuda financiera. Estos condicionamientos fueron moldeados sobre la base de requerimientos de derechos humanos que habían figurado en la legislación que autorizó los paquetes de ayuda para Serbia y Perú. Human Rights Watch fue la principal organización involucrada en la creación y monitoreo de estos condicionamientos; su estrategia se enfocaba en construir relaciones con aliados en el Congreso y sus auxiliares, sin contar con participación de base significativa. Los primeros condicionamientos que se introdujeron por escrito en el paquete de ayuda inicial del Plan Colombia se enfocaron fundamentalmente en asuntos de derechos humanos. Los requisitos incluyeron un decreto presidencial que ordenara que militares acusados de violaciones a los derechos humanos fueran judicializados en cortes civiles; que los militares creíblemente acusados de abusos fueran suspendidos del servicio; que las fuerzas armadas cooperaran con las investigaciones de los casos de derechos humanos; así como que hubiese una vigorosa persecución de los paramilitares en cortes civiles. Los últimos dos condicionamientos requerían del gobierno colombiano implementar una estrategia para eliminar hacia 2005 la producción de amapola y coca, y para crear y desplegar un cuerpo militar-judicial dedicado a investigar cualquier conducta indebida dentro de las fuerzas militares. Los condicionamientos que fueron incluidos en el presupuesto anual como resultado del trabajo del equipo de Leahy fueron ajustados en los siguientes años para reflejar los cambios en la situación de derechos humanos en Colombia.

paquetes de ayuda una vez al año, lo cual proveía tanto un foro institucional para un debate sobre el Plan como una manera de evaluar el apoyo a posibles políticas alternas. Estas enmiendas se dirigían en gran medida a transferir la ayuda militar a programas humanitarios o, en algunos casos, a cortar la ayuda. "Cuando proponíamos las enmiendas, la gente solía poner los ojos en blanco, porque veían nuestros esfuerzos por cortar la ayuda militar como una pérdida de tiempo", me comentó McGovern, relatándome su frustración con los debates en el Congreso. "Pero esta era la única manera de llevar a cabo un debate sobre miles de millones de dólares. De otra manera, no había debate, ni rendición de cuentas". Los miembros del Comité Directivo sobre Colombia distribuían a todos los congresistas alertas legislativas, o sea, documentos de una página que exponían una posición política o enumeraban temas claves de debate. También organizaban eventos de educación pública en Washington e intentaban movilizar a los residentes de distritos de congresistas que podrían estar dispuestos a cambiar sus votos, para que les hicieran cabildeo a fin de que apoyaran estas enmiendas.

Los activistas colombianos jugaron un papel central en estos esfuerzos a través de un proceso de ciudadanía *proxy*, según la cual ciertos derechos ciudadanos —en este caso, la capacidad de hacer reclamos para la reparación por parte del Estado— son asignados a dichos activistas por medio de sus relaciones con ONG. Según la directora ejecutiva del LAWG, la organización esperaba crear mecanismos para que los grupos de derechos humanos colombianos participaran directamente en la formulación de la política pública, en vez de usar a los activistas colombianos simplemente para educar al público de Estados Unidos. De hecho, activistas en Washington ayudaron a crear una nueva ONG específicamente con este propósito. Es así como el Comité de Derechos Humanos de Colombia (Colombia Human Rights Committee, CHRC) recibió financiación de la Fundación Ford en 1998 para crear una pequeña ONG (con dos puestos de trabajo remunerado), la Oficina en Estados Unidos sobre Colombia (U.S. Office on Colombia, USOC), para trabajar con sectores de la sociedad civil definidos ampliamente. La USOC era solo una de las muchas organizaciones con sede en Estados Unidos que incorporaba, como estrategias centrales en su trabajo para promover cambios en la política pública en Washington, giras y presentaciones educativas y cabildeo por parte de activistas colombianos. La USOC era originalmente una organización homóloga a la Coordinación Colombia-Europa-Estados Unidos, una coalición de organizaciones progresistas de derechos humanos en Colombia. Sin embargo, con el tiempo la USOC asumió un perfil cada vez más autónomo debido a la base de financiación independiente y a unas crecientes diferencias con los grupos colombianos sobre cómo diseñar las estrategias de cabildeo en Estados Unidos. Los activistas estadounidenses llegaron a expresar su solidaridad facilitando la participación colombiana en la formulación de la política estadounidense, un proceso que se explora más detalladamente en el próximo capítulo.

6.2. Viajar para movilizar el activismo: Acción Permanente por la Paz (Witness for Peace)

Viajar se constituyó en un lugar central para consolidar los compromisos del activismo, de manera que, en la medida en que las ONG con sede en Washington empezaron a considerar involucrarse con Colombia, el primer paso fue el de visitar el país. En 1997, la WOLA me contrató para que guiara la primera delegación de ONG a Colombia. Entre los participantes estaban el director ejecutivo de la WOLA, el director adjunto del LAWG y el investigador principal sobre Latinoamérica del Centro para la Política Internacional (Center for International Policy, CIP), así como activistas de diversas comunidades de base y de tradición religiosa. El viaje no solo buscaba educar, sino también inspirar compromisos emocionales.

Algunos grupos volvieron su proyecto central el de organizar viajes, entre los que sobresale Acción Permanente por la Paz (APP) (Witness for Peace, WFP), que fue fundado en 1983 para llevar a los norteamericanos a presenciar y experimentar directamente el impacto de la política de Estados Unidos, primero en Nicaragua en la Guerra de los Contras financiada por ese país, y después por todo Centroamérica. Esta metodología privilegiaba tanto la experiencia directa de ser testigos de la opresión como un momento transformativo, y la presencia de ciudadanos estadounidenses como un elemento disuasivo de la violencia en el contexto de un conflicto patrocinado por su país. Las publicaciones de Acción Permanente por la Paz se enfocan en la profunda transformación emocional, personal y política generada por la experiencia de acompañar directamente a comunidades amenazadas por la política internacional de Estados Unidos (Griffin-Nolan, 1991). Así describió su trabajo un miembro de la Junta Directiva de APP:

> No hay nada como la conexión personal para hacer que la gente le apueste a algo. La metodología de Acción Permanente por la Paz es muy profunda. *Nuestro propósito es la transformación. Yo vuelvo cambiado, todavía vuelvo cambiado.* A través de los viajes yo aprendo mucho sobre mí, sobre mis compañeros de viaje,

> sobre mi propio país. No hay nada como viajar para hacerle pensar a uno diferente sobre su propio país (énfasis agregado).

Durante los ochenta, APP mantuvo una presencia permanente de personal en terreno, llevando a cabo investigaciones sobre derechos humanos y suministrando apoyo logístico para delegaciones periódicas cuyos viajes generalmente duraban unos quince días. En esa década, más de 100.000 personas viajaron a Centroamérica en estas delegaciones de Acción Permanente por la Paz, y cientos de personas permanecieron en la región por períodos prolongados para participar en equipos de acompañamiento permanente.

Acción Permanente por la Paz, tal como muchos de los grupos formados durante los ochenta que se enfocaron en Centroamérica, después de la negociación del acuerdo de la Guerra de los Contras y de la derrota del gobierno sandinista en las elecciones de 1990, llevó a cabo un debate interno sobre si debía continuar con este trabajo y, en el caso de una decisión positiva, cómo hacerlo. Consideraron ampliar su trabajo a otras regiones y envió delegaciones exploratorias a Sudáfrica, Oriente Medio (Israel y Cisjordania), Colombia y Panamá. Según un exmiembro del equipo de la organización, la decisión de seguir enfocados en Latinoamérica reflejaba el reconocimiento de las fortalezas y debilidades que tenía el grupo, tales como sus capacidades lingüísticas, la necesidad de contar con una sensibilidad cultural adecuada para poder obtener información confiable de las organizaciones socias y los retos de reclutar gente para participar en viajes a lugares más lejanos. Aunque el grupo mantuvo su enfoque regional, decidió ampliar su misión de abordar la violencia política que caracterizaba a Centroamérica durante los ochenta a tratar la pobreza y la inequidad exacerbada debido a la globalización. En consecuencia, mantuvieron su oficina principal en Nicaragua, crearon programas en México y organizaron delegaciones para educar a los norteamericanos sobre el papel de Estados Unidos en la economía global. Durante este período, Acción Permanente por la Paz sufrió un fuerte descenso en la membresía y en sus ingresos, debido en parte a lo que algunos vieron como un rechazo de su papel fundamental como una organización de paz que enfocaba su trabajo en el rol de Estados Unidos en la violencia política. De 1990 a 1996, el presupuesto de la organización se contrajo en un 40 %, pasando de 1,2 millones a 480.000 dólares.

Para muchos dentro del grupo, el nuevo enfoque en Colombia significaba un regreso a sus raíces como activistas, así como al énfasis en la violencia política relacionada con la política pública de Estados Unidos en la región. Entre otros factores que contribuyeron al crecimiento de APP a finales de los noventa, se encuentra la oportunidad de organizar viajes a Cuba, después de que el gobierno de Clinton redujo las restricciones a los viajes a la isla de ciudadanos y residentes de Estados Unidos. También se presentó un creciente interés, particularmente entre una nueva generación de activistas, en asuntos de globalización y justicia económica, ante lo cual APP estaba bien posicionada para capturar el compromiso del activismo, debido a su atención relativamente temprana a estos asuntos.

En 1999, la Junta de APP acordó enviar una misión exploratoria para evaluar las posibilidades de que la organización trabajara en Colombia, después de haber rechazado peticiones anteriores por parte de organizaciones colombianas con una orientación religiosa, para que se hiciera presente, arguyendo que, aun cuando Colombia claramente experimentaba una crisis de derechos humanos, tal crisis no tenía una clara conexión con la política pública de Estados Unidos. Con la puesta en práctica del Plan Colombia, la nueva iniciativa financiada masivamente por Estados Unidos, la conexión de este país con la crisis y su rol en Colombia se clarificaron, y APP realizó un estudio de factibilidad que duró seis meses. Algunos miembros de la organización recuerdan que los activistas colombianos les hicieron súplicas emocionales para que se involucraran en el país, refiriéndose a las profundas raíces de Acción Permanente por la Paz inspiradas en la fe religiosa como una respuesta al sufrimiento y a la persecución que les afligían. Así, la Junta estuvo profundamente conmovida con el 'testimonio emocional' proporcionado por el economista y activista de los derechos indígenas Héctor Mondragón. Según uno de los primeros miembros de APP que participó en este debate, Mondragón era un menonita profundamente religioso y un profesor de su escuela religiosa dominical, quien les describió las muchas amenazas de muerte que recibía al relatarles que "no podía dormir dos noches seguidas en la misma cama, sino que tenía que moverse permanentemente por distintas partes y no podía enseñar en la escuela religiosa los domingos. Eso tuvo un gran impacto sobre el equipo".

Gail Phares, la fundadora de Acción Permanente por la Paz, fue una de las personas que argüía más apasionadamente que la organización debía trabajar en Colombia. Phares había trabajado en los sesenta en Guatemala y Nicaragua en su condición de monja Maryknoll, y además una de las cuatro religiosas estadounidenses asesinadas en 1980 por soldados salvadoreños había sido su cercana amiga y colega. Ella había seguido en su rol de dedicada activista del Grupo Interreligioso sobre Centroamérica en Carolina (Carolina Interfaith Task Force on Central America), así como de la organización Observatorio por el Cierre de la Escuela de las Américas (School of the Americas Watch), que protesta en contra del entrenamiento de militares latinoamericanos en Estados Unidos, y pasó 90 días en una prisión federal por cometer actos de desobediencia civil durante estas protestas. Phares hizo parte de la primera delegación pública de APP a Colombia en marzo de 2001 y comentó haberse sentido profundamente conmovida durante las reuniones con activistas colombianos, así como cuando fue testigo ocular de la pobreza y sufrimiento en los pequeños pueblos y ciudades donde viajó la delegación. El viaje de 100 miembros fue descrito por uno de los organizadores como "una inyección de energía para el movimiento" y aseguró que la delegación "causó gran impacto dentro de Acción Permanente por la Paz y dentro de Colombia". Después de visitar varias regiones del país, los delegados llevaron a cabo una vigilia ante la Embajada de Estados Unidos en Bogotá para protestar en contra del rol estadounidense en el país. Phares recordó el impacto emocional de la escena frente a la Embajada:

> Todos vestidos con nuestras camisas azules,[4] teníamos palomas y realizamos actos simbólicos. Teníamos un helicóptero de cartón que cubrimos con las palomas. Llevábamos regalos de flores, frutas y pan para mostrar, como ciudadanos estadounidenses, el tipo de regalos que nosotros pensábamos debíamos llevar a Colombia. La BBC, NPR (National Public Radio, estadounidense) y todos los principales periódicos colombianos cubrieron la vigilia. Fue conmovedor ver que los camarógrafos tenían lágrimas en sus ojos al ver a ciudadanos estadounidenses dispuestos a ir a lugares peligrosos.

Otro organizador de la delegación recordó el poder emocional del mensaje que la delegación entregó a la gente colombiana. "Una de las cuñas periodísticas fue que nosotros como personas de Estados Unidos pedíamos disculpas a la gente de Colombia por las políticas de nuestro gobierno, algo que tuvo mucho impacto sobre la gente porque aquí nada parecido había pasado antes".

Una serie de grupos estadounidenses, incluidos pequeños comités de derechos humanos y organizaciones religiosas, usaron los viajes a Colombia para generar compromisos políticos con el país. Barbara Gerlach, por ejemplo, pastora de la Iglesia Unida de Cristo (United Church of Christ, UCC, una confesión protestante de Estados Unidos), quien había adoptado dos niños colombianos en 1979, se involucró en el trabajo solidario después de participar en 1997 en una delegación

---

4 Todos los delegados deben usar camisetas azules con el distintivo de la APP mientras están en el país.

de derechos humanos a Colombia, organizada por Cecilia Zárate-Laun, una inmigrante colombiana que fundó la Red de Solidaridad con Colombia (Colombia Solidarity Network) con sede en Madison (Wisconsin). Durante el viaje, Gerlach conoció al encargado del Secretariado Nacional de Pastoral Social de la Iglesia católica colombiana, y le impactó mucho su trabajo con comunidades desplazadas. Al recordar una visita a un convento que estaba involucrado en sacar del país a familias perseguidas por los actores armados, ella describió su trabajo como "un verdadero ferrocarril subterráneo", es decir, una vía clandestina, refiriéndose a la que se organizó en los Estados Unidos decimonónicos para acompañar a los esclavos a la libertad en los Estados no esclavistas o en Canadá. Al regresar a Estados Unidos, Gerlach envió cartas a Church World Service, una organización que comprende 37 confesiones cristianas enfocadas en la ayuda humanitaria y al departamento del Ministerio Global de la UCC (Global Ministry Department of the UCC), arguyendo que era urgente realizar acciones en Colombia, a lo cual no recibió respuesta alguna. Gerlach decidió darle prioridad a movilizar iglesias con sede en Estados Unidos, particularmente alrededor de la cuestión del desplazamiento interno.

Gracias en parte al cabildeo incansable llevado a cabo por Gerlach y a su red de conexiones religiosas, el activismo basado en la fe religiosa empezó a incrementarse paulatinamente. En 1998, una delegación de pastores presbiterianos viajó a Colombia y representantes de la Iglesia luterana comenzaron a involucrarse, de manera que la UCC aprobó una resolución sobre Colombia. Gerlach dijo que su trabajo era "ecuménico", tratando de vincular proyectos de pequeña escala ya existentes, tanto congregaciones hermanadas como proyectos humanitarios y de desarrollo, con esfuerzos más amplios en defensa de los derechos humanos. En los siguientes años, Gerlach organizó y participó en tres delegaciones enfocadas en el desplazamiento interno en Colombia y otros activistas formaron delegaciones compuestas de representantes de confesiones cristianas específicas. Gerlach me comentó que, después de regresar a Estados Unidos, los participantes en la delegación organizaron "días de oración y acción" en sus propias iglesias, para que las congregaciones se enfocaran en la situación colombiana desde una perspectiva religiosa y humanitaria, y después hicieron *lobby* en el Congreso durante los debates sobre operaciones del gobierno estadounidense en el extranjero. Se esperaba que los activistas escribieran sobre sus experiencias en Colombia para publicaciones locales y que se involucraran en esfuerzos de educación y defensa de derechos humanos dentro de su comunidad o congregación. En el caso de los grupos religiosos, estos también debían presentar resoluciones para ser consideradas por toda su confesión. Viajar en estas delegaciones fue considerado una táctica para impulsar una transformación personal que se traduciría en formas específicas de intervención y activismo políticos.

Estas delegaciones tuvieron éxito en movilizar a unos pocos activistas, pero en una escala mucho menor que durante el movimiento de Centroamérica. Así, por ejemplo, en contraste con los miles de participantes enviados por Acción Permanente por la Paz a Centroamérica, solo unos cientos de personas viajaron a Colombia bajo sus auspicios. Un puñado de personal manejó el programa de APP en Colombia, un país con una extensión territorial de casi 1.142.000 km^2 y una población de 42 millones de personas en ese momento, comparado con un equipo permanente compuesto de cientos de personas en Nicaragua, con una extensión territorial de menos de 311.000 km^2 y apenas 4 millones de personas a finales de los noventa. Otras redes religiosas, académicas y humanitarias que históricamente habían llevado gente a Latinoamérica también estuvieron menos presentes en Colombia. Mientras que la Iglesia católica y las confesiones protestantes tradicionales, así como sus misioneros, habían jugado un papel central en el trabajo de solidaridad en Centroamérica, Colombia era un exportador neto de sacerdotes y trabajadores religiosos, al enviar muchos a otras partes de Latinoamérica y África. Como un país relativamente bien desarrollado, de ingresos medios, fue receptor de pocos trabajadores humanitarios. El programa de Cuerpos de Paz funcionó en Colombia entre 1961 y 1981, contando con un número total de voluntarios más grande que el correspondiente en Centroamérica, pero sin un flujo anual de nuevos voluntarios que regresaran a Estados Unidos para formar una base crítica con interés en el país. En las universidades de Estados Unidos, había poco enfoque académico en Colombia y relativamente pocos académicos expertos en el país, como resultado tanto de los peligros reales como de los percibidos para llevar a cabo trabajo de campo, así como por la visión general de que Colombia seguía siendo una excepción a los modelos económicos y teorías sobre la región.

Además, pocos colombianos viajaban a Estados Unidos.[5] Históricamente, Colombia ha mantenido relativamente pocas conexiones académicas con universidades de Estados Unidos, prefiriendo enviar estudiantes a Europa, especialmente a Francia e Inglaterra. Más importante aún, para la creación de redes de solidaridad, era el que no hubiera presencia masiva de colombianos dentro de Estados Unidos.

5 Para una excepción, ver Chomsky (2008).

Por su parte, la presencia de millones de refugiados centroamericanos en Estados Unidos trajo directamente al público norteamericano, historias convincentes de persecución por fuerzas militares financiadas por Estados Unidos. Estos refugiados jugaron un papel activo en el reclutamiento de activistas estadounidenses, y eso particularmente galvanizó el llamado Movimiento Santuario, organizado para proteger a los centroamericanos que huían de la región y entraban en Estados Unidos sin autorización legal (García, 2006; Perla, 2008; Perla y Coutin, 2010). En contraste, la mayoría de los colombianos que buscaban escapar de la violencia no huían del país, sino que dejaron sus hogares junto con sus unidades familiares individuales, reasentándose informalmente en barrios marginales de invasión dentro de Colombia, creando, por lo tanto, una de las poblaciones más grandes —pero en gran medida invisible— de desplazados internos.[6] En parte, este patrón de reasentamiento fue un resultado de la geografía, porque es mucho más difícil llegar a Estados Unidos desde Colombia que desde Centroamérica. El viaje requería de un pasaje aéreo, porque no hay una ruta por tierra desde Colombia a Estados Unidos debido al Tapón del Darién, la densa selva que separa a Panamá de Colombia y que es la única barrera natural que impide la conexión terrestre entre Centro y Suramérica en la carretera Panamericana. El número de colombianos que emigraba a otros países (incluyendo a España y Ecuador) se incrementó, pero se trataba de personas en gran medida educadas y de clase media, que a menudo apoyaban la expansión del poder gubernamental y no eran aliadas naturales de los activistas con sede en Estados Unidos que protestaban por la ayuda de este país a las fuerzas militares colombianas. La principal agenda política de los colombianos refugiados en Estados Unidos era la de lograr un estatus de inmigración favorable, tal como el Estatus de Protección Temporal, que protegía a algunos centroamericanos.

6.3. Los límites de la resonancia

Tal como lo observó un auxiliar del Congreso que se opuso activamente al Plan Colombia, comparado con Centroamérica, "Colombia se siente mucho más lejano,

---

6 Aun en las áreas donde las Naciones Unidas y otras organizaciones anticiparon grandes poblaciones de refugiados, tal como a lo largo de la frontera con Ecuador, los albergues permanecieron vacíos debido a una serie de razones, entre las cuales están la fortaleza de la economía colombiana en comparación con la de los países vecinos, la creciente urbanización y la larga historia de desplazamiento interno como resultado de la violencia política. (El aumento de la conciencia internacional sobre la crisis humanitaria durante los noventa llevó a un incremento en la ayuda humanitaria provista por las organizaciones internacionales dentro del país).

geográfica y psicológicamente". Esta lejanía se produjo en parte por la falta de resonancia entre los activistas estadounidenses y el conflicto colombiano, ya que la coexistencia de redes criminales con la política insurgente generó confusión y suspicacias. El complicado panorama político de Colombia hizo más difícil reclutar activistas norteamericanos, quienes, igual que los formuladores de política pública, a menudo deseaban escenarios en blanco y negro con claros buenos y malos y soluciones simplistas. La inocencia sigue siendo una crítica categoría ontológica en la que las víctimas de violaciones de derechos humanos deben encajar para lograr reconocimiento político y social.[7] La presunta y real criminalidad de las comunidades colombianas hizo menos prominentes los asuntos de derechos humanos y, en consecuencia, a estas comunidades menos merecedoras de solidaridad. Putumayo, el foco inicial del 'Empuje hacia el Sur de Colombia' de que hablaba el Plan Colombia, era un centro de producción y tráfico de drogas. Para los grupos con sede en Estados Unidos que intentaban establecer relaciones institucionales con las comunidades afectadas por las políticas públicas de Estados Unidos, la extensa actividad criminal en la región les era extremadamente difícil de navegar y la desestimación oficial de toda la población como criminales era difícil de contradecir. En el momento de reclutar nuevos activistas para participar en campañas sobre Colombia, con frecuencia había preocupación de que este activismo fuera de alguna manera tolerante del tráfico ilegal de drogas. Funcionarios estadounidenses y colombianos también acusaban a menudo a quienes criticaban la política de drogas militarizada de ser simpatizantes de los narcotraficantes y/o de la guerrilla.

---

7 Esta dinámica existe a través del continente americano. En el Brasil urbano, los críticos de la crueldad de la policía han sido rechazados debido a las acusaciones de que ellos solo se preocupan por cuidar los "derechos de los bandidos" y criminales (Caldeira, 2001; Holston, 2009). En Perú, defensores de derechos humanos y las comunidades en zonas de conflicto se enfrentaron en extensos y controvertidos debates sobre la importancia de la inocencia en la defensa de las víctimas de abusos (Theidon, 2010). Después de la imposición de la legislación antiterrorista de amplio alcance, las ONG adoptaron una "campaña por los inocentes", en la que defendían a individuos injustamente encarcelados, pero se rehusaron a tomar en cuenta los casos de los miembros de Sendero Luminoso, aunque hubieran sufrido torturas estando encarcelados. En el caso peruano, durante el debate sobre el alcance del comité de la verdad y reparación, los asesores jurídicos discutieron lo que se conoce como la "doctrina de las manos limpias", un principio jurídico que estableció condiciones para recibir reparaciones que dependían del grado de involucramiento criminal. Este debate se enfocó en proveer o no reparaciones a familias cuyos parientes senderistas habían sido asesinados mientras estaban bajo la custodia del gobierno (LaPlante, 2009). De manera similar, existe una extensa literatura que documenta la importancia de la producción de formas específicas de identidades políticas que incluyen la inocencia en reclamos de asilo político (Coutin, 2007).

Durante los últimos 30 años, dentro de Estados Unidos las narrativas primordiales sobre la violencia colombiana presentadas por los medios masivos de comunicación y por la cultura popular se han enfocado en la economía ilegal y en la violencia entre los narcotraficantes y por ellos producida. Los funcionarios de los gobiernos estadounidense y colombiano consistentemente tildaban de 'narcoguerrilla' a los insurgentes, arguyendo que estas fuerzas eran simplemente otra forma de crimen organizado, como se explora en el capítulo 1. Trazar las complejas y cambiantes relaciones entre las fuerzas guerrilleras y el narcotráfico es extremadamente difícil. Aun cuando los estudiosos han documentado cómo se fueron involucrando las fuerzas guerrilleras cada vez más profundamente con las economías ilegales, incluyendo en múltiples formas de criminalidad (Chernick, 2005), los detalles de esta historia permanecen ocultos, disputados y difícilmente encajan en las historias lineales en blanco y negro que movilizan los activistas. Para los activistas, el tema de la droga hizo imposible la narrativa de que Estados Unidos apoyaba unas fuerzas militares opresivas que combatían un movimiento de liberación.

Por otro lado, para muchos activistas de los ochenta, las guerrillas salvadoreñas y guatemaltecas y el gobierno nicaragüense sandinista eran los chicos buenos. Aun los grupos estadounidenses que rechazaban la violencia revolucionaria de la insurgencia guerrillera en El Salvador defendían un acuerdo negociado del conflicto, convencidos de que se podía confiar en los líderes de la guerrilla como negociadores de buena fe. En el contexto colombiano, tal simpatía por los insurgentes ha sido imposible, dada la cruel intensificación del conflicto, el decreciente apoyo popular a los grupos guerrilleros y la generalizada criminalidad dentro de sus filas. Con algunas excepciones en ciertos lugares de Europa, los grupos insurgentes colombianos nunca han sido receptores de la solidaridad política transnacional. Los guerrilleros colombianos han rechazado consistentemente los estándares de derechos humanos del derecho internacional humanitario y en gran medida han sido insensibles a la presión internacional. A lo largo de los años, las FARC retuvieron como rehenes a varios estadounidenses, incluyendo a algunos que presuntamente murieron en cautiverio y tres que permanecieron en su poder por más de ocho años. Además, en 1999, asesinaron a tres defensores estadounidenses de los derechos humanos de los grupos indígenas. En contraste, muchos activistas centroamericanos con lazos directos con los movimientos insurgentes jugaron un papel fundamental en la movilización de activistas estadounidenses en los ochenta (Perla, 2008), mientras que los limitados intentos de las FARC para galvanizar un apoyo similar en Estados Unidos fracasaron.

Así mismo, fue más complicado en el caso colombiano que en el centroamericano establecer una conexión entre las atrocidades y violaciones de derechos humanos y la ayuda militar estadounidense. En el caso de las fuerzas militares salvadoreñas y los Contras, la ayuda militar de Estados Unidos claramente les posibilitó continuar sus operaciones militares, y muchos batallones apoyados por Estados Unidos se vieron directamente implicados en atrocidades y violaciones de derechos humanos. En el caso de Colombia, era más difícil trazar una línea directa entre la ayuda militar de Estados Unidos y tales abusos. Para empezar, las fuerzas paramilitares tenían que ser vinculadas a los receptores directos de la ayuda militar. Además, su financiación independiente producto del narcotráfico complicaba el panorama. Explicar estos factores causales llevó a preguntarse si la violencia era resultado de la ayuda militar de Estados Unidos, o tal vez el conflicto era simplemente el resultado del dinero del narcotráfico y de la lucha interna.

También era algo imposible proveer una narrativa clara con respecto a una futura transformación alternativa de Colombia. Muchos activistas del movimiento de paz de Centroamérica estaban motivados por su convencimiento de que era posible una transformación política real en la región, ya fuera a través del triunfo revolucionario o de un acuerdo negociado que resultaría en una importante reestructuración social y económica. Para el caso de Colombia, tal futuro parecía fuera de alcance. Dadas las múltiples formas de violencia y criminalización, los activistas no podían expresar de manera convincente cómo se podría transformar la región a través de formas de intervención alternativas por parte de Estados Unidos, tal como destinar dinero para proyectos de desarrollo en vez de para la expansión militar. Un activista sintetizó este dilema diciéndome: "Mucho de lo que nosotros hicimos fue tratar de explicar qué tan malas eran en verdad las cosas en Colombia, qué tan malas, jodidas y tristes, qué tan violentas". Pero prosiguió comentando, cuando la gente quiso hacer algo en respuesta: "Nosotros no teníamos realmente alternativas atractivas; no podíamos decir no hagan x, sino y; las alternativas eran bastante débiles [...] Nosotros ni siquiera creíamos en las alternativas que estábamos tratando de presentar [por ejemplo], los programas de desarrollo alternativo: nadie pensaba que iban a funcionar".

En 2000 y principios de 2001, fueron organizados en Estados Unidos varios eventos relativamente grandes con el fin de movilizar el interés en la situación colombiana. Un activista de Amnistía Internacional recordó que cientos de personas participaron en los eventos organizados en la costa oeste y en conferencias educativas a nivel masivo *(teach-ins)* en el centro del país. Por su parte, Acción

Permanente por la Paz, después de que su delegación de 100 personas volvió de Colombia, realizó una "sesión para construir el movimiento", en vez de su acostumbrado taller para planear el cabildeo y las acciones por tomar, el cual incluía capacitación en relaciones mediáticas, así como en el proceso organizativo local. Uno de los organizadores me comentó que "la movilización por Colombia nació en 2002 en Washington. En abril tuvimos 3.000 personas marchando al Capitolio, hicimos talleres y conferencias educativas —ese fue el punto culminante del movimiento—". Estos eventos fueron el cénit del esfuerzo para organizar un movimiento sobre Colombia, nunca se concretó un amplio movimiento social en oposición al Plan Colombia y los activistas pronto se dieron cuenta de que no habría una movilización masiva contra la ayuda militar. Peter Clark —quien trabajó para la WOLA, pasó un año en Colombia como voluntario de la ONG Brigadas Internacionales de Paz (Peace Brigades International, PBI) y después regresó a Washington a trabajar con la Oficina en Estados Unidos sobre Colombia— comentó: "Me esforcé mucho" para crear nexos con activistas a lo largo de Estados Unidos, buscando que se interesaran en asuntos colombianos, proveyéndolos de herramientas analíticas y recursos educativos. A pesar de este trabajo, "yo no creo que hayamos tenido un impacto significativo", concluyó. "Pudimos generar un puñado de llamadas, cartas y visitas [al Congreso], pero no muchas".

Algunos activistas alegan que fue el enfoque en la promoción pública sobre cuestiones de derechos humanos y la formulación de políticas públicas lo que no permitió que emergiera un mayor interés en el tema. Yo, en cambio, argumento que limitaciones materiales y políticas de más envergadura —que comprenden la falta de resonancia del tema en el contexto de la pos-Guerra Fría, las particularidades del conflicto colombiano y la ausencia de canales institucionales específicos que facilitaran tal movilización— coartaron el desarrollo de un movimiento social más amplio.

En los Estados Unidos pos-11 de septiembre, una competencia de demandas para llamar la atención de los activistas también diluyó su interés en Colombia. Muchos veían el dramático escalamiento de las guerras de Estados Unidos en el Oriente Medio como un asunto mucho más urgente, dado que involucraban operaciones de combate de las fuerzas armadas de Estados Unidos, el gasto de miles de millones de dólares y un alto número de víctimas civiles. Los grupos que intentaron organizar eventos enfocados en Colombia encontraron que estas actividades se basaban en un universo limitado de activistas que en ese momento estaban dedicados a organizar acciones contra la invasión y la ocupación de Irak. "Nosotros medimos cuánto interés había a través del número de delegaciones", me dijo un miembro de Acción Permanente por la Paz. "Aún eran fuertes en 2003, mientras que, para 2004, nos vimos muy afectados por la guerra de Irak más que por el 11 de septiembre". Además, el apoyo público a la utilización de los ataques del 11 de septiembre por parte de la administración Bush para justificar una retirada completa del apoyo para los asuntos de derechos humanos cuando competían con los objetivos de las fuerzas armadas estadounidenses redujo en gran medida el campo político para la defensa de los derechos humanos. Por otra parte, el previo consenso público sobre derechos humanos se disolvió, en la medida en que los oficiales aprobaron públicamente el uso de la tortura y la detención secreta e indefinida. Aunque una pequeña cohorte de activistas dedicados continuó trabajando en busca de la transformación de la política pública de Estados Unidos hacia Colombia, ya no imaginaban que los acompañaría un amplio movimiento social de base.

6.4. Viajes de congresistas, lazos emocionales y solidaridad militarizada

La solidaridad y la resonancia también jugaron un papel importante en galvanizar a los proponentes del Plan Colombia. Quienes apoyaban la ayuda militar se imaginaban a sí mismos actuando en solidaridad con los colombianos, pero no con los defensores de derechos humanos amenazados, sino con los soldados antinarcóticos. El incremento de la transferencia de armas, el entrenamiento militar y la ayuda en inteligencia no se justificaban únicamente por fríos cálculos políticos. Las declaraciones de los partidarios de la ayuda militar fueron redactadas en el lenguaje emocional de las relaciones afectivas y de la responsabilidad de los oficiales de Estados Unidos hacia sus contrapartes colombianos como una forma de solidaridad entre formuladores de política pública. El peso de estas bases emocionales para la formulación de la política pública se me hizo visible al darme cuenta de cuáles eran las historias de sufrimiento y daño que tenían resonancia para los oficiales estadounidenses. En el curso de mi trabajo como activista, tanto funcionarios estadonidenses como colombianos con frecuencia me instruyeron diciéndome que, antes que los defensores de derechos humanos y las comunidades campesinas blanco de ataques de los grupos paramilitares de derecha aliados con la fuerza pública colombiana, las verdaderas víctimas eran otros y que yo debía dedicar mis recursos políticos a ayudar a las víctimas del secuestro y solidarizarme con los policías y soldados asesinados en el cumplimiento de su deber. El representante republicano de Indiana Dan Burton emitió en 1997 una de estas amonestaciones públicas en una declaración que hizo durante una audiencia del Congreso sobre Colombia:

> Nosotros nunca oímos debatir a los grupos de derechos humanos en Colombia sobre los derechos de estos estadounidenses que han sido arrastrados por las selvas de Colombia desde hace años, ni tampoco hemos oído nada de parte de estos grupos de derechos humanos sobre los miles de policías y soldados colombianos que han sido asesinados por los grupos guerrilleros, los cuales hace mucho abandonaron su ideología marxista por cuenta de las enormes ganancias del narcotráfico.

Los arquitectos del Plan Colombia utilizaron los viajes para generar una experticia que les otorgara autoridad y prestigio sobre el tema a quienes apoyaban la política, y para crear relaciones afectivas y de solidaridad entre los funcionarios de Estados Unidos y Colombia. Numerosos congresistas y sus auxiliares viajaron a Colombia en delegaciones oficiales del Congreso.[8] Sin embargo, estas delegaciones a Colombia eran conocidas coloquialmente en Washington como "giras de drogas y bandidos" *("drugs and thugs tours",* frase usada parcialmente en el título en inglés de este libro: *Drugs, thugs and diplomats).* Este tipo de gira acostumbraba consistir en un viaje a Colombia de dos o tres días llenos de reuniones con funcionarios civiles y militares colombianos, junto con una gira para familiarizar a los estadounidenses con las operaciones financiadas por Estados Unidos, a menudo en un helicóptero y frecuentemente a las regiones selváticas del sur del país. Estos viajes fueron posibles gracias a la mayoría republicana en la Cámara de Representantes y su resultante control de las posiciones claves en todos los comités de esta cámara. Según las reglas del Congreso, el partido mayoritario tiene que aprobar todos los viajes oficiales, un miembro del mismo partido debe dirigir cada delegación y el presidente del comité que autoriza el viaje (siempre un miembro del partido mayoritario) firma la autorización de cada viaje.

Las delegaciones de congresistas son parte de una amplia categoría de viajes políticos que buscan educar y transformar las subjetividades políticas, así como promover formas específicas de acción política. Los representantes y auxiliares del Congreso que viajaron a Colombia lo hicieron como una forma de activismo

---

8 Los viajes oficiales de congresistas generalmente se clasifican en dos categorías: "giras de parabrisas", es decir, giras de lujo en las que la población local se observa solamente a través del parabrisas en el recorrido del aeropuerto al hotel, y viajes organizados para educar e interesar a los congresistas, así como aumentar su involucramiento en determinados asuntos.

y para ser testigos políticos del conflicto, como parte de una estrategia claramente estructurada para construir tanto relaciones particulares como géneros de experticia política. Así, por ejemplo, un auxiliar me comentó que su oficina dirigió sus esfuerzos hacia el demócrata de Massachusetts William Delahunt, quien se oponía a la ayuda militar, invitándolo a participar en una delegación de congresistas para que cambiara sus prioridades políticas. Al describir el poder transformativo de los viajes, el auxiliar me dijo con orgullo: "Él [Delahunt] votó de una manera [contra la ayuda militar] antes de ir y votó de otra [a favor] después de que regresó".

Las delegaciones de congresistas producen una geografía afectiva de relaciones y redes de reciprocidad,[9] y los encuentros durante estas fueron diseñados para inspirar formas de solidaridad y compromiso político afectivo entre funcionarios colombianos y formuladores de política pública estadounidenses. En las entrevistas, los participantes insistieron repetidamente que lo más significativo de estos viajes eran las relaciones personales establecidas con funcionarios colombianos 'de primera línea'. Cass Ballenger, excongresista de Georgia, me dijo que en sus viajes "la cosa más importante eran las personas en sí mismas". Algunos auxiliares se jactaban de tener contacto semanal con el célebre general de la policía colombiano Rosso José Serrano. Un auxiliar crítico de la política pública de Estados Unidos hacia Colombia reflexionó sobre la importancia de las relaciones personales creadas a través de los viajes y cómo impactaban los debates sobre la política pública:

> Cuando uno viaja a Colombia, empieza a creer. Uno pasa tiempo con [el presidente] Uribe y [el vicepresidente, Francisco] Santos, y [el ministro de Defensa, Juan Manuel] Santos. Ellos se expresan bien, hablan inglés, toman interés en las visiones y preocupaciones que tenemos [...] Uno regresa sintiendo que esa gente te ha caído muy bien. Entonces quedas en la posición de defenderlos en lugar de analizar los efectos de la política en la gente, las diferentes formas de ayuda, cómo se pueden modificar, el impacto de las políticas, las consecuencias en terreno.

[9] El contacto directo con funcionarios extranjeros les permitía a los congresistas expresar prioridades de política alternativa y apoyar determinados proyectos que ellos sentían que no estaban lo suficientemente promovidos por los funcionarios del Departamento de Estado. En algunos casos, los congresistas llegaron hasta el punto de oponerse a la política oficial o a orquestar sus propias iniciativas de política, tal como sucedió en el caso de la oposición de Dennis Hastert a la Ley Leahy. El ejemplo más notorio de un congresista que usó sus viajes y su posición en el cuerpo legislativo para diseñar políticas fue el del apoyo del demócrata de Texas Charlie Wilson a los muyahidín en Afganistán (Crile, 2003).

Los viajes de congresistas cimentaron un sistema de reciprocidad en el cual los policías, soldados y oficiales de la fuerza pública colombiana se arriesgaban a sufrir lesiones o muerte en las operaciones antinarcóticos, ofreciendo sus cuerpos como un sacrificio en la primera línea de la guerra contra las drogas, mientras que, a cambio, Estados Unidos proveía el material y el entrenamiento militares. Estas relaciones partían de una larga historia de precedentes parecidos de conflictos *proxy* en Latinoamérica en los cuales Estados Unidos canalizaba ayuda militar a las fuerzas militares de otros países. En el período inmediatamente después de terminar la Guerra Fría, las operaciones antinarcóticos militarizadas llegaron a ocupar un lugar privilegiado en la política exterior de Estados Unidos.

Los cálculos masculinos de responsabilidad, valentía y honor militar eran centrales para estas relaciones en las que tanto los militares colombianos como los políticos estadounidenses se posicionaron a sí mismos como defensores de los niños de Estados Unidos. Durante las entrevistas que les hice, la intensidad emocional de estos compromisos y encuentros —y el papel de los comportamientos que clásicamente se asocian con la camaradería masculina, tal como tomar cerveza pausadamente después de operaciones peligrosas— me fue comunicada de manera no verbal con pausas y un contacto visual prolongado. Un exauxiliar relató cómo pudo ver a la PNC 'en acción' luego de escuchar disparos de la guerrilla cuando la delegación del Congreso llegaba a un remoto aeropuerto. Después de que la policía "salió y se hizo cargo de la situación", regresaron a la piscina en el complejo multinacional donde los integrantes de la delegación tomaban cerveza.

> Claro que les compramos [a los policías antinarcóticos] la bebida de su elección y nos contaron que los habían ahuyentado [a los guerrilleros]. Claro que, si hubieran despachado [matado] a alguno, nunca lo dirían [pausa], esos tipos no lo dicen. Yo le pregunté a un tipo: '¿Por qué sigue haciendo esto?' Él dijo: [me mira a mí muy seriamente] 'Yo amo a mi país y ustedes nos están ayudando. Sin ustedes no podríamos hacer las cosas que hacemos'. Él era un policía antinarcóticos y le pregunté que si hacían cosas contra los guerrilleros, y me sorprendí cuando dijo: 'Sí, yo hago mucho para combatir la guerrilla. Cada vez que capturo guerrilleros, mato guerrilleros, eso significa menos drogas en las calles matando a sus hijos', dijo. 'Tal vez algún día ellos dejarán de matar a los míos' [pausa mientras me mira a mí] De manera que era un tipo bastante serio.

En los relatos de los auxiliares del Congreso, los cuerpos heridos de la PNC encarnaban su compromiso y sacrificio, mientras que, cuando se invocaban los cuerpos heridos de los adictos, no lo hacían con respecto al mundo feminizado del cuidado y el tratamiento físico, sino para justificar la lógica militar de la tecnología bélica y del combate. Un republicano de alto nivel, auxiliar de política exterior en la Cámara de Representantes y exagente del FBI, presumía de su estrecha relación con la policía, tanto en Colombia como en su distrito, y en una entrevista telefónica me comentó sobre sus frecuentes visitas, en sus viajes a Colombia, a policías antinarcóticos heridos que se encontraban en hospitales militares: "Me atormentaba ver esos muchachos que habían perdido sus piernas, que no tenían pies, debido a las minas antipersona. Yo iba [a visitarlos] cada vez que viajaba". Después, al concluir la entrevista, volvió a mencionar los cuerpos heridos de la policía colombiana. Cuando le pregunté cuáles eran sus recuerdos más fuertes de Colombia, me respondió: "Las salas de recuperación física del hospital de la PNC, todos los cuerpos lisiados, mutilados y distorsionados, de hombres y mujeres jóvenes que habían participado en la lucha antinarcóticos. Esos jóvenes cuerpos, y los muchachos que yacían en las escaleras [por sobredosis de heroína] en Harlem".

Otros auxiliares relataron las peregrinaciones al hospital para ver a los policías heridos como una característica constante en sus viajes a Colombia, una de varias prácticas conmemorativas que buscaban consagrar a los miembros de la PNC como héroes de guerra luchando por la causa de Estados Unidos. Muchos antropólogos han analizado las maneras en que el duelo público y la conmemoración de los muertos en guerra contribuyen a conformar determinadas identidades políticas, nacionales y étnicas; estas prácticas incluyen la de nombrarlos públicamente o construir monumentos y santuarios conmemorativos (Borneman, 2011; Kwon, 2006 y 2008). En el caso de la PNC, se honraba su sacrificio a través de estas visitas personales, así como con la lectura pública de sus nombres y apellidos durante las audiencias del Congreso y la subsiguiente publicación de estas listas en el registro oficial del Congreso (Congressional Record). Con frecuencia se hacía referencia a su papel como combatientes de primera línea cuando los congresistas elogiaban a los miembros de la PNC en sus intervenciones como "los hombres y mujeres más valientes del mundo", "honestos" y "heroicos". En audiencias apasionadas y polémicas en el Congreso, los republicanos contrastaban estos héroes con los supuestos corruptos y cobardes productores de droga colombianos y con los funcionarios del Departamento de Estado, a quienes consideraban ineptos e interesados solamente en su ascenso en el escalafón (ver capítulo 1). Estas conexiones afectivas también se hicieron evidentes a través de talismanes físicos que incluían cachuchas y prendas de vestir distintivas, así como otros recuerdos emblemáticos, tales como pisapapeles elaborados con base en casquillos.

Fotografías de estos viajes también se exhibieron como evidencia de la destreza tecnológica, las relaciones afectivas y los compromisos políticos personificados en las delegaciones del Congreso. Durante entrevistas telefónicas, los auxiliares del Congreso a menudo describían las fotografías donde ellos aparecían en lugares remotos de la selva, de pie junto a equipos militares. El excongresista Cass Ballenger, republicano de Carolina del Norte, recordó con orgullo la "tonelada de fotografías" de él con el entonces presidente colombiano Andrés Pastrana y con helicópteros Huey, las cuales conmemoraban su importante papel en la promoción de la ayuda militar. Un exauxiliar del Congreso concluyó nuestra entrevista ojeando una pila de fotografías de sus viajes a las bases militares en Colombia con oficiales colombianos y, por último, me mostró con orgullo las múltiples visas en su pasaporte. Las fotografías de congresistas en Colombia, además de ser un medio para constituir las subjetividades políticas privadas —útiles para exhibir en oficinas, casas y entre colegas—, también fueron usadas algunas veces como materiales de campaña. Así, por ejemplo, un auxiliar describió las fotos de congresistas participando en operaciones antinarcóticos como "una gran toma para [mostrar a] los electores".

Los viajes hicieron de los políticos defensores efectivos de la política pública en parte porque los transformaron en expertos a través de su estatus ontológico de haber experimentado las condiciones 'en terreno'. Adquirieron conocimiento que les otorgaba autoridad, a través de su experiencia y de haber sido testigos directos, antes que del estudio y análisis exhaustivo. Tal como lo comentó un exauxiliar republicano que viajó con frecuencia a Colombia: "Yo tuve la oportunidad de ver cosas sobre las cuales solo había leído o visto en documentos". Un congresista que condujo tres delegaciones a Colombia en un mismo año, a menudo me comentó sobre la importancia de poder contar "de primera mano" lo que habían aprendido y continuó criticando a las organizaciones de derechos humanos estadounidenses y europeas que reclamaban que las violaciones habían sucedido, diciendo que "desde Bogotá las cosas se ven muy distintas" (Davis, 2004). En 2001, Oliver North escribió un editorial en el *Washington Times* titulada "Una herida que todavía sangra", la cual empezaba: "El congresista Cass Ballenger [...] dice que 'la mejor manera para saber qué está pasando es ir a verlo uno mismo'". Un auxiliar republicano que en cuatro años participó en seis delegaciones a Colombia narró sus giras diciendo que usaban los viajes "para construir puentes y educar a los congresistas sobre la complejidad de los desafíos que enfrenta el gobierno colombiano, de manera que ellos pudieran sentir en la mesa [de debate sobre política pública]". En este caso, "sentir en la mesa" significaba estar empoderado por la experiencia para participar con autoridad en el diseño de política pública al ser capaz de contribuir con percepciones que serían aceptadas por otros congresistas como apropiadas e importantes. El auxiliar continuó explicando que viajar era esencial para constituir dichas cualidades. "No hay manera de que los materiales informativos puedan igualar aquello que los miembros ven y experimentan durante un viaje".

Aunque las delegaciones del Congreso fueron controladas y limitadas tanto en el tiempo como en su alcance, proveyeron acceso a regiones de conflicto, a conocimiento restringido y a experiencias personales que no se encontraban disponibles para otros que no participaban en ellas. Las delegaciones les dieron a los congresistas, a sus auxiliares y a sus aliados, acceso a lugares prohibidos dentro de Colombia a través de sus viajes a bases en la selva apartada y a puestos de avanzada en vehículos militares con guardias armados y escoltas militares. "En Colombia, los miembros de las delegaciones participaron en sesiones clasificadas con funcionarios estadounidenses y colombianos que revelaban información reservada". Summerson Carr señala la importancia del conocimiento íntimo de las cosas "inaccesibles o ilegibles" en la construcción de la experticia (Carr, 2010, p. 21). El valor de este conocimiento se incrementó aún más debido a la asociación con el riesgo y la voluntad de viajar a zonas 'peligrosas' que se encontraban fuera del perímetro de los lugares donde se permitía estar, es decir, "estar en un lugar donde nunca se había visto un gringo", como lo explicó un exauxiliar.

Catherine Lutz ha escrito sobre cómo el amor por la tecnología, lo que ella llama tecnofilia, ha influenciado la evolución de las fuerzas armadas de Estados Unidos y la creciente militarización de la industria estadounidense. Dicha tecnofilia es un elemento central en el entusiasta apoyo de los formuladores de política a la financiación de material militar. Una característica central de las giras de "drogas y bandidos" fue la utilización de material militar para impresionar a los funcionarios estadounidenses. Estas exhibiciones de la tecnología bélica apelaron al alto valor de la masculinidad militarizada (Lutz, 2006). En las entrevistas sobre sus viajes a Colombia, los auxiliares de los congresistas con frecuencia mencionaron los impactantes despliegues de tecnología, al recordar los ejercicios de entrenamiento militar, las maneras exóticas que usaban los militares para desplazarse y los ejercicios con morteros. Aunque la ciencia política convencional a menudo ha ignorado la experiencia estética de las armas en sus explicaciones sobre las mencionadas políticas, esta experiencia es profundamente motivante para los funcionarios políticos (Gusterson, 1998; Masco, 2004 y 2006). Un auxiliar del Congreso que hizo parte de seis delegaciones a Colombia enfatizó su importancia cuando se consideraba qué modelo de ametralladora multicañón suministrar a la policía colombiana para "ablandar al enemigo". Refiriéndose a una de estas armas, dijo que, además de llenar los requisitos materiales para penetrar la espesa vegetación selvática,

> tiene un efecto psicológico, el cañón es así de grande [sostiene sus manos formando un círculo tan amplio como su cara], rodeado de cañones individuales a su alrededor; puede disparar 3.000 balas por minuto. Eso es una cantidad de munición bajando por la línea de fuego a la vez, rasga y atraviesa el dosel del bosque y llega al suelo. La gente no piensa en esto, muchas cosas pueden parar las balas, pero estas pueden llegar al suelo. El efecto psicológico se debe en parte al sonido, un sonido inconfundible [VUUUT], el enemigo sabe que le van a llegar 600 balas. Esto es muy productivo desde una perspectiva militar.

A través de los viajes, los participantes experimentaron el placer que activa la maquinaria militar, es decir, las sensaciones físicas del helicóptero, del viaje en lanchas *go-fast,* del sonido y olor de los ejercicios con municiones y de la dramática destrucción con explosivos de la cocaína incautada. Tanto los auxiliares como los mismos congresistas se refirieron al subidón de adrenalina que experimentaban al asomarse por un helicóptero que sobrevolaba el denso dosel de la selva tropical. Los participantes en las delegaciones del Congreso tuvieron la oportunidad de experimentar personalmente las operaciones antinarcóticos, incluyendo ejecutar erradicación manual, es decir, físicamente jalar las plantas de coca para desenterrarlas y ayudar en su destrucción. Los viajes produjeron una geografía sensorial que conectaba sus experiencias viscerales ante los despliegues tecnológicos y cuerpos vulnerables a la acción política que apoyaba la ayuda militar.

En una entrevista realizada en 2008, le pedí a Jim McGovern, representante demócrata de Massachusetts y uno de los congresistas más progresistas, que reflexionara sobre los viajes. McGovern y su equipo habían ido a Colombia seis veces, en viajes organizados y financiados por ONG. En estos viajes y en otras delegaciones no oficiales, las ONG crearon sus propias geografías restringidas, privilegiando los encuentros con civiles y activistas de la oposición, entre ellos sindicalistas, líderes religiosos, de derechos humanos y del movimiento por la paz, quienes por varias generaciones habían criticado y se habían opuesto a los programas antinarcóticos y contrainsurgentes existentes. McGovern empezó recordando sus viajes auspiciados por el Congreso en los ochenta, cuando fue auxiliar, y trabajaba para el Equipo de Trabajo del Presidente de la Cámara de Representantes (Speaker's Task Force) investigando el asesinato en El Salvador en noviembre de 1989 de cuatro sacerdotes jesuitas, su empleada doméstica y la hija de esta, perpetrado por un escuadrón militar de élite entrenado por Estados Unidos. Como resultado de esta experiencia, me dijo: "No confío en lo que mi gobierno dice sobre derechos humanos. En ninguna parte. Yo quiero verlo por mí mismo. Por eso es que yo no le pido a la Embajada que organice mis viajes", y relató cómo las delegaciones oficiales refuerzan el apoyo a las políticas existentes a través de los encuentros cuidadosamente controlados: "La Embajada de Estados Unidos dice que no hay problema. El Presidente dice que no hay problema [...] Pueden contar con que los congresistas vayan a Colombia en delegaciones oficiales para pasar entre 24 y 48 horas en Bogotá, y por mucho ir a una sola zona que se encuentra totalmente preparada para que se vea como un gran éxito".

Conclusión

Para los críticos del Plan Colombia, la resonancia con luchas políticas previas sobre el papel de Estados Unidos en Centroamérica en los ochenta resultó ser una fuerza galvanizadora. Sin embargo, tanto la criminalidad real como la percibida entre los movimientos insurgentes colombianos y las poblaciones de víctimas dieron lugar a la ausencia de solidaridad política y limitaron las afinidades afectivas. Las conexiones concretas de los flujos corporales —de refugiados o participantes en iglesias cristianas e intercambios educativos— establecieron las rutas para canalizar estos apegos afectivos. Por otro lado, la relativa ausencia de estas conexiones dificultó la movilización de un movimiento de solidaridad más amplio. Aquellos que sí participaron trazaron su activismo al resurgimiento de las identidades activistas vinculadas a su previo involucramiento con el movimiento por Centroamérica, que se canalizó a través de su actividad profesional. Ahora participaban como asalariados de ONG que surgieron a partir de movimientos sociales previos basados en trabajo voluntario, subvencionados por fundaciones e involucrados como expertos en la defensa y promoción de políticas públicas. No obstante, para muchos participantes, sus identidades como activistas forjadas durante su participación en las movilizaciones de movimientos sociales previos seguían siendo una poderosa fuerza motivadora.

La solidaridad entre los formuladores de política pública, una expresión de la identificación política que conlleva compromisos materiales en política transnacional, tuvo un papel clave en la movilización del apoyo a la política pública existente, y quienes apoyaron la ayuda militar a Colombia tuvieron mucho éxito en este empeño. Viajar en las delegaciones organizadas y pagadas por el Congreso fue una práctica central para este proceso, así como para la producción de geografías sensoriales y afectivas que vincularon a los oficiales estadounidenses y colombianos en relaciones afectivas y de reciprocidad calculada. Las delegaciones del Congreso fueron estructuradas para presentarles a los participantes determinadas geografías y espectáculos de *performance* tecnológico y de sufrimiento personal, y así incentivarlos a la acción política. El ámbito masculino del sacrificio militar fue presenciado, conmemorado y recompensado. La experticia en política pública se produjo, entonces, a través de los placeres sensoriales de los viajes a las bases militares restringidas, del conocimiento sobre los distintos sistemas de armas encarnado en los exmilitares y de la convicción de la superioridad tecnológica. Al reclamar que este conocimiento era superior a otras formas de experticia, los congresistas que apoyaban las operaciones antinarcóticos militarizadas borraron cualquier argumento a favor de una política alternativa, creando los límites de lo que era posible discutir políticamente. En el caso de las pruebas de armas nucleares, Joseph Masco ha argumentado que la cambiante "tecnoestética" enmarcó el análisis político de los científicos sobre lo que estaba en juego como resultado de estas operaciones (Masco, 2004). De igual modo, en cuanto a las disputas en el Congreso sobre las ametralladoras multicañón, los helicópteros Huey II y Black Hawks, no hubo oportunidad alguna para debatir visiones alternativas sobre qué cuestiones sociales planteaba el consumo de drogas ilícitas, y cuál era la respuesta colectiva adecuada (Garcia, 2010). El fracaso continuo de las políticas de drogas aplicadas en los países productores para afectar la disponibilidad de las drogas ilegales en los países de consumo no se posicionó como una crítica sustantiva, sino como el fracaso de la tecnología. Las críticas sólidas, extensas y de larga data a las políticas antinarcóticos que hicieron tanto académicos como centros de pensamiento en Estados Unidos fueron excluidas, así como las políticas alternas producidas a través del paradigma de la 'reducción del daño', cuyos programas han sido puestos en práctica en Europa (MacCoun y Reuter, 2001).

Los congresistas que hacían parte de los guerreros de las drogas, sus equipos de personal y quienes los apoyaban generaron una geografía moral en la que ellos se posicionaron actuando en solidaridad con algunos de los colombianos que estaban sufriendo —primero con la Policía Nacional y después con las fuerzas militares—, mientras que argüían que aquellos formuladores de política pública que actuaban en nombre de otros colombianos que sufrían, tratando de hacer cumplir la legislación sobre derechos humanos, de hecho se caracterizaban por sus fallas morales: eran ineptos y estaban estimulados por la burocracia y la carrera administrativa, antes que por legítimas preocupaciones morales. Aunque este análisis se aplica con frecuencia a las ONG humanitarias y de derechos humanos, el caso aquí analizado reveló que las geografías sensoriales, las relaciones afectivas y los compromisos morales juegan un papel crucial en la formulación de política pública en variados campos políticos.

Capítulo 7
Reivindicaciones putumayenses de política pública

"Hacemos un llamado a los organismos del Estado, a las ONG de derechos humanos del mundo, a los organismos de defensoría de derechos humanos del país, a la institucionalidad municipal y departamental, a los países que intervienen", empezó a decir un hombre alto al compás del murmullo de la lluvia. Durante este foro con el ambicioso título de "El sur evalúa el Plan Colombia", representantes de ONG, funcionarios del Estado y pobladores locales se reunieron en diciembre de 2001 para evaluar los proyectos que se venían anunciando en la región. Un grupo de campesinos con caras solemnes se sentaron en silencio en sillas de plástico verde en el salón más grande del colegio regional de Puerto Asís, mientras que grupos de funcionarios de los pueblos cercanos saludaban a viejos amigos y rivales políticos con entusiasmo. Más parecido a un pabellón que a un salón, el espacio estaba abierto por los cuatro lados, dando paso al aire húmedo, con columnas de cemento pintadas de verde que sostenían el techo de zinc. Durante dos tardes seguidas, en varias sesiones de grupos temáticos reunidos en distintos salones de clase y en conversaciones privadas mientras tomaban café negro azucarado, discutieron sobre la violencia política, la coca y el desarrollo alternativo. Rechazaron la fumigación como un ejemplo de la continua traición a la confianza campesina y a las expectativas surgidas a partir de las promesas del Estado. Expusieron sus miedos de que los proyectos de desarrollo planeados corrieran con la misma suerte. Algunos se aventuraron a murmurar comentarios en lenguaje cifrado acerca del aumento dramático de las muertes y de los hombres armados que ocupaban muchos de los pueblos pequeños.

En sus palabras de bienvenida, los organizadores se refirieron a la historia de las demandas locales al Estado, recordándole a la audiencia: "[Esta] no es la primera vez que el campesinado de Putumayo intenta poner a nuestro gobierno una salida social al cultivo de la coca con apoyo social", y enumeraron en gran detalle las múltiples estrategias aplicadas en la zona por los campesinos cocaleros. Caracterizaron al Estado como un traidor indiferente y a los campesinos cocaleros como aspirantes a ser considerados ciudadanos. Esta reunión organizada por ONG colombianas con sede en Bogotá solo fue un ejemplo de las alianzas políticas que se establecieron en Putumayo entre pobladores, funcionarios locales y ONG con el objetivo de responder a las políticas impuestas por el gobierno a través de recuentos de su sufrimiento en foros políticos y encuentros con los formuladores de política pública. Aun cuando la mayoría de estos esfuerzos eran invisibles o no tenidos en cuenta en las arenas oficiales de la formulación de política pública en Washington, los imaginarios de la política pública y las prácticas de quienes son objeto de intervención se constituyen en un lugar crucial para entender el proceso de formulación de la política pública en su totalidad.

Los habitantes de Putumayo enfrentaban muchos obstáculos para participar en la formulación de políticas públicas. Durante este período, debido a las inundaciones, las áreas rurales apartadas eran en gran medida inaccesibles gran parte del año, además de que el transporte a los cascos urbanos municipales era costoso y demorado. Muchos pobladores carecían de la educación formal que se requiere para navegar a través del papeleo de la burocracia estatal. Aún más significativo era el hecho de que los pobladores no eran considerados actores políticos legítimos, sino que eran estigmatizados como criminales y, como tales, era legítimo excluir sus perspectivas de los debates de política pública tanto en Colombia como en Estados Unidos. Por consiguiente, un objetivo central de la formulación de política pública en Putumayo era el de redefinir a los pobladores como ciudadanos legítimos con propuestas que merecían ser tomadas en cuenta por los actores estatales nacionales e internacionales.

En este período, en Putumayo, todos los proyectos humanitarios, de contrainsurgencia, de derechos humanos y de construcción de nación convergieron —para usar el argot militar— en el mismo teatro de operaciones. Los antropólogos María Clemencia Ramírez y Oscar Jansson han explorado la puesta en marcha de estos programas en Putumayo y han expuesto las complejas articulaciones entre seguridad y desarrollo, y sus efectos coercitivos (Ramírez, 2010; Jansson, 2008). Putumayo salía muy raramente a la luz pública en Estados Unidos, con la excepción de reportajes en las noticias relativos a la fumigación aérea, de manera que se puede afirmar que era un lugar marginal tanto literal como políticamente. Sin embargo, como Anna Tsing nos recuerda, la marginalidad es ante todo "una relación continuada con el poder" (Tsing, 1993, p. 90). En este capítulo, me enfoco en cómo los pobladores y funcionarios públicos de Putumayo intentaron entablar una conversación con estos poderes distantes y se movilizaron para influenciar las políticas públicas que impactaban su región, antes que en enfatizar la puesta en práctica de las políticas.

Al mismo tiempo que Estados Unidos empezaba a financiar la fumigación, los batallones antinarcóticos del ejército colombiano y, finalmente, los proyectos de desarrollo alternativo en la región, el conflicto alcanzaba su cenit en la medida en que los paramilitares y los guerrilleros disputaban el control de la región. La vida cotidiana en Putumayo se vio profundamente afectada por la fuerte militarización, por cuanto los encuentros frecuentes con los actores armados conllevaban retenes, detenciones, vigilancia, coerción e incidentes de hostigamiento, violaciones y tortura. Los sistemas negociados de arbitraje se vinieron abajo y el poder se expresaba a través del uso del fusil (Ramírez et al., 2012). En la medida en que esta violencia consumía a los pobladores, ellos acudieron a las posibilidades que les ofrecían salir de la región para promover políticas públicas alternativas. En este capítulo, examino la manera cómo, a quién y en qué términos hizo la gente reivindicaciones políticas en este disputado y complejo terreno. A pesar de su inhabilidad para moldear las políticas en cuestión, a través de este proceso, los pobladores y funcionarios locales generaron nuevas prácticas y subjetividades, y sentaron las bases para futuras demandas y formas emergentes de acción política.

7.1. Ciudadanía 'proxy' y los putumayenses en las redes transnacionales

Los funcionarios del Estado en Putumayo construyeron asociaciones transnacionales con ONG para facilitar sus viajes y cabildeo en Washington, invirtiendo así el modelo tradicional de alianzas entre activistas que buscaban influenciar a los gobiernos centrales de Latinoamérica. Al mismo tiempo, los habitantes del departamento movilizaron los canales institucionales existentes con el fin de presentar nuevas propuestas para un modelo alternativo de sustitución de cultivos dentro de una visión de desarrollo agrícola antes que bajo la métrica de erradicación de la coca como respuesta a la lógica antinarcóticos. Estos intentos se vieron limitados por los imperativos contradictorios del desarrollo y de los programas antidrogas, así como por las demandas de una evaluación científica, que desestimaba los testimonios de la experiencia vivida por ser anecdóticos, y, por consiguiente, una forma de conocimiento de política pública inaceptable. De manera que, aunque los putumayenses intentaron producir formas legítimas de conocimiento de política pública para justificar su oposición al Plan Colombia y reafirmar sus reivindicaciones de política alterna, estas iniciativas no tuvieron mayor éxito.

Las decisiones fundamentales en cuanto al Plan Colombia, entre ellas el diseño de programas, las estrategias para su puesta en práctica y los niveles de financiación, se tomaron en Washington sin la participación de los funcionarios colombianos locales y mucho menos de los habitantes de la región. En su búsqueda para lograr acceso a estos espacios de formulación de política pública, los putumayenses dependieron de la ciudadanía *proxy*, según la cual algunos de los derechos de la ciudadanía —por ejemplo, la capacidad para hacer reclamos de reparación al Estado con base en su experiencia como sujetos de gobernanza— fueron conferidos y realizados a través de sus relaciones y afiliaciones con redes de ONG de derechos humanos.[1] Esta promoción de política pública alternativa se hizo posible a través de los nexos transnacionales mediados por promotores no gubernamentales de política pública en Colombia y en Estados Unidos. Las ONG estadounidenses permitieron a los activistas colombianos funcionar como sus *proxies*, al delegarles autoridad, legitimidad política y derechos políticos de acceso a estos espacios de confrontación con el Estado norteamericano. Los reclamos de los colombianos sobre su condición de ciudadanía parcial emergen de su experiencia como sujetos de gobernanza, expresada por medio del testimonio como una clase particular de conocimiento experto sobre política pública. Los activistas colombianos hablaron como víctimas de las políticas de Estados Unidos, quienes experimentaron la gobernanza a través de los programas que emanaban de este país,

[1] La ciudadanía *proxy* emerge de las múltiples maneras en que la ciudadanía contemporánea puede desagregarse en los derechos y obligaciones particulares que la componen. Las historias de ciudadanía han documentado cómo los derechos y obligaciones conferidos por el Estado a miembros de la nación han sido extendidos a nuevas categorías de sujetos que tienen y reclaman derechos, produciendo nuevas subjetividades ciudadanas. Al mismo tiempo, la investigación etnográfica ilumina las formas en que la ciudadanía es accesible de manera desigual a distintos grupos, géneros, razas y clases dentro del mismo Estado-nación (Fikes, 2009), la cual se ha descrito como ciudadanía disyuntiva para el caso de Brasil (Caldiera y Holston, 1999; Holston, 2008). La migración y los flujos de trabajo y capital han creado campos políticos transnacionales y han desterritorializado las experiencias de ciudadanía vividas, así como las categorías legales disponibles para los migrantes (Coutin, 2000 y 2007), incluyendo lo que ONG describen como "mutaciones", al desagregar los componentes de la ciudadanía entre poblaciones móviles (2006). Las historias de las luchas por la ciudadanía en Estados Unidos revelan cómo las obligaciones de la ciudadanía, tales como pagar impuestos y servicio militar periódico, estar sujeto a legislación restrictiva, pueden ser legalmente y en la práctica separadas de los derechos y recompensas de la ciudadanía, tales como votar, participar en la política y en programas de subsidios sociales (Brodkin, 1998).

y solicitaron un cambio de política en Washington, ofreciendo asesoría sobre cómo debían redirigirse estas políticas públicas.[2]

La ciudadanía *proxy* amplía el concepto de "la persona partible" (Strathern, 1998), para explorar las maneras en que paquetes partibles de derechos y obligaciones se movilizan a través de procesos transnacionales de gobernanza y activismo. Estos activistas colombianos no portaban pasaportes estadounidenses, no votaban, no pagaban impuestos y no reclamaban cualquiera de los otros múltiples deberes y derechos de la ciudadanía estadounidense. Sin embargo, en vez de reivindicar una relación legal con el Estado norteamericano, reclamaban el derecho político de pedir rectificaciones de este como sujetos de su gobernanza, en un proceso legitimado por sus relaciones con ciudadanos defensores y promotores de su causa. La ciudadanía *proxy* es una forma de ciudadanía elevada a la escala del continente americano para abarcar la gobernanza *proxy* ejercida por las dependencias del gobierno estadounidense a lo largo del hemisferio; como tal, refleja la manera como esta experiencia vivida individualmente cambia la identidad de las personas al ser sujetos de esta gobernanza (Greenhouse, 2002, p. 196). A la vez, el acceso al Estado estadounidense requería un proceso de legitimación por parte de aliados estratégicamente posicionados, lo cual implicaba "encuentros entre actores de espacios sociales y políticos profundamente diferentes, pero, aun así, conectados" (Cowan, 2008, p. 250). Este proceso no solo generó oportunidades políticas y creó nuevas subjetividades ciudadanas, sino que implicó costos políticos en la medida en que los activistas se vieron forzados a transformar sus reivindicaciones.

7.2. Oposición al Plan Colombia: proponiendo alternativas

Al ser excluidos del diseño del Plan Colombia, los putumayenses se vieron forzados a considerar cómo influenciar en el paquete de ayuda una vez que fuera anunciado. Las estrategias que adoptaron revelan las múltiples maneras en las que intentaron volverse legibles como sujetos políticos legítimos y como expertos creíbles sobre la situación en la región, capaces de hacer valer sus reivindicaciones sobre políticas alternativas. Estos reclamos se enfocaron en tres áreas: la necesidad de desarrollo sostenible, la oposición a la fumigación y la exigencia de poner fin a la violencia

2 El cambio, de solidaridad laboral a filantropía laboral, en el caso de las campañas para apoyar a los trabajadores sindicalizados de Coca-Cola en Colombia (Gill, 2009) —lo que otros analistas han llamado solidaridad-caridad en el caso de los trabajadores del carbón (Chomsky y Striffler, 2008)— traza un proceso similar de transformación política.

militar-paramilitar. Sus principales estrategias comprendieron construir alianzas con funcionarios del Estado locales y con ONG internacionales, especialmente con aquellas con sede en Washington, para facilitar así el acceso a los espacios de formulación de política pública. Sus reivindicaciones de legitimidad se centraron en sus identidades particulares como campesinos, en reivindicaciones científicas sobre el impacto nocivo de la fumigación en la región y en testimonios como testigos oculares del daño causado por el Plan Colombia.

El entonces gobernador Jorge Devia describió los programas del Plan Colombia anunciados en la región como "migajas" que se llevarían a cabo en vez de los proyectos de infraestructura sostenibles requeridos para generar reales alternativas a la economía de la coca. Devia viajó a Washington a principios del año 2000 haciendo parte de una delegación organizada por el Centro Robert F. Kennedy para la Justicia y los Derechos Humanos, con sede en esa ciudad. Allí se reunió con formuladores de política pública estadounidenses, incluyendo congresistas y representantes del Departamento de Estado, y conoció de primera mano los contenidos del Plan Colombia. A su regreso, Devia se unió con los gobernadores de otros cinco departamentos vecinos para formar la Alianza Sur con el fin de oponerse a los programas de Estados Unidos. Los gobernadores rechazaron el Plan Colombia de forma explícita, en parte porque fue diseñado sin la participación de las autoridades y comunidades locales. Después de que el presidente Pastrana se rehusó a reunirse con ellos, los seis gobernadores procedieron a construir conexiones con ONG nacionales e internacionales, y viajaron a Washington a hacer cabildeo ante los formuladores de política pública estadounidense.[3] Varias ONG con sede en Washington organizaron y financiaron el viaje de los seis gobernadores y programaron sus comunicados de prensa, así como las reuniones de cabildeo. En febrero de 2001, la Alianza del Sur presentó su Proyecto del Sur, en el que proponían el incremento de la inversión social y el fin de la fumigación, y ofrecían un modelo de desarrollo alternativo sostenible y participativo como la base para la construcción de paz en la región.

Los cultivadores de coca vieron su conexión con el Estado como la clave para legitimar sus organizaciones, y se dieron cuenta de que, a través de su trabajo con comités municipales legalmente constituidos, podían abrir espacios políticos para desarrollar propuestas contra las fumigaciones. Al movilizar las redes y prácticas

---

3 El presidente Álvaro Uribe también se rehusó a abordar las preocupaciones de los gobernadores (Ramírez, 2011).

desplegadas durante protestas previas —más recientemente durante las marchas cocaleras de 1996—, una alianza entre los funcionarios del Estado local y los líderes campesinos buscó utilizar los consejos municipales de desarrollo rural (CMDR) para proponer políticas alternativas, posponer las fumigaciones y reconceptualizar las operaciones antinarcóticos en la región. Los CMDR fueron uno de una serie de mecanismos para la participación política local que fueron desarrollados como parte de las iniciativas de descentralización y democratización de principios de los noventa. En muchas zonas rurales, los alcaldes y grupos de campesinos colaboraron en el contexto de estos concejos para diseñar planes de desarrollo rural. La Asociación Nacional de Usuarios Campesinos (ANUC) (creada por el Estado nacional) y otras organizaciones campesinas hicieron de los CMDR una parte central de su estrategia para incidir en la política agraria a nivel nacional. Como resultado, la Ley General para el Desarrollo Agropecuario y Pesquero requirió del establecimiento de un CMDR en todo municipio (Ramírez, 2011). La dirección de la ANUC promovió la constitución de CMDR a lo largo del país, incluyendo Puerto Asís, en un esfuerzo por expandir su voz política. Dentro de Putumayo, la ANUC no había participado en el movimiento cocalero de 1996 y, por otra parte, los líderes del Movimiento Cívico que dirigieron las negociaciones que pusieron fin a las protestas no permitieron que el representante de la ANUC en el departamento tuviera un asiento en la mesa. Sin embargo, después de la intensa persecución de los líderes cocaleros en 1997 y 1998, la ANUC y el CMDR llenaron un vacío de liderazgo. Para 1999, los funcionarios del Estado locales promovían los CMDR para coordinar sus actividades y proveer seguridad cuando viajaban a las comunidades rurales.

En el CMDR de Puerto Asís, los funcionarios locales y los campesinos cultivadores de coca trabajaron juntos para desarrollar una política pública explícitamente en contra del Plan Colombia que se conocería como la propuesta de los pactos sociales. Los pactos sociales eran acuerdos entre comunidades de cultivadores de coca y el gobierno colombiano que estipulaban la suspensión de la fumigación y la provisión de ayuda alimentaria y de asistencia agrícola a cambio del compromiso colectivo de una erradicación manual voluntaria y gradual de los cultivos de coca. Manuel Alzate, el entonces alcalde de Puerto Asís, quien se había posesionado en 2000 y que trabajó con la entidad regional encargada del medio ambiente y con el CMDR, manifestó: "Vimos la posibilidad de pasar un proyecto al gobierno nacional y a las embajadas, de manera especial a la Embajada de Estados Unidos, mostrándoles la posibilidad de que, además de la fumigación, podía existir otro camino, que era la erradicación manual". Cuando Gonzalo de Francisco, el coordinador nacional del

Plan Colombia, llegó a Putumayo a presentar el Plan, los representantes del CMDR y el alcalde expusieron a su vez los "pactos sociales" como una alternativa, tanto a la estrategia centralizada de desarrollo del Plan Colombia como a la fumigación. Entre diciembre de 2000 y julio de 2001, el gobierno colombiano y 37.775 familias de nueve municipios firmaron estos pactos (Ramírez, 2011).

En la medida en que el conflicto escalaba, los grupos armados escogieron como blanco a quienes se desplazaban entre las veredas y los cascos urbanos municipales, acusándolos de ser informantes. Las FARC condenaron al CMDR, acusándolo de haber sido cooptado por el Estado y asesinaron por lo menos a un líder de dicho consejo. Por su parte, los paramilitares a principios de 2001 asesinaron primero un líder campesino activo en el proceso del CMDR y después a dos presidentes de asociaciones comunitarias. El 24 de septiembre del año 2000, las FARC declararon un paro armado que duró hasta el mes de diciembre, consistente en prohibir en la región todo el tráfico por carretera y gran parte del tráfico fluvial. Los extensivos retrasos en el suministro de la ayuda alimentaria menoscabaron el proceso de los pactos sociales, de manera que, después de catorce meses de puesta en práctica del programa, menos del 5 % de los campesinos que firmaron el primer pacto habían recibido la asistencia que se les asignó. Según el Grupo de Trabajo sobre Latinoamérica, "más de dos años después, solo el 21 % de la ayuda para los proyectos de seguridad alimentaria había sido entregada y solo el 24 % de quienes participaban en los pactos sociales había recibido todo o una parte de la ayuda prometida" (Marsh, 2004). Debido a que considerable cantidad de la ayuda no se había entregado, muchas familias no erradicaron sus cultivos de coca y el gobierno de Pastrana y la AID declararon el fracaso de los pactos sociales.

El colapso de los pactos sociales reveló las complejidades que conlleva actuar en este territorio en disputa y que la lógica dominante de las operaciones y de las políticas públicas de Estados Unidos consistía en imponer la agenda antinarcóticos sin importar los desafíos que enfrentaban las comunidades locales. El cronograma operativo de los funcionarios de Estados Unidos y sus contratistas *proxies* era inalterable y respondía a presiones dentro de Estados Unidos, particularmente al ciclo electoral de dos años que enfrentaban todos los miembros de la Cámara de Representantes y, además, las evaluaciones que empleaban se basaban simple y llanamente en la eliminación de la coca. Para muchos campesinos, la fumigación continuada demostraba la mala fe del Estado, pues, a pesar de su insistencia de que a las regiones que estaban intentando ejecutar los pactos sociales se les permitiera por lo menos un año de crecimiento de los cultivos legales libres de fumigación para asegurar su viabilidad, la presión del Congreso llevaba a la reanudación de la aspersión área después de solo seis meses de haber sido suspendidas.

Las alianzas entre la población putumayense y los funcionarios locales del Estado, y entre estos funcionarios y las ONG internacionales, demostraron la complejidad de las iniciativas de construcción de Estado en este tipo de zonas marginales. Akhil Gupta explora los encuentros entre las burocracias nacionales y los ciudadanos solicitantes, los cuales desafían "las nociones occidentales sobre el límite entre Estado y sociedad", y las ha contrastado con las relaciones más fluidas entre el servidor público y el ciudadano privado que se encuentran en pequeñas comunidades rurales (Gupta, 1995, p. 384). En Putumayo, los funcionarios locales, líderes comunitarios y miembros de ONG trabajaron en agrupaciones institucionales cambiantes y tenues al intentar volverse legibles por el Estado central como actores políticos legítimos. En este proceso, los funcionarios del Estado reconocieron el estatus privilegiado de las ONG del orden nacional que servían como intermediarias entre los funcionarios locales y el Estado central y, en algunos casos, ONG internacionales: "Nosotros hemos podido confiar en el acompañamiento y dirección de estas ONG", me comentó un defensor del pueblo regional y añadió que estas "tienen una gran influencia sobre el gobierno nacional e, incluso, sobre la comunidad internacional". Estas relaciones demostraron la importancia de distinguir entre las variadas instancias políticas y territoriales del Estado que pueden ser encauzadas para apoyar o desafiar el posicionamiento y los intereses oficiales del Estado.

Aunque los proyectos de desarrollo han sido ampliamente criticados como 'máquinas antipolíticas', en el sentido de que transforman asuntos de desigualdades del poder en cuestiones de administración tecnocrática, fue precisamente esta despolitización la que hizo factible la legitimidad política a los campesinos cocaleros putumayenses (Ferguson, 1994). Acusados por funcionarios de alto nivel, tanto colombianos como estadounidenses, de ser simpatizantes de la política insurgente de las FARC y de estar motivados por las ganancias producidas por el narcotráfico, los putumayenses como colonos de la selva periférica del país apenas tenían una tenue posibilidad de reclamar exitosamente su pertenencia a la categoría de campesino legítimo. En una Colombia en proceso acelerado de urbanización, el papel del campesino es una categoría debatida en sí misma, no solo como un lugar nostálgico y de identidad regional aprobado, sino también despreciado como un lastre para el progreso modernizador. A diferencia de Bolivia y en menor medida de Perú, en Colombia cultivar coca en cualquier cantidad es siempre ilegal. Además, no hay un uso tradicional indígena ampliamente visible para que la coca sirva como base para su aceptación cultural y para justificar su cultivo legal limitado (Grisaffi, 2010; Ramírez, 2011). Los cultivadores locales elaboraron una lógica alterna de desarrollo sostenible, trabajando con el repertorio de las reivindicaciones de política pública desarrolladas a través de generaciones de activismo campesino en el país. Aunque dependían de su posicionamiento despolitizado, sus propuestas eran documentos profundamente políticos que demandaban el fin de la fumigación, así como la inversión regional a largo plazo en mercados e infraestructura.

7.3. Movilización contra la fumigación

A mediados de los noventa, empezaron en el sur de Colombia las operaciones masivas de fumigación, las cuales se extendieron hacia el norte a lo largo de las siguientes dos décadas al compás de la dispersión de los cultivos de coca hacia nuevas áreas. Estos programas fueron financiados y manejados por la Oficina de Asuntos Internacionales sobre Narcóticos y Aplicación de la Ley (INL, por su sigla en inglés), su sección de aviación con sede en la Florida y el contratista militar DynCorp. Los pilotos norteamericanos constituían una variada mezcla de expilotos tanto militares como de avionetas fumigadoras que alternaban su tiempo, pasando semanas en Colombia ejecutando tareas asignadas y semanas alternas de descanso fuera del país. La multinacional agrícola Monsanto con sede en Estados Unidos producía los químicos que fueron asperjados: una mezcla de glifosato y otros aditivos desconocidos. En ese momento, el glifosato, ingrediente principal, era ampliamente utilizado en Colombia y en Estados Unidos como un herbicida disponible comercialmente, vendido bajo el nombre de Roundup. Sin embargo, en Colombia la composición química exacta del líquido que se rociaba al fumigar nunca se ha revelado.[4]

En las operaciones de fumigación, las avionetas dejaban a su paso amplias estelas de la mezcla química. La fumigación era extendida e impredecible, afectando no solo los cultivos de coca, sino también viviendas, colegios, pastizales, caminos, cultivos alimenticios y vías fluviales. En un primer viaje para inspeccionar el daño

---

[4] La controversia alrededor del uso del glifosato para las fumigaciones aéreas sigue planteándose mientras estoy escribiendo este libro. En 1991, la Agencia de Protección Ambiental de Estados Unidos (EPA, por su sigla en inglés) revirtió un fallo anterior que establecía que este químico podía causar cáncer. Sin embargo, en marzo de 2012, la Organización Mundial de la Salud declaró que probablemente el glifosato sí puede causar cáncer. En consecuencia, el gobierno colombiano anunció que suspendería las operaciones de fumigación. No obstante, los funcionarios estadounidenses continúan presionando para que se continúen llevando a cabo estos programas.

causado, una trabajadora de la salud local recuerda: "Todo era amarillo. Yo estaba acostumbrada a ver coca verde por todas partes. Quedé impactada. Eso era lo que veíamos: ni una hoja verde en un árbol. Muchos animales de la selva muertos: micos muertos, pájaros muertos, tanques de piscicultura con miles de peces muertos flotando. Eran los primeros en morir". Por primera vez en sus vidas, los pobladores vieron el follaje de la selva eternamente verde, seco y marchito.

Figura 6. Campesino inspeccionado sus campos fumigados

Fuente: fotografía de Nancy Sánchez, usada con su permiso.

Las primeras quejas contra la fumigación se refirieron a la muerte de unos niños en Puerto Guzmán y a la destrucción de cultivos en remotas comunidades rurales ubicadas en lo profundo de la selva. Nancy Sánchez, quien llegó a la región como una investigadora de derechos humanos y permaneció allí como una empleada del departamento de salud pública regional, describió la situación como "una muerte anunciada", porque los líderes cívicos eran conscientes de que la fumigación se llevaba a cabo en otras regiones, pero no anticiparon su profundo impacto. "Nadie sabía qué hacer; ellos tomaban del agua que había sido fumigada", comentó.

"Muchos niños murieron de diarrea y se presentaban muchos problemas de la piel". Los campesinos se quejaban de que sus animales morían "de tristeza" después de la fumigación y manifestaban que, después de comer o tomar agua en zonas fumigadas, los animales se tambaleaban ("parecían borrachos") y se volvían lánguidos y callados. La policía antinarcóticos desestimó las quejas arguyendo que, si había cualquier problema en la región relacionado con los pesticidas, era resultado del uso del glifosato por parte de los campesinos para matar la maleza en los cultivos de coca.

En la medida en que los pactos sociales se iban desmoronando, los trabajadores de la salud pública, en alianza con ONG de Estados Unidos, recurrieron a la ciencia como una manera de legitimar sus reclamos contra la fumigación en la región. Sin embargo, los activistas que empezaron a trabajar para presentar la fumigación como un asunto de justicia medioambiental pronto fueron confrontados por la lógica restrictiva de la evidencia científica. Kim Forth, en su estudio sobre el activismo que siguió al desastre de Bhopal en India, y Melissa Checker, en su trabajo sobre el proceso de organización en barrios de Chicago contra el racismo medioambiental, demuestran las maneras en que las categorías de riesgo e impacto emergen de jerarquías de poder existentes (Checker et al., 2004; Fortin, 2001; Nelson, 2013). En Putumayo, los campesinos y los activistas que trabajaban con ellos sintieron profundamente cómo las demandas de evidencia científica y de contabilidad servían para deslegitimar sus reclamos contra las fumigaciones. El gobierno central colombiano y los formuladores de política estadounidenses argumentaron que la fumigación era inofensiva y desestimaron cualquier intento de probar científicamente lo contrario. Fue famosa la declaración del Embajador de Estados Unidos en la que afirmó que un infante de la Marina que trabajaba en la Embajada no había sufrido ningún efecto dañino después de aceptar el reto de tomarse un vaso de Roundup. Pero, mientras que contaba esta anécdota durante las reuniones con los activistas que hacían cabildeo contra las fumigaciones, el gobierno de Estados Unidos usaba la ciencia como su principal justificación para rechazar los reclamos sobre los efectos dañinos de las fumigaciones. Según los funcionarios estadounidenses, faltaba la información necesaria para comparar el antes y el después con el fin de establecer la causalidad. No existían los estudios de base, monitoreo continuo o servicios de salud en la región para poder probar de manera definitiva los efectos negativos de la fumigación, o para diferenciar el uso del Roundup por parte de los campesinos del utilizado para la fumigación. La aspersión continuó sin las evaluaciones de impacto ambiental y sin las pruebas de laboratorio que la ley colombiana requería. En esta lógica, el químico se presumía inocente y, al mismo tiempo, la población de la región se presumía culpable de cultivar la coca, lo cual justificaba la extensiva aspersión.

Con el fin de construir un caso científico contra la fumigación, los encargados regionales de la salud pública emprendieron un arduo proceso de recolección de muestras. Su principal preocupación era el impacto en la salud de la población local, pero esto resultó extremadamente difícil de documentar. Su primer intento fue el de hacer un análisis estadístico, usando un enfoque epidemiológico desarrollado por investigadores de la Universidad de Cali para examinar la violencia y los homicidios como un asunto de salud pública, el cual había sido utilizado previamente en un informe sobre los homicidios en la región. Los trabajadores de la salud organizaron una reunión en Puerto Asís para recolectar registros médicos que provenían de toda la región, comprendiendo más de 6.000 quejas sobre los efectos de la fumigación en la salud. Con base en el análisis estadístico de las quejas, encontraron un aumento importante en las muertes por diarrea en la región, lo cual argumentaron era una consecuencia de la fumigación y específicamente de las altas concentraciones de químicos en el agua.

Otra tentativa para documentar el impacto de la fumigación, que implicó el análisis de muestras de sangre, mostró lo difícil que es llevar a cabo este tipo de investigación científica en la remota región de la selva. Un estudio financiado por la OEA requirió que las muestras de sangre llegaran a Canadá para ser analizadas dentro de 24 horas después de haberse tomado la muestra. A pesar de los heroicos esfuerzos para transportar las muestras de la selva de Putumayo a los laboratorios canadienses dentro del espacio de tiempo requerido, el estudio no encontró ningún impacto de la fumigación. Los trabajadores de la salud pública putumayenses arguyeron que el estudio era inválido porque, debido a la época de lluvias, la fumigación había sido suspendida cuatro meses antes de que el estudio empezara, y los directores del proyecto no habían realizado ningún trabajo de campo, de manera que no conocían la programación de las aspersiones. En un segundo estudio, los encargados de la salud pública trabajaron con universidades colombianas y abogados medioambientales ecuatorianos recogiendo muestras de sangre durante semanas en regiones apartadas. Desafortunadamente las muestras fueron destruidas en el tramo final de su viaje a un laboratorio ecuatoriano, cuando el sistema de refrigeración se descompuso.

La respuesta del gobierno a estos estudios fue la de desestimar los hallazgos y limitar las posibilidades de monitoreo por parte de las instituciones estatales. El gobierno colombiano redujo el cometido de los servicios de salud en la región, al desmontarles el poder de investigar el impacto de las fumigaciones, lo cual desde ese momento se convirtió en responsabilidad de las alcaldías. Esto significaba que la gente ya no podía registrar sus quejas donde recibía tratamiento, sino que tenía que ir a la alcaldía a hacerlo. A Corpoamazonia, la agencia medioambiental regional que había emitido una resolución prohibiendo la fumigación por razones medioambientales, también le fue limitado su cometido.

7.4. Defensa de los derechos humanos, promoción de cambios a la política pública y testimonios de sufrimiento

Al no poder producir estudios científicos admisibles, los defensores de la salud pública y otras personas recurrieron a las historias de sufrimiento debido a la fumigación, es decir, a narrativas sobre estómagos vacíos, paisajes marchitos y ampollas en la piel. La atención de los trabajadores de la salud se desplazó hacia el alivio y la documentación de la hambruna y la desnutrición en la región resultado de la destrucción de los cultivos por las fumigaciones. Estos informes se basaron en testimonios de las familias afectadas. Aunque la ciudadanía *proxy* es conferida a ciertos activistas a través de su relación con ONG, dándoles ciertos derechos como ciudadanos —tal como la capacidad para hacer reclamos de reparación al Estado—, los activistas putumayenses fueron a Estados Unidos a presentar su propio caso. Enfocándose en promover cambios dentro del proceso de formular políticas públicas, las ONG estadounidenses y colombianas canalizaron hacia los putumayenses la legitimidad política y los derechos de acceso a los formuladores de política. Por otra parte, las reivindicaciones de estos colombianos de base, que habían emergido de su experiencia de gobernanza, se enunciaron a través del testimonio.

El testimonio ha llegado a circular como una importante forma alternativa de conocimiento experto sobre política pública, aunque con resultados contradictorios. Los críticos del Plan Colombia produjeron recuentos emocionales de experiencias de sufrimiento en género testimonial, el cual ha sido utilizado históricamente en Latinoamérica como una práctica central para incentivar la movilización (Beverley y Zimmerman, 1990; Gugelberger, 1996). En las últimas cuatro décadas, el testimonio ha sido estratégicamente utilizado en los movimientos sociales transnacionales entre Estados Unidos y Latinoamérica como parte de la política de apalancamiento para ayudar a movilizar a los ciudadanos estadounidenses para actuar en defensa de los latinoamericanos. Durante los setenta, el modelo 'bumerán' empleó el testimonio para inspirar a los activistas estadounidenses a presionar a su gobierno para provocar reformas en Argentina y, en los ochenta, los activistas centroamericanos usaron la estrategia 'de señales de bengala' para inspirar a los ciudadanos estadounidenses a demandar cambios a su gobierno (Keck y Sikkink, 1998; Perla, 2008). Empezando 1999 un importante cambio se presentó, a partir del cual los activistas latinoamericanos empezaron a hablar directamente con los formuladores de política pública en un intento de cambiar las políticas de Estados Unidos. Desde 1999 al presente, cientos de colombianos que han trabajado con una gama de aliados políticos estadounidenses, entre los que se encuentran sindicatos, iglesias, organizaciones solidarias y grupos de derechos humanos, se han reunido con funcionarios estadounidenses en Colombia y Washington para relatarles su experiencia sobre las consecuencias de la gobernanza de Estados Unidos y demandar propuestas alternativas de política pública.

El valor del testimonio como conocimiento experto se genera a través de su estatus ontológico como un informe de las condiciones 'en terreno' de lugares escondidos, inaccesibles y peligrosos, que representan auténticamente eventos de vida y producen una historia colectiva de experiencias y análisis comunales (Carr, 2010). Sin embargo, el testimonio como conocimiento de política pública contradice la construcción y la autorización convencional de la experticia a través de la estadística, datos y otras supuestas formas objetivas de análisis experto (Andreas y Greenhill, 2010; Comaroff y Comaroff, 2006; Greenhalgh, 2008; Redfield, 2006; Rosga y Satterthwaite, 2009). La erupción de estos recuentos testimoniales en foros de política pública tiene efectos paradójicos: algunos los aceptan como conocimiento legítimo de política pública, mientras que otros los deslegitiman como anecdóticos, no representativos y carentes de rigor analítico. En gran medida, los funcionarios del Estado hacen caso omiso del contenido de estas reivindicaciones, pues, al estar empoderados a través del poder institucional y discursivo del 'habla del Estado', cooptan estos recuentos y los usan para sus propios objetivos de configuración del poder y de la legitimidad del Estado (Butler, 1997). Aun siendo desestimado, la producción del testimonio en el campo de la política pública puede ser empleada por los actores estatales como evidencia de la práctica democrática e inclusiva del Estado.

En Colombia, el acceso al Estado requería de un proceso de legitimación conferida por aliados estadounidenses ubicados estratégicamente, lo cual conllevaba "encuentros entre actores provenientes de espacios políticos y sociales enormemente diferentes pero conectados" (Cowan, 2008, p. 250). La legitimidad, que es un recurso político crucial para la incidencia y la promoción de cambios, se constituyó por medio de las relaciones establecidas con ONG. Este proceso dependió en parte de los cambios institucionales en las prácticas de formulación de políticas públicas que implicó la creciente dependencia en la experticia privada sobre la política pública proveniente de los centros de pensamiento, durante el período comprendido entre las últimas etapas de la Guerra Fría y la pos-Guerra Fría (Baxstrom et al., 2005). Las reivindicaciones de ciudadanía *proxy* no podían ser presentadas por cualquier putumayense. Los reclamantes no podían ser criminales o simpatizantes de la guerrilla, y mientras se aceptaba a los pequeños cultivadores de coca, no así a los propietarios de grandes plantaciones de este cultivo ilícito. Vale la pena anotar que se consideraba más fiables a los funcionarios estatales locales que a los líderes comunitarios. El proceso de selección que requería la ciudadanía *proxy* ocurría en una jerarquía anidada de organizaciones. Las ONG estadounidenses desarrollaron asociaciones con grupos nacionales específicos que a su vez establecieron vínculos con ciertos activistas regionales y en los pequeños pueblos. Estos aliados internacionales organizaron talleres de capacitación, respondieron por las aplicaciones para obtener la visa, pagaron los pasajes aéreos, auspiciaron reuniones y sirvieron como traductores. También, evaluaron potenciales participantes para su aceptabilidad y asesoraron sobre la producción de narrativas políticamente aceptables.

Las ONG estadounidenses suministraban los recursos materiales y políticos significativos requeridos para la ciudadanía *proxy*. Para acceder a los funcionarios de Estados Unidos, aun dentro de Colombia, con frecuencia se requería viajar, a menudo desde aldeas distantes a las capitales municipales o hasta Bogotá. Las ONG estadounidenses y colombianas pagaban sus costos de transporte, hoteles y alimentación. Tener conexiones con las ONG también facilitaba las aplicaciones a visas, posibilitando evitar, entre otras cosas, los requisitos financieros para viajes de corta duración, así como la espera requerida para la entrevista, que a veces podía llegar a tardar hasta dos años en ese momento.

Mediante sesiones informales de capacitación, se les enseñó a numerosos activistas colombianos sobre cómo incidir en la política pública en Estados Unidos y lo básico sobre la política estadounidense basada en la influencia de diferentes grupos de interés y en los votantes en los distritos respectivos del Congreso. También fueron capacitados en la presentación de ciertas clases de narrativas de derechos humanos. Varios estudiosos del Movimiento Santuario de los ochenta y principios de los noventa han analizado cómo la producción de 'buenas historias' fue fundamental para las actividades continuas de este movimiento en Estados Unidos (Lorentzen, 1991). Estas buenas historias requerían de un enmarque particular sobre la historia y los conflictos salvadoreños, un estilo de hablar carismático y víctimas auténticas que pudieran hacer *performance* de su sufrimiento sin exponer evidencia de cualquier daño psicológico. Sus historias debían generar "empatía para provocar una sensación de urgencia y obligación o responsabilidad", así como "estar adaptadas a las normas, valores y [auto]percepciones estadounidenses" (Perla y Coutin, 2010, p. 12). Los activistas centroamericanos jugaron un papel central en la movilización del Movimiento Santuario, y, a pesar de negar discursivamente su agencia política, la desplegaron estratégicamente como parte de su estrategia de movilización política.

Del mismo modo, a los activistas colombianos se les instruyó para que fueran extremadamente concisos, presentaran narrativas lineales enfocadas en acontecimientos específicos y centraran sus complicadas historias sobre la violencia colombiana en una sola anécdota que se pudiera entender y suscitara la simpatía de los jóvenes auxiliares del Congreso que apenas disponían de quince minutos para asistir a una reunión. Sin embargo, en la práctica mantuvieron su agencia en la producción de narrativas particulares. En general, los colombianos ejercieron una considerable iniciativa cuando elaboraron sus historias, y a menudo subvertían las instrucciones de ser breves o enfocarse en los casos más recientes. En lugar de esto, trataron de proveer un análisis contextual y con frecuencia presentaron los casos que les habían impactado más, tal como los ataques a sus propios familiares, o eventos que habían presenciado, en vez de los relatos simplificados y el análisis ponderado de última hora que se les aconsejó presentar.

Mucho del debate sobre el género testimonial se ha enfocado en la cuestión de la autenticidad debatida y la representatividad colectiva (Arias, 2001). En cambio, en este capítulo, exploro cómo funcionó la forma testimonial como una práctica política y un conocimiento experto. Estos activistas produjeron y legitimaron sus argumentos políticos a través de recuentos emocionales de encuentros con el Estado estadounidense vivenciados por medio de los programas militares y antinarcóticos desarrollados y financiados por este país que se aplicaron en sus regiones. Estas narrativas políticas eran recuentos sobre el sufrimiento profundo —que incorporaban perspectivas de género— antes que recuentos sobre agencia o resistencia política. Las mujeres en particular se posicionaron como figuras maternales y cuidadoras con respecto a los miembros de sus familias, así como de la comunidad en un sentido más amplio. Asumir este papel fue particularmente importante en una región como Putumayo, donde sus habitantes eran doblemente sospechosos de ser simpatizantes de la guerrilla o narcotraficantes, ambas condiciones ampliamente consideradas como identidades masculinas. Aunque tanto el testimonio como el conocimiento de la política pública buscaban inspirar a la acción a quien escuchaba, en este caso la audiencia no eran activistas estadounidenses motivados para protestar, sino funcionarios del gobierno que actuaban cambiando la política pública. En el ámbito de la experticia sobre política pública, el enfoque no estaba en el sufrimiento y la movilización política del narrador, sino en el suministro de conocimiento oculto y en la producción de información sobre el papel del Estado que pudiera utilizarse en la formulación de política pública (Carr, 2010, p. 21).

Las reuniones de cinco activistas de Putumayo en noviembre de 2008 iluminan unas características significativas de este proceso. La delegación se organizó para publicitar el trabajo de unas redes pequeñas y frágiles, pero significativas, de activistas de pequeños pueblos, sobre todo de la Alianza de Mujeres de Putumayo (en adelante la Alianza). La Alianza fue fundada en 2003 en respuesta a una escalada de violencia política en la región; su trabajo se enfocó en documentar abusos, ofrecer talleres educativos y desarrollar redes de apoyo para mujeres en las localidades. Cuatro de los cinco miembros de la delegación pertenecían a la Alianza. Patricia, una maestra rural diminuta de voz suave con unos cincuenta y tantos años, ejemplificaba el importante papel de las maestras públicas como el primer vínculo entre las aisladas aldeas y la capital. Blanca, una robusta mujer, cuyas anchas manos revelaban una vida de arduo trabajo, había sido una líder de los familiares de los desaparecidos que buscaban los restos de sus parientes en las fosas comunes de la región. Ella era una testigo insistente de la desaparición de sus cuatro hijas. Marta, de treinta y tantos años con pelo negro cortado en capas y una mirada ansiosa, era una nueva miembro de la Alianza, así como de La Ruta Pacífica, una de las más grandes y antiguas organizaciones pacifistas feministas en el país, inspirada en parte por las protestas simbólicas de grupos transnacionales, tales como las Mujeres de Negro (Cockburn, 2007). Sandra, una madre soltera delgada y seria, con veinte y tantos años, habló a nombre de la Asociación Campesina del Suroriente de Putumayo (Acsomayo), que sostiene representar alrededor de 13.000 campesinos y 2.300 indígenas, y es una organización miembro de la Red de Mujeres. Ella había asumido la dirección de Acsomayo después de que grupos paramilitares asesinaron a su anterior presidente. Celestino (nombre cambiado), el único hombre participante en la delegación, representaba al pueblo cofán, uno de los trece pueblos indígenas de Putumayo. Los acompañaban el director ejecutivo de Minga, una ONG con sede en Bogotá que proveía apoyo legal, moral y político al grupo, junto con su representante radicada en Putumayo.

Al llegar a Washington, los activistas putumayenses confrontaron la narrativa sobre su historia que los encasilla como criminales y auxiliares de la guerrilla, transformados en ciudadanos legítimos a través de la intervención de Estados Unidos. Esta visión tanto de los problemas históricos de Putumayo como del éxito de los programas financiados por Estados Unidos en la región era ampliamente promovida por los funcionarios públicos y contratistas estadounidenses mediante boletines informativos, entrevistas de prensa e informes oficiales, siempre en inglés. En sus reuniones en Washington, los activistas putumayenses retaron de manera directa estas conclusiones y afirmaron que la seguridad no había mejorado, y que múltiples grupos armados seguían presentes de manera continua en la región. Los activistas argumentaron que los militares colombianos en vez de proveer seguridad —como se aseveraba— de hecho contribuían a la inseguridad, incrementaban los niveles de violencia experimentada por los pobladores y violaban sus derechos. Su crítica a los programas antinarcóticos llevados a cabo en la región con la ayuda estadounidense no se basaba en una evaluación de lo ineficaces que eran estos programas para reducir el flujo o afectar el precio y la oferta de drogas ilícitas en Estados Unidos, sino que ligaban los programas antinarcóticos a problemas sociales regionales de más envergadura, enfocándose en el costo personal para la población. Por último, argumentaron que la política pública de Estados Unidos debía reorientarse, alejándola de la ayuda militar y dirigiéndola a proyectos humanitarios y de desarrollo.

El momento de más alto perfil del viaje lo constituyó el testimonio que dio la delegación ante la Comisión de Derechos Humanos de la Cámara de Representantes, un evento que duró dos horas en la tarde de un jueves. Aunque esta Comisión es oficialmente sancionada por el Congreso, no tiene a su cargo examinar propuestas de ley, sino que se convoca voluntariamente para educar a los miembros del Congreso y al público en general en asuntos relacionados con los derechos humanos. La audiencia ante la Comisión reprodujo muchos de los elementos esperados del *performance* de un testimonio como un evento público. Los activistas le dieron la cara al público desde una tarima elevada, todos sentados detrás de un escritorio largo, usando micrófonos con cuellos flexibles de metal para dirigirse a una audiencia simpatizante. Los dos miembros del Congreso que se encontraban en la tarima no interrogaron a los activistas, sino que les permitieron hablar de manera ininterrumpida y elogiaron su trabajo y valentía. La audiencia se celebró en el edificio Rayburn, un edificio grande, de aproximadamente 50 años de haber sido construido, donde muchos de los congresistas tienen sus oficinas. Por ser abierta al público, cualquiera podía entrar a la audiencia después de pasar a través del detector de metales a la entrada del edificio. Sin embargo, los asistentes a la audiencia, que se encontraban sentados en asientos de metal con espaldar recto organizados en hileras con un pasillo en medio, consistían principalmente en un público simpatizante, incluyendo defensores de derechos humanos que trabajaban en Washington y auxiliares del Congreso, siendo en gran medida liberales demócratas.

Todos los activistas que hablaron se enfocaron durante su testimonio en sus experiencias individuales de violencia y sufrimiento, y, a su vez, los defensores de derechos humanos colombianos radicados en Bogotá hacían anotaciones contextuales para describir la situación general en Putumayo y hacer referencias a sus investigaciones en la región. Entre los activistas putumayenses, Blanca presentó la narrativa testimonial más completa y prolongada, un recuento de la desaparición de cuatro de sus hijas y de la posterior búsqueda de sus cuerpos. Sentada en la elevada tarima ante los miembros de la Comisión, Blanca habló deliberadamente en voz alta sobre cómo un comandante paramilitar —a quien nombró por su alias— se llevó a las niñas, una de 19 años de edad, dos gemelas de 18 y la cuarta de 12 —sacándolas de un asado familiar el 1° de enero de 2001—. En cada reunión durante la misión a Washington, ella repitió los mismos detalles usando las mismas frases. Describió cómo había huido al departamento vecino con los miembros sobrevivientes de su familia y su regreso a buscar los cuerpos de sus hijas en las fosas comunes que habían sido descubiertas por toda la región. Después de que fue asesinada otra líder de las mujeres que buscaban los restos de sus familiares, ella huyó de nuevo, esta vez a Bogotá. Hablaba con breves pausas mientras que lloraba, se secaba sus ojos con un pañuelo de papel o respiraba profundamente en un esfuerzo por mantener la compostura. En ciertos momentos, dirigía sus palabras a una gran pancarta colgada en la pared posterior del salón que mostraba las fotos de sus hijas desaparecidas —la menor en su uniforme de colegio, su cabeza inclinada levemente y una sonrisa inquisitiva en su cara—, lo cual ubicó su recuento dentro de una tradición de presentaciones políticas establecidas en el paisaje visual de los muertos y desaparecidos. Terminó su presentación entre lágrimas al explicar su miseria económica actual y demandar que el gobierno le devolviera su casa, que seguía ocupada por colaboradores de los paramilitares que habían matado a sus hijas, y que le suministrara ayuda para su familia sobreviviente.

Una reunión anterior llevada a cabo en la sede del Departamento de Estado fue más típica de las reuniones de la delegación, y como tal, ilustraba mejor cómo las narrativas testimoniales solían incorporarse en la formulación de política pública. El escenario difería de aquel de la audiencia en el Congreso de varias maneras. La reunión fue cerrada y solo participaron la delegación y algunos funcionarios del

Departamento de Estado explícitamente invitados. Nadie más fue admitido al edificio y mucho menos a la reunión, y a diferencia de la audiencia del Congreso, que se llevó a cabo en una sala de audiencias grande y abierta, esta reunión se celebró en un pequeño salón de conferencias donde los activistas no daban la cara al público. Fue presidida por el funcionario de más alto nivel presente, un hombre viejo en un vestido azul, con dos mujeres jóvenes a sus costados que tomaban apuntes. Los activistas fueron ubicados frente a él en un semicírculo a lo largo de una mesa angosta, con una hilera de asientos puestos contra la pared para el personal de menor rango.

Sin embargo, había similitudes entre las dos reuniones. Durante la reunión en el Departamento de Estado, los activistas hicieron sus presentaciones sin interrupciones, sin el toma y daca comunes al formato de reunión. A pesar de que el acompañante de la ONG abrió la reunión diciendo que las preguntas eran bienvenidas, los funcionarios del Departamento de Estado presentes no hicieron ninguna pregunta ni un comentario sino hasta el final de la presentación. En contraste con el testimonio continuo de la audiencia en el Congreso, los defensores bogotanos intervinieron en ocasiones para suministrar información adicional, citar estadísticas sobre casos adicionales o mencionar sus campañas más amplias de defensa y apoyo a los derechos humanos y cambios de política pública. Tal como en la audiencia, los activistas presentaron relatos de su tragedia personal como representaciones del sufrimiento colectivo. Blanca repitió la historia de la desaparición de sus hijas. Por su parte, el testimonio personal de Marta se enfocó en su búsqueda del cuerpo de su hermana, una representante en la asamblea departamental durante dos períodos, a quien los paramilitares habían sacado de su casa, despedazado su cuerpo y tirado al río junto con otras siete personas. Ella siguió describiendo cómo los aspectos más básicos de la vida cotidiana habían cambiado, puesto que la gente ya no podía salir del pueblo por el miedo de ser acusados de participar en un grupo armado. Patricia relató cómo se tenía que seguir enseñando en colegios cuyos edificios se encontraban ocupados por los grupos paramilitares, sus esfuerzos para ayudar a las viudas y huérfanos de los ataques militares, y su continua preocupación sobre el bienestar de los jóvenes que se veían obligados a atravesar zonas de combate para llegar al colegio desde aldeas distantes. Celestino se enfocó en el reclutamiento militar forzado de los jóvenes indígenas y en "[los abusos] de los integrantes de la fuerza pública, que hacen lo que les provoca [...] porque piensan que todo el mundo está apoyando a la guerrilla".

El reclamo político central de los activistas era que el Estado era cómplice de la violencia paramilitar. La fuerza pública participaba en el conflicto directamente —tal como atacando casas en las comunidades indígenas— o en colaboración con grupos paramilitares. Marta, por ejemplo, enfatizó su estatus como testigo ocular cuando habló de la relación entre los soldados y los paramilitares en su pueblo: "Yo vi con mis propios ojos que tomaban trago juntos, que hablaban juntos, los paras y las fuerzas militares. Y todos nos teníamos que quedar callados".

No obstante, su historia implicaba al Estado de varias formas. Primero, cuando nombró intencionalmente a los paramilitares que trabajaban con los comandantes militares locales de la zona. Segundo, cuando se refirió a la repetida inacción de determinados funcionarios oficiales en la medida en que rehusaron ayudarla: primero, durante la abducción de sus hijas, cuando gritó pidiendo ayuda en la plaza del pueblo; después, cuando rogaba a la policía local y a funcionarios de la alcaldía que tomaran cartas en el asunto; y, más tarde, cuando regresó a buscar los cuerpos entre las múltiples fosas comunes en la región. En este testimonio, ella refutó la narrativa dominante del Estado ausente, al describir repetidamente a los agentes del Estado confabulando con los que incurrieron en la violencia despiadada o rehusando a intervenir a pesar de su presencia en el lugar y de que ella les exigiera en ese mismo momento que lo hicieran. Ella concluyó haciendo referencia a la desposesión en curso generada por la violencia paramilitar en la región: para burla e insulto final, su casa permanecía ocupada por paramilitares armados.

Durante estos encuentros con el Estado norteamericano, los activistas colombianos presentaron su testimonio como una forma de promoción de la política pública en Estados Unidos, donde todo se dirige a lo que se pide al Estado: el *ask*. En su discusión de la crisis humanitaria generada por la destrucción de cultivos alimenticios y de coca, así como por los asesinatos ejecutados por la fuerza pública, Sandra, la líder campesina, les dijo a los funcionarios del Departamento de Estado: "Yo sé que, aunque ustedes no tienen toda la responsabilidad, pues algo de la responsabilidad es del Estado colombiano, muchos de los programas en esta región de los que estamos hablando son financiados por su gobierno". La maestra Patricia les dijo: "Nosotros tenemos que vivir diariamente con los grupos armados, de manera que preguntamos ¿cómo pueden ustedes seguir dándoles dinero a los militares cuando saben que ellos están violando el derecho a la vida, a la vivienda, a la tranquilidad?". El *ask* se encontraba situado en las narrativas en las que Estados Unidos aparecía como cómplice de los abusos del Estado colombiano. Los colombianos también presentaron alternativas específicas de política pública. Sandra solicitó que se financiaran en la zona más proyectos de desarrollo a largo plazo que respondieran a las necesidades locales. "La mejor manera de ayudar a un país a desarrollarse es proveer la ayuda directamente a la parte social del desarrollo, para los niños y la educación", concluyó Patricia. Estas propuestas para la acción política dieron un vuelco a los supuestos de la militarización al argüir a favor de las políticas enfocadas en los civiles y los seres humanos en vez de aquellas impulsadas por lo militar y la tecnología. Como reivindicaciones de política pública, estas exhortaciones ciertamente vagas eran legitimadas por la forma testimonial y autenticadas como experticia por la experiencia vivida del fracaso de la política pública.

7.5. Encuentros para la promoción de los derechos humanos y cambios a la política pública, reconfigurados por el Estado

Para muchos de los que trabajaban para ONG, para el Congreso o para las agencias del Estado, y quienes se habían educado en la política participando o simpatizando con movimientos activistas, el *performance* testimonial era una forma legítima de información política que se podía traducir en acción legislativa con consecuencias para la política pública. Los recuentos también gozaban de credibilidad al privilegiar información local, la noción de que "haber estado en el lugar de los hechos" les daba a los testigos ciertas formas de comprensión individual y conocimiento auténtico que no se podía obtener de otra manera (Allen, 2009; Fassin, 2008). Estos recuentos emocionales de pérdida personal dieron validez a los reclamos de sufrimiento y abuso, y fueron fundamentales para legitimar la crítica de la política pública que hacían los activistas colombianos con base en su experiencia vivencial en la región, y este poder de la experiencia vivida para conferir autenticidad se señaló explícitamente en algunas de las reuniones. A los activistas les hablaron repetidamente algunos funcionarios sobre el valor y la importancia de su testimonio como conocimiento político que podría ayudarles a ellos en el proceso de formular la política pública. En palabras de un funcionario: "Nosotros apreciamos su visita porque es una cosa muy diferente oír directamente de las personas y no solamente leer sobre la situación". Algunos funcionarios también hablaron de haberse afectado y conmovido personalmente por el testimonio que habían escuchado.

Sin embargo, el testimonio de los activistas, fundamental para ganar credibilidad política con sus aliados, como lo requiere la producción de la ciudadanía *proxy*, era también epistemológicamente arriesgado. Algunos formuladores de política lo desestimaron y lo consideraron inadmisible debido a la dependencia de los relatores de las narrativas emocionales e individuales. A los activistas se les urgió que los 'hicieran llorar' a través del testimonio como un medio para generar compromisos políticos de parte de sus oyentes, pero su aflicción pública al relatar sus memorias más dolorosas era vista por algunos como debilidad y exceso de emoción que nublaba su análisis político. Las historias personales emotivas que legitimaban las reivindicaciones de su conocimiento de política a través de la experiencia vivida fueron en algunos casos cuestionadas como fuera de lugar y que no reflejaban el tipo de conocimiento experto requerido para la formulación de política pública. Algunos defensores de derechos humanos temían que el *performance* testimonial fuera susceptible de ser desestimado por parte de los formuladores de política pública a menos que fuera acompañado por un análisis más amplio que permitiera hacer el paso de la inspiración activista al conocimiento de política pública. Este doble constreñimiento *(double bind)*[5] surgió de las maneras en que las prácticas relacionadas con la promoción de los derechos humanos y cambio de política pública dentro de sistemas políticos existentes creaban tensiones irresolubles entre los requerimientos de la acción política inmediata, incluyendo, por un lado, la legibilidad como actores políticos legítimos y, por el otro, demandas más amplias de transformación social (Cattelino, 2010; Fortun, 2001; Redfield, 2012).

Esta dinámica se hizo muy clara en una reunión con un auxiliar del Congreso, un asistente de alto nivel que se autoidentificó como un aliado, crítico de la política pública de Estados Unidos hacia Colombia. Sentado con la delegación alrededor de una larga mesa en un salón de audiencias vacío, les preguntó repetidamente y de manera agresiva a los delegados sobre su análisis general de la dinámica en la región, rechazando sus historias sobre su experiencia de vida. Cuando Celestino habló de su comunidad indígena como en vías de extinción, el auxiliar exigió una explicación: "Cuando usted dice que fue un 'exterminio', ¿cree usted que fue una política o una consecuencia?". Cuando Celestino respondió presentando una serie de estadísticas sobre las comunidades indígenas en la región, el auxiliar replicó: "Este es el tipo de información que necesitamos: datos concretos, datos demográficos que nos permitan ver la diferencia de un momento al otro". El auxiliar volvió a preguntar varias veces: "¿[Este acontecimiento] representa una política, una tendencia, simplemente un evento único o una consecuencia de otros factores?".

---

5 Jessica Cattelino describe un doble constreñimiento *(double bind)* como una situación en la cual "caminos posibles en competencia para superar un dilema se niegan el uno al otro, planteando una contradicción y llevando a que no haya ninguna resolución posible" (Cattelino, 2010, p. 236). En este caso, se requiere de los activistas que desplieguen un *performance* emocional sobre sus experiencias vividas para autenticar así su experticia en política pública y autorizar su participación en la formulación de política pública, aun cuando algunos funcionarios utilizan esta manifestación emocional para desestimar sus reivindicaciones.

Con su lenguaje corporal y comentarios displicentes, el auxiliar claramente señaló que consideraba que los recuentos de sufrimiento obscurecían el análisis requerido y que además deslegitimaban a los delegados. Veía la emoción de Blanca, cuando lloraba relatando una vez más la desaparición de sus hijas, como una distracción de un análisis conciso de las historias más amplias de la violencia. Varias veces me miró para que yo cortara las intervenciones de los colombianos de manera que él pudiera hacer preguntas que él consideraba más importantes. Este auxiliar no consideró el encuentro como un espacio para presenciar los recuentos de la delegación, sino como una oportunidad para profundizar la formación política de los activistas, quienes podían usar las reuniones en Washington como un encuentro educativo, por cuanto intentaba instruirlos sobre la cultura política de Estados Unidos, sobre cómo se definen y qué peso tienen los intereses en los debates sobre la política pública estadounidense. "La política se dirige hacia otro gobierno, no hacia la gente, y se requiere equilibrar los intereses en juego", les dijo a los activistas. Él no estuvo dispuesto a servir como testigo de su *performance* de indignación y dolor mientras presionaban sus exigencias morales sobre el Estado.

Este comportamiento del auxiliar violaba las expectativas de los activistas sobre lo que debía ser una conducta apropiada durante estas reuniones y sobre la respuesta adecuada a sus conmovedores recuentos. Durante la noche después de la reunión, la última al final de un día largo e intenso, los delegados estaban furiosos e indignados con lo que habían percibido como una desestimación irrespetuosa de sus reivindicaciones y tragedias personales por parte del auxiliar. Aún peor fue considerado su intento de explicarles el sistema político de Estados Unidos y el complejo paisaje de intereses políticos que se sopesan para moldear la formulación de política pública estadounidense, pues sentían que con esto él deslegitimaba sus reivindicaciones políticas a través de sus testimonios, llegando a invalidar su presencia. "¿Para qué nos molestamos en venir aquí si ya todo el mundo sabía todo y nada iba a cambiar?", preguntó con enojo uno de los activistas la mañana siguiente durante el desayuno. Los promotores de derechos humanos que trabajaban para la ONG nacional con sede en Bogotá me admitieron que tenían experiencia en proveer el tipo de análisis cuantitativo que se consideraba como legítima información sobre la política, pero que, para los activistas putumayenses que estaban dando su testimonio como un medio para plantear sus reivindicaciones con base en sus dramáticas experiencias vividas, esta demanda era profundamente alienadora.

Los testimonios personales entregados por los activistas colombianos también fueron reconfigurados al servicio de los proyectos estatales. A través del particular poder del 'habla del Estado' para crear realidades políticas y legales, la recapitulación conclusiva del funcionario que presidió la reunión del Departamento de Estado descrita antes reconfiguró los testimonios de los activistas en uno que exoneraba tanto a las autoridades estadounidenses como a los colombianos. Debido a que son las instituciones las que enmarcan los eventos e historias como sancionados por el Estado, sus versiones de la realidad de los eventos circulan con mayor autoridad y credibilidad inherente, dejando sin efecto el intento de los activistas de disputar estas narrativas. Los activistas alegaban repetitiva y claramente que las fuerzas militares apoyadas por Estados Unidos se confabulaban con grupos paramilitares y que las políticas antinarcóticos estaban produciendo una crisis humanitaria. A pesar de esto, los funcionarios borraron de manera retórica la sustancia de las reivindicaciones políticas de los colombianos, rehusándose a reconocer sus aseveraciones de la complicidad del Estado con la violencia paramilitar, así como de la impunidad y amenazas que seguían presentándose en la región. En cambio, ellos describieron la población como "atrapada entre dos fuerzas", nombrando solo a las guerrillas, pero no a los paramilitares o a sus patronos en las fuerzas militares colombianas. En vez de reconocer las maneras en que el Estado colombiano era cómplice de la violencia política, el representante del Departamento de Estado lo describió como ausente. "Porque no están en las comunidades, no hay fiscal, ejército o fuerzas policiales, no hay presencia del Estado", sostuvo el funcionario como la lección final de la reunión. "Si el ejército está allá, solo es porque está pasando por el lugar en ese momento, el gobierno no se encuentra allá". Finalmente, los funcionarios del Departamento de Estado reconfiguraron estas reivindicaciones como una declaración de apoyo a los proyectos de desarrollo militarizados que Estados Unidos formulaba.

En su resumen de la reunión, los funcionarios borraron la crítica fundamental de los activistas en cuanto a los militares violadores de los derechos humanos y al modelo de gobernanza que priorizaba la violencia. "Nos preocupa que no seamos escuchados", dijo un defensor de derechos humanos radicado en Bogotá, antes de delinear una crítica del programa de Estados Unidos en la que se incluían las maneras en que los objetivos de desarrollo social eran militarizados y se subordinaban a los objetivos militares, y cómo los militares violaban los derechos de los civiles. Aunque los formuladores de política pública estadounidenses argüían que Estados Unidos debía presionar ininterrumpidamente a las fuerzas militares colombianas para que "se comportaran bien", rechazaron reorientar el financiamiento hacia proyectos de desarrollo educativo y humanitario como lo proponían los activistas, y, en cambio, respaldaron la creciente militarización de los programas humanitarios y civiles. De esta forma las profundas críticas de los activistas a la política estadounidense fueron reconfiguradas para apoyar los programas que la constituían. No se abordó el contenido de sus reivindicaciones, el testimonio personal y emocional para demostrar la impunidad, violencia y complicidad del gobierno en los continuos abusos en su región. Sin embargo, el hecho de que se llevara a cabo la reunión, que los activistas hubieran podido reunirse con funcionarios estadounidenses —su presencia antes que su discurso— se utilizó como ejemplo de una práctica democrática por parte de Estados Unidos. 'Participar' en la formulación de política pública se redujo a sentarse en la reunión, a la existencia del encuentro en sí mismo, en vez de incorporar las visiones y críticas de la gente a la política pública o a la práctica de la gobernanza.

7.6. Testimonio, defensa de derechos humanos, promoción de políticas públicas alternativas y subjetividades políticas

Participar en la promoción de políticas públicas transformó de manera compleja el sentido de las posibilidades y de la participación política en Colombia. Los activistas temían que su testimonio público llevara a retaliaciones violentas en Colombia, aun cuando consideraban que su voluntad de enfrentar este riesgo demostraba su valor y compromiso personal con sus familiares martirizados. El *performance* testimonial en sí mismo fue un proceso tenso que expuso a los activistas a las contradicciones de su seguridad temporal en Washington y a la violencia que continuaba en su región de origen, así como a las consecuencias emocionales de revivir sus traumas. Por otro lado, viajar a Washington les proveía a algunos activistas nuevas alianzas y recursos políticos, y a la vez contribuía a la conformación de nuevas subjetividades ciudadanas dentro de Colombia.

Los miembros de la delegación colombiana reflexionaban con frecuencia sobre la compleja naturaleza del testimonio como *performance* político, exorcismo curativo y terapia personal. Una gran y creciente literatura critica el supuesto impacto psicosocial del testimonio sobre el relator como una tecnología curativa, y sobre estructuras políticas más grandes como un mecanismo legal de reparación cuando se emplea en las comisiones de la verdad que dependen del testimonio público (Feldman, 2004; Hinton, 2010; Shaw et al., 2010; Theidon, 2012; Wilson, 2001) y en formas emergentes de humanitarismo (Fassin, 2008; Redfield, 2006; Ticktin, 2011; Wilson y Brown, 2011). En las conversaciones sostenidas en Washington fuera de las horas de trabajo —por ejemplo, en los taxis y después de las comidas—, los activistas volvían una y otra vez a referirse al trabajo emocional de dar testimonios, tanto como una carga como una liberación.

Una de las más experimentadas defensoras de derechos humanos radicada en Bogotá reflexionó sobre el estrés emocional que conlleva dejar la rutina diaria de reaccionar a una crisis tras otra que implica el activismo de derechos humanos en Colombia, y pasar tiempo en el ambiente de relativo bienestar de las oficinas de las ONG y de las casas de sus aliados en Estados Unidos y Europa. Ella describió un ciclo de resentimiento, desesperanza e ira que había experimentado durante su primer viaje al exterior, y que desde entonces había sido testigo repetidamente del mismo ciclo cuando acompañaba a otros activistas. "Muchas cosas que las personas no han procesado emocionalmente emergen", me comentó, admitiendo que había experimentado una ola "de intensas emociones" durante sus primeros viajes fuera del país. Esta reacción emocional era también evidente en los tipos de relaciones que los activistas desarrollaban entre sí. Ser testigo se había convertido en la misión y el trabajo de Blanca, quien solía participar en eventos organizados por ONG. Sin embargo, ella seguía viviendo sin un salario regular en condiciones de pobreza en los barrios marginales de Bogotá. Blanca solía terminar su trágica narrativa haciendo un llamado para que la apoyaran financieramente a ella y a sus familiares sobrevivientes. Muchos de los otros activistas veían sus constantes arengas airadas contra ellos como producto de la desgracia de haber perdido a sus hijas, su posterior obsesión con el caso y la pobreza persistente de su familia. "Hay que darse cuenta de que las personas se afectan por estas cosas de diferentes maneras", me dijo una activista. "Algunas personas se enojan y se vuelven gruñonas, algunas personas reaccionan de diferentes formas. Es un proceso largo".

Las diversas respuestas de los activistas eran en parte el resultado de las contradictorias evaluaciones de las posibles retaliaciones violentas generadas por su participación política a través del testimonio público. Se discutía mucho entre ellos sobre el riesgo —qué tipo de discurso generaba riesgo y quién entre ellos corría más peligro—. Por otro lado, correr riesgo era un signo del compromiso político y personal con sus familiares difuntos y desaparecidos, así como con las colectividades y comunidades que sufrían y habían experimentado pérdidas similares, pero que no estaban en condiciones de hablar al respecto. Estas disputas llegaron a un punto álgido antes de la audiencia del *Caucus* de Derechos Humanos del Congreso, cuando las acaloradas discusiones sobre el posible efecto que podría tener la cobertura en los medios de comunicación colombianos llevaron a una de las activistas a rehusarse a participar. Ella me explicó más tarde que tenía miedo de la violencia futura y que estaba emocionalmente exhausta por la expectativa que había de que ella elaborara un recuento narrativo específico sobre eventos dolorosos. Esas reuniones implican "sacarlo todo fuera, recordar todo", me dijo más tarde, "todos los cuerpos que vi, que tuve que recoger, decirles a las familias y encontrar la manera de enterrarlos".

Los activistas también describieron las transformaciones personales, institucionales y políticas de largo plazo que resultaron de su viaje. En el complejo terreno político de su visita a Washington, reiterativamente relataron su experiencia transformativa al hablar. "No sé cómo logramos ser tan valientes", le dijo Patricia a un auxiliar del Congreso cuando describía su trabajo bajo constante amenaza. Algunos sentían que la oportunidad de hablar en una audiencia pública y en reuniones con funcionarios poderosos validaba sus reivindicaciones políticas. Esto contrastaba fuertemente con su descripción de la vida cotidiana en las zonas en conflicto de Putumayo, donde el silenciamiento era profundo y sus reclamos no eran tomados en cuenta, sino, por el contrario, ignorados reiteradamente por los funcionarios del gobierno colombiano.

Estos activistas también ganaron un capital político que les fue útil en sus posteriores encuentros con políticos locales en Colombia, en los que mostraron su posición política transnacional recién adquirida y su aumento de estatus. Una activista recordó cómo se enfrentó al alcalde después de que la amonestó por hablar en Estados Unidos sin autorización. También usaba su pasaporte, con una página entera cubierta por la visa de Estados Unidos, cuando la paraban en los retenes y cuando hablaba con funcionarios, para mostrar sus conexiones transnacionales como una forma de protección política (Bishara, 2010; Poole, 2004). A pesar de su intenso temor durante el viaje, cuando recuerda la experiencia de vuelta en Colombia, describía cómo la hacía sentir "protegida" y que le había dado confianza para hablar, y que había ganado aliados a quienes ella podía referirse o aun llamar en momentos de estrés y confrontación.

Conclusión

Los activistas colombianos tenían múltiples y distintas maneras de evaluar sus experiencias en Washington. Algunos atribuyeron cambios en la política de Estados Unidos a su trabajo. Nueve meses después del viaje, una de ellas me dijo, mientras tomábamos una copa de vino en el patio de una amiga en Putumayo: "Hicimos un gran trabajo, las cosas cambiaron después", refiriéndose a la disminución de la ayuda militar en 2009, un año después de la delegación, y continuó diciendo: "Me gusta pensar que tuvimos algo que ver en eso". Aunque los activistas no lograron los cambios de política pública que buscaban, como eran la suspensión de la ayuda militar y el redireccionamiento de la ayuda hacia los programas humanitarios, insistieron que los cambios en la ayuda habían sido producto por lo menos en parte de su activismo (otras explicaciones podían incluir la disminución del presupuesto de Estados Unidos para la ayuda extranjera, la crisis financiera en Estados Unidos y el cambio de enfoque hacia México debido al aumento allí de la violencia relacionada con la droga). Los miembros de ONG con sede en Washington argumentaron que ellos habían contribuido a los cambios acumulativos. Dichas delegaciones jugaron un papel crucial en generar las relaciones afectivas que sostuvieron los formuladores de política estadounidenses aliados y los activistas examinadas en la conclusión de este libro. Aunque los defensores de derechos humanos de las ONG no eran singular o directamente responsables por los subsiguientes actos políticos, vieron los efectos acumulativos: cartas de apoyo de los miembros del Congreso, declaraciones públicas de apoyo, así como apoyo político en casos específicos y, raras veces, financiación a través de rubros de presupuesto con destinación específica (generalmente dedicados a socios gubernamentales, tal como la Unidad de Derechos humanos De la Procuraduría General de la Nación). Otra activista, al describir la audiencia, reportó con gran entusiasmo que ella había visto soltar lágrimas a un miembro del Congreso durante el testimonio sobre la desaparición familiar, y repitió esta historia más de un año después cuando relataba los logros del viaje.

Otros en Colombia consideraron el viaje una pérdida de tiempo y de recursos, así como una distracción de las demandas de trabajo en sus comunidades. Junto con activistas de todo el país, los de Putumayo debatieron el valor de enfocarse en la promoción de sus reivindicaciones dentro del proceso político de Estados Unidos.[6]

Aunque los activistas colombianos y sus aliados no produjeron los cambios en política pública y gobernanza que demandaban, fueron capaces de transformar profundamente el terreno político más amplio al contribuir a generar nuevas alianzas y relaciones políticas, así como la experiencia subjetiva de identidades políticas. Esta es una forma emergente de pertenencia política producida a través de relaciones en red y centrada en el poder transterritorial de Estados Unidos para ejecutar proyectos de gobernanza en Latinoamérica. Para los activistas putumayenses, su experiencia del encuentro, incluida la producción emocional del testimonio ante el Estado, produjo nuevas formas de ciudadanía empírica que llevaron de vuelta con

6 Los mundos sociales más amplios de estas redes han sido examinados de manera más completa en otros trabajos, revelando claramente las múltiples formas en que ese tipo de activismo es impugnado y criticado (Fitz-Henry, 2011) como "comisiones de turismo" o "campesinos del *jet set*" (Edelman, 2005), antes que como un activismo valioso.

ellos a Colombia. Su experiencia en Washington transformó cómo se entendían a sí mismos como ciudadanos colombianos y sus posibilidades para la participación política dentro de Colombia.

Sin embargo, las campañas en defensa de los derechos humanos y por cambios en la política pública, así como los canales institucionales a través de los cuales operaban, fueron formas de participación política profundamente exclusivistas, en las que las alianzas y afinidades en relación con los promotores de derechos humanos estadounidenses eran un requisito fundamental para el acceso, antes que la simple experiencia de gobernanza en sí misma. Las ONG llevaron a cabo múltiples papeles de control y escrutinio por medio de los cuales controlaban el acceso a la ciudadanía *proxy,* que podía entenderse como parte de un proceso de profesionalización con agendas ideológicas específicas. Mediante este proceso, excluyeron múltiples visiones políticas, entre las que se encontraban los proyectos políticos insurreccionales, así como los segmentos significativos de la población (en algunos casos, la mayoría) que podían acoger con beneplácito las intervenciones de Estados Unidos.

Para los activistas colombianos y estadounidenses, así como para los formuladores de política pública, la fricción en estos encuentros produjo consecuencias no intencionadas antes que las metas de política enunciadas (Tsing, 2005). Para los activistas colombianos, mucho del impacto consistía en la efímera e inconmensurable acumulación de capital político y de credibilidad, como en el caso de la maestra rural colombiana que mostraba su visa de Estados Unidos a los funcionarios locales que trataban de intimidarla para que permaneciera en silencio. Varios de los activistas que entrevisté, cuyas visitas a Washington no fueron discutidas en este libro, me describieron las nuevas alianzas y compromisos políticos establecidos, cuando colombianos de diferentes regiones y organizaciones pasaban días y semanas juntos en reuniones y hoteles. En un caso memorable, se desarrolló una afinidad inesperada entre los activistas de una organización que representaba familiares secuestrados por la guerrilla y los de un grupo que apoyaba los familiares de aquellos perseguidos por la fuerza pública. Esto sucedió a pesar del hecho de que, dentro del paisaje político colombiano, su alianzas políticas eran consideradas opuestas: las familias de víctimas del secuestro eran generalmente defensoras vocales del incremento de la ayuda militar y de seguridad, mientras que aquellos amenazados por la fuerza pública eran críticos de dicho incremento. En este caso, el proceso de escrutinio llevado a cabo por ONG vigilantes aseguró que la organización que representaba a las familias de los secuestrados se enfocara en los policías y soldados de clase baja, mantenidos por la guerrilla, en algunos casos, por más de una década como prisioneros políticos. A través de sus encuentros en Washington, descubrieron una agenda política compartida y, en sus reuniones, decidieron cambiar los testimonios, cada uno describiendo los casos y las tragedias de los otros, como un medio para mostrar su alianza.

Los testimonios entraron a un campo político complejo como reivindicaciones encarnadas en formas particulares de experticia de política pública, comunicadas a través de relatos e historias de vida testimoniales. Esta práctica en la defensa y promoción de derechos humanos y cambio de política mostró un importante uso del testimonio como experticia para la formulación de política pública, antes que como una práctica humanitaria o un mecanismo para lograr justicia. En este ámbito social y político, el testimonio como conocimiento para la formulación de política pública fue cuestionado y debatido por los activistas —como una estrategia epistemológica y físicamente arriesgada—, así como por algunos formuladores de política pública, quienes desestimaron tales intentos, por considerarlos insuficientemente objetivos o analíticos para el proceso de formulación de la política pública. Los activistas debatieron cómo calibrar la emoción, en cuanto a que debía ser lo suficientemente fuerte para que los complejos paisajes de sufrimiento produjeran narrativas políticamente útiles, pero no tan excesiva como para deslegitimar estos recuentos, y estos debates siguen en curso: ¿son las lágrimas una expresión auténtica de la profundidad de una reivindicación política o prueba de una inestabilidad personal? Las condiciones políticas requeridas por estas campañas de defensa de derechos humanos y promoción de política pública fueron profundamente excepcionales: programas de gobernanza *proxy,* operados por Estados Unidos en Latinoamérica, movilizaron a los defensores de derechos humanos estadounidenses listos para canalizar recursos, así como a los activistas en terreno dispuestos a someterse a este arduo proceso. El terreno político de estos esfuerzos en Estados Unidos no contaba con un movimiento de protesta masivo, un reducido espacio político para el disenso y unas burocracias gubernamentales cada vez más amplias dedicadas a promocionar el tema de los derechos humanos. Aunque en las últimas dos décadas las formas de solidaridad transnacional entre ciudadanos estadounidenses y latinoamericanos han disminuido, esto se ha convertido en un importante mecanismo para intentar incorporar la transformación política dentro de los procesos de formulación de la política pública. Para los activistas colombianos y, en algunos casos, para sus aliados, la experiencia de producir conocimiento testimonial sobre política pública a través de encuentros con formuladores de política pública estadounidenses reestructuró una sensación de sí mismos como ciudadanos, actores políticos y víctimas de violencia política. Aunque estos testimonios no fueron aceptados como una verdad revelada, se asimilaron y se absorbieron dentro de las agendas institucionales existentes. Los agentes del Estado podían cooptar estos testimonios para determinados proyectos políticos, usando el encuentro con los activistas como una evidencia de la democracia en acción sin reconocer el contenido de sus críticas. Adoptar estrategias de defensa de derechos humanos y promoción de políticas públicas deseadas era parte de una historia de expresiones cambiantes de solidaridad que produjeron nuevas formas de subjetividades políticas, pero una muy limitada transformación de la política pública.

Conclusión
Plan Colombia, Putumayo y el imaginario de la formulación de política pública

Según los formuladores de política pública en Washington, el Plan Colombia fue un éxito, una feliz excepción a las problemáticas intervenciones de Estados Unidos en otras partes del mundo durante décadas recientes, tal como en el caso del Oriente Medio. Durante años, el presidente Clinton llevaba puesta una pulsera tejida con los colores de la bandera colombiana, amarillo, azul y rojo, como un signo público de su apego al país y de su visión de que el paquete de ayuda era un legado importante de su gobierno. "Colombia es un modelo para la región", declaró en 2013 en su audiencia de confirmación John Kerry, secretario de Estado, "es un ejemplo para el resto de Latinoamérica sobre lo que les espera si podemos convencer a las personas de tomar mejores decisiones".

En esta conclusión, pongo en duda esta narrativa triunfal y ofrezco visiones de evaluación alternativas. En la mayor parte de este libro, he examinado las fuerzas e imaginarios que dieron vida al Plan Colombia, como son la convergencia del trafico transnacional de drogas ilícitas con múltiples proyectos de militarización en Estados Unidos y en Colombia, así como la colisión de esperanzas y aspiraciones de promotores de derechos humanos en Washington, auxiliares en el Congreso de Estados Unidos y campesinos del sur de Colombia. Concluyo con un interrogante sobre el proceso de evaluación de la política pública, en el cual los indicadores, los marcos y los puntos de referencia escogidos para realizar la evaluación revelan que determinadas formas de conocimiento de política son autorizadas y privilegiadas, mientras que otras son descartadas. Así como en el proceso de problematización de la política pública, las estadísticas usadas en el proceso de evaluación —que se presentan como transparentes— de hecho requieren de narrativas que las contextualicen para concretar su significado. Estas evaluaciones también deben examinarse en cuanto a sus ausencias, que en este caso incluyen los campos fumigados, los crueles ataques paramilitares y los esfuerzos frustrados en la organización de la participación colectiva en la formulación de política pública. Las múltiples historias sobre el origen del Plan Colombia también contienen múltiples finales, en la medida en que los formuladores de política se dirigieron hacia nuevas guerras *proxy*, conjurando amenazas inesperadas y defendiéndose de vulnerabilidades nuevamente descubiertas, mientras los habitantes de Putumayo que habían sido objeto de ataques se orientaron hacia nuevas luchas políticas y novedosos futuros imaginados.

Un abordaje antropológico necesariamente implica la evaluación *tanto* de los formuladores y analistas de política pública *como* de los sujetos de la política en cuanto a sus esfuerzos por incidir en el diseño de estos programas y de sus reflexiones sobre el proceso. Los habitantes locales nunca son simplemente receptáculos vacíos de dichas intervenciones, puesto que disputan activamente estos proyectos, moldean sus resultados y producen alternativas. El proceso de puesta en práctica de la política pública conlleva profundos vínculos con estos imaginarios, esperanzas y proyectos políticos, y las transformaciones resultantes no pueden entenderse de manera aislada sin tomarlos en cuenta. Los esfuerzos por parte de los sujetos de la intervención para incidir en la política son centrales para comprender los procesos democráticos contemporáneos. La antropología de la política pública en las democracias se ocupa de cómo se constituye, delinea, autoriza y representa la participación, y también toma en cuenta los rituales y prácticas que certifican los procesos democráticos (Coles, 2007; Paley, 2001 y 2008). El examen de las iniciativas de promoción de la democracia y de construcción de la nación revela que estos proyectos se dirigen más a facilitar resultados de política específicos que a estimular una amplia vinculación con la gobernanza. En el caso del Plan Colombia, el objetivo de intervenciones locales llevado a cabo bajo el titular de 'democratización' no fue, en otras palabras, el de incorporar entendimientos y experiencias locales de problemas sociales, sino el de producir y mantener el dominio de ciertos actores y agendas políticos (Guilhot, 2005).

Los debates actuales sobre política pública en Estados Unidos están orientados implacablemente hacia el presente. Ser relevante en términos de política pública significa estar atado a la problematización de la política y a la producción de conocimientos coyunturales. Otros marcos temporales que podrían iluminar los impactos de las políticas, tales como ciclos agrícolas, ambientales y reproductivos, que se miden en décadas, son invisibilizados y menospreciados. De hecho, las intervenciones estatales, tales como la masiva aspersión aérea de herbicidas químicos, programas de sustitución de cultivos y los cambios en las culturas militares, requieren ser evaluadas dentro de dichos marcos de tiempo de larga duración. Sin embargo, la producción de evaluaciones sobre estas intervenciones —en informes, columnas de opinión y otros tipos de análisis discursivo— sirvió como una forma de sustentación para ciertas formaciones políticas en el presente. Lo que estaba en juego en los debates sobre el Plan Colombia eran las prioridades de política pública para finales de la década de los 2000, incluyendo la violencia del narcotráfico en México, la reconstrucción de Irak y la construcción de nación en Afganistán, lugares con situaciones notablemente diferentes, definidas por preocupaciones similares en términos generales, en cuanto a la contrainsurgencia y la construcción de nación en contextos de economías ilegales arraigadas. Aun cuando el Plan Colombia se convirtió en un modelo para otros países y otros paquetes de ayuda, se desdibujaban las maneras en que esta política se formuló, cómo facilitó la influencia continuada de paramilitares sobre la vida política, así como el hecho de que nunca consideró cómo se podrían mantener formas de vida sostenibles en el campo.

La representación del Plan Colombia como un éxito se consolidó durante finales de la década de los 2000 debido a una serie de informes triunfales emitidos por centros de pensamiento y declaraciones de los mismos formuladores de política pública, así como de autoproclamados expertos. Un informe de 2007 del Centro de Estudios Estratégicos e Internacionales (Center for Strategic and International Studies, CSIS), titulado *Colombia: back from the brink (Colombia: de vuelta del precipicio)*, reconoce muchos logros del Plan Colombia, tales como la expansión de la autoridad del Estado, la reducción de la violencia, la mejoría en el respeto a los derechos humanos, el avance en el proceso de paz, el aumento de la gobernanza, la expansión de la economía y la provisión de servicios sociales. Según Robert Kaplan, "con el tiempo, y en nuestros mejores sueños, Colombia es el modelo al que deberá parecerse Irak" (Kaplan, 2008). En una declaración que hizo en apoyo del envío de más ayuda de Estados Unidos a Colombia en 2008, la entonces secretaria de Estado, Condoleezza Rice, dijo: "Este aliado crucial de Estados Unidos ha acertado en todas las cosas que ha hecho para tratar de lograr estabilidad, democracia y prosperidad para sus propios ciudadanos". En 2010, durante mi trabajo de campo en la sede del Comando Sur en Miami, el oficial encargado de relaciones públicas me reenvió un artículo aparecido en el periódico *National Standard* titulado "El milagro colombiano" (Boot y Bennet, 2009). En las entrevistas que realicé, escuché evaluaciones semejantes por parte de aquellos que habían estado directamente involucrados. El teniente general P. K. 'Ken' Keen, por ejemplo, me dijo en su oficina: "Colombia ha sido muy buena para todos nosotros, era un gran lugar para trabajar", y recordó que su exjefe, el general Charles Wilhelm —quien había facilitado nuestra entrevista al llamarlo e instarlo a hablar conmigo—, veía el Plan Colombia como un estudio de caso de cómo tener éxito. Una de las razones por las cuales estos oficiales estuvieron de acuerdo en hablar conmigo era que esperaban que yo escribiera otro estudio de caso de esa índole.

Yo he sido testigo de las transformaciones sobre las que estos reclamos se basan: Putumayo tiene un aeropuerto renovado y por primera vez tiene carreteras pavimentadas a lo largo de las principales arterias que conectan la frontera ecuatoriana con la capital del departamento. Durante un viaje a Putumayo en 2008, estuve sentada en una mesa en la acera de un bar con miembros de la Alianza de Mujeres de Putumayo, tomando cerveza y celebrando la finalización de un taller, así como el próximo matrimonio de una socia de la Junta Directiva. Mujeres de los pequeños pueblos de Putumayo de nuevo podían viajar a las áreas rurales para visitar a sus homólogas en pequeños caseríos, quienes habían estado aisladas por años durante el intenso conflicto de principios de los 2000. Los grupos paramilitares han dejado de patrullar abiertamente los pueblos y, según muchas de las estadísticas disponibles, los niveles de violencia en Colombia han disminuido y el número de homicidios y secuestros se ha reducido. Por otra parte, las FARC han sido debilitadas: su número de combatientes ha disminuido, algunos líderes importantes han sido asesinados y sus unidades se han visto forzadas a un retiro estratégico. Ya no hay retenes de las FARC en las carreteras principales que paren a los viajeros. La movilidad se ha incrementado y la gente puede viajar libremente sin miedo de secuestros. Se está construyendo infraestructura y el lema turístico del gobierno colombiano proclama que "el único riesgo es que te quieras quedar".

Sin embargo, la narrativa producida públicamente sobre el Plan Colombia como la construcción exitosa de nación esconde tanto como lo que revela. De muchos modos, estas iniciativas de evaluación emergen de unas suposiciones políticas y éticas *a priori:* usted cree que es inofensivo asperjar con químicos sobre miles de hectáreas de tierra —y sobre toda la materia viviente que contienen— o no lo cree. Usted cree que la violencia guerrillera justificaba los ataques paramilitares o no lo cree. Entender la producción del Plan Colombia como una política exitosa requiere examinar estos supuestos, así como las maneras en que la ambigüedad estratégica se despliega en el proceso evaluativo. Finalmente, este trabajo requiere incluir las complejas y contradictorias experiencias de los habitantes de Putumayo, su forma de entender los resultados de estas iniciativas y sus reivindicaciones políticas con respecto a los futuros aún inacabados del Plan Colombia. Para examinar la historia de éxito del Plan Colombia, paso, a continuación, a tratar las historias de tres habitantes de Putumayo que han guiado mi investigación en la región.

Manuel y los fracasos de las operaciones antinarcóticos

Las evaluaciones del Plan Colombia en gran medida han restado importancia a los objetivos antinarcóticos, porque estos programas han fracasado según la métrica contenida en el mismo paquete de ayuda. El estudio de 2007 del CSIS reportó que el objetivo de reducir la coca en un 50 % "no se ha cumplido" (DeShazo et al., 2007). Los analistas de la Corporación RAND reconocieron que "en Colombia la cooperación estratégica y las grandes cantidades de ayuda estadounidense no lograron detener la producción de narcóticos. Colombia sigue produciendo casi dos terceras partes de la cocaína en el mundo" (Bahney y Gereben Schaefer, 2009). Al descartar una de las metas centrales del Plan Colombia, estas evaluaciones impidieron que se diera la discusión sobre la política antinarcóticos, sus metas, prácticas y resultados, relegando así la política antinarcóticos al ámbito de la fantasía política. Esto revelaba su utilidad como un constructo ideológico para facilitar formas específicas de ayuda internacional y que además impedía cualquier debate sustantivo sobre formulaciones de política alternativa a través del paradigma de la 'reducción del daño' implementado en Europa (McCoun y Reuter, 2001), así como sobre las múltiples maneras en que los usuarios experimentaban su consumo de drogas y sus efectos (Garcia, 2010).

Estos análisis también ignoraron el trabajo que de hecho han logrado las políticas antinarcóticos: el traslado de la producción ilegal de drogas y la violencia asociada a nuevas zonas o el regreso a las antiguas, así como los efectos devastadores de los programas antinarcóticos en sus comunidades objeto. Aunque la cantidad de coca cultivada en Putumayo ha disminuido, la mayoría de la coca que se cultiva ahora en Colombia se encuentra en el vecino departamento de Nariño y, además, su cultivo también está aumentando en otras áreas con presencia de conflicto armado. Por otra parte, la disminución del cultivo de coca en Colombia se compensa con el incremento de cultivos en Perú y Bolivia. Mientras tanto, cientos de millones de dólares gastados en fumigaciones aéreas y en esquemas de desarrollo fracasados solo han dejado tras de sí más acusaciones al Estado por conducta indebida de parte de los campesinos, a quienes estos esfuerzos estaban destinados a transformar.

Manuel ha tratado de dejar de cultivar coca durante más de quince años. Después de trasladarse a Putumayo a principios de los ochenta para cultivar coca con su cuñado, empezó a buscar cultivos alternativos viables, primero, por su propia iniciativa y, después, con la ayuda del gobierno colombiano, y, finalmente, con la del gobierno estadounidense. Con 28 amigos organizó un colectivo para cultivar pimienta negra, pero estos cultivos fueron destruidos por las fumigaciones. Luego participó en programas de cultivos alternativos financiados por el Plan Colombia, cultivos que también fueron fumigados y destruidos. Chemonics, contratista de la AID, le aconsejó que pusiera una queja oficial con la esperanza de recibir una compensación, pero entonces la compañía abandonó el país cuando el ciclo de financiación de su proyecto terminó. Manuel y sus socios acudieron a los canales oficiales establecidos para reclamar la compensación por la destrucción de cultivos legales, lo cual implicó un costoso viaje a Bogotá para entrevistarse con la policía antinarcóticos. Por haberse tomado estas molestias, recibió una amenaza de muerte indirecta a través de un amigo cuya hija era la novia de un agente de la policía antinarcóticos. El mensaje de tercera mano decía: retráctese de su queja o usted desaparecerá, de manera que lo hizo.

Manuel no era ni mucho menos la única persona que tenía problemas con los programas de cultivos alternativos financiados por la AID. Miles de personas intentaron sin éxito poner sus quejas ante el personero municipal en un intento por reclamar la debida compensación por la destrucción de sus cultivos legales. Mientras tanto, se gastaron millones de dólares en proyectos alternativos para ganarse la vida, los cuales fueron abandonados o no dejaron rastro alguno en la economía local, aparte de la frustración campesina. Entre dichos proyectos se encontró una planta de concentrados para animales que costó más de 2 millones de dólares construirla y después de tres años de haberse inaugurado se vendió como chatarra (Isacson, 2006). O el tristemente célebre proyecto de los pollos, en el que miles de pollos importados de Estados Unidos que requerían un alimento especial y muy costoso no se adaptaron al clima de Putumayo, se les dejó morir de hambre o terminaron sancochados. Se distribuyeron miles de cabezas de ganado y se gastaron millones de dólares en semillas, crédito y apoyo agrícola. Hoy en día, en Putumayo estos programas parecen haberse desaparecido sin causar efecto alguno en la producción agrícola y mucho menos en el cultivo de coca. El exhaustivo estudio de la antropóloga María Clemencia Ramírez sobre las iniciativas de desarrollo local determinó que los programas de la AID socavaron la legitimidad del Estado y erosionaron la confianza pública en él, exactamente lo opuesto a las metas que se habían contemplado (Ramírez, 2011).

Hasta el día de hoy, los funcionarios gubernamentales rechazan las críticas a la fumigación. Durante los primeros años de la puesta en práctica del Plan Colombia, los funcionarios del Departamento de Estado arguyeron que los sistemas de GPS usados en los aviones que llevaban a cabo la fumigación permitían hacer un seguimiento preciso de sus objetivos y sus operaciones. Sin embargo, después de que el gobierno ecuatoriano puso una demanda alegando que la deriva del herbicida asperjado desde el aire mataba cultivos dentro de su territorio nacional, el gobierno colombiano suspendió la fumigación sobre una franja de territorio dentro de 6 millas de la frontera. Los pobladores denunciaron el impacto en la salud de las fumigaciones, mencionando erupciones en la piel y dolores de cabeza inexplicables. Los funcionarios estadounidenses negaron estos reclamos y con frecuencia aseguraron de manera apócrifa que miembros jóvenes y entusiastas del equipo antinarcóticos estaban dispuestos a tomar vasos de glifosato para probar que era inofensivo. Los reclamos sobre los efectos nocivos para la salud fueron desestimados repetitivamente por no contar con evidencia científica ni los estudios de referencia requeridos. Muchos putumayenses no tenían acceso a servicios de salud, agua potable o nutrición adecuada y vivían en apartadas regiones tropicales que eran inherentemente poco saludables, de manera que ¿cómo podía atribuirse a la fumigación cualquier enfermedad? Además, los reclamos del impacto negativo sobre el medio ambiente que inicialmente habían sido ratificados por el Ministro del Medio Ambiente colombiano fueron descartados y además la fumigación fue respaldada por la Agencia de Protección Ambiental de Estados Unidos. Los funcionarios sostenían que el daño medioambiental generado por la producción de pasta de coca —debido a la deforestación de tierra cada vez más remota para cultivar coca y el vertimiento de gasolina y de los químicos para el procesamiento de la pasta de coca en la cuenca de los ríos— era mayor que el de la fumigación. No obstante, en muchas zonas ha habido una intensa reacción a la fumigación por parte de la población, y se han contratado equipos de paramilitares desmovilizados para arrancar manualmente las plantas de coca. Para finales de la década de los 2000, Colombia disminuía cada vez más la fumigación y la sustituía por la erradicación manual.

Manuel y otros habitantes de Putumayo hablaron sin rodeos al denunciar la fumigación como una calamidad regional. La fumigación no solo diezmó la coca y los cultivos alimenticios, sino también pastos, bosques y corrientes de agua. Manuel recordó con tristeza la vista del dosel de la selva perpetuamente verde que tras la fumigación se marchitó y se secó; lamentó la muerte de aves y micos que encontró. Manuel se refirió a la fumigación como un "desastre organizado", porque esta plaga se orquestó y se desató según un plan coordinado por un gobierno que no veía ni se preocupaba por sus resultados devastadores.

Junto con la violencia del narcotráfico, la fumigación era un factor que empujaba a Manuel a buscar alternativas legales. Pero la fumigación destruyó sus cultivos legales, lo cual lo hizo continuar cultivando coca. Ahora está enfocado en cultivar cacao, pero sabe que no es un cultivo sostenible, pues la región es muy húmeda y el cacao es propenso a infectarse con un hongo que lo hace invendible. Por eso, sigue cultivando coca como una garantía contra el fracaso: "Uno pierde gran parte de la cosecha y esto es lo que desmotiva a la gente", me comentó. Actualmente, tiene arbustos de coca dispersos entre el cacao, lo que significa que su coca probablemente no se tuvo en cuenta en los estimativos anuales sobre los cultivos de coca en el país. Ahora, en vez de elaborar su propia pasta de coca y vendérsela a un intermediario, seca y vende las hojas de coca, lo cual requiere menos trabajo que cuidar el cacao y además produce una cosecha cada tres meses con su venta garantizada. "No es mucho", me dice, "pero es la forma más fácil de trabajar. La gente tiene su cosecha de 1, 20 o 30 fanegas [de hojas de coca] y con esto se mantiene y le suma el dinero que hace con el cacao y cultivando arroz y maíz". Después de todo, me recuerda con una sonrisa, que ahora tiene dos hijos en la universidad.

Carlos y los problemas de construcción de nación

Aunque la mayoría de las evaluaciones coinciden en que el Plan Colombia no logró sus metas antinarcóticos, unánimemente proclaman el éxito en el fortalecimiento del Estado colombiano. "Aunque el narcotráfico en sí sigue siendo un problema", escribieron en 2009 unos analistas de la Corporación RAND, "Colombia ya no corre peligro de convertirse en un 'estado fallido' o en una anémica, cuasidemocracia de bajo crecimiento" (Bahney y Gereben Schaefer, 2009). Según William Brownfield, entonces embajador de Estados Unidos en el país, "Colombia ha sido el ejercicio de Estados Unidos de construcción de nación más exitoso en este siglo" (Boot y Bennet, 2009). Pero ¿qué tipo de nación ayudó a construir Estados Unidos? Es importante señalar que el aumento sin precedentes de los paramilitares coincidió con el desarrollo y puesta en práctica del Plan Colombia. Aunque muchos de los jefes paramilitares han sido encarcelados, extraditados o asesinados en luchas internas, las estructuras de poder regionales que vinculan el comercio legal e ilegal, las fuerzas militares con asesinos mercenarios, así como el deseo rapaz de derrotar a los reformistas, están todavía intactos en muchos lugares.

Cuando en 2005 Salvatore Mancuso, narcotraficante y señor de la guerra paramilitar, se jactó de que controlaba el 30 % del Congreso colombiano, la mayoría de los analistas consideraron su declaración como una mera ilusión (*Semana,*

2005). No obstante, solo un año más tarde el análisis de los registros electorales realizado por la periodista colombiana Claudia López, reveló "patrones de votación atípicos" vinculados con la complicidad de paramilitares y políticos, dando lugar a investigaciones generalizadas, conocidas colectivamente como el escándalo de la parapolítica (López, 2010, p. 27). Para 2011, más de 120 exmiembros del Congreso —aproximadamente la tercera parte— habían sido investigados por vínculos con los paramilitares y más de 40 habían sido condenados. Aproximadamente una tercera parte de los alcaldes, gobernadores y congresistas colombianos ha sido implicado y las investigaciones seguían en curso mientras escribía este libro (López, 2010; Romero, 2007).[1] Los testimonios de paramilitares desmovilizados han implicado a cientos de miembros de las fuerzas militares y a miles de ciudadanos. Los grupos paramilitares también usaron el soborno y la intimidación para influenciar el sistema judicial con la llamada corrupción por miedo, consistente en amenazas, intimidación y ataques físicos prevalentes, dirigidos al poder judicial (López, 2010, p. 461). En comparación con el llamado proceso 8.000 (nombrado así por el número del expediente del caso), en el que el presidente Ernesto Samper fue procesado por fraude electoral cometido durante la campaña presidencial de 1994 —que hizo que el Departamento de Estado descertificara al gobierno colombiano en su evaluación anual sobre la cooperación en la lucha antinarcóticos—, un total de solo 16 políticos fueron sentenciados por enriquecimiento ilícito.

Carlos Palacios, excampesino cocalero, sacerdote progresista y gobernador de Putumayo, fue uno de los muchos políticos acusados de parapolítica. Nos conocimos por primera vez hace más de una década, en una reunión en Washington en la casa de Cristina Espinel, presidente del Comité de Derechos Humanos de Colombia en esa ciudad, donde nos reímos, bailamos salsa y comimos empanadas entre sesiones estratégicas de defensa de derechos humanos y promoción de política pública alterna. Era un sacerdote carismático y franco en la defensa de los campesinos putumayenses, perteneciente a la generación que trabajó de cerca con el padre Alcides promoviendo desarrollo sostenible en lugar de la coca. Catholic Relief Services lo llevó a Estados Unidos en una gira de conferencias en varias ciudades en las que describió de manera gráfica el impacto de la fumigación en la región, mientras que invocaba apasionadamente alternativas no violentas y sostenibles para la política pública de Estados Unidos.

---

1 Con financiación internacional, periodistas de investigación colombianos han compilado informes investigativos en la web *Verdad Abierta* (http://www.verdadabierta.com).

Durante esta gira, Carlos no reveló que unos pocos meses antes, mientras se encontraba en Bogotá en la principal universidad jesuita del país terminando sus estudios en ciencia política con un enfoque en resolución de conflictos, había sido reclutado por un grupo de políticos locales que buscaban ansiosamente un candidato para la gobernación de Putumayo. El anterior gobernador había sido removido del cargo y estaba pagando tiempo en la cárcel por corrupción; por su parte, la guerrilla había dejado de imponer un boicot electoral y dichos políticos necesitaban un candidato libre del estigma de las élites políticas de corruptas e incompetentes. Un amigo y excolega suyo recordó: "Estaban sumando votos de cada municipio, cuánta plata iba a aportar cada uno. Yo le dije a Carlos, vámonos no debemos involucrarnos en esto, pero él me dijo que se iba a quedar hasta el final de la reunión". El padre Palacios se convirtió en el único candidato del Partido Conservador, y ganó cómodamente. "Todo el mundo votó por el Padre", me comentó el mismo amigo suyo.

Al iniciar su gobernación, Palacios generó muchas esperanzas de que se abriera un nuevo capítulo en la política putumayense. Como un excolega suyo recordó: "En el momento pensamos que con un nuevo obispo y un nuevo gobernador íbamos a poder de verdad mejorar y sacar adelante este departamento". Sin embargo, sus intenciones parecieron descarrilarse rápidamente. Poco tiempo después de renunciar al sacerdocio para postularse al cargo de gobernador, se había casado con su novia embarazada y el niño nació con un grave daño cerebral. Consternado, Palacios escribió una carta ampliamente distribuida en la que atribuía el defecto de nacimiento a la fumigación patrocinada por Estados Unidos; tiempo después se reveló que su esposa nunca había estado en una zona asperjada por químicos. Dejó a su esposa y empezó a salir con una serie de novias más jóvenes y realizó extensos viajes a Europa, supuestamente para recolectar fondos para proyectos de desarrollo. Además, se criticó ampliamente a Palacios por problemas administrativos, como contratar a familiares, y en 2006 fue removido del cargo cuando el Procurador General lo suspendió por irregularidades en la contratación.

La revelación más impactante fue la declaración del jefe paramilitar alias 'Ernesto Báez' (Iván Duque) durante una ceremonia de desmovilización de 504 paramilitares llevada a cabo en Putumayo el 1° de marzo de 2006. Según un artículo en la revista *Semana*, Báez se quejó públicamente de que los paramilitares le habían financiado la campaña a Palacios y que habían sido estafados porque el nuevo gobernador no se reunió con los jefes paramilitares, como le habían solicitado. El artículo también incluyó las transcripciones de conversaciones grabadas que revelaban a Palacios extorsionando al dueño de la franquicia de licores más lucrativa de la región, quien también admitió que el 30 % del negocio de distribución de los licores iba a los paramilitares. "Entonces de la plata que yo les di [a los paramilitares]", dijo el dueño de la distribuidora, "indirectamente ellos aceptaron que se le diera esa plata pa' la campaña", refiriéndose al dinero que le habían dado a Palacios los paramilitares (*Semana,* 2006). Palacios fue imputado en 2009 por el cargo de extorsión y sentenciado a tres años de cárcel.

En muchos casos en Colombia, la relación entre paramilitares y políticos fue la inversa a la que usualmente se imagina: en vez de ver a los paramilitares como actores ilegales que compraban su entrada al sistema político, los políticos vieron el creciente poder de los paramilitares y se les acercaron para fraguar una alianza electoral. Esto fue una consecuencia directa de la riqueza de los paramilitares, producto de las ganancias del narcotráfico que les permitía financiar proyectos políticos y de negocios. Por otra parte, los jefes paramilitares, los oficiales militares y los políticos de alto rango compartían un sentido de propósito y de intereses estratégicos. Tal como Palacios, los políticos vieron una oportunidad de ganar los votos tan necesarios, así como los fondos para las campañas políticas, en un país con una larga historia de compra de votos y clientelismo.[2] La única defensa de Palacios fue la de que había quedado atrapado en el sistema corrupto. Carlos no sabía manejar el poder que tenía, me dijeron muchos de sus amigos y excolegas. "Yo tuve buenas intenciones", me dijo mientras tomábamos café con leche y pan blandito en su complejo familiar donde pasaba los últimos meses de su sentencia de casa por cárcel. "Yo creía en el desarrollo social y económico, tal como lo presentamos en el plan de desarrollo, pero es imposible hacer eso aquí porque los grupos políticos forman parte de fuerzas muy oscuras y hasta manejan estas fuerzas. Cualquiera que sea elegido es un títere". Insistió en que yo apagara la grabadora para que él continuara con sus reflexiones confidenciales sobre quién controlaba realmente el poder político en Putumayo.

2 La evidencia de que los miembros del Congreso vinculados con los paramilitares se adhirieron al poder ejecutivo también plantea preguntas sobre el papel del gobierno de Uribe en la reconfiguración del Estado. En los seis capítulos del libro *Y refundaron la patria,* se hace un concienzudo análisis de la acción legislativa de los congresistas implicados en los escándalos, lo que lleva a los investigadores a concluir que los políticos apoyados por los paramilitares no tenían una agenda legislativa colectiva, aunque en muchos casos participaron en determinados comités, como fueron los de asignaciones, de reforma política y judicial, y de asuntos agrarios. Al jugar este papel, ayudaron a consolidar el poder del ejecutivo, en conformidad con el liderazgo de Uribe expresado en una serie de controvertidos proyectos de ley, incluyendo la enmienda constitucional que permitió su reelección y la llamada Ley de Justicia y Paz, que estableció los términos de la desmovilización paramilitar.

Aunque Carlos emplea una crítica del sistema para justificar sus actividades ilícitas, muchos investigadores han señalado las maneras en que los paramilitares han capitalizado las arraigadas estructuras de clientelismo y corrupción para conseguir tanto su enriquecimiento personal como poder político (Romero, 2005, 2007 y 2011). Estas prácticas no desaparecieron con la desmovilización paramilitar, sino que han continuado con nuevos grupos de más bajo perfil que extorsionan negocios, demandan ciertos porcentajes de los contratos públicos y ejercen el poder de decisión en la administración pública, además de hacer uso de la violencia para proteger su tráfico ilegal de drogas. Investigadores gubernamentales y otros han documentado la emergencia de fuerzas paramilitares reorganizadas que el gobierno llama bandas criminales emergentes (Bacrim), poniendo en evidencia que el proceso de desmovilización no ha disminuido el poder paramilitar (Human Rights Watch, 2005 y 2008; International Crisis Group, 2007). Tal como escribió en 2009 en un editorial Daniel García Peña, ex Alto Comisionado de Paz (1995-1998):

> La verdad es que la desmovilización masiva no significó el desmonte del paramilitarismo, sino que fue parte de su consolidación. Tantos hombres armados ya no se necesitaban más. Ya habían asesinado a los líderes políticos y sociales que había que eliminar y descuartizado o desplazado a todos los campesinos que tenían tierra para arrebatarles. Misión cumplida. Además, mantener un ejército de mercenarios, a 500 mil pesos mensuales por 32 mil cabezas, es una nómina respetable. Por tanto, el negocio fue redondo, los hoy reinsertados pasan a estar a cargo del erario público y los jefes paramilitares se quedan con toda la riqueza que acumularon como fruto del terror, manteniendo sólo los hombres armados estrictamente necesarios (García-Peña, 2009).

Según el exdirector del centro de pensamiento jesuita Cinep (Centro de Investigación y Educación Popular):

> Ellos no han adoptado las mismas formas de organizar y perpetrar la violencia, pero todos son paramilitares. Gracias al terror que las bandas ilegales logran inspirar, una vez que asumen el control de los puestos públicos, reestablecen la extorsión a la manera clientelista de la política tradicional, pero fortalecida por el miedo que las masacres dejan flotando en la memoria corta de la opinión pública. Es una metamorfosis de la violencia armada en violencia económica y social (Angulo, 2009).

Además de su influencia profunda y duradera en el sistema político, los paramilitares han transformado la vida económica colombiana. Se apropiaron de tierras y las repoblaron con gente leal a ellos, a la vez que crearon santuarios para sus intereses económicos, basados en el narcotráfico, la ganadería y la minería, entre otras fuentes de ingresos. Por otra parte, los intentos de restitución de tierras se han complicado debido a las amenazas y asesinatos de personas que intentaban reclamar sus tierras. En muchos casos, es muy complejo establecer un historial de la titularidad de los terrenos, debido a su ocupación por múltiples familias después de repetidos desplazamientos y reasentamientos armados, así como por la destrucción intencional de los títulos de propiedad al incendiar las oficinas catastrales en diversas regiones (Reyes Posada, 2009). La tenencia de la tierra y la restitución de tierras robadas por estos grupos se han convertido en un asunto prioritario para el gobierno de Juan Manuel Santos (2010-). En el mismo sentido, vale la pena sacar a colación que la transformación del sector agrario a través de los incentivos legislativos y financieros, incluyendo programas patrocinados por la AID en algunas zonas que privilegian monocultivos agroindustriales, tales como la palma de aceite, han contribuido a la conservación de las estructuras paramilitares de propiedad de la tierra y de relaciones económicas en el campo (Ardila Galvis, 2011; Ballvé, 2012).

Diana y la búsqueda de la seguridad

La historia de éxito del Plan Colombia se basa en una manera singular de interpretar la expansión de las fuerzas militares y el número de pérdidas en combate. De acuerdo con la lógica de esta interpretación, la expansión militar se tradujo en derrotas infligidas a la guerrilla. Por su parte, el número reducido de denuncias sobre abusos cometidos directamente por la fuerza pública se consideraba una prueba del éxito en su proceso de profesionalización. Sin embargo, un factor central que subyace ambos logros, como es la dramática expansión de las fuerzas paramilitares, desaparece de estas explicaciones, como sucede con la impunidad por estos crímenes y los ininterrumpidos vínculos de los paramilitares con los militares. Las estrategias de seguridad puestas en práctica en las comunidades desesperadas por sobrevivir esos años amargos, y sus luchas continuas contra múltiples formas de abuso y violencia, ofrecen una perspectiva crítica sobre los fracasos del Plan Colombia en materia de la seguridad de la población.

Las fuerzas militares colombianas han sido transformadas de una forma evidente: han sido ampliadas de manera exponencial. El aumento de la fuerza pública colombiana que el Plan Colombia hizo posible fue iniciado por el presidente

Pastrana y continuado por su sucesor Álvaro Uribe. El pie de fuerza se incrementó en un 45 % de 2000 a 2007 al pasar de 275.000 a casi 400.000 efectivos. Además, numerosas unidades especiales de élite fueron creadas durante este período, como fueron las brigadas móviles, los batallones de alta montaña y las fuerzas especiales antiterroristas. El presupuesto militar creció dramáticamente, del 3,4 % del PIB en 2000 al 5,2 % en 2007, un incremento de aproximadamente 7 mil millones de dólares. Durante su gobierno, Uribe extendió la presencia de la Policía Nacional a todos los municipios del país e hizo un intento para instalar puestos de avanzada permanentes del ejército en muchas zonas. La utilización de los helicópteros suministrados por Estados Unidos mejoró la movilidad de la tropa; y, así mismo, el equipo y el entrenamiento en materia de inteligencia por parte de Estados Unidos incrementaron la capacidad de las fuerzas colombianas para recolectar información de inteligencia.

Los asesores estadounidenses sostuvieron que esta expansión militar jugó un papel fundamental en los esfuerzos contrainsurgentes. A partir de 2004, los asesores norteamericanos ayudaron a coordinar una gran campaña contrainsurgente llamada Plan Patriota, cuyo blanco eran las fuerzas guerrilleras en el sur del país. Los funcionarios estadounidenses canalizaron una cantidad no revelada de millones de dólares a través de un presupuesto no divulgado que se usó para financiar operaciones de recolección de inteligencia y proveer armamentos, incluyendo bombas inteligentes guiadas por láser (Priest, 2013). El resultado más visible y devastador fue una serie de golpes que dieron de baja a jefes del más alto nivel de las FARC (Raúl Reyes en 2008, Jorge Briceño en 2010 y Alfonso Cano, el sucesor de 'Tirofijo', en 2011). El jefe más antiguo y fundador de las FARC, Manuel Marulanda, alias 'Tirofijo', había muerto en 2008 de causas naturales, constituyéndose en la pérdida más significativa en una serie de cambios generacionales —de jefes de alto nivel, que habían ascendido a través de las filas como combatientes guerrilleros comunistas, a los comandantes más jóvenes, enfocados en su propio enriquecimiento criminal—. El número de combatientes de las FARC declinó de un máximo estimado en 20.000 en 2002 a 8.000 en 2010.

Diana (nombre cambiado) y otros líderes comunitarios disentían de esta evaluación rosa según la cual se había mejorado la seguridad. Según ella, las operaciones militares en la región pusieron en mayor peligro a las mujeres en vez de protegerlas. Diana, quien trabajaba la coca en su finca y se había convertido en ama de casa con unos pequeños negocios complementarios, se vinculó a la Alianza de Mujeres de Putumayo por sugerencia de su amiga Patricia, la maestra rural que viajó a Washington en la delegación de 2008 analizada en el capítulo 7. Habían trabajado juntas en un pequeño colegio de secundaria y, cuando los paramilitares empezaron a amenazar a Diana por celular, Patricia fue la primera persona a la que acudió. Después de dejar su trabajo y salir de la región por un período corto, Diana regresó y descubrió a través de sus amigos que, según los paramilitares, las amenazas habían sido un error basado en los celos de comandantes locales que luego cayeron en desgracia. Patricia le consiguió a Diana un nuevo trabajo en la biblioteca de otro colegio y la instó a que empezara a participar en las reuniones del grupo de mujeres. Mientras vivía en un cuarto arrendado con su hijo, Diana encontró a su vecino enterrando armas en el jardín que compartían y lo oyó jactarse de sus asesinatos previos. Recibió amenazas y se vio obligada a abandonar su trabajo.

Las mujeres de la Alianza desarrollaron una visión alternativa de seguridad que se enfocó en fortalecer lo que ellas llamaban el "tejido social", es decir, los lazos de las mujeres entre sí y con la comunidad más amplia. Las mujeres protegían a sus colegas amenazadas trasladándolas de casa en casa o de finca en finca, buscaban acompañamiento internacional y viajaban con representantes de organizaciones internacionales dedicadas a asuntos humanitarios y a la defensa de los derechos humanos. Las mujeres empleaban complejas estrategias de supervivencia en su vida cotidiana, tales como mentir en los retenes, quedarse en casa para no llamar la atención de comandantes conocidos por violar, no ponerse botas de caucho y evitar otros elementos de la apariencia tosca que se asociaba con las guerrilleras. En ciertos momentos, las mujeres alertaban a sus amigos y vecinos cuando sus nombres eran mencionados por estar "en la lista", pero en otras circunstancias abandonaban a sus amigos y vecinos detenidos por miedo de la violencia que pudiera surgir en represalia. Amigos y vecinos eran asesinados y forzados a huir de la región, y las mujeres sufrieron, entraron en negociaciones o huyeron.

La verdadera magnitud de los crímenes de los paramilitares nunca se sabrá. Los crímenes de los casi 32.000 paramilitares que se sometieron al proceso oficial de desmovilización entre 2004 y 2007 fueron juzgados por una jurisdicción especial conocida como la Ley de Justicia y Paz, sancionada en 2005 y que estableció los beneficios que obtendrían por confesar sus crímenes. Según el fiscal jefe encargado de este proceso, todavía existen más de cuatro mil fosas por ubicar y miles de cadáveres por exhumar. Conforme con funcionarios del gobierno, se estima que solo en Putumayo tres mil personas permanecen desaparecidas, cuyos cuerpos no han sido encontrados ni identificados. Las revelaciones del escándalo de la parapolítica suministraron evidencia sobre el poder institucional de los grupos paramilitares, sus vínculos con los políticos, su papel en el proceso electoral y su acceso a los recursos del Estado. Sin embargo, el dinero y personal asignados al proceso de Justicia y Paz han sido insuficientes en extremo (Human Rights Watch, 2005), con la consecuencia de que solo una ínfima parte de los crímenes cometidos por el paramilitarismo ha sido investigada. En marzo de 2009, Uribe extraditó a Estados Unidos con cargos de narcotráfico a 17 de los comandantes paramilitares de más alto rango, lo que la revista *Time* informó como un acto "ampliamente interpretado como una movida para parar las embarazosas revelaciones", en la medida en que los testimonios de los jefes paramilitares implicaban a políticos y militares de alto rango que también eran aliados políticos del Presidente.

> Las extradiciones masivas han impedido la labor de los fiscales colombianos que están investigando las masacres paramilitares, así como los muchos casos de acaparamiento de tierras llevados a cabo por estas mismas fuerzas, y han paralizado sus esfuerzos para compensar a las víctimas de dichos crímenes. Aunque es verdad que los extraditados enfrentan largas condenas penitenciarias en Estados Unidos, algunos pueden llegar a acuerdos para reducir su tiempo de reclusión. Sin embargo, los señores de la guerra sólo tendrán que responder por los delitos de narcotráfico, y tendrán muy poca motivación para profundizar en las atroces violaciones de derechos humanos que cometieron en su país de origen (Otis, 2009).

Ha sido imposible rastrear las penas de prisión a las cuales han sido sentenciados estos paramilitares en Estados Unidos porque el Departamento de Justicia estadounidense se ha rehusado a entregar cualquier información sobre sus posibles acuerdos negociados.

Quienes apoyaban el Plan Colombia señalan como prueba de la profesionalización militar la falta actual de casos de abusos por parte de la fuerza pública. Sin embargo, la disminución de los abusos reportados probablemente es resultado de los cambios en la dinámica del conflicto y de la privatización de la violencia a través del uso de las fuerzas paramilitares. Numerosos estudios han señalado la dificultad que tiene hacer una evaluación de largo plazo de la reforma militar como un resultado del entrenamiento y la financiación de Estados Unidos. El informe de 1995 de la Corporación RAND titulado "La efectividad de las actividades de entrenamiento de Estados Unidos en el área de la defensa interna y desarrollo: los casos de El Salvador y Honduras" *(The effectiveness of U.S. training efforts in internal defense and development: the cases of El Salvador and Honduras)* indica que muchos estudios han "concluido que el entrenamiento y el equipo militar proveídos por Estados Unidos tienen poco o ningún efecto, ya sea negativo o de cualquier otro tipo, sobre el comportamiento institucional de las fuerzas militares latinoamericanas" (RAND, p. 80). El informe describe los obstáculos que enfrentan los programas de entrenamiento:

> Primero, ¿puede Estados Unidos incidir en un cambio de actitud y de comportamiento en el soldado como individuo que recibe el entrenamiento? Segundo, asumiendo que el soldado internaliza como individuo las lecciones sobre el 'profesionalismo', ¿puede esta metamorfosis a nivel individual traducirse en una amplia transformación institucional? Tercero, dada la cantidad de factores exógenos que afectan el desarrollo político democrático y que inducen estructuralmente a la represión política, ¿pueden las fuerzas militares jugar un papel instrumental para producir el cambio a nivel de la sociedad? Abundan razones políticas, personales, históricas y financieras convincentes para que estas fuerzas militares permanezcan políticamente viables e independientes. En consecuencia, parecería que ningún programa de entrenamiento por parte de Estados Unidos los podría persuadir de comportarse de otra manera (RAND, p. 79).

Lo que está claro es que para 2006 hubo abundante evidencia de los continuos hechos delictivos por parte de la fuerza pública. Durante el gobierno de Uribe, la agencia de inteligencia interna DAS se involucró en una vigilancia ilegal de forma amplia dirigida a los magistrados de la Corte Suprema, periodistas, defensores de derechos humanos y críticos del gobierno. El director del DAS entre 2002 y 2005 fue condenado en 2011 por haber puesto la agencia de inteligencia al servicio de las AUC. En 2006, algunos periodistas y otros investigadores revelaron torturas generalizadas de reclutas durante su entrenamiento militar y que una patrulla del ejército a sueldo de narcotraficantes llevó a cabo una masacre de policías de una unidad antinarcóticos. Además, las primeras denuncias de 'falsos positivos' surgieron en ese momento, refiriéndose a jóvenes pobres que eran desaparecidos por miembros de ciertas unidades militares y presentados como guerrilleros muertos en combate. El nombre de falsos positivos surge de las demandas hechas por comandantes de la fuerza pública para que presentaran resultados 'positivos', es decir, maximizar el conteo de cuerpos de guerrilleros muertos en combate *(body count)*. El Alto Comisionado de las Naciones Unidas para los Derechos Humanos en Colombia estimó que más de tres mil personas podían haber sido víctimas de ejecuciones extrajudiciales por parte de agentes del Estado, y que, entre 2004 y 2008, el ejército cometió la mayoría de estas ejecuciones.

Cuando describió sus primeros talleres con la Alianza, Diana enfatizaba la superación de una forma de trauma persistente que aquellos que evaluaban la seguridad en la región pasaban por alto: la violencia de género contra mujeres y la violencia contra niños. Los antropólogos arguyen que la etnografía puede dar luces sobre cómo se concibe y se distribuye la seguridad, cómo se establece la vulnerabilidad y cómo se apropia la protección (Goldstein, 2010). La seguridad está profundamente ligada al género, de manera que lo que sirve para mejorar la seguridad de algunos, tal como la desmovilización de grupos armados, puede reducir la seguridad de otros, como es el caso de las comunidades y familias donde sus integrantes se reubiquen (Theidon, 2007 y 2009). Según las mujeres de la Alianza, la violencia doméstica contra mujeres a manos de los compañeros íntimos y la violencia contra los niños son extremadamente comunes en la región y permanecen en buena medida sin denunciarse. Llama la atención que muchas de las líderes de grupo me contaron incidentes de violencia doméstica en sus propias historias de vida.

La metodología empleada por la Alianza en sus talleres es en gran parte la de los modelos de la psicoterapia feminista, la cual enfatiza la importancia de desarrollar la autoestima de las mujeres y apoyar sus esfuerzos para escapar de la violencia en casa. "En un principio yo era muy callada, yo no participaba mucho", me dijo Diana, sentada conmigo en una pequeña mesa de madera en su jardín de en frente. "Eso fue cuando la Alianza apenas empezaba. [Patricia] me llevaba a las reuniones, pero yo no participaba porque tenía miedo. Simplemente no podía, no podía hablar cuando cualquiera podía estar escuchando [...] Pero poco a poco me fui involucrando". Al relatar su continua búsqueda de seguridad, Diana empezó con su niñez, que implicó abandono y abusos físicos graves y de diversa índole desde una edad temprana por parte de su padre y madre, y abuso sexual por parte de un tío. "No se lo decía a nadie, [pero] cuando oía ciertas canciones, lloraba. Cuando pensaba en mi papá también, no pude perdonarlo, e iba a pelear con él en el cementerio". Ella fue capaz de hablar conmigo sobre esto solo por el trabajo que había hecho con la Alianza. "Debido a los talleres: haber oído a las mujeres en medio de las lágrimas, el acompañamiento, el trabajo con la psicóloga [...] Ahora estoy más tranquila, esto es parte de mi proceso de vida". Para muchas mujeres, la desmovilización de los paramilitares no ha impactado de manera significativa los niveles de violencia en su vida diaria y, para algunas, la violencia se ha incrementado en la medida en que sus compañeros abusivos han regresado a casa, mucho de ellos traumatizados por sus experiencias en la guerra. Diana, al igual que cualquier residente de Putumayo, todavía tiene que luchar contra el conflicto, pues la guerrilla no ha sido derrotada. En el momento de la escritura de este libro, representantes de las FARC y del gobierno se encuentran llevando a cabo negociaciones de paz en La Habana, y muchos analistas se manifiestan optimistas, aunque con cierta cautela, de que un acuerdo de paz sea posible. Sin embargo, en muchas de las regiones más remotas de Putumayo, las FARC siguen dominando la vida cotidiana, sembrando minas antipersona a lo largo de los caminos y regulando quién puede entrar y salir. Las minas antipersona han matado campesinos y sus hijos, y las comunidades rurales han sido forzadas a abandonar sus aldeas, caseríos o veredas repetidamente por el miedo a estas explosiones indiscriminadas. En conversaciones sostenidas durante mi trabajo de campo en agosto de 2010, maestros en zonas rurales me informaron que la guerrilla estaba convocando a las comunidades a reuniones en las que amenazaba con reclutamiento forzado y acción militar.

Los grupos paramilitares desmovilizados y nuevamente reconstituidos también continúan dirigiendo sus ataques contra la población civil, en algunos casos con el fin de prevenir que surja evidencia de crímenes cometidos en el pasado. Algunas familias informaron que los paramilitares habían desenterrado sus víctimas de las fosas comunes clandestinas identificadas por la comunidad y habían robado o dispersado los restos, presumiblemente para prevenir la revelación de crímenes adicionales que no estarían cubiertos por los acuerdos legales previos. Los activistas de derechos humanos, fiscales e investigadores, continúan recibiendo amenazas de muerte de parte de los paramilitares y, en algunos casos, han sido asesinados debido a su trabajo. Durante el viaje que realicé en 2010 a Putumayo para llevar a cabo trabajo de campo, escuadrones de la muerte en Puerto Asís hicieron pública una lista de 60 jóvenes objeto de 'limpieza social', es decir, el asesinato de los llamados indeseables, tales como los jóvenes desempleados o dedicados al microtráfico de drogas. En el transcurso de un fin de semana, les dispararon a tres jóvenes, dos de los cuales murieron. Durante un taller al que asistí, una mujer con lágrimas en los ojos relató cómo amenazaron de muerte a su esposo Los Rastrojos si se rehusaba a servirles como chofer para sus operaciones relacionadas con el narcotráfico. En enero de 2011, durante ataques perpetrados por grupos armados desconocidos contra el alcalde de Puerto Asís —el pueblo más grande de Putumayo— resultó destruida su vivienda y su hijo muerto.

Al mismo tiempo, la Alianza ha aprovechado la relativa calma que se vive para participar más activamente en el diseño de políticas públicas locales, sobre todo aquellas que afectan a las mujeres. En talleres de la Alianza, las mujeres locales aprenden sobre derechos consagrados en la legislación reciente e idean estrategias de presión hacia los funcionarios locales para que cumplan con sus obligaciones. También aspiran a ganar beneficios materiales del Estado, por ejemplo, la construcción de un inmueble que serviría de su oficina permanente. Los esfuerzos de las mujeres de la Alianza se enfocan ahora sobre todo en las demandas locales de rendición de cuentas, como es el caso de los procesos de política pública municipal y de presupuesto, antes que en la defensa de derechos humanos y promoción de política pública alternativa a nivel transnacional. Es así como están trabajando para incrementar la financiación pública para la salud de las mujeres, programas contra violencia doméstica y la creación de casas de la mujer en los diferentes municipios.

En la última reunión de mujeres a la que asistí, la violencia les preocupaba a todas. La vicepresidenta de la Alianza me mostró una fotocopia de un panfleto de los muchos que se habían distribuido durante el fin de semana, que decía: "Desde hoy a las 6:00 p. m., quien traiga a cualquier persona desconocida, cualquier sapo y basura: muerte". En la parte inferior del panfleto, había imágenes de tres calaveras rodeadas por ametralladoras. Sin embargo, la mayor parte de la reunión se enfocó en cómo hacer para que el alcalde cumpliera sus promesas de apoyo, pues durante su campaña había prometido destinar fondos municipales para ayudar a comprar un inmueble para la Alianza, razón por la cual se llevaba a cabo una enérgica discusión sobre qué tipo de presión y qué estrategias implementar para hacer valer dicha promesa. Después de este debate, dos activistas de la comunidad relataron las iniciativas para frenar la exploración de petróleo en tierras sensibles desde el punto de vista ecológico. Explicaron su temor sobre la degradación medioambiental y la contaminación creciente en los ríos de la región y manifestaron que, luego de un trabajo conjunto con la agencia medioambiental local, habían asegurado el compromiso de más de 20 caseríos para oponerse a la exploración geológica de la zona por parte de una compañía de propiedad canadiense.

El trabajo de las mujeres de la Alianza ilustra el complejo legado de los así llamados éxitos del Plan Colombia. Muchas de sus miembros están consumidas por el duelo debido a las devastadoras pérdidas que sufrieron durante el punto más álgido de la violencia paramilitar y guerrillera. Como grupo, trabajan para poner en evidencia y conmemorar las múltiples formas de violencia dirigidas a las mujeres en la región. La Alianza ha colocado en las plazas centrales de los pequeños pueblos de la región monumentos permanentes para conmemorar a las mujeres asesinadas. El primer 'muro de la verdad' está constituido por un mural con 170 ladrillos, cada uno con el nombre y día de la muerte de una mujer asesinada, ubicado en una esquina frente al parque central de Mocoa, la capital del departamento, y el segundo se terminó recientemente en el pueblo de Villagarzón. La Alianza, junto con otros grupos de mujeres, ha organizado marchas y eventos culturales para hacer público el duelo de casos emblemáticos, tal como el de la desaparición de las cuatro hermanas Galárraga en 2001, perpetrada por las fuerzas paramilitares en La Dorada. Al mismo tiempo, las mujeres ahora tienen que luchar contra nuevas formas de intervención, como son la minería masiva y las exploraciones masivas de petróleo, que fueron posibilitadas por el 'éxito' del Plan Colombia en materia de seguridad.

En los primeros días de 2015, mientras escribo estas conclusiones, los arquitectos del Plan Colombia han dirigido en gran medida su atención hacia otra parte. Algunos están llevando delegaciones de la Policía Nacional de Colombia a Afganistán para capacitar en operaciones antinarcóticos a los agentes del orden público de ese país. Otros están diseñando la ayuda militar y de inteligencia para México o dirigiendo operaciones contra el terrorismo internacional. La historia del Plan Colombia nos permite entender no solo sus visiones del Plan Colombia para tomar en cuenta de aquí en adelante, sino también como un modelo para el análisis de los nuevos proyectos políticos que puedan emprender. Un abordaje etnográfico permite una comprensión de lo que es la política pública, no como un plan discreto para acciones futuras, sino como un conjunto de historias que justifican la acción política en el presente al movilizar pasados imaginados y conjurar futuros alternativos, empezando por categorizar determinadas clases de personas, productos y prácticas como problemas para ser resueltos por un cada vez más limitado conjunto de recetas de política pública.

Una antropología de la política pública no pregunta si la política funcionó o fue exitosa, sino ¿qué trabajo hizo?, ahondando en los impactos y transformaciones no intencionados que tales intervenciones hayan provocado. Este proyecto interroga sobre los significados culturales y las suposiciones de los formuladores de política pública tradicionales, de los representantes del Departamento de Estado encargados oficialmente de establecer la política exterior nacional, pero también examina el trabajo de los militares, los auxiliares del Congreso y el personal de las agencias de implementación, quienes hacen política pública en los ámbitos menos visibles, como son las negociaciones presupuestales, los viajes oficiales y la gestión de programas. Con el fin de ampliar la investigación, una antropología de la política pública también considera el trabajo de activistas y opositores, quienes intentan aportar visiones alternativas para que se tengan en cuenta, en este caso de manera más prominente a través de la preocupación por los derechos humanos.

Las posibilidades políticas para los putumayenses siguen siendo restringidas por la militarización y la política prohibicionista de drogas de Estados Unidos, así como por los mercados agrícolas globales y los tratados de comercio. En su trabajo cotidiano, la Alianza se enfoca ahora en las decisiones de política pública que se toman en las casas matrices de compañías mineras canadienses, así como en el Departamento de Estado de Estados Unidos. La antropología de la política pública visibiliza a los sujetos de la intervención de la política exterior, quienes son habitantes en muchos casos de regiones rurales apartadas que históricamente han sido los principales sujetos de la investigación antropológica. Al no ser vistos de forma aislada, los sujetos de la política son agentes de transformación de la política pública, con sus propias y complejas aspiraciones y agendas políticas. Para las mujeres de la Alianza en Putumayo, imaginarse a sí mismas como formuladoras de política pública fue un proyecto transformativo, aun cuando fracasaron en lograr sus objetivos de política pública. A través de múltiples frentes, incluyendo testimonios, la defensa de derechos humanos, la promoción de sus intereses y la organización local, ellas disputaron y debatieron la política pública, ofreciendo visiones alternativas de lo que podía ser el Estado y de cómo la gobernanza podía ser ejercida. Este trabajo continuo y en curso es también uno de los muchos legados del Plan Colombia.

Bibliografía

Abu-Lughod, L. (2013). *Do Muslim women need saving?* Cambridge, MA: Harvard University Press.

Alexander, M. (2012). *The new Jim Crow: mass incarceration in the age of colorblindness*. New York: The New Press.

Allen, L. (2013). *The rise and fall of human rights: cynicism and politics in occupied Palestine*. Stanford, CA: Stanford University Press.

Allen, L. (2009). Martyr bodies in the media: human rights, aesthetics, and the politics of immediation in the Palestinian Intifada. *American Ethnologist, 36*(1), 161-180.

Alther, G. (2006). Colombian peace communities; the role of NGOs in supporting resistance to violence and oppression. *Development in Practice, 16*(03-04), 278-291.

Andreas, P., & Greenhill, K. M. (2010). *Sex, drugs, and body counts: the politics of numbers in global crime and conflict*. Cornell University Press.

Andreas, P., & Price, R. (2001). From war fighting to crime fighting: transforming the American National Security State. *International Studies Review, 3*(3), 31-52.

Angulo, A. (2009). *The rearrangement*. Bogotá: Centro de Investigación y Educación Popular.

Ardila Galvis, C. A. (2011). *Agrarian change and rural poverty in Colombia*. The Hague: Erasmus Unviersiteit Rotterdam Graduate School of Development Studies.

Arias, A. (Ed.). (2001). *The Rigoberta Menchu controversy*. Minneapolis: University of Minnesota Press.

Arnson, C. (1993). *Crossroads: Congress, the President, and Central America, 1976-1993*. University Park: Penn State University Press.

Asad, T. (2000). What do human rights do? An anthropological enquiry. *Theory & Event, 4*(4).

Aviles, W. (2006). *Global capitalism, democracy, and civil-military relations in Colombia*. Albany: State University of New York Press.

Babb, F. (2010). *The tourism encounter: fashioning Latin American nations and histories*. Stanford, CA: Stanford University Press.

Bagley, B. (2001). *Drug trafficking, political violence and U.S. policy in Colombia in the 1990s.* University of California at Berkeley. Recuperado de http://clasarchive.berkeley.edu/Events/conferences/Colombia/workingpapers.html

Bahney, B., & Gereben Schaefer, A. (2014). Assessing Mexico's narco-violence | RAND blog. *The San Diego Union-Tribune.* May 19. Recuperado de http://www.rand.org/blog/2009/05/assessing-mexicos-narco-violence.html

Bähre, E. (2007). Reluctant solidarity. *Ethnography, 8*(1), 33-59.

Ballestero S., A. (2012). Transparency short-circuited: laughter and numbers in Costa Rican water politics. *PoLAR: Political and Legal Anthropology Review, 35*(2), 223-241.

Ballvé, T. (2012). Everyday State formation: territory, decentralization, and the narco landgrab in Colombia. *Environment and Planning D: Society and Space, 30*(4), 603-622.

Barnett, M. N. (1997). The UN Security Council, indifference, and genocide in Rwanda. *Cultural Anthropology, 12*(4), 551-578.

Barstow, D. (2008). One man's military-industrial-media complex. *New York Times,* 29 de noviembre.

Baxstrom, R., Khan, N., Poole, D., & Singh, B. (2005). Networks actual and potential; think tanks, war games and the creation of contemporary American politics. *Theory & Event, 8*(4). Recuperado de http://mse.jhu.edu/journals/theory_and_event/voo8/8.4singh.html

Beckett, K., & Herbert, S. (2009). *Banished: the new social control in urban America*. New York: Oxford University Press.

Bejarano, A. M. (2004). Colombia: the partial collapse of the State and the emergence of aspiring State-makers. In P. Kingston & I. Spears (Eds.), *States within States: incipient political entities in the post-Cold War era* (pp. 99-118). New York: Palgrave Macmillan.

Belkin, A. (2012). *Bring me men: military masculinity and the benign facade of American empire, 1898-2001*. New York: Oxford University Press.

Benford, R. D., & Snow, D. A. (2000). Framing processes and social movements: an overview and assessment. *Annual Review of Sociology, 26*(1), 611-639.

Besteman, C. (2005). Why I disagree with Robert Kaplan. In C. Besteman & H. Gusterson (Eds.), *Why America's top pundits are wrong: anthropologists talk back.* Berkeley: University of California Press.

Beverley, J., & Zimmerman, M. (1990). *Literature and politics in the Central American revolutions.* University of Texas Press.

Bishara, A. (2010). Weapons, passports, and news: Palestinian perceptions of U.S. power as a mediator of war. In J. Kelly, S. Mitchell, B. Jauregui & J. Walton (Eds.). *Anthropology and global counterinsurgency* (pp. 125-36). Chicago: University of Chicago Press.

Blair Trujillo, E. (1993). *Las fuerzas armadas: una mirada civil.* Bogotá: Cinep.

Bleiker, R., & Hutchison, E. (2008). Fear no more: emotions and world politics. *Review of International Studies, 34*(Supp S1), 115-135.

Bob, C. (2012). *The global right wing and the clash of world politics.* Cambridge: Cambridge University Press.

Bocarejo, D. (2012). *Longing for the State.* Manuscrito inédito.

Borneman, J. (2011). *Political crime and the memory of loss.* Bloomington: Indiana University Press.

Boot, M., & Bennet, R. (2009). The Colombian miracle. *The Weekly Standard.* Recuperado de http://www.weeklystandard.com/Content/Public/Articles/000/000/017/301nyrut.asp

Bornstein, E. (2012). *Disquieting gifts: humanitarianism in New Delhi.* Stanford, CA: Stanford University Press.

Bourgois, P., & Schonberg, J. (2009). *Righteous dopefiend.* Berkeley: University of California Press.

Bowden, M. (2002). *Killing Pablo: the hunt for the world's greatest outlaw.* New York: Penguin Books.

Brodkin, K. (1998). *How Jews became white folks: and what that says about race in America.* New Brunswick, NJ: Rutgers University Press.

Butler, J. (1997). *Excitable speech: a politics of the performative.* New York: Psychology Press.

Butler, J. (2009). *Frames of war: when is life grievable?* New York: Verso.

Caballero, M. C. (2000). A journalist's mission in Colombia: reporting atrocities is not enough. *Columbia Journalism Review, 39*(1), 66.

Caldeira, T. P. (2001). *City of walls: crime, segregation, and citizenship in São Paulo*. Berkeley: University of California Press.

Caldeira, T. P., & Holston, J. (1999). Democracy and violence in Brazil. *Comparative Studies in Society and History, 41*(4), 691-729.

Call, C. T. (2008). The fallacy of the 'failed State'. *Third World Quarterly, 29*(8), 1491-1507.

Campbell, B. B., & Brenner, A. D. (2002). *Death squads in global perspective: murder with deniability*. New York: Palgrave Macmillan.

Campbell, H. (2009). *Drug war zone: frontline dispatches from the streets of El Paso and Juárez*. Austin: University of Texas Press.

Carr, E. (2010). Enactments of expertise. *Annual Review of Anthropology, 39*(1), 17-32.

Cattelino, J. R. (2010). The double bind of American Indian need-based sovereignty. *Cultural Anthropology, 25*(2), 235-262.

Centro Nacional de Memoria Histórica. (2012). *¡Basta ya!* Bogotá: Imprenta Nacional.

Centro Nacional de Memoria Histórica. (2003). *Una sociedad secuestrada*. Bogotá: Imprenta Nacional.

Checker, M., Davis, D. A., & Schuller, M. (2014). Anthropological superheroes and the consequences of activist ethnography. *American Anthropologist, 116*(2), 416-420.

Chernick, M. (2005). Economic resources and internal armed conflicts: lessons from the Colombian case. In C. Arnson & I. W. Zartman (Eds.), *Rethinking the economics of war: the intersection of need, creed, and greed* (pp. 178-205). Washington, DC: Woodrow Wilson Center Press.

Chomsky, A. (2007). *Linked labor histories: New England, Colombia, and the making of a global working class*. Durham, NC: Duke University Press.

Chomsky, A., & Striffler, S. (2008). *Solidarity and divisions: challenges to solidarity in the global coal industry*. Ponencia presentada en la Conferencia Empire and Solidarity in the Americas, University of New Orleans.

Cockburn, C. (2007). *From where we stand: war, women's activism and feminist analysis*. London: Zed Books.

Cohen, S. (2001). *States of denial: knowing about atrocities and suffering*. Hoboken, NJ: Wiley.

Cohen, S. B. (1982). Conditioning U.S. security assistance on human rights practices. *The American Journal of International Law, 76*(2), 246.

Cohn, C. (1987). Sex and death in the rational world of defense intellectuals. *Signs, 12*(4), 687-718.

Coleman, B. L. (2008). *Colombia and the United States: the making of an Inter-American Alliance, 1939-1960*. Kent, OH: Kent State University Press.

Coles, K. (2007). *Democratic designs: international intervention and electoral practices in postwar Bosnia-Herzegovina*. Ann Arbor: University of Michigan Press.

Comaroff, J. L. (1998). Reflections on the Colonial State in South Africa and elsewhere: factions, fragments, facts and fictions. *Social Identities, 4*(3), 321-361.

Comaroff, J., & Comaroff, J. L. (2006). Figuring crime: quantifacts and the production of the un/real. *Public Culture, 18*(1), 209-246.

Comisión Colombiana de Juristas. (1993). *Putumayo*. Informes regionales de derechos humanos. Bogotá: Comisión Colombiana de Juristas.

Courtwright, D. T. (2002). *Forces of habit: drugs and the making of the modern world*. MA: Harvard University Press.

Coutin, S. B. (2000). *Legalizing moves: Salvadoran immigrants' struggle for U.S. residency*. Ann Arbor: University of Michigan Press.

Coutin, S. B. (2007). *Nations of emigrants: shifting boundaries of citizenship in El Salvador and the United States*. Ithaca, NY: Cornell University Press.

Cowan, J. K. (2008). Fixing national subjects in the 1920s Southern Balkans: also an international practice. *American Ethnologist, 35*(2), 338-356.

Cowan, J. K., Dembour, M. B., & Wilson, R. A. (2001). *Culture and rights: anthropological perspectives*. Cambridge, New York: Cambridge University Press.

Crandall, R. (2002). *Driven by drugs: U.S. policy toward Colombia*. Boulder, CO: Lynne Rienner.

Crawford, N. (2002). *Argument and change in world politics: ethics, decolonization, and humanitarian intervention*. Cambridge: Cambridge University Press.

Crawford, N. (2000). The passion of world politics: propositions on emotional and emotional relationships. *International Security, 24*(4), 116-156.

Crile, G. (2003). *Charlie Wilson's War*. Washington, DC: Atlantic Monthly Press.

Cunningham, H. (1995). *God and Caesar at the Rio Grande: Sanctuary and the politics of religion*. Minneapolis: University of Minnesota Press.

Cunningham, H. (1999). The ethnography of transnational social activism: understanding the global as local practice. *American Ethnologist, 26*(3), 583-604.

Davis, B. Colombia goes full tilt to return to grace. *Wall Street Journal*.

Davis, K. E., Kingsbury, B., & Engle Merry, S. (2012). Indicators as a technology of global governance. *Law & Society Review, 46*(1), 71-104.

Davis, T. (2004). *The war against drugs and thugs: a status report on Plan Colombia successes and remaining challenges*. Washington, DC: U.S. Government Printing Office.

Deininger, K. (1999). Making negotiated land reform work: initial experience from Colombia, Brazil and South Africa. *World Development, 27*(4), 651-672.

Deleuze, G., & Guattari, F. (1986). *Nomadology: the war machine*. New York: Columbia University Press.

DeShazo, P., Primiani, T., & McLean, P. (2007). *Back from the brink: assessing progress in Plan Colombia*. Washington, DC: Center for Strategic and International Studies.

DeWine, M. (1999). *Future challenges to secure democracy in Latin America*. Presentado a Heritage Foundation, Washington DC.

Dickins de Girón, A. (2011). The security guard industry in Guatemala. In K. L. O'Neill & K. Thomas (Eds.), *Securing the city: neoliberalism, space, and insecurity in postwar Guatemala* (pp. 103-126). Durham, NC: Duke University Press.

Downie, R. D. (1998). *Learning from conflict: the U.S. military in Vietnam, El Salvador, and the drug war*. Westport, CT: Praeger Publishers.

Drezner, D. W. (2000). Ideas, bureaucratic politics, and the crafting of foreign policy. *American Journal of Political Science, 44*(4), 733.

Dudley, S. (2003). *Walking ghosts: murder and guerrilla politics in Colombia*. London: Routledge.

Duschinski, H. (2009). Destiny effects: militarization, State power, and punitive containment in Kashmir Valley. *Anthropological Quarterly, 82*(3), 691-717.

Edelman, M. (2005). When networks don't work: the rise and fall and rise of civil society initiatives in Central America. In J. Nash (Ed.), *Social movements: an anthropological reader* (pp. 29-45). Malden, MA: Blackwell.

Englund, H. (2006). *Prisoners of freedom: human rights and the African poor* (1st ed.). University of California Press.

Enloe, C. (2000). *Maneuvers: the international politics of militarizing women's lives*. Berkeley: University of California Press.

Evans, M. (2011). *The Chiquita papers*. Dossier digital N° 340 del National Security Archive. Washington, DC: National Security Archive.

Fassin, D. (2008). The humanitarian politics of testimony: subjectification through trauma in the Israeli-Palestinian conflict. *Cultural Anthropology, 23*(3), 531-558.

Fassin, D. (2011). *Humanitarian reason: a moral history of the present.* Berkeley: University of California Press.

Feitlowitz, M. (2011). *A lexicon of terror: Argentina and the legacies of torture, revised and updated with a new epilogue.* Oxford : Oxford University Press.

Feldman, A. (2004). Memory theatres, virtual witnessing, and the trauma-aesthetic. *Biography, 27*(1), 163-202.

Feldman, A. (2005). The actuarial Gaze: from, 9/11 to Abu Ghraib. *Cultural Studies, 19*(2).

Feldman, I. (2008). *Governing Gaza: bureaucracy, authority, and the work of rule, 1917-1967.* Duke University Press Books.

Felstiner, W. L., Abel, R. L., & Sarat, A. (1980). The emergence and transformation of disputes: naming, blaming, claiming... *Law & Society Review, 15*(3/4), 631.

Ferguson, J. (1994). *The anti-politics machine: development, depoliticization, and bureaucratic power in Lesotho.* Minneapolis: University of Minnesota Press.

Ferro Medina, J., & Uribe Ramón, G. (2002). *El orden de la guerra, las FARC-EP: entre la organización y la política.* Bogotá: Centro Editorial Universidad Javeriana.

Fikes, K. (2009). *Managing African Portugal: the citizen-migrant distinction.* Durham, NC: Duke University Press Books.

Fitz-Henry, E. E. (2011). Distant allies, proximate enemies: rethinking the scales of the antibase movement in Ecuador. *American Ethnologist, 38*(2), 323-337.

FitzGerald, S. (2013). 'Crack Baby' study ends with unexpected but clear result. *The Inquirer,* 22 de julio.

Fleck, A. (2013). The return of the Crack Baby. Again. *Points: The Blog of the Alcohol and Drugs History Society.* Recuperado de http://pointsadhsblog.wordpress.com/2013/06/07/the-return-of-the-crack-baby-again/

Fortun, K. (2001). *Advocacy after Bhopal: environmentalism, disaster, new global orders.* Chicago: University of Chicago Press.

Garcia, A. (2010). *The Pastoral Clinic: addiction and dispossession along the Rio Grande.* Berkeley: University of California Press.

García, M. C. (2006). *Seeking refuge.* Berkeley: University of California Press.

García-Godos, J., & Andreas, K. (2010). Transitional justice and victims' rights before the end of a conflict: the unusual case of Colombia. *Journal of Latin American Studies, 42*(3), 487-516.

García-Peña, D. (2009). Los mal llamados 'grupos emergentes'. *El Espectador,* 10 de marzo.

General Accounting Office. (1999). *Military training: management and oversight of joint combined exchange training.* Washington, DC: General Accounting Office.

Gill, L. (2004). *The School of the Americas: military training and political violence in the Americas.* Durham, NC: Duke University Press Books.

Gill, L. (2005). Labor and human rights: the 'real thing' in Colombia. *Transforming Anthropology, 13*(2), 110115.

Gill, L. (2009). The limits of solidarity: labor and transnational organizing against Coca-Cola. *American Ethnologist, 36*(4), 667-680.

Gill, L., & Kasmir, S. (2009). Forum: Solidarity. *Dialectical Anthropology, 32*(3), 175.

Giugale, M. M., Lafourcade, O., & Luff, C. (Eds.). (2003). *Colombia: The Economic Foundation of Peace.* Washington, DC: World Bank Publications.

Gladwell, M. (1998). Just say 'wait a minute'. *The New York Review of Books,* 17 de diciembre.

Godoy, H. (2003). *Plan Colombia's strategic weakness.* Ponencia presentada en el Congreso de LASA-Latin American Studies Association, Dallas, TX.

Goffman, A. (2014). *On the run: fugitive life in an American city.* Chicago: University of Chicago Press.

Goldstein, D. M. (2010). Toward a critical anthropology of security. *Current Anthropology, 51*(4), 487-517.

Goldstein, D. M. (2012). *Outlawed: between security and rights in a Bolivian city.* Durham, NC: Duke University Press Books.

Gootenberg, P. (Ed.). (1999). *Cocaine: global histories.* London: Routledge.

Gootenberg, P. (2009). *Andean cocaine: the making of a global drug.* Chapel Hill: University of North Carolina Press.

Grandin, G. (2007). *Empire's workshop: Latin America, the United States, and the rise of the new imperialism.* New York: Holt Paperbacks.

Green, L. (1999). *Fear as a way of life.* New York: Columbia University Press.

Greenhalgh, S. (2008). *Just one child.* Berkeley: University of California Press.

Greenhouse, C. J. (2002). Citizenship, agency and the dream of time. In A. Sarat, B. G. Garth & R. A. Kagan (Eds.), *Looking back at law's century* (pp. 184-209). Ithaca, NY: Cornell University Press.

Greenhouse, C. J. (2011). *The paradox of relevance: ethnography and citizenship in the United States.* Philadelphia: University of Pennsylvania Press.

Griffin-Nolan, E. (1991). *Witness for peace: a story of resistance.* Louisville, KY: Westminster John Knox Press.

Grisaffi, T. (2010). We are originarios... 'We just aren't from here': Coca leaf and identity politics in the Chapare, Bolivia. *Bulletin of Latin American Research, 29*(4), 425-439.

Gugelberger, G. M. (Ed.). (1996). *The real thing: testimonial discourse and Latin America*. Durham, NC: Duke University Press Books.

Guilhot, N. (2005). *The democracy makers: human rights and the politics of global order*. New York: Columbia University Press.

Gupta, A. (1995). Blurred boundaries: the discourse of corruption, the culture of politics, and the imagined State. *American Ethnologist, 22*(2), 375-402.

Gupta, A. (1997). *Anthropological locations: boundaries and grounds of a field science*. Berkeley: University of California Press.

Gupta, A. (2012). *Red Tape: bureaucracy, structural violence, and poverty in India*. Durham, NC: Duke University Press.

Gupta, A. (2014). Gupta, Akhil 2012 Red Tape: bureaucracy, structural violence, and poverty in India, response by Akhil Gupta: arbitrariness, structural violence, and State theory. *Society and Space*. Recuperado de http://societyandspace.com/reviews/reviews-archive/gupta-akhil-2012-red-tape-bureaucracy-structural-violence-and-poverty-in-india-response-by-akhil-gupta/

Gusterson, H. (1997). Studying up revisited. *PoLAR: Political and Legal Anthropology Review, 20*(1), 114-119.

Gusterson, H. (1998). *Nuclear rites: a weapons laboratory at the end of the Cold War*. Berkeley: University of California Press.

Gusterson, H. (2007). Anthropology and militarism. *Annual Review of Anthropology, 36*(septiembre), 155-175.

Hale, C. R. (2008). *Engaging contradictions: theory, politics, and methods of activist scholarship*. Berkeley: University of California Press.

Hart, C. (2014). *High price: a neuroscientist's journey of self-discovery that challenges everything you know about drugs and society*. New York: Harper Perennial.

Hartmann, H. (2001). U.S. human rights policy under Carter and Reagan, 1977-1981. *Human Rights Quarterly, 23*(2), 402-430.

Harvey, D. (2005). *The new imperialism*. Oxford: Oxford University Press.

Haugaard, L., & Nichols, K. (2010). *Breaking the silence: in search of Colombia's disappeared*. Washington, DC: Latin America Working Group Education Fund.

Herzfeld, M. (1993). *The social production of indifference*. Chicago: University Of Chicago Press.

Hetherington, K. (2011). *Guerrilla auditors: the politics of transparency in neoliberal Paraguay*. Durham, NC: Duke University Press.

Heyman, J. (Ed.). (1999). *States and illegal practices*. New York: Berg Publishers.

Hinton, A. L. (Ed.). (2011). *Transitional justice: global mechanisms and local realities after genocide and mass violence*. New Brunswick, NJ: Rutgers University Press.

Ho, K. (2009). *Liquidated: an ethnography of Wall Street*. Durham, NC: Duke University Press.

Holston, J. (2008). *Insurgent citizenship: disjunctions of democracy and modernity in Brazil*. Princeton, NJ: Princeton University Press.

Hoyos, D., & Ceballos, M. (2004). *Working Paper 57: Electoral behaviour trends and decentralization in Colombia's municipalities, 1988-2000*. Traducido por Judy Butler. Crisis States Program, London School of Economics.

Hull, M. S. (2012). *Government of paper: the materiality of bureaucracy in urban Pakistan*. Berkeley: University of California Press.

Human Rights Watch. (1995). *Colombia's killer networks*. New York: Human Rights Watch.

Human Rights Watch. (1998a). *War without quarter: Colombia and International Humanitarian Law*. New York: Human Rights Watch.

Human Rights Watch. (1998b). *Ties that bind: Colombia and military-paramilitary links*. New York: Human Rights Watch.

Human Rights Watch. (2001). *The sixth division: military-paramilitary ties and U.S. policy in Colombia*. New York: Human Rights Watch.

Human Rights Watch. (2002). *A wrong turn: the record of the Colombian Attorney General's Office*. New York: Human Rights Watch.

Human Rights Watch. (2005). *Letting paramilitaries off the hook*. New York: Human Rights Watch.

Human Rights Watch. (2008). *Breaking the grip: obstacles for justice for paramilitary mafias in Colombia*. New York: Human Rights Watch.

Human Rights Watch. (2010). *The paramilitaries' heirs*. New York: Human Rights Watch.

Inda, J. X. (Ed.). (2005). *Anthropologies of modernity: Foucault, governmentality, and life politics*. Malden, MA: Wiley-Blackwell.

International Crisis Group. (2007). *Colombia's new armed groups*. Washington, DC: International Crisis Group.

Isacson, A. (2006). *Plan Colombia six years later.* Washington, DC: Center for International Policy. Recuperado de http://www.ciponline.org/images/uploads/publications/0611ipr.pdf

Isacson, A. (2010). Enmendando el 'Pacto': el cambio en el equilibrio civil-militar en la Colombia de Álvaro Uribe. En *Influencias y resistencias. Militares y poder en América Latina.* Quito: Flacso.

Isikoff, M., & Vistica, G. (2000). The other drug war: is a $1.3 billion Colombia aid package smart policy, dirty politics, good business or a costly mistake? *Newsweek,* 3 de abril.

Jansson, O. (2008). *The cursed leaf: an anthropology of the political economy of cocaine production in Southern Colombia.* Uppsala: Uppsala Universitet.

Jiménez Gómez, C. (1986). *Una procuraduría de opinión. Informe al Congreso y al país.* Bogotá: Editorial Printer Colombiana Ltda.

Keck, M. E., & Sikkink, K. (1998). *Activists beyond borders: advocacy networks in international politics.* Cornell University Press.

Kaplan, R. (2008). A Colombian vision for Iraq. *The Current, The Atlantic,* 30 de abril. Recuperado de http://thecurrent.theatlantic.com/archives/2008/04/alvaro-uribe.php

Kenney, M. (2008). *From Pablo to Osama: trafficking and terrorist networks, government bureaucracies, and competitive adaptation.* State College: Penn State University Press.

Kernaghan, R. (2009). *Coca's gone: of might and right in the Huallaga post-boom.* Stanford, CA: Stanford University Press.

Kirk, R. (2004). *More terrible than death: drugs, violence, and America's war in Colombia.* New York: PublicAffairs.

Krupa, C. (2010). State by proxy: privatized government in the Andes. *Comparative Studies in Society and History, 52*(2), 319-350.

Kwon, H. (2006). *After the massacre: commemoration and consolation in Ha My and My Lai.* Berkeley: University of California Press.

Kwon, H. (2008). *Ghosts of war in Vietnam.* New York: Cambridge University Press.

Lakoff, A. (2007). Preparing for the next emergency. *Public Culture, 19*(2), 247-271.

LaPlante, L. (2009). The law of remedies and the clean hands doctrine: exclusionary reparation policies in Peru's political transition. *American University International Law Review, 23*(1), 51-90.

LAWG. (1997). *Declassified army and CIA manuals used in Latin America: an analysis of their content.* Washington, DC: Latin America Working Group. Recuperado de http://www.lawg.org/our-publications/72-general/319-declassified-army-and-cia-manuals

LeoGrande, W. M. (2000). *Our own backyard: the United States in Central America, 1977-1992.* Chapel Hill, NC: The University of North Carolina Press.

Li, T. M. (2007). *The will to improve: governmentality, development, and the practice of politics.* Durham, NC: Duke University Press Books.

Lorentzen, R. (1991). *Women in the Sanctuary Movement.* Philadelphia: Temple University Press.

Lutz, C. (1988). *Unnatural emotions: everyday sentiments on a Micronesian atoll and their challenge to Western theory.* Chicago: University of Chicago Press.

Lutz, C. (2002). *Homefront: a military city and the American twentieth century.* Boston: Beacon Press.

Lutz, C. (2006). Empire is in the details. *American Ethnologist, 33*(4), 593-611.

Lutz, C. (Ed.). (2009). *The bases of empire: the global struggle against U.S. military posts.* New York: New York University Press.

MacCoun, R. J., & Reuter, P. (2001). *Drug war heresies: learning from other vices, times, and places.* Cambridge: Cambridge University Press.

MacLeish, K. T. (2013). *Making war at Fort Hood: life and uncertainty in a military community.* Princeton, NJ: Princeton University Press.

Marsh, B. (2004). *Going to extremes: the aerial spraying program in Colombia.* Washington, DC: Latin America Working Group.

Masco, J. (2004). Nuclear technoaesthetics: sensory politics from trinity to the virtual bomb in Los Alamos. *American Ethnologist, 31*(3), 349-373.

Masco, J. (2006). *The Nuclear Borderlands: The Manhattan Project in post-Cold War New Mexico.* Princeton, NJ: Princeton University Press.

Masco, J. (2008). 'Survival is your business': engineering ruins and affect in nuclear America. *Cultural Anthropology, 23*(2), 361-398.

Massing, M. (2000). *The fix.* Berkeley: University of California Press.

Mathews, A. S. (2008). State making, knowledge, and ignorance: translation and concealment in Mexican forestry institutions. *American Anthropologist, 110*(4), 484-494.

Mathews, A. S. (2011). *Instituting nature: authority, expertise, and power in Mexican forests.* Cambridge, MA: MIT Press.

Mbembe, A. (2003). Necropolitics. *Public Culture, 15*(1), 11-40.

McClintock, M. (1992). *Instruments of Statecraft: U.S. guerilla warfare, counter-insurgency, counter-terrorism, 1940-1990.* New York: Pantheon Books.

Merrill, D. (2009). *Negotiating paradise: U.S. tourism and empire in twentieth-century Latin America*. Chapel Hill: University of North Carolina Press.

Merry, S. E. (2006). *Human rights and gender violence: translating international law into local justice*. Chicago: University of Chicago Press.

Merry, S. E. (2011). Measuring the world: indicators, human rights, and global governance: with CA comment by John M. Conley. *Current Anthropology, 52*(S3), S83-S95.

Mitchell, T. (1990). Everyday metaphors of power. *Theory and Society, 19*(5), 545-577.

Mitchell, T. (1991). *Colonizing Egypt*. Berkeley: University of California Press.

Molano, A. (1989). *Siguiendo el corte: relatos de guerras y de tierras*. Bogotá: El Áncora Editores.

Morone, J. A. (2004). *Hellfire nation: the politics of sin in American history*. New Haven, CT: Yale University Press.

Mosse, D. (2004). *Cultivating development: an ethnography of AID policy and practice*. New York: Pluto Press.

Mosse, D. (2007). *Notes on the ethnography of expertise and professionals in international development*. Conference paper in the Ethnografcast, Lisbon.

Mosse, D. (2011). Politics and ethics: ethnographies of expert knowledge and professional identities. In C. Shore, S. Wright y D. Però (Eds.), *Policy worlds: anthropology and analysis of contemporary power.* New York: Berghahn Books.

Natapoff, A. (2011). *Snitching: criminal informants and the erosion of American justice*. New York: New York University Press.

Navaro-Yashin, Y. (2006). Affect in the civil service: a study of a modern State-system. *Postcolonial Studies, 9*(3), 281-294.

Navaro-Yashin, Y. (2012). *The make-believe space: affective geography in a postwar polity*. Durham, NC: Duke University Press.

Nelson, D. (2013). 'Yes to life = no to mining': counting as biotechnology in life (Ltd) Guatemala. *S&F Online, 11*(3). Recuperado de http://sfonline.barnard.edu/life-un-ltd-feminism-bioscience-race/yes-to-life-no-to-mining-counting-as-biotechnology-in-life-ltd-guatemala/

Nordstrom, C. (2004). *Shadows of war: violence, power, and international profiteering in the twenty-first century*. Berkeley: University of California Press.

Nugent, D. (1997). *Modernity at the edge of empire: State, individual and nation in the Northern Peruvian Andes, 1885-1935*. Palo Alto, CA: Stanford University Press.

O'Neill, K. L., & Thomas, K. (2011). *Securing the city: neoliberalism, space, and insecurity in postwar Guatemala*. Durham, NC: Duke University Press Books.

Ong, A. (1999). *Flexible citizenship: the cultural logics of transnationality*. Durham, NC: Duke University Press.

Ong, A. (2006). *Neoliberalism as exception: mutations in citizenship and sovereignty*. Durham, NC: Duke University Press.

Otis, J. (2009). John Otis, 'Colombia's drug extraditions: are they worth it?' *Time*, 25 de febrero.

Palacios, M. (2006). *Between legitimacy and violence: a history of Colombia, 1875-2002*. Durham, NC: Duke University Press.

Paley, J. (2001). *Marketing democracy: power and social movements in post-dictatorship Chile*. Berkeley: University of California Press.

Paley, J. (2008). *Democracy: anthropological approaches*. Santa Fe: School for Advanced Research Press.

Paltrow, L. M., & Flavin, J. (2013). Arrests of and forced interventions on pregnant women in the United States, 1973-2005: implications for women's legal status and public health. *Journal of Health Politics, Policy and Law*, *38*(2), 299-343.

Pardo, R. (1996). *De primera mano. Colombia 1986-1994. Entre conflictos y esperanzas*. Bogotá: Grupo Editorial Norma.

Pastrana Arango, A. (2005). *La palabra bajo fuego*. Bogotá: Editorial Planeta.

Pax Christi Netherlands. (2001). *The kidnap industry in Colombia*. Utrecht: Pax Christi Netherlands. Recuperado de http://www.paxforpeace.nl/media/files/the-kidnap-industry-in-colombia-our-business-112001_0.pdf

Perla Jr., H. (2008). Si Nicaragua venció, El Salvador vencerá: Central American Agency in the creation of the U.S.-Central American Peace and Solidarity Movement. *Latin American Research Review*, *43*(2), 136-158.

Perla, H., & Bibler Coutin, S. (2010). Legacies and origins of the 1980s U.S.-Central American Sanctuary Movement. *Refuge: Canada's Journal on Refugees*, *26*(1).

Pezzullo, P. C. (2009). *Toxic tourism: rhetorics of pollution, travel, and environmental justice*. Tuscaloosa: University of Alabama Press.

Pizarro Leongómez, E. (2011). *Las FARC, 1949-2011: de guerrilla campesina a máquina de guerra*. Bogotá: Grupo Editorial Norma.

Poole, D. (2004). Between threat and guarantee: justice and community on the margins of the Peruvian State. In D. Poole & V. Das (Eds.). *Anthropology in the margins of the State* (pp. 35-66). Santa Fe, NM: SAR Press.

Porch, D. (2013). *Counterinsurgency: exposing the myths of the new way of war*. New York: Cambridge University Press.

Priest, D. (2004). *The mission: waging war and keeping peace with America's military* (reprint edition). New York: W. W. Norton & Company.

Priest, D. (2013). Covert action in Colombia: U.S. intelligence, GPS bomb kits help Latin American nation cripple rebel forces. *Washington Post,* 21 de diciembre. Recuperado de http://www.washingtonpost.com/sf/investigative/2013/12/21/covert-action-in-colombia/

Rabasa, A., & Chalk, P. (2001). *Colombian labyrinth: the synergy of drugs and insurgency and its implications for regional stability*. Santa Monica, CA: RAND Corporation.

Ramírez, M. C. (2010). Maintaining democracy in Colombia through political exclusion, states of exception, counterinsurgency, and dirty war. In E. D. Arias & D. M. Goldstein (Eds.), *Violent democracies in Latin America*. Durham, NC: Duke University Press.

Ramírez, M. C. (2011). *Between the guerrillas and the State: the Cocalero Movement, citizenship, and identity in the Colombian Amazon*. Durham, NC: Duke University Press.

Ramírez, M. C., Bolívar, I., Iglesias, J., Torres, M. C., & Vásquez, T. (2010). *Elecciones, coca, conflicto y partidos políticos en Putumayo, 1980-2007*. Bogotá: Cinep/PPP, ICANH, Colciencias.

Ramírez, M. C., Moreno, M. L., & Medina, C. (2012). *El placer: mujeres, coca y guerra en el bajo Putumayo*. Bogotá: Centro de Memoria Histórica. Recuperado de http://www.centrodememoriahistorica.gov.co/

Redfield, P. (2006). A less modest witness. *American Ethnologist, 33*(1), 3-26.

Redfield, P. (2012). The unbearable lightness of ex-pats: double binds of humanitarian mobility. *Cultural Anthropology, 27*(2), 358-382.

Reinarman, C., & Levine, H. G. (Eds.). (1997). *Crack in America: demon drugs and social justice*. Berkeley: University of California Press.

Rempe, D. (2002). *The past as prologue? A history of U.S. counterinsurgency policy in Colombia, 1958-66*. Carlisle, PA: Stategic Studies Institute, U.S. Army War College. Recuperado de http://www.strategicstudiesinstitute.army.mil/pdffiles/pub17.pdf

Rendón, R., & Lindsay-Poland, J. (2008). *Assisting units that commit extrajudicial killings: a call to investigate U.S. military policy towards Colombia*. Washington, DC: Fellowship of Reconciliation and Amnesty International.

Reyes Posada, A. (2009). *Guerreros y campesinos: el despojo de la tierra en Colombia.* Buenos Aires: Grupo Editorial Norma.

Richani, N. (2014). *Systems of violence, second edition: second edition, the political economy of war and peace in Colombia.* Albany: State University of New York Press.

Richard, A. M. (2009). Mediating dilemmas: local NGOs and rural development in neoliberal Mexico. *PoLAR: Political and Legal Anthropology Review, 32*(2), 166-194.

Roldan, M. (2002). *Blood and fire: La Violencia in Antioquia, Colombia, 1946-1953.* Durham, NC: Duke University Press.

Romero, M. (2005). *Paramilitares y autodefensas, 1982-2003.* Bogotá: Editorial Planeta.

Romero, M. (2007). *Parapolítica: la ruta de la expansión paramilitar y los acuerdos políticos.* Bogotá: Corporación Nuevo Arco Iris e Intermedio Editores.

Romero, M. (Ed.). 2011. *La economía de los paramilitares.* Bogotá: Debate.

Rosaldo, M. (1984). Toward an anthropology of self and feeling. In R. A. Shweder & R. A. LeVine (Eds.), *Culture theory: essays on mind, self, and emotion* (pp. 137-157). New York: Cambridge University Press.

Rosga, A. J., & Satterthwaie, M. (2009). The trust in indicators: measuring human rights. *Berkeley Journal of International Law, 27*(2), 253.

Rotberg, R. I. (2002). The new nature of nation-State failure. *The Washington Quarterly, 25*(3), 83-96.

Rutherford, D. (2009). Sympathy, State building, and the experience of empire. *Cultural Anthropology, 24*(1), 1-32.

Sanford, V. (2003). Eyewitness: peacebuilding in a war zone: the case of Colombian peace communities. *International Peacekeeping, 10*(2), 107-118.

Sanford, V., & Angel-Ajani, A. (2006). *Engaged observer: anthropology, advocacy, and activism.* New Brunswick, NJ: Rutgers University Press.

Schmitt, E. (2013). Military says law barring U.S. aid to rights violators hurts training mission. *The New York Times,* 20 de junio.

Scott, J. C. (1999). *Seeing like a State: how certain schemes to improve the human condition have failed.* New Haven, CT: Yale University Press.

Semana. ¿Quién manda aquí? *Semana.com,* 19 de agosto de 2006. Recuperado de http://www.semana.com//nacion/articulo/quien-manda-aqui/80533-3

Sharpley, R. (2009). *The Darker side of travel: the theory and practice of dark tourism.* Bristol: Channel View Publications.

Shaw, R., Waldorf, L., & Hazan, P. (2010). *Localizing transitional justice: interventions and priorities after mass violence*. Stanford, CA: Stanford University Press.

Shinnick, J. (1999). Bureau of the month: Bureau for International Narcotics and Law Enforcement Afffairs: more than narcotics. *State Magazine,* diciembre. Recuperado de http://www.state.gov/www/publications/statemag/statemagdec99/bom.html

Shore, C., & Wright, S. (2003). *Anthropology of policy: perspectives on governance and power*. London: Routledge.

Shore, C., Wright, S., & Peró, D. (2011). *Policy worlds: anthropology and the analysis of contemporary Power*. New York: Berghahn Books.

Siegel, L. (1997). The pregnancy police fight the war on drugs. In C. Reinarman & H. G. Levine (Eds.), *Crack in America: demon drugs and social justice* (pp. 249-259). Berkeley: University of California Press.

Simon, J. (2009). *Governing through crime: how the war on crime transformed American democracy and created a culture of fear*. New York: Oxford University Press.

Singer, P. W. (2007). *Corporate warriors: the rise of the privatized military industry, updated edition*. Ithaca, NY: Cornell University Press.

Singh, B., Poole, D., Baxstrom, R., & Khan, N. (2005). Networks actual and potential: think tanks, war games and the creation of contemporary American politics. *Theory & Event, 8*(4).

Sluka, J. A. (1999). *Death squad: the anthropology of State terror*. Philadelphia: University of Pennsylvania Press.

Smith, C. (1996). *Resisting Reagan: the U.S. Central America Peace Movement*. Chicago: University of Chicago Press.

Snow, D. A., Burke Rochford, E., Worden, S. K., & Benford, R. D. (1986). Frame alignment processes, micromobilization, and movement participation. *American Sociological Review, 51*(4), 464.

Speed, S. (2007). *Rights in rebellion: indigenous struggle and human rights in Chiapas*. Stanford, CA: Stanford University Press.

Spencer, D. (2001). *Colombian paramilitaries: criminals or political force?* Carlisle, PA: Center for Strategic Studies of the U.S. Army War College.

Stanfield, M. E. (1998). *Red rubber, bleeding trees: violence, slavery, and empire in Northwest Amazonia, 1850-1933*. Albuquerque: University of New Mexico Pr.

Starn, O. (1999). *Nightwatch: the politics of protest in the Andes*. Durham, NC: Duke University Press.

Stein, R. L. (2008). *Itineraries in conflict: Israelis, Palestinians, and the political lives of tourism*. Durham, NC: Duke University Press.

Stern, S. J. (2004). *Remembering Pinochet's Chile: on the eve of London, 1998*. Durham, NC: Duke University Press.

Stoler, A. L. (2002). *Carnal knowledge and imperial power: race and the intimate in colonial rule*. Berkeley: University of California Press.

Stoler, A. L. (2010). *Along the archival grain: epistemic anxieties and colonial common sense*. Princeton, NJ: Princeton University Press.

Strange, S. (1996). *The retreat of the State: the diffusion of power in the world economy*. New York: Cambridge University Press.

Strathern, M. (1990). *The gender of the gift: problems with women and problems with society in Melanesia*. University of California Press.

Strathern, M. (Ed.). (2000). *Audit cultures: anthropological studies in accountability, ethics and the academy* (1st ed.). Routledge.

Streatfeild, D. (2003). *Cocaine: an unauthorized biography* (reprint). New York: Picador.

Tate, W. (2007). *Counting the dead: the culture and politics of human rights activism in Colombia*. Berkeley: University of California Press.

Tate, W. (2009a). U.S. human rights activism and Plan Colombia. *Revista Colombia Internacional-Revista, 69*(enero-junio), 50-69.

Tate, W. (2009b). From greed to grievance: the shifting political profile of Colombian paramilitaries. In V. M. Bouvier (Ed.), *Colombia: building peace in a time of war*. Washington, DC: United States Institute of Peace.

Tate, W. (2010). Accounting for absence: the Colombian paramilitaries in U.S. policy debates. In P. Andreas & K. M. Greenhill (Eds.), *Sex, drugs, and body counts: the politics of numbers in global crime and conflict* (pp. 215-246). Ithaca, NY: Cornell University Press.

Tate, W. (2011). Human rights law and military aid delivery: a case study of the Leahy Law. *Political and Legal Anthropology Review, 34*(2), 337-354.

Tate, W. (2013a). Proxy citizenship and transnational advocacy: Colombian activists from Putumayo to Washington, DC. *American Ethnologist, 40*(1), 55-70.

Tate, W. (2013b). Congressional 'drug warriors' and U.S. policy towards Colombia. *Critique of Anthropology, 33*(2), 214-233.

Taussig, M. (1991). *Shamanism, colonialism, and the wild man: a study in terror and healing*. Chicago: University of Chicago Press.

Taussig, M. (1999). *Defacement: public secrecy and the labor of the negative*. Stanford, CA: Stanford University Press.

Taussig, M. (2005). *Law in a lawless land: diary of a* limpieza *in Colombia*. Chicago: University of Chicago Press.

Theidon, K. (2007). Transitional subjects: the disarmament, demobilization and reintegration of former combatants in Colombia. *International Journal of Transitional Justice, 1*(1), 66-90.

Theidon, K. (2009). Reconstructing masculinities: the disarmament, demobilization and reintegration of former combatants in Colombia. *Human Rights Quarterly, 31*(1), 1-34.

Theidon, K. (2010). Histories of innocence: post-war stories in Peru. In R. Shaw, L. Waldorf & P. Hazan (Eds.), *Localizing transitional justice: interventions and priorities after mass violence*. Stanford, CA: Stanford University Press.

Thomas, P. (1994). Making crime pay: triangle of interests creates infrastructure to fight lawlessness cities see jobs; politicians sense a popular issue and businesses cash in the Cold War of the '90s. *Wall Street Journal,* 12 de mayo.

Thomson, F. (2011). The agrarian question and violence in Colombia: conflict and development. *Journal of Agrarian Change, 11*(3), 321-356.

Tickner, A. B. (2007). Intervention by invitation: keys to Colombian foreign policy and its main shortcomings. *Colombia Internacional,* (65), 90-111.

Ticktin, M. I. (2011). *Casualties of care: immigration and the politics of humanitarianism in France*. Berkeley: University of California Press.

Tilly, C. *Coercion, capital and European States: AD 990-1992* (edición revisada). Cambridge, MA: Wiley-Blackwell.

Torres Bustamente, M. C. (2011). *Estado y coca en la frontera colombiana*. Bogotá: Odecofi-Cinep.

Transnational Institute. (1999). *The U.S. 'Air Bridge Denial' strategy: the success of a failure*. Amsterdam: Transnational Institute. Recuperado de http://www.tni.org/article/drug-war-skies

Trouillot, M.-R. (2001). The anthropology of the State in the age of globalization: close encounters of the deceptive kind. *Current Anthropology, 42*(1), 125-138.

Tsing, A. L. (1993). *In the Realm of the Diamond Queen: marginality in an out-of-the-wayplace*. Princeton, NJ: Princeton University Press.

Tsing, A. L. (2004). *Friction: an ethnography of global connection*. Princeton University Press.

Vine, D. (2011). *Island of Shame: the secret history of the U.S. military base on Diego García*. Princeton, NJ: Princeton University Press.

Wacquant, L. (2009). *Punishing the poor: the neoliberal government of social insecurity*. Durham, NC: Duke University Press.

Wallace-Wells, B. (2007). How America lost the war on drugs. *Rolling Stone,* December 13. Recuperado de http://www.rollingstone.com/politics/news/how-america-lost-the-war-on-drugs-20110324

Warren, K. B. (2012). Troubling the victim/trafficker dichotomy in efforts to combat human trafficking: the unintended consequences of moralizing labor migration. *Indiana Journal of Global Legal Studies, 19*(1), 105-120.

Wedel, J. R., Shore, C., Feldman, G., & Lathrop, S. (2005). Toward an anthropology of public policy. *The Annals of the American Academy of Political and Social Science, 600*(1), 30-51.

Weldes, J. (Ed.). (1999). *Cultures of insecurity: States, communities, and the production of danger*. Minneapolis: University of Minnesota Press.

Williams, R. (1977). *Literature and Marxism*. Oxford: Oxford University Press.

Wilson, R. A. (2001). *The politics of truth and reconciliation in South Africa: legitimizing the post-apartheid State*. Cambridge: Cambridge University Press.

Wilson, R. A., & Brown, R. D. (2011). *Humanitarianism and suffering: the mobilization of empathy*. Cambridge: Cambridge University Press.

Wilson, S. (2001). Chronicle of a Massacre Foretold. *Washington Post,* 28 de enero.

Withers, G., Isacson, A., Haugaard, L., Olson, J., & Fyke, J. (2008). *Ready, aim, foreign policy: how the Pentagon takes over more and more areas of foreign policy*. Washington, DC: Center for International Policy, the Latin America Working Group Education Fund y the Washington Office on Latin America. Recuperado de http://www.wola.org/sites/default/files/downloadable/Regional%20Security/past/LAWG-Combo-ForeignPolicy-6.pdf

Youngers, C. (2001). *Collateral damage: U.S. drug control efforts in the Andes.* Ponencia presentada en el Congreso de LASA-Latin American Studies Association. Washington, DC. Recuperado de http://lasa.international.pitt.edu/Lasa2001/YoungersColetta.pdf

Zackrison, J., & Bradley, E. (1997). *Colombian sovereignty under siege*. Washington, DC: National Defense University Institute for National Strategic Studies.

Zamosc, L. (2006). *The agrarian question and the peasant movement in Colombia: struggles of the National Peasant Association, 1967-1981*. Cambridge: Cambridge University Press.

Zirnite, P. (1997). *Reluctant recruits: the U.S. military and the war on drugs*. Washington, DC: Washington Office on Latin America. Recuperado de http://www.tni.org/report/reluctant-recruits-us-military-and-war-drugs

Este libro fue compuesto en caracteres Garamond Premier Pro 11,5 puntos, impreso sobre papel propal de 70 gramos y encuadernado con método *Hot Melt*, en noviembre de 2015, en Bogotá D. C., Colombia
Digiprint

Made in the USA
Monee, IL
12 November 2026

68341106R00185